Piaget

Sprechen und Denken des Kindes

Uta Stallmeister 79

Sprache und Lernen

Internationale Studien
zur pädagogischen Anthropologie

Herausgegeben
von Professor Dr. Werner Loch,
Professor Dr. Harm Paschen
und Professor Dr. Gerhard Priesemann

Band 1

Jean Piaget

Sprechen und Denken des Kindes

Pädagogischer Verlag Schwann Düsseldorf

Die Originalausgabe erschien bei
Delachaux et Niestlé, Neuchâtel, 7. Aufl. 1968
unter dem Titel
Le langage et la pensée chez l'enfant
Übersetzung: Nicole Stöber
Redaktion: Wolfgang Altenhoff, Hatto Küffner

 · 3. Auflage 1976
Umschlaggestaltung Paul A. Wohlrab
ISBN 3-590-14101-8

INHALT

VORWORT DES HERAUSGEBERS

Mit Recht kann man die Frage stellen, in welchem Sinn der Titel dieser Schriftenreihe internationale Studien zum Verhältnis von »Sprache und Lernen« für die »pädagogische Anthropologie« in Anspruch nimmt, zumal unter diesem Ausdruck schon alles mögliche verstanden worden ist. Wenn man davon ausgeht, daß nach dem überlieferten wie nach dem gegenwärtigen Verständnis der Pädagogik der Terminus »Erziehung« wenn nicht den ganzen, so aber doch zumindest den zentralen Gegenstand der »Erziehungswissenschaft« bezeichnet, dann läßt sich die anthropologische Fragestellung als eine Reflexion auffassen, die danach fragt, welchen Begriff des Menschen der Begriff der Erziehung bei seiner praktischen Verwirklichung wie bei seiner theoretischen Rekonstruktion unter verschiedenen geschichtlichen und gesellschaftlichen Bedingungen, aber auch prinzipiell, bezogen auf die Gattung »Mensch« schlechthin, voraussetzt[1]. Im Sinne dieses Ansatzes ist für die Auswahl der Texte die anthropologische Grundannahme maßgebend, daß die Sprache eine konstitutive Bedingung, ein kaum ersetzbares Medium, ein produktives Vehikel, aber auch unter bestimmten sozio-kulturellen Wirkungen eine Barriere des menschlichen Lernens und damit der Erziehung darstellt. Die Erziehung, dieses spezifische gesellschaftliche Kommunikations- und Steuerungssystem, wird von der Lernfähigkeit des Menschen nicht nur ermöglicht, sondern auch immer dann benötigt, wenn bei den zwischen Anlagenentwick-

[1] Vgl. W. Loch, Die anthropologische Dimension der Pädagogik, Essen 1963; O. F. Bollnow, Die anthropologische Betrachtungsweise in der Pädagogik, Essen 1965; H. Roth, Pädagogische Anthropologie, Berlin-Darmstadt-Dortmund, Bd. I 1966, Bd. II 1971; H. Zdarzil, Pädagogische Anthropologie, Heidelberg 1972; M. Liedtke, Evolution und Erziehung. Ein Beitrag zur integrativen Pädagogischen Anthropologie, Göttingen 1972.

lung, Kulturaneignung und Identitätsgewinnung vermittelnden Lernprozessen Hemmungen entstehen oder angenommen werden, von denen sich der Lernende aus eigener Kompetenz nicht befreien kann, und zwar in Richtung auf die Mündigkeit, die das Sinnkriterium der Erziehung ist: der »Möglichkeitshorizont« ihrer Hoffnungen und Ziele, aber auch ihrer Überraschungen und Enttäuschungen, ihrer Funktionen wie ihrer Dysfunktionen, ihrer Formen und Inhalte, Regeln und Rollen, Institutionen und Organisationen, Theorien und Praktiken, ihres Gelingens und ihres Scheiterns, ihrer Geschichte und ihrer Zukunft[2].

Kein Geringerer als der berühmte Autor, dessen frühes Buch »Le langage et la pensée chez l'enfant« (1923) wir hier als Band 1 der Reihe bringen, hat inzwischen durch subtile empirische Untersuchungen und grundsätzliche theoretische Äußerungen auf die »Unzulänglichkeiten der Sprache« aufmerksam gemacht, die sprachlichen durch Hinweis auf andere symbolische Repräsentationsweisen und durch Aufdeckung der sprachunabhängigen Leistungen der sensomotorischen und der operativen Intelligenz relativiert. Aber auch die in der anthropologischen Perspektive vorherrschende Auffassung einer weitgehenden Abhängigkeit des Lernens von »sozio-kulturellen Determinanten« wird durch Piagets Konzept in Frage gestellt; denn er versteht das menschliche Lernen als ein von Grund auf intelligentes Verhalten: als eine konstruktive und zugleich kooperative Aktivität des Individuums und damit nicht als ein beliebig konditionierbares und manipulierbares Reaktionspotential. Das Kind entwickelt und differenziert seine angeborene, allgemeinmenschliche Organausstattung in ständigem aktiven Austausch und Ausgleich mit der Umwelt durch Aneignung (Assimilation) und Anwendung (Akkomodation) zunehmend komplexerer operativer und sozialer Strukturen. Diesen psychologischen Begriff der Entwicklung als einer Strukturgenese hat Piaget in einen umgreifenden evolutionstheoretischen Horizont hineingenommen, in dessen Rahmen es möglich wird, die biologische, das Leben erhaltende und fördernde Funktion der logisch-mathematischen Strukturen zu verstehen, die auf der menschlichen Stufe der Evolution zu den höchsten Leistungen intelligenten Verhaltens, dem wissenschaftlichen Erkennen, instandsetzen und die differenziertesten Organe für die Steuerung der Austausch- und Anpassungsprozesse zwischen Individuum und Umwelt auspräg-

[2] N. Luhmann, Sinn als Grundbegriff der Soziologie, in: J. Habermas / N. Luhmann, Theorie der Gesellschaft oder Sozialtechnologie – Was leistet die Systemforschung?, Frankfurt 1971, S. 25 ff.

gen. In diesem weitgespannten, Biologie und Epistemologie in einen funktionalen Zusammenhang bringenden metatheoretischen, in einem bestimmten Sinne lebensphilosophischen Bezugsrahmen muß jede Beschränkung auf eine anthropologische Fragestellung als eine Form von »Anthropozentrismus« erscheinen[3].

Es hat also etwas zu bedeuten, wenn diese Reihe mit einem Buch von Piaget beginnt. Es ist ein Anzeichen dafür, daß sich die Herausgeber – über ihre internen wissenschaftlichen Differenzen hinaus – der Grenzen der sie verbindenden Fragestellung bewußt sind. Die Kritik, die das gesamte Werk Piagets für das Konzept der Reihe darstellt, mag dem deutschen Leser nicht so wichtig sein; aber der geringen Beachtung, die seine Arbeiten, trotz der inzwischen vorliegenden Übersetzungen, bis heute in der deutschen Pädagogik gefunden haben, steht der starke und stetig steigende Einfluß dieses Ansatzes auf die internationale Erziehungsforschung gegenüber, der dafür spricht, daß man sich auf die Dauer der Überzeugungskraft dieser konstruktiven Theorie nicht einfach wird verschließen können. Ohne sich mit Piagets Position zu identifizieren, möchten die Herausgeber durch deren exemplarische Berücksichtigung auf zwei Gesichtspunkte von beträchtlicher Tragweite verweisen, die zum Ausgleich gewisser Einseitigkeiten in der Diskussion des Verhältnisses von Sprache und Lernen beitragen. Zum einen müssen die Grenzen der Sprache als eines die menschliche Lernfähigkeit bedingenden Faktors wahrgenommen werden. Das bedeutet die Ablehnung sowohl einer behavioristischen als auch einer idealistischen oder ontologischen Auffassung von der Beherrschung des Denkens durch die Sprache. Vielmehr ist für die Strategie der Reihe die Annahme leitend, daß die spezifischen Leistungen des Sprachgebrauchs für die Lernprozesse in den verschiedenen Kommunikationssystemen überhaupt nur in Bezug auf die mitwirkenden nichtsprachlichen Faktoren angemessen dargestellt werden können. Zum anderen sollen weder die biologische, in einem vorsichtigen Begriff der Entwicklung von Anlagen noch die personale, in Begriffen von Spontaneität und Selbstverwirklichung zu fassende Seite der menschlichen Lern- und Bildungsprozesse zugunsten ihrer einseitigen Auslieferung an die Macht gesellschaftlicher Zustände oder an utopische Erwartungen von einem »neuen Menschen« unterdrückt werden, so notwendig diese gesellschafts- und geschichts-

[3] H. G. Furth, Intelligenz und Erkennen. Die Grundlagen der genetischen Erkenntnistheorie Jean Piagets, Frankfurt 1972, insbes. S. 267 f.; J. Piaget, Theorien und Methoden der modernen Erziehung, Wien-München-Zürich 1972; L. Montada, Die Lernpsychologie Jean Piagets, Stuttgart 1970.

philosophische Perspektive für eine anthropologische Fragestellung ist[4].

In diesem Rahmen bewegen sich die Absichten, die wir mit der Reihe »Sprache und Lernen« verfolgen möchten: die Erforschung der pädagogischen Funktionen des Sprachgebrauchs in den verschiedenen sozialen und kulturellen Teilsystemen zu fördern, in denen sich die menschlichen Bildungsprozesse vollziehen, durch Einbeziehung wichtiger, nicht jedermann zugänglicher ausländischer Studien in Form von Übersetzungen zur Integration und Verbreitung dieser Forschungen beizutragen sowie die Gesichtspunkte und Konzepte einer international im Entstehen begriffenen »Pädagogik der Sprache« für die allgemeine Theoriebildung der Erziehungswissenschaft, die Studiengänge der pädagogischen Berufe und deren Praxis nutzbar zu machen. Angesichts der bezeichneten Prämissen, Probleme und Absichten können wir zur Erläuterung und Konkretisierung des Programms auf die nicht geringe Zahl der Bände verweisen, die bereits erschienen sind und ein gewisses Interesse gefunden haben. Dadurch sind wir der Verlegenheit enthoben, Versprechungen abzugeben, die wir möglicherweise nicht hätten halten können.

Flintbek bei Kiel im Oktober 1972 *Werner Loch*

[4] W. Lepenies, Soziologische Anthropologie. Materialien, München 1971; W. Lepenies/H. Nolte, Kritik der Anthropologie, München 1971.

VORWORT ZUR DRITTEN AUFLAGE

Im Jahre 1930 erschien die zweite Auflage dieses kleinen Buches, das 1923 geschrieben wurde und ursprünglich nur einige vorbereitende Arbeiten zusammenfassen sollte. In der Einleitung zu dieser zweiten Auflage kündigten wir sowohl eine neue Studie über die egozentrische Sprache des Kindes an als auch mehrere »neue Untersuchungen über die Logik des Kindes«, die unter diesem Titel in einem Band veröffentlicht werden sollten. Unser erstes Versprechen wollen wir in dieser dritten Auflage einlösen: Ein neues Kapitel wird als Kapitel II zwischen Kapitel I und die übrigen Kapitel eingeschoben, die in den früheren Auflagen von II bis VI numeriert waren. Dieses neue Kapitel setzt sich auseinander mit den von Leuzinger-Schuler gesammelten Materialien, die sich mit dem Vergleich zwischen der Sprache des Kindes, das sich mit Erwachsenen unterhält, und der Sprache der Kinder unter sich befassen. Wir werden diese Arbeit benutzen, um verschiedene Fragen an unsere Hypothesen zu beantworten, die Katz, Stern, Isaacs und andere aufgeworfen haben. Wir werden auch versuchen, den Begriff des »intellektuellen Egozentrismus« von neuem zu charakterisieren; dieser Begriff wurde oft in einem Sinne verstanden, der stark von dem abweicht, den wir mit dem Ausdruck verbunden hatten. (Der Ausdruck ist vielleicht schlecht gewählt, inzwischen aber geläufig geworden.)

Was die »neuen Untersuchungen über die Logik des Kindes« betrifft, müssen wir beschämt zugeben, daß es uns nicht gelungen ist, sie entsprechend unserer Absicht in einem schmalen Band zusammenzufassen, der nach diesem Buch und nach dessen Ergänzung »Urteil und Denkprozeß des Kindes« erscheinen sollte (»Le jugement et le raisonnement chez l'enfant«)*. Statt dessen gaben sie Anlaß zu einer Reihe selbständiger Werke.

Zuerst haben wir das Entstehen der Intelligenz beim Kind (»La naissance de l'intelligence chez l'enfant«)** untersucht – die zweite Auflage erscheint soeben – und den Aufbau der Wirklichkeit beim Kind (»La construction du réel chez l'enfant«). Es handelt sich hierbei um zwei Untersuchungen über die Anfänge der Intelligenz, denen inzwischen noch ein Werk über die Bildung des Symbols beim Kind (»La formation du symbole chez l'enfant, 1945)***, also über den Beginn der Vorstellung, hinzugefügt worden ist. Danach haben wir das Problem der kindlichen Logik, und zwar hinsichtlich der Zahl (»La genèse du nombre chez l'enfant«, mit Szeminska, 1940)****, der Menge (»Le développement des quantités chez l'enfant«, mit Inhelder, 1941), der Zeit (»Le développement de la notion du temps chez l'enfant«, 1946) und hinsichtlich der Bewegung (»Les notions de mouvement et de vitesse chez l'enfant«, 1946) wieder aufgegriffen. Schließlich versuchten wir eine logische (»Classes, relations et nombres«, 1942) und eine psychologische Synthese (»La psychologie de l'intelligence«, 1947)***** der bisher gewonnenen Ergebnisse.

(1947) *Jean Piaget*

* Vgl. die deutsche Ausgabe in der Reihe Sprache und Lernen, Bd. 9, Düsseldorf 1972. Im vorliegenden Buch bezieht sich Piaget auf das angegebene Werk als auf »Band 2«. (Anm. d. Red.)

** Deutsche Ausgabe: Das Erwachen der Intelligenz beim Kinde, Stuttgart 1969. (Anm. d. Red.)

*** Deutsche Ausgabe: Nachahmung, Spiel und Traum. Die Entwicklung der Symbolfunktion beim Kinde, Stuttgart 1969. (Anm. d. Red.)

**** Deutsche Ausgabe: Die Entwicklung des Zahlbegriffs beim Kinde Stuttgart [3]1972. (Anm. d. Red.)

***** Deutsche Ausgabe: Psychologie der Intelligenz, Zürich/Stuttgart [2]1966. (Anm. d. Red.)

I. Kapitel

DIE FUNKTION DER SPRACHE BEI ZWEI SECHSJÄHRIGEN KINDERN[1]

Wir wollen hier versuchen, folgendes Problem zu lösen: Welche Bedürfnisse sucht das Kind zu befriedigen, wenn es spricht? Dieses Problem gehört eigentlich weder in die Linguistik noch in die Logik; es ist ein Problem der funktionalen Psychologie. Aber man muß bei jeder Untersuchung über die Logik des Kindes von diesem Problem ausgehen.

Auf den ersten Blick ist es ein eigenartiges Problem; denn es scheint doch, als diene die Sprache beim Kinde genau wie bei uns dem Individuum dazu, sein Denken mitzuteilen. Doch so einfach liegen die Dinge nicht. In erster Linie versucht der Erwachsene durch seine Rede, verschiedene Aspekte des Denkens mitzuteilen. Bald dient seine Sprache Feststellungen: Die Worte teilen objektive Überlegungen mit, sie informieren und bleiben an die Erkenntnis gebunden: »Das Wetter wird schlecht«, »Körper fallen ...« Bald aber teilt die Sprache Befehle oder Wünsche mit; sie dient dazu, zu kritisieren, zu drohen, kurz, Gefühle zu wecken und Handlungen zu veranlassen: »Laßt uns gehen!«, »Wie scheußlich!« Wenn man bei jedem Menschen das Verhältnis dieser beiden Kategorien der Mitteilung auch nur annähernd kennen würde, wäre man im Besitz interessanter psychologischer Daten. Man kann aber noch weiter gehen. Ist es sicher, daß selbst bei den Erwachsenen die Sprache immer der Mitteilung des Denkens dient? Ohne von der inneren Sprache zu reden, haben doch viele einfache Leute oder zerstreute Intellektuelle die Gewohnheit, für sich allein zu sprechen, laut zu monologisieren, ein Selbstgespräch zu führen. Vielleicht liegt in dieser Erscheinung eine Vorbereitung auf die soziale Sprache: Der einsame Sprecher wendet sich bisweilen an fiktive Gesprächspartner wie das Kind an Gestalten seiner Spiele. Vielleicht liegt in diesem Phänomen

[1] In Zusammenarbeit mit Germaine Guex und Hilda de Meyenburg.

auch eine Rückwirkung sozialer Gewohnheiten vor, wie Baldwin* sie beschrieben hat: Der einzelne wiederholt vor sich selbst eine Handlungsweise, die er ursprünglich nur anderen gegenüber angewendet hat. In diesem Falle würde der Mensch mit sich selbst sprechen, um sich selbst zur Arbeit zu veranlassen, einfach weil er sich daran gewöhnt hat, andere anzureden, um auf sie einzuwirken. Ob man die eine oder die andere Erklärung akzeptiert, es liegt hier eine Abweichung von der angenommenen Funktion der Sprache vor: Der einzelne, der mit sich selbst spricht, empfindet Freude und Anregung dabei, die ihn von dem Bedürfnis abbringen, sein Denken anderen mitzuteilen. Drittens, wenn die Funktion der Sprache einzig und allein darin bestünde, etwas »mitzuteilen«, dann könnte man sich das Phänomen des Verbalismus nur schwer erklären. Die Wörter sind von ihrem Gebrauch her an präzise Bedeutungen gebunden, weil sie ja verstanden werden sollen. Wie kommt es nun, daß Wörter einen unklaren Gedanken noch verschleiern und durch ihre Anhäufung sogar Unklarheiten schaffen, kurz, daß sie es in vielen Fällen unmöglich machen, daß der Gedanke mitgeteilt werden kann? Wir wollen die Diskussion über die Beziehung zwischen Sprache und Denken hier nicht neu beleben, wir wollen nur bemerken, wie allein die Tatsache dieser Diskussionen die Komplexität der Sprachfunktionen beweist, und daß es unmöglich ist, diese Funktionen auf eine einzige zurückzuführen – nämlich die, das Denken mitzuteilen.

Das Funktionsproblem kann sich also schon hinsichtlich des normalen Erwachsenen stellen. Umso mehr wird es sich hinsichtlich des Kranken, des Primitiven oder des Kindes stellen. Janet, Freud, Ferenczi, Jones, Spielrein und andere haben über die Sprache der Primitiven, Kranken und Kleinkinder verschiedene Theorien vorgelegt, die alle sehr aufschlußreich für das Denken des Kindes ab sechs Jahren sind, wie wir es hier untersuchen wollen.

Janet z. B. meint, daß die ersten Worte sich von Schreien ableiten, die beim Tier und auch noch beim Primitiven das Handeln begleiten: Schreie der Wut und der Drohung beim Streit usw. Bei den ersten sozialen Verhaltensweisen z. B. wird der Schrei, mit dem der Anführer den kriegerischen Angriff begleitet, zum Signal dieses Angriffs. Die ersten Worte sind also ursprünglich Befehle. Das Wort ist zunächst an eine Handlung gebunden – es ist Bestandteil dieser Handlung. Später

* James Mark Baldwin (1861–1934) vertrat eine biologisch begründete Entwicklungspsychologie; vgl. sein Buch: Mental Development in the Child and the Race, [1]1895. (Anm. d. Red.)

kann es allein die Handlung auslösen.[2] Die Psychoanalytiker sind von analogen Vorstellungen ausgegangen, um die Wortmagie zu erklären. Da das Wort ursprünglich Bestandteil der Handlung war, genügt es, die ganze Emotion und den ganzen konkreten Inhalt hervorzurufen. Man findet z. B. unter den allerersten Worten ganz offensichtlich die Liebesschreie, mit denen der sexuelle Akt eingeleitet wird. Daher bleiben diese Worte und alle Worte, die auf diesen Akt anspielen, unmittelbar emotional geladen. Diese Tatsachen erklären die allgemeine Tendenz beim primitiven Denken, den Namen von Personen und Dingen und die Bezeichnung von Ereignissen als Träger der Eigenschaften dieser Dinge oder Ereignisse zu sehen. Daher der Glaube, es sei möglich, auf diese Wesen oder Ereignisse schon durch das bloße Aussprechen der Worte einzuwirken, weil das Wort viel mehr ist als ein Etikett. Es ist eine furchtbare Wirklichkeit, die an der bezeichneten Sache teilhat.[3]

Wie Meumann und Stern gezeigt haben, bezeichnen die ersten Substantive der Sprache des Kindes auf keinen Fall Begriffe, sondern drücken Befehle und Wünsche aus. So spricht schließlich vieles dafür, daß die ursprüngliche Sprache des Kindes viel komplexere Funktionen hat, als es auf den ersten Blick der Fall zu sein scheint. Selbst wenn man den Details dieser Theorien mit größtem Vorbehalt gegenübersteht, müssen wir einsehen, daß viele Ausdrücke, die für uns nur begriffliche Bedeutung haben, für das Kleinkind lange Zeit eine Bedeutung behalten, die nicht nur affektiv, sondern quasi magisch oder wenigstens an bestimmte Verhaltensweisen gebunden ist, die wir isoliert erforschen sollten, wobei wir unsere Erwachsenenmentalität vergessen müssen.

Es kann sich also lohnen, das funktionelle Problem bei älteren Kindern aufzuwerfen. Das soll hier geschehen – als Einführung in das Studium

[2] British Journal of Psychology (Med. Sect.), Bd. I, Teil 2, 1921, S. 151.

[3] Vgl. Jones, E., A linguistic factor in English Characterology, in: International Journal of Psycho-Analysis, Bd. I, Teil 3, S. 256 (vgl. Zitate von Ferenczi und Freud S. 257). Spielrein hat versucht, dieselben Phänomene wieder aufzufinden, indem sie in der Analyse der Sprache des Kindes so weit wie möglich zurückging. Sie hat nach Stern zu beweisen versucht, daß die Silben, deren sich der Säugling zur Bezeichnung der Mutter bedient, in zahlreichen Sprachen *(Mama)* aus Labialen gebildet sind, die eine einfache Verlängerung des Saugaktes bezeugen. »Mama« war also ein Schrei des Verlangens, dann ein Befehl an das Wesen, das allein dieses Verlangen zu befriedigen vermag. Aber andererseits führt schon der Schrei »Mama« gewissermaßen eine Beruhigung herbei: da er eine Fortsetzung des Saugaktes ist, verschafft er eine Art von halluzinatorischer Befriedigung. Der Befehl und die unmittelbare Befriedigung sind hier also fast eins, und man weiß nicht, wann das Wort einen echten Befehl darstellt und wann es eine quasi magische Rolle spielt; so sehr sind diese beiden Momente miteinander vermengt.

Vgl. Internationale Zeitschrift für Psychoanalyse, Bd. VI, S. 401 (Besprechung eines Vortrags, gehalten auf dem Kongreß für Psychoanalyse in Den Haag).

der kindlichen Logik; denn Logik und Sprache sind offensichtlich interdependent. Wir werden vielleicht keine Spur »primitiver« Phänomene finden; jedenfalls werden wir uns sehr fernhalten von der üblichen Vorstellung, die Sprache des Kindes diene der Mitteilung des Denkens.

Es ist unnötig zu erklären, wie sehr dieser Versuch bei den Vorfragen stehenbleibt. Wir versuchen ja nur eine einfache Sondierung. Sie ist vor allem dazu bestimmt, eine neue Technik zu entwickeln, die sich auf neue Beobachtungen anwenden läßt und einen Vergleich der Ergebnisse zuläßt. Diese Technik, nach der allein wir gesucht haben, hat es uns schon ermöglicht, einige Feststellungen zu treffen. Da wir aber nur mit zwei 6jährigen Kindern gearbeitet und deren Äußerungen zwar vollständig aufgenommen haben, jedoch nur einen Monat lang und nur einige Stunden am Tage, können unsere Schlußfolgerungen nur vorläufig sein. Möglicherweise werden wir sie in den folgenden Kapiteln bestätigt finden.

I. Das Material

Wir haben folgende Technik angewandt: Zwei Mitarbeiterinnen beobachteten je ein Kind (einen Jungen) einen Monat lang vormittags in der Vorschule (Maison des Petits) des Instituts J. J. Rousseau und notierten alles genau, was das Kind sagte und in welchem Zusammenhang das geschah. In der Klasse, in der unsere beiden Kinder beobachtet wurden, malen und bauen die Kinder, was sie wollen; sie modellieren, benutzen Rechen-, Lesespiele usw. Bei diesen Beschäftigungen sind sie völlig frei; nichts hindert sie daran, zu sprechen oder miteinander zu spielen, wenn sie Lust dazu haben; die Erwachsenen helfen ihnen nicht dabei, außer wenn die Kinder es wünschen. Die Kinder arbeiten allein oder in Gruppen, ganz wie sie wollen; die Gruppen bilden sich und lösen sich wieder auf, ohne daß die Erwachsenen sich einmischen; die Kinder gehen nach Belieben von einem Raum in den anderen (Zeichenraum, Modellierraum), ohne daß man von ihnen verlangt, daß sie sich einer bestimmten Arbeit mit Ausdauer widmen, solange sie nicht selbst das Verlangen danach haben. Diese Räume sind also ein erstklassiges Beobachtungsfeld für das Studium des sozialen Lebens und der Sprache des Kindes.[4]

Wir wollen also dem Einwand begegnen, daß die Kinder, die für unsere

[4] Wir danken Fräulein Audemar und Fräulein Lafendel, den Leiterinnen der »Maison des Petits«, die uns gestatteten, ganz frei in ihren Klassen zu arbeiten.

Untersuchung zur Verfügung standen, nicht unter natürlichen Bedingungen beobachtet worden seien. Einerseits sprechen sie so, wie sie es auch zu Hause täten, etwa in einem Spielzimmer und mit ihren Freunden; denn in der Schule dürfen sie den ganzen Tag sprechen, ohne sich getadelt oder in irgendeiner Weise dirigiert zu fühlen. Andererseits sprechen sie in der Klasse nicht mehr, als sie es zu Hause oder unter anderen Bedingungen täten; denn die Beobachtung zeigt, daß die Kinder bis zu einer bestimmten Altersstufe – die Grenze liegt bei 5 bis 7 1/2 Jahren – im allgemeinen lieber einzeln und allein als in Gruppen, selbst zu zweit, arbeiten. Da wir im übrigen den Kontext, in dem die Kinder sprachen, vollständig aufgezeichnet haben, besonders wenn die Gesprächspartner Erwachsene waren, können wir aus unseren Berechnungen alles ausschalten, was die Kinder nicht spontan gesprochen haben, also alle Antworten auf ihnen gestellte Fragen.

Nachdem wir unser Material gesammelt hatten, wurde es auf folgende Weise ausgewertet: Zuerst wurden alle Sätze des Versuchskindes numeriert. Im allgemeinen spricht das Kind in kurzen Sätzen, die durch längeres Schweigen oder das Sprechen anderer Kinder unterbrochen werden. Jeder Satz wird gesondert numeriert. Wenn der Text etwas länger ist, kann man ruhig mehreren zusammenhängenden Sätzen eine Nummer geben, nur müssen Sätze mit verschiedenen Gedanken auch verschiedene Nummern erhalten. In diesen übrigens seltenen Fällen erfolgt die Aufteilung nicht ganz ohne eine gewisse Willkür. Diese Willkür ist bedeutungslos, wenn es sich um Statistiken handelt, die Hunderte von Sätzen umfassen.

Wenn der Text in eine bestimmte Zahl von Sätzen aufgegliedert ist, versuchen wir die Sätze nach elementaren funktionalen Kategorien zu ordnen. Diese Klassifizierung wollen wir nun erläutern.

§ 1. Ein Beispiel für die aufgezeichneten Äußerungen

Wir wollen erst ein vollständiges Beispiel der so gewonnenen Dokumente vorführen und es in seiner Komplexität betrachten:

23. Pie (zu Ez, der einen Straßenbahnwagen mit Anhänger zeichnet): »*Die Wagen, die dranhängen, haben doch keine Fähnchen!*« (Keine Antwort.)

24. (Er spricht von seiner Straßenbahn:) »*Sie haben keine Wagen angehängt.*« (Er wendet sich an niemanden. Niemand antwortet.)

25. (Zu Bea:) »*Das ist eine Bahn, die hat keine Anhänger.*« (Keine Antwort.)

26. (Zu Hei:) »*Diese Bahn, die hat keine Anhänger. Hei, verstehst du, die ist rot, verstehst du?*« (Keine Antwort.)
27. (Lev sagt laut: »Ein komischer Mann«, in einiger Entfernung und ohne sich an Pie oder an sonst jemanden zu wenden.) Pie: »*Ein komischer Mann!*« (Dabei malt er seine Bahn weiter.)
28. »*Die Bahn, die lasse ich weiß.*«
29. (Ez malt ebenfalls eine Bahn und sagt: »Ich mache sie gelb.«) »*Nein, die darf nicht ganz gelb sein.*«
30. »*Guck mal, ich mache die Treppe.*« (Bea antwortet: »Ich kann heute nachmittag nicht kommen, ich habe Turnen.«)
31. »*Was sagst du?*« (Bea wiederholt den gleichen Satz.)
32. »*Was sagst du?*« (Bea antwortet nicht. Sie hat vergessen, was sie gerade gesagt hat, und stößt Ro.)
33. (Zu Bea:) »*Laß ihn doch!*«
34. (Fräulein B. fragt Ez, ob er mit ihr kommen will:) »*Ez, komm, das ist nicht fertig.*« (34a.) »*Fräulein, Ez ist nicht fertig.*«
35. (Ohne sich an jemanden zu wenden:) »*Ich male schwarze Steine.*«
36. (Desgleichen:) »*Schön ... diese Steine.*«
37. (Zu Ez:) »*Besser als bei dir, was?*« (Keine Antwort. Ez hat den Satz davor nicht gehört.)

Wir haben dieses Beispiel von Pie (6½ Jahre) gewählt, weil er während der größten sozialen Aktivität, deren dieses Kind fähig ist, beobachtet wird: Er malt am selben Tisch wie Ez, ein unzertrennlicher Freund, und unterhält sich ununterbrochen mit ihm. In einem solchen Falle wäre es also natürlich, wenn die einzige Funktion der Sprache darin bestünde, Denken mitzuteilen. Sehen wir aber genauer hin. Offensichtlich haben die Sätze oder Satzfetzen dagegen vom sozialen Gesichtspunkt her ganz verschiedene Bedeutungen. Wenn Pie sagt: »*Sie haben keinen ...*« (24), oder: »*Ich male ...* (35), wendet er sich an niemanden. Er denkt laut vor seiner eigenen Zeichnung, so wie einfache Menschen bei ihrer Arbeit leise vor sich hin sprechen. Damit läßt sich eine erste Kategorie unterscheiden, die wir im folgenden *Monolog* nennen werden. Wenn Pie zu Hei oder Bea sagt: »*Das ist eine Bahn ...*« (25), oder: »*Diese Bahn ...*« (26), dann will er sich scheinbar bemerkbar machen. Bei genauer Untersuchung merken wir aber, daß der Gesprächspartner ihm einerseits gleichgültig ist (er wendet sich zuerst an Bea, dann an Hei und sagt genau das gleiche) und daß es ihm andererseits gleichgültig ist, ob der Gesprächspartner zuhört oder nicht. Er meint, man höre ihm zu, und mehr braucht er nicht. Als Bea ihm eine Antwort gibt, die nichts mit dem zu tun hat, was er vorher gesagt hat

(30), stellen wir ebenso eindeutig fest, daß ihm nichts daran liegt, besser verstanden zu werden oder zu verstehen. Beide hängen ihren eigenen Gedanken nach und sind dabei zufrieden (30; 32). Der Gesprächspartner regt an. Pie erzählt von sich wie beim Monologisieren, meint dabei aber, im Mittelpunkt des Interesses anderer zu stehen, und das macht ihm Vergnügen. Hier liegt eine zweite Kategorie vor, die wir den *kollektiven Monolog* nennen wollen. Sie unterscheidet sich von der ersten, aber auch vom echten Gedanken- und Informationsaustausch. Letzterer gehört einer eigenen Kategorie an, die wir *angepaßte Information* nennen werden. Ihr kann man die Sätze 23 und 34a zuordnen. Diesmal wendet sich das Kind an verschiedene Gesprächspartner und nicht mehr wie vorher an den erstbesten, und es spricht, damit die Gesprächspartner zuhören und verstehen. Neben diesem Gedankenaustausch konstatierender oder objektiver Natur kann man den Austausch eher imperativer oder subjektiver Natur unterscheiden, der aus Befehlen (33) oder spöttischen Bemerkungen und Kritik, Bestätigungen seiner eigenen Überlegenheit usw. besteht (37). Außerdem kann man noch die einfachen, sinnlosen Wiederholungen (27), die Fragen und die Antworten unterscheiden.
Wir wollen nun versuchen, die Kriterien dieser verschiedenen Kategorien herauszuarbeiten.

§ 2. Klassifikation der Funktionen der Kindersprache

Die Äußerungen der beiden Versuchskinder lassen sich in zwei große Gruppen aufteilen, die man *egozentrisch* und *sozialisiert* nennen kann. Wenn das Kind Sätze der ersten Gruppe spricht, kümmert es sich nicht darum, mit wem es spricht und ob man ihm zuhört. Es spricht entweder mit sich selbst oder des Vergnügens willen, irgendjemanden an seiner unmittelbaren Handlung teilnehmen zu lassen. Diese Sprache ist egozentrisch zunächst einmal, weil das Kind nur von sich erzählt, vor allem aber, weil es nicht versucht, auf den Standpunkt des Zuhörers einzugehen. Sein Gesprächspartner ist der erstbeste. Das Kind erwartet von ihm nur scheinbares Interesse, auch wenn es offensichtlich die Illusion hat, gehört und verstanden zu werden. (Eine Ausnahme macht vielleicht der reine Monolog, und selbst das ist nicht sicher.) Das Kind empfindet nicht das Bedürfnis, auf den Gesprächspartner einzuwirken, ihm wirklich etwas beizubringen. Es geht hier wie bei so manchem Kaffeekränzchen zu: Jeder redet von sich und keiner hört zu.
Die egozentrische Sprache läßt sich in drei Kategorien einteilen:

1. *Die Wiederholung* (Echolalie): Hier handelt es sich lediglich um die Wiederholung von Silben und Worten. Das Kind wiederholt sie aus reinem Vergnügen am Sprechen. Es ist ihm dabei gleichgültig, ob es mit jemandem spricht oder nicht, ob seine Worte einen Sinn haben oder nicht. Das ist eines der Überbleibsel des Lallens der Säuglinge, das natürlich von einer Sozialisation noch weit entfernt ist.
2. *Der Monolog:* Das Kind spricht für sich, als denke es laut. Es wendet sich dabei an niemanden.
3. *Der Monolog zu zweit oder der kollektive Monolog:* Der innere Widerspruch dieser Bezeichnung erinnert an das Paradox in den Kindergesprächen, die wir eben erwähnt haben. Jeder läßt einen anderen an seinem augenblicklichen Tun oder Denken teilnehmen, ohne sich darum zu kümmern, ob er wirklich gehört oder verstanden wird. Der Standpunkt des Gesprächspartners spielt dabei nie eine Rolle – der Gesprächspartner ist lediglich ein »Stimulans«.

Bei der sozialisierten Sprache kann man unterscheiden:
4. *Die angepaßte Information:* Hier handelt es sich um einen echten Gedankenaustausch des Kindes mit anderen. Entweder wird der Gesprächspartner über etwas informiert, was ihn eventuell interessieren oder sein Verhalten beeinflussen könnte, oder es kommt zu einem echten Austausch der Gedanken, zu einer Diskussion, oder sogar zu einer Zusammenarbeit bei der Verfolgung eines gemeinsamen Ziels.
Wenn das Kind auf den Standpunkt des Gesprächspartners eingeht, wenn dieser Partner nicht mit jedem beliebigen anderen vertauschbar ist, dann haben wir »angepaßte Informationen«. Wenn aber das Kind nur von sich spricht, ohne sich um den Standpunkt des Zuhörers zu kümmern, ja nicht einmal darum, ob dieser überhaupt zuhört und versteht, dann handelt es sich um den »kollektiven Monolog«. Wir werden diesen Begriff weiter unten noch präzisieren.
5. *Die Kritik:* Diese Gruppe umfaßt alle Äußerungen über die Arbeit oder das Verhalten des anderen, die die gleichen Merkmale wie die angepaßte Information aufweisen, m. a. W. die auf einen bestimmten Gesprächspartner eingehen. Die Äußerungen sind eher affektiv als intellektuell, d. h. sie behaupten die Überlegenheit des eigenen Ich und setzen den anderen herab. Wegen dieses letzten Faktums könnte man versucht sein, diese Gruppe in die egozentrischen Kategorien einzuordnen – »egozentrisch« hier im intellektuellen, nicht im moralischen Sinne verstanden. Nun wirkt in diesem Falle allerdings eindeutig ein Kind handelnd auf ein anderes ein, woraus Diskussionen, Streit oder Rivali-

tät entstehen können, während die Äußerungen beim kollektiven Monolog keine Wirkung auf den Gesprächspartner haben. Andererseits besteht zwischen Kritik und angepaßter Information oft nur ein so feiner Unterschied, daß er nur aus dem Zusammenhang heraus erkennbar ist.

6. *Die Befehle, Bitten und Drohungen:* Hier liegt eindeutig ein Einwirken des einen Kindes auf ein anderes vor.

7. *Die Fragen:* Die meisten Fragen eines Kindes an ein anderes fordern eine Antwort. Man kann sie also unter die sozialisierte Sprache einordnen, allerdings, wie wir sehen werden, mit Vorbehalten.

8. *Die Antworten:* Es geht hier um gegebene Antworten auf wirkliche Fragen (mit einem Fragezeichen) und auf Befehle, nicht dagegen um Antworten, die während eines Dialoges auf Vorschläge gegeben werden (4. Kategorie), die aber keine echten Fragen sind, sondern eher zur »Information« gehören.

Das sind die acht Grundkategorien, die wir unterscheiden werden. Man kann gegen diese – wie gegen jede – Klassifikation einwenden, daß sie künstlich sei. Das versteht sich von selbst. Wichtig ist nur, daß eine Klassifikation objektiv ist, daß also ein Experte, wenn er unsere Kriterien einmal kennt, die gleichen Sätze von Kindern in die gleiche Kategorie wie wir einordnen würde oder doch ungefähr in die gleiche Kategorie. Wir glauben, daß das möglich ist. Wir haben unser gesamtes Material, einschließlich des im nächsten Kapitel behandelten, zu viert klassifiziert, und unsere einzelnen Entscheidungen stimmten bis auf etwa zwei oder drei Prozent überein.

Wir wollen diese Kategorien einzeln aufgreifen und dann versuchen, die Konstanten in den Ergebnissen unserer Statistik herauszuarbeiten.

§ 3. *Die Wiederholung*

Man weiß, daß ein Kind in den ersten Jahren mit Vorliebe Wörter, die es hört, wiederholt, Silben und Laute nachahmt, auch wenn sie noch keinen großen Sinn für das Kind haben. Die Funktion dieser Nachahmung läßt sich schwer auf eine einzige Formel bringen. Vom Verhalten her gesehen, stellt das Nachahmen, laut Claparède, eine ideomotorische Anpassung dar, aus der heraus das Kind die Gesten und Vorstellungen der Personen seiner Umgebung reproduziert und dann simuliert. Von der Persönlichkeit und dem sozialen Leben her gesehen scheint die Imitation, wie Baldwin und Janet behaupten, eine Verwechslung zwischen dem Ich und dem Nicht-Ich, zwischen der Aktivität des eigenen Leibes und der des anderen zu sein. In der Zeit, wo das Kind am meisten nachahmt, spielt es seine Imitation mit seinem ganzen Wesen und identifiziert sich mit dem imitierten Objekt. Aber dieses Spiel, das eine wesentlich soziale Haltung zu sein scheint, bleibt zur gleichen Zeit wesentlich egozentrisch: Die nachgeahmten Gesten und Verhaltensweisen interessieren das Kind nicht um ihrer selbst willen; es gibt kein Ich, das sich einem anderen anpaßt – es findet lediglich eine Verwechslung statt, bei der das Kind nicht weiß, daß es nachahmt, und es spielt sein Spiel, als wäre es seine eigene Erfindung. Auch noch mit sechs oder sieben Jahren, wenn man ihm etwas erklärt und es auffordert, das Erklärte sofort zu wiederholen, bildet sich das Kind ein, selbst gefunden zu haben, was es in Wirklichkeit nur wiederholt. Es handelt sich hier um eine vollkommen unbewußte Nachahmung, wie wir sie oft haben beobachten können.

Dieser Geisteszustand ist eine Begleiterscheinung der Aktivität des Kindes, die man auf jeder Altersstufe findet; sie verschiebt sich, was ihren Inhalt angeht, aber sie bleibt in ihrer Funktion immer gleich. Im Alter unserer beiden Versuchskinder gehören viele der aufgezeichneten Äußerungen noch zur reinen Wiederholung oder Echolalie. Diese Echolalie erfüllt die Rolle eines einfachen Spiels: Das Kind empfindet Freude daran, die bloßen Worte zu wiederholen wegen des Vergnügens, das sie ihm gewähren, und ohne irgendeine Anpassung an einen anderen, ohne Gesprächspartner. Hier einige typische Beispiele:

(Fräulein E. bringt My das Wort »Zelluloid« bei.) Lev (ganz in seine Arbeit an seinem Bild vertieft, an einem anderen Tisch): *»Luloid ... Leloid ...«* usw.

(Vor einem Aquarium. Pie steht außerhalb der Gruppe und reagiert nicht. Es fällt das Wort »Triton«.) Pie: *»Triton ... Triton.«*

Solche reinen Wiederholungen, im Alter von Pie und Lev übrigens selten, sind uninteressant. Aufschlußreicher sind sie, wenn sie mitten in einem scheinbaren Gespräch auftreten.

Jac sagt zu Ez: »Sieh mal Ez, deine Hose guckt heraus!« Pie, der an einer anderen Stelle im Zimmer steht, wiederholt sofort: *»Sieh mal, meine Hose guckt heraus und auch mein Hemd.«*

Nichts davon ist wahr: Es ist die Freude an der Wiederholung, die Pie diese Äußerung machen läßt, es ist also die Freude daran, sich der gehörten Worte zu bedienen, nicht um sie dem Gespräch anzupassen, sondern um mit ihnen zu spielen.

Oben brachten wir das Beispiel von Pie, der Lev sagen hört: »Ein komischer Mann« und der diese Äußerung aus Spaß wiederholt, obwohl

er selbst damit beschäftigt ist, eine Straßenbahn zu malen (Satz 27). Man sieht, wie wenig die Wiederholung Pie von seiner augenblicklichen Beschäftigung ablenkt.
(Ez sagt: »Ich will auf den Zug da oben.«) Pie: *»Ich will auf den Zug da oben.«*
Es ist sinnlos, die Beispiele zu vermehren. Der Vorgang ist jedesmal der gleiche. Die Kinder malen oder spielen. Alle sprechen mit Unterbrechungen, ohne viel aufeinander zu hören. Aber die so hingeworfenen Worte werden wie Bälle im Fluge aufgegriffen. Bald werden sie so wiederholt wie alle Äußerungen dieser Kategorie, bald lösen sie Monologe zu zweit aus, von denen wir gleich sprechen werden.
Die Wiederholungsfrequenz liegt für Pie und Lev jeweils bei ungefähr 2% und 1%. Wenn man die Äußerungen der Kinder in Gruppen zu je hundert Sätzen einteilt, liegt der Anteil der Wiederholungen in jeder Hundertergruppe bei 1%, 4%, 0%, 5%, 3% usw.

§ 4. Der Monolog

Wir haben schon gesehen, wie sehr das Wort – für Janet und die Psychoanalytiker – ursprünglich an eine Handlung gebunden und daher mit einem konkreten Sinn gefüllt war, daß das bloße Aussprechen dieses Wortes, auch getrennt von der Handlung, als die Einleitung dieser Handlung betrachtet wurde.
Unabhängig von dieser Frage des Ursprungs wird nun immer wieder beobachtet, daß das Wort für das Kind der Handlung und Bewegung viel näher steht als für uns. Daraus ergeben sich zwei bedeutende Folgerungen für das Verständnis der kindlichen Sprache und besonders für das des Monologs:
1. Das Kind muß beim Handeln sprechen, selbst wenn es allein ist: Es muß seine Bewegungen und seine Spiele mit Schreien und Worten begleiten. Sicher gibt es auch Pausen, wo das Kind schweigt – sogar recht eigenartige Pausen, wenn Kinder gemeinsam mit etwas beschäftig sind wie etwa in den Räumen der »Maison des Petits«. Aber wieviel Selbstgespräche werden neben diesem Schweigen von Kindern geführt, die allein in einem Zimmer sind, oder von Kindern, die einfach, ohne sich an jemanden zu wenden, sprechen.
2. Auch wenn das Kind ganz allein redet, um seine Handlungen zu begleiten, dann kann es dieses Verhältnis umdrehen und sich der Worte bedienen, um das zu erreichen, was die Handlungen selbst nicht verwirklichen können. Daher das Fabulieren, das darin besteht, durch das

Wort eine Realität zu schaffen, und daher die magische Sprache, die darin besteht, allein durch das Wort zu handeln, ohne jeden Kontakt mit Dingen oder Personen.
Diese beiden Variationen rechnen wir hier zu derselben Kategorie: zum Monolog. Es ist bemerkenswert, daß der Monolog zwischen 6 und 7 Jahren noch eine große Bedeutung hat. In diesem Alter führt das Kind Selbstgespräche, selbst wenn es in Gesellschaft anderer Kinder ist, wie in den Räumen, wo wir gearbeitet haben. Manchmal kann man beobachten, wie ein Dutzend Kinder, jedes an seinem Tisch oder in Gruppen zu zweit oder zu dritt, einfach vor sich hin redet, ohne sich um den Nachbarn zu kümmern.
Hier folgen einige Beispiele des einfachen Monologs (der ersten Art), wobei das Kind seine Handlungen einfach mit laut gesprochenen Sätzen begleitet:
Lev (setzt sich an seinen Tisch – ohne Spielkameraden): *»Ich, ich will das da zeichnen ... Ich will was malen ... Dafür brauch ich ein großes Stück Papier.«*
Lev (wirft ein Spiel um): *»Und alles fällt um!«*
Lev (hat gerade ein Bild fertig gezeichnet): *»Jetzt will ich was anderes machen.«*
Lev ist ein kleiner Kerl, der sehr mit sich selbst beschäftigt ist. Er muß unaufhörlich allen mitteilen, was er tut. Und so könnte der Monolog bei ihm in die Richtung des kollektiven Monologs gehen, wo jeder mit sich selbst spricht, ohne die anderen zu hören. Auch wenn er allein ist, redet er dauernd von dem, was er machen will, und er genügt sich selbst als Gesprächspartner. Unter diesen Umständen handelt es sich um den eigentlichen Monolog.
Bei Pie ist der Monolog viel seltener, aber auch viel deutlicher, und es kommt vor, daß das Kind wirklich nur spricht mit dem einzigen Zweck, seine Handlungen hervorzuheben, ohne eine Spur von Selbstzufriedenheit. Hier folgt ein Kontext von Pie, bei dem der Monolog allerdings von anderen Formen der Sprache unterbrochen wird:
53. (Pie nimmt sein Heft mit Zahlen und blättert darin herum:) *»Eins, zwei, ... drei, vier, fünf, sechs, sieben, ... acht, acht, acht, acht, acht, und acht ... neun. Nummer neun, Nummer neun, Nummer neun,* (singend) *ich will die Nummer neun.«* (Das ist die Zahl, die er gerade zeichnet.)
54. (Er sieht Bea zu, die vor der Rechenmaschine steht, aber ohne mit ihr zu sprechen:) *»Jetzt mache ich die Neun, Neun, ich mach' die Neun, ich mach' die Neun.«* (Er zeichnet.)

55. (Fräulein L. geht an seinem Tisch vorbei, ohne etwas zu sagen.) *»Fräulein! Das ist neun, neun, neun. . . . Nummer neun.«*
56. (Er geht an die Rechenmaschine, um zu sehen, in welcher Farbe er seine Nummer malen soll, damit sie der neunten Reihe der Maschine entspricht.) *»Ein rosa Stift, den braucht man für die Neun.«* (Er singt.)
57. (Zu Ez, der vorbeikommt:) *»Ich mache die Neun, ich.«* – (Ez:) »Was machst du?« – *»Kleine Kreise.«*
58. (Der Stift bricht ab.) *»Au, au!«*
59. *»Jetzt bin ich bei neun!«*

Das ganze Selbstgespräch hat also nur den Zweck, die unmittelbaren Handlungen zu begleiten. Es gibt dabei nur zwei Ausnahmen. Pie möchte einen Gesprächspartner an seinen Projekten teilnehmen lassen (Sätze 55 und 57). Aber das unterbricht nicht den Monolog, der weitergeht, als wäre Pie allein im Zimmer. Das Reden ist hier ein Stimulans und hat keinerlei Mitteilungsfunktion. Ohne Zweifel empfindet Pie Freude daran, in Gesellschaft zu sein, aber auch wenn er allein wäre, würde er sich ähnlich äußern.

Hier sieht man zugleich auch die Gefahr dieses Stimulans. Wenn er die Handlung beschleunigt, besteht in manchen Fällen die Gefahr, daß das Stimulans sie ersetzt. »Wenn es darum geht, die Entfernung zwischen zwei Punkten zu bewältigen, geht der Mensch tatsächlich mit seinen Beinen, er kann aber auch, wie die Opernsänger, stehen bleiben und laut singen: ›Wir laufen, wir laufen‹.«[5] Dem entspricht die zweite Art des kindlichen Monologs, bei der die Rede weniger dazu dient, das Handeln zu begleiten und zu beschleunigen, sondern es durch eine imaginäre Befriedigung zu ersetzen. Zu dieser letzten Gruppe muß man auch die Fälle kindlicher Wortmagie rechnen, die aber, so häufig sie vorkommen mögen, sich nur finden, wenn das Kind ganz allein ist.[6] Aber ganz häufig empfindet das Kind eine solche Freude an einem Monolog, daß es vergißt, was es tut, und nur noch redet. Das Wort wird dann ein Befehl an die Wirklichkeit. Hier folgen Beispiele des reinen und des kollektiven Monologs (vgl. die folgende Kategorie), die das Kind in seiner Begeisterung dazu verleiten, Dingen und Tieren alle Arten von Befehlen zu geben.

»Los, sie läuft (eine Schildkröte), *sie läuft, sie läuft, sie läuft. Geh weg. Da, sie läuft, sie läuft, sie läuft . . . Los, Schildkröte!«*

Etwas später, nachdem das Kind sich das Aquarium angesehen hat,

[5] P. Janet, a.a.O., S. 150.
[6] Vgl. La représentation du monde chez l'enfant, Kap. IV.

führt es einen Monolog: – »*Der staunt aber* (ein Salamander) *über den großen Riesen* (Fisch).« Es ruft: »*Salamander, friß doch die Fische!*«
Wir haben hier den Mechanismus der Spiele vor uns, die das Kind alleine spielt und in deren Verlauf es, nachdem es seine Handlung laut gedacht hat, aus einer verbalen Begeisterung und aus willkürlicher Illusion dazu kommt, Dingen und Lebewesen Befehle zu erteilen.

Abschließend können wir sagen: Was die Monologe dieser Kategorie allgemein kennzeichnet, ist das Fehlen einer sozialen Funktion der Wörter. In solchen Fällen dient die Sprache nicht der Mitteilung des Denkens, sie dient dazu, Handlungen zu begleiten, zu verstärken oder zu ersetzen. Kann man sagen, daß hier eine einfache Abweichung von der ursprünglichen Funktion der Sprache vorliegt und daß das Kind sich selbst und den Dingen Befehle gibt oder mit sich selbst spricht, so wie es gelernt hat, anderen zu befehlen und mit ihnen zu sprechen? Zweifellos würde das Kind nie sprechen lernen, ohne anfängliche Nachahmung anderer und ohne das Bedürfnis, seine Eltern zu rufen und auf sie einzuwirken: In gewissem Sinne geht der Monolog aus einer Rückwirkung jener Redeweisen hervor, die das Kind in ihrer Funktion bei anderen gelernt hat. Wir dürfen aber nicht vergessen, daß das Kind während der ganzen Zeit, in der es die Sprache erwirbt, ständig das Opfer von Verwechslungen seines eigenen Gesichtspunktes mit dem der anderen ist. Einerseits weiß es nicht, daß es nachahmt. Andererseits spricht es zu sich selbst ebenso wie zu anderen, wie auch aus Freude am Lallen, weil es frühere Zustände fortbestehen lassen will und Befehle geben möchte. Man kann weder sagen, daß der Monolog vor, noch daß er nach den sozialisierten Sprachformen entsteht. Beide entspringen diesem undifferenzierten Zustand, wo der Schrei und das Wort die Handlung begleiten und sie zu verlängern suchen. Beide wirken am Anfang ihrer Entwicklung aufeinander ein.
Man muß aber erwarten, daß zwischen Kleinkindalter und Erwachsenenalter der Monolog, der eine primitive und kindliche Funktion der Sprache ist, allmählich verschwindet. In diesem Zusammenhang ist es bemerkenswert, daß diese Form bei Pie und Lev jeweils ungefähr 5% und 15% ihrer Reden ausmacht. Das ist viel bei den Bedingungen, unter denen unsere Aufzeichnungen gemacht wurden. Dieser Unterschied zwischen beiden Kindern entspricht auch einem Unterschied der Temperamente. Pie ist nüchterner als Lev, hat sich der Wirklichkeit und daher auch der Gesellschaft anderer Kinder stärker angepaßt. Wenn er spricht, dann gewöhnlich, um gehört zu werden.

Allerdings haben wir gesehen, daß Pies Monolog offener als der von Lev ist. Aber Pie gibt nicht so viele zufriedene Äußerungen von sich wie Lev, mit denen das Kind sich unaufhörlich selbst vorsagt, was es unternimmt, und die offensichtlich eine überschäumende Phantasie verraten.

§ 5. Der kollektive Monolog

Unter den egozentrischen Formen der Kindersprache ist er die sozialste Form, da sie der Freude am Sprechen eine andere hinzufügt, nämlich die, Monologe vor anderen zu führen und deren Interesse auf das eigene Handeln und Denken hinzulenken oder dies doch zu glauben. Wie wir schon bemerkt haben, gelingt es dem Kind, das so spricht, aber nicht, bei den Gesprächspartnern Gehör zu finden, weil es sich gar nicht an sie wendet. Es wendet sich an niemanden. Es spricht in Gegenwart anderer laut vor sich hin. Dieses Verhalten findet man bei manchen infantilen Erwachsenen (auch bei manchen Hysterikern, wenn man Hysterie das Fortbestehen des kindlichen Charakters nennt), die die Gewohnheit haben, laut zu denken, als sprächen sie mit sich selbst, doch in der Annahme, daß man ihnen zuhört. Fällt diese Schauspielerei weg, hat man genau die entsprechende Form des kollektiven Monologs normaler Kinder.

Wir erkennen sofort die geringe soziale Wirkung dieser Sprachform, also den geringen Eindruck, den sie auf den Gesprächspartner macht, wenn wir an die Beispiele des § 1 denken: Zweimal spricht Pie denselben Satz (25 und 26) zu zwei Gesprächspartnern, die weder antworten noch zuhören, und er wundert sich darüber nicht. Seinerseits fragt er Béa zweimal: »Was sagst du?« (31 und 32), ohne aber auf sie zu hören: Er verfolgt nur seine Gedanken und seine Zeichnung und spricht nur von sich selbst.

Hier folgen noch einige Beispiele, die uns zeigen, wie wenig das Kind sich darum kümmert, eine bestimmte Person anzusprechen und vom Gesprächspartner gehört zu werden:

(Fräulein L. erklärt einer Gruppe von Kindern, daß die Eulen tagsüber nicht sehen können.) Lev: *»Ich weiß genau, sie kann es nicht.«*

Lev (sitzt an einem Tisch, wo man in einer Gruppe arbeitet): *»Mond habe ich schon gemacht, dann muß man einen neuen nehmen.«*

Lev (hebt Ahornsamen auf): *»Ich habe ganz viele Kneifer.«*

Lev: *»Ich habe ein Gewehr und kann ihn totschießen. Ich bin der Hauptmann und reite. Ich habe ein Pferd und auch ein Gewehr.«*

Der Anfang der meisten Sätze ist bezeichnend: »Ich [moi je]. Alle sind aufgefordert zuzuhören. Das unterscheidet die Äußerungen vom reinen Monolog. Inhaltlich entsprechen sie diesem Monolog aber genau: Das Kind denkt sein Handeln nur laut, ohne die Absicht, jemandem etwas mitzuteilen.

Im nächsten Kapitel werden wir weitere Beispiele für den kollektiven Monolog kennenlernen, nicht mehr isoliert oder nur ausgewählt aus der Sprache zweier Kinder, sondern aufgezeichnet aus der lebendigen allgemeinen Unterhaltung. Daher brauchen wir uns bei dieser Kategorie von Äußerungen nicht länger aufzuhalten.

Das Verhältnis des kollektiven Monologs zur gesamten Sprache liegt bei Pie und Lev jeweils bei ca. 23% bzw. 30%. Aber wie wir gesehen haben, läßt sich der reine Monolog bei Lev schwerer als bei Pie von dem kollektiven Monolog unterscheiden. Beide Formen zusammen betragen 38% der gesamten Sprache bei Lev und 35% bei Pie.

§ 6. Die angepaßte Information

Kriterium für die angepaßte Information im Vergleich zur Pseudo-Information, die der kollektive Monolog darstellt, ist ihr Erfolg: Dem Kind gelingt es, bei seinem Gesprächspartner Gehör zu finden und auf ihn einzuwirken, ihm also etwas mitzuteilen. In diesem Fall bezieht sich also das Kind beim Reden auf den Gesprächspartner. Die Funktion der Sprache besteht für den Sprechenden nicht mehr darin, sich zum eigenen Handeln anzuregen, sie besteht darin, Gedanken mitzuteilen. Diese Kriterien sind aber schwer faßbar, wir wollen versuchen, dafür genauere zu finden.

Aus der angepaßten Information entstehen auch Dialoge. Die Dialoge von Kindern verdienen eine gründliche Untersuchung, denn, wie Baldwin und Janet hervorgehoben haben, geht wahrscheinlich das Bewußtwerden logischer Regeln und das deduktive Urteil auf die Diskussionsgewohnheiten zurück. Wir werden darum im nächsten Kapitel versuchen, die verschiedenen Stadien, die das Gespräch unter Kindern durchläuft, in großen Linien zu umreißen. Wir beschränken uns im Augenblick darauf, die angepaßte Information (ob im Rahmen eines Dialogs oder nicht) im Verhältnis zur Gesamtheit der Äußerungen unserer Versuchskinder zu charakterisieren und die bescheidene Rolle festzustellen, die diese Sprachform spielt, wenn man sie mit den egozentrischen Formen und den nicht konstatierenden sozialisierten Formen (Befehle, Drohungen, Kritik usw.) vergleicht.

Der erste Aspekt des angepaßten Gedankenaustauschs ist die einfache Information. Hier einige klare Beispiele:

Lev (hilft Géo beim Lottospiel): *»Ich glaube, das kommt hier hin.«*

(Géo zeigt eine doppelte Karte.) Lev: *»Wenn man eine verliert, dann bleibt noch eine.«* (Dann:) »*Du hast drei gleiche.*« (Oder:) »*Ihr seht, wie man das machen muß.*«

(Fräulein L. ruft Ar »Roger«.) Pie: *»Er heißt nicht Roger.«*

Es ist klar, solche Äußerungen sind etwas völlig anderes als ein Monolog zu zweit. Hier hat das Kind die klare Absicht, dem Gesprächspartner etwas mitzuteilen. Es spricht vom Gesichtspunkt des anderen aus und nicht mehr von seinem eigenen. Jetzt legt es Wert darauf, verstanden zu werden, und besteht darauf, wenn es sein Ziel nicht erreicht. Im kollektiven Monolog dagegen kommt es wenig darauf an, wohin die Rede geht.

Natürlich kann das Kind bei der angepaßten Information ebenso von sich selbst wie von jeder Sache reden. Es genügt, daß seine Äußerungen »angepaßt« sind, wie in den beiden folgenden Beispielen:

Ez und Pie: »Morgen kriege ich eine (Straßenbahnwochenkarte). – *Ich kriege die schon heute nachmittag.«*

Ez und Pie (bauen zusammen aus Bauklötzchen eine Kirche): *»Das kann man auch mit den langen machen. Ich will es mit den langen machen.«*

Jetzt können wir die Kriterien bestimmen, die den kollektiven Monolog von der angepaßten Information unterscheiden. Jedesmal, wenn das Kind von sich spricht, handelt es sich um einen kollektiven Monolog; ausgenommen sind die Fälle, wenn das Kind von sich bei einer Zusammenarbeit mit dem Gesprächspartner spricht (wie im vorhergehenden Beispiel vom Bau einer Kirche), und der Dialog. Wir wollen annehmen, daß ein Dialog vorliegt, wenn der Gesprächspartner auf einen Vorschlag antwortet und von dem Gegenstand redet, der in diesem Vorschlag erwähnt wurde (wie in dem vorhergehenden Beispiel mit der Straßenbahnwochenkarte), ohne von einer Sache auf eine andere zu springen wie im kollektiven Monolog.[7]

Zusammenfassend kann man sagen: Eine angepaßte Information liegt vor, wenn das Kind den Gesprächspartner über etwas anderes als über sich selbst informiert, oder wenn es zwar von sich selbst spricht, aber eine Zusammenarbeit zustandebringt oder einfach einen Dialog. Wenn das Kind von sich selbst spricht, ohne mit dem Gesprächspartner zusam-

[7] Über diese Gedankensprünge siehe S. 20, Satz 30.

menzuarbeiten oder ohne einen Dialog hervorzubringen, handelt es sich um einen kollektiven Monolog.

Diese Definition und der Mißerfolg des kollektiven Monologs, andere an der Handlung des Sprechenden zu beteiligen, lassen die Tatsache um so bemerkenswerter erscheinen, daß bei den Äußerungen von Pie und Lev die angepaßte Information um die Hälfte weniger als der kollektive Monolog vorkommt. Wir werden das genaue Verhältnis bald kennenlernen. Zunächst wollen wir untersuchen, worüber unsere beiden Kinder sich informieren und wie sie in den seltenen Fällen, bei denen man von Diskussionen unter Kindern sprechen kann, miteinander diskutieren. Bei dem ersten Punkt muß man das Fehlen jeder eigentlichen Erklärung unter Kindern feststellen, wenn man unter Erklärung die kausale Erklärung versteht, die Antwort gibt auf die Frage »warum« im Sinne von »aus welcher Ursache« oder »aus welchem Grunde«. Alle beobachteten Informationen, die einer Erklärung nahekommen könnten, sind statisch, d.h. deskriptiv und weit davon entfernt, die Ursache von Phänomenen darzulegen.

Hier einige Beispiele dieser einfach statischen und deskriptiven Informationen:

Lev und Pie: *»Das da ist 420.«* – *»Es ist nicht 10 Uhr.«* – *»Ein Dach, das sieht nicht so aus«* (er spricht von einer Zeichnung). –*»Das ist ein Dorf, ein großes Dorf.«* usw.

Auch wenn sie miteinander über Naturerscheinungen sprechen, streifen ihre gegenseitigen Informationen nicht die Kausalität:

Lev: »Der Donner, der rollt. – *Nein, das rollt doch nicht.* – Das ist Wasser. – *Nein, das rollt doch nicht.* – Was ist das denn, der Donner? – *Der Donner, das ist . . .«* (er führt den Satz nicht weiter).

Das Fehlen kausaler Erklärungen fällt besonders auf, wenn es sich um Maschinen, Autos, Fahrräder usw. handelt, von denen die Kinder manchmal miteinander reden, aber doch immer von diesem statischen Gesichtspunkt aus:

Lev: *»Das ist dieselbe Schiene. Ein komischer Wagen, ein Motorwagen. – Ein Fahrrad für zwei Männer.«*

Jedes dieser Kinder ist für sich genommen fähig, den Mechanismus eines Fahrrades zu erklären, Pie unvollkommen, aber Lev recht gut. Jedes Kind besitzt eine Menge Vorstellungen über die Mechanik, miteinander sprechen sie aber nicht darüber. Die kausalen Beziehungen bleiben unausgesprochen, jedes Kind denkt sie allein, wahrscheinlich weil das kindliche Denken sie sich eher in Bildern als in Worten vorstellt. Allein das statische Substrat wird ausgedrückt.

Das fällt besonders auf, wenn es sich um die Zusammenarbeit von Kindern bei einem gemeinsamen Spiel handelt:
So sind z. B. Pie und Ez damit beschäftigt, gemeinsam ein Haus zu malen. Pie: *»Da muß ein kleiner Knopf für das Licht hin, da muß ein kleiner Knopf für das Licht hin ...« – Dann mache ich die Stromleitung ...« – »Guck' mal, es gibt zwei Stromleitungen. Dann haben wir zwei Stromleitungen, das sind alles Anschlüsse für den Strom.«*
Wir werden in der Folge einige Bestätigungen dieser Hypothese kennenlernen, nach der das kausale »warum« kaum Gegenstand der Unterhaltungen von Kindern ist. Vor allem im Kapitel IV werden wir sehen, daß Kinder bei Erklärungen, die sie sich im Alter von sechs bis acht Jahren geben, die kausalen Beziehungen schlecht verstehen. Die Fragen nach der Kausalität bleiben somit den Gesprächen zwischen Kindern und Erwachsenen oder zwischen jüngeren und älteren Kindern vorbehalten. Das bedeutet, daß bei jedem Kind ein großer Teil dieser Fragen im Bereich des inneren, unformulierbaren Nachdenkens bleibt.
Von den Überlegungen zwischen Kindern, die wir bei Pie und Lev aufgezeichnet haben, geben wir hier diejenigen wieder, die einer kausalen Erklärung am nächsten kommen. Wie man sieht, sind sie fast ausschließlich deskriptiv:
Lev: *»Man müßte ein bißchen Wasser haben. Die grüne Farbe, die ist ja hart, die ist ja hart« – »Aus Pappe, weißt du denn nicht? Du kannst das, aber das ist ein bißchen schwer für dich, das ist für alle schwer.«*
Es ist bemerkenswert für den Charakter der Diskussionen unter Kindern, daß ein Merkmal immer gleichbleibt: Ebensowenig wie unsere beiden Kinder sich die Überlegungen über die Ursache oder den Sinn von Phänomenen mitteilen, ebensowenig begründen sie ihre Behauptungen im Verlauf der Diskussion durch das logische »weil« oder »denn«. Die Diskussion besteht bei ihnen – mit zwei Ausnahmen – in einem einfachen Aufeinandertreffen von Behauptungen ohne logische Begründung. Sie gehört zu dem Typ, den wir in unserer Untersuchung über die Stadien des Gesprächs zwischen Kindern im nächsten Kapitel »primitive Diskussion« nennen werden und die wir gerade durch dieses Fehlen jeder Begründung kennzeichnen können.
Das gerade gegebene Beispiel (die Diskussion zwischen Lev und einem gleichaltrigen Kind über den Donner) zeigt uns dieses Merkmal sehr deutlich. Hier drei weitere Beispiele; die zwei ersten sind eindeutig, das dritte ist eine Zwischenform:
Ez zu Pie: »Du wirst mich heiraten. – *Ich heirate dich doch nicht.* – Doch, du heiratest mich. – *Nein.* – Doch ...« usw.

»Guck mal, meine Sechs wird schön? – (Lev:) *Ja, das ist eine Sechs, aber nicht wirklich, das ist ja eine Neun.* – Nein, das ist eine Sechs. Null. – *Du sagst Null, und das ist gar nicht wahr, das ist eine Neun. Das stimmt.* – Nein. – *Ja.* – Das war doch vorher gemacht. – *Überhaupt nicht, du lügst. Er ist verrückt.«*

Lev (sieht zu, was Hei macht): *»Zwei Monde.* – Nein, zwei Sonnen. – *Die Sonnen, die sehen nicht so aus, die haben keinen Mund. Die Sonnen sind wie da oben.* – Sie sind rund. – *Sie sind ganz rund, aber sie haben keine Augen und keinen Mund.* – Doch, die können sehen. – *Nein, nur der liebe Gott kann sehen.«*

Die beiden ersten Diskussionen sind einfache Zusammenstöße von gegegensätzlichen Behauptungen ohne gegenseitige Zugeständnisse und Begründungen. Die letzte ist komplexer. Wenn Lev sagt: *»Nur der liebe Gott ...«* oder *»Die Sonnen sind wie ...«*, liegt darin sicher der Ansatz einer Begründung, etwas mehr als eine reine Behauptung. Es ist aber keine explizite Begründung, kein Versuch eines Beweises. Hei behauptet, Lev verneint. Hei bemüht sich nicht zu sagen, aus welchen Gründen er meint, daß die Sonne Augen hat, er sagt nicht, daß er Bilder gesehen hat, die ihn auf diesen Gedanken gebracht haben usw. Lev geht seinerseits nicht auf Heis Gesichtspunkt ein, gibt auch keine explizite Begründung, um seine Ansicht zu verteidigen. Grob gesehen ist es also noch ein einfaches Aufeinandertreffen von Äußerungen. Recht verschieden davon sind die beiden folgenden kleinen Diskussionen, von denen eine übrigens zwischen einem Kind und einem Erwachsenen stattfindet.

Wir geben hier die einzigen Beispiele, die wir aufzeichnen konnten, bei denen das Kind versucht, seine Behauptungen zu beweisen. Wir wollen sie uns sorgfältig merken, denn sie sind bei Kindern unter 7 oder 8 Jahren sehr selten.

Lev (wendet sich Fräulein G.): *»Du hast ja Farbe gegessen.* – Aber nein, von welcher denn? – *Weiße Farbe.* – Nein. – *Doch, weil du welche auf deinem Mund hast.«*

Es ist hier der richtige Gebrauch des Wortes »weil« bei einem Kind von 6½ Jahren festzustellen. Nach den drei Verzeichnissen des vollständigen Wortschatzes, die A. Descœudres[8] vorgelegt hat, wird das »weil« von dem 7jährigen Kind, aber noch nicht von dem 5jährigen gebraucht.

[8] A. Descœudres, Le développement de l'enfant de deux à sept ans, Collection Actualité pédagogique.

Jetzt das zweite Beispiel, wiederum von Lev:
»*Das ist 420.* – Das ist aber gar nicht die Hausnummer. – *Warum?* – Die Hausnummer, die steht über der Tür.«
Hier ist der Gebrauch des »warum« im Sinne von »aus welchem Grunde« festzustellen (vgl. Kapitel VI). Diese beiden Diskussionen sind also bedeutend entwickelter als die vorigen.
Aus alledem können wir schließen:
1. Die angepaßte Information konstituiert zusammen mit den meisten Fragen und Antworten, die wir noch behandeln werden, die einzigen Kategorien der Sprache des Kindes, deren Funktion darin besteht, das intellektuelle Denken mitzuteilen, im Gegensatz zu den verschiedenen Funktionen der egozentrischen Kategorien.
2. Die angepaßte Information beträgt bei Lev nur 13% und 14% bei Pie; das ist bemerkenswert und zeigt, wie wenig sozial das intellektuelle Verlangen des Kindes ist. Diese Zahlen sind um so überraschender, als bei den gleichen Kindern der kollektive Monolog 23% und 30% der gesamten Sprache ausmacht.
3. Außerdem sind diese Informationen von Kind zu Kind statisch in dem Sinne, daß sie sich nicht auf die Kausalität beziehen, selbst dann nicht, wenn es sich um Material handelt, das die Kinder bei ihrer Arbeit benutzen, und um zahlreiche Gegenstände aus der Natur oder der Technik, die sie gern zeichnen oder bei Bauspielen reproduzieren (Tiere, Sterne, Autos, Fahrräder usw.).
4. Die Diskussionen unter Kindern gehören, abgesehen von zwei Ausnahmen, einem weniger entwickelten Typ an, weil sie nur ein einfaches Aufeinandertreffen gegensätzlicher Behauptungen ohne explizite Beweise sind.

§ 7. Kritik und Spott

Die sozialisierte Sprache des Kindes in ihrer nicht-intellektuellen Form, sieht man einmal von den Fragen und Antworten ab, läßt sich in zwei leicht zu unterscheidende Kategorien einordnen: auf der einen Seite die Befehle, auf der anderen Seite die Kritik und der Spott. Diese Kategorien weisen beim Kind nichts Besonderes auf, lediglich ihr Anteil an der Sprache ist aufschlußreich.
Hier einige Beispiele für Kritik, Spott, Schadenfreude usw., die man zunächst bei der Information oder beim Dialog einordnen möchte, die aber vielleicht besser gesondert betrachtet werden sollten; denn ihre

Funktion besteht nicht darin, Denken mitzuteilen, sondern nicht-intellektuelle Instinkte wie die Streitlust, die Eigenliebe, den Wetteifer zu befriedigen:

Lev: *»Du tust ihn nicht in die Mitte* (den Teller auf einen Tisch).« – *»Das ist falsch.« – »Eh, das geht nicht.« – »Sie sind nicht zuhause, dieses Haus, das haben wir gemacht.« – »Das sieht nicht aus wie eine Eule. Sieh mal, was Pie gemacht hat!« – »Ich weiß ja, daß er das nicht kann!« – »Unserer ist viel schöner.« – »Ich habe einen Bleistift, viel größer als deiner.« – »Ich bin aber doch der Stärkste.«*

Alle diese Äußerungen haben mit der angepaßten Information gemeinsam, daß sie sich an einen bestimmten Gesprächspartner wenden und auf ihn einwirken, ihn zum Wetteifern anreizen, Entgegnungen und selbst Streit herausfordern. Diese Tatsache zwingt uns, solche Äußerungen, die mit »ich« anfangen und dem kollektiven Monolog ähnlich sehen, zur sozialisierten Sprache zu rechnen. Andererseits unterscheidet das die Sätze von der wirklichen Information, daß selbst die scheinbar objektive Kritik bei dem Kind Werturteile enthält, die ganz subjektiv bleiben. Sie sind keine Feststellungen, in ihnen stecken Streitsucht, der Wunsch, die eigene Überlegenheit zu behaupten, Spott usw. Also gehören sie sinnvoll in eine eigene Kategorie.

Der Anteil dieser Gruppe ist übrigens gering: 3% bei Lev und 7% bei Pie. Es handelt sich vielleicht hier um individuelle Typen, und wenn diese Kategorie in dem weiteren Material zu schwach vertreten ist, müßte man sie vielleicht mit der vorhergehenden vereinigen.

§ 8. Befehle, Bitten, Drohungen

Warum ist der Anteil der angepaßten Information gegenüber den egozentrischen Formen der Sprache und besonders gegenüber dem kollektiven Monolog so gering? Der Grund dafür ist einfach. Die Kinder sprechen miteinander nicht in erster Linie, um gemeinsam zu denken oder um ihre Überlegungen auszutauschen. Es geht ihnen um das Spielen. Deshalb wird der intellektuelle Austausch auf das unbedingt Notwendige beschränkt sein. Die übrige Sprache wird dem Handeln dienen und aus Befehlen usw. bestehen.

Es ist also unerläßlich, Befehl und Drohung in eine eigene Kategorie einzuordnen, wie wir es gerade mit der Kritik getan haben. Die Äußerungen dieser Kategorie lassen sich leicht erkennen:

Lev (vor einem Geschäft): *»Nicht hierher kommen, nicht ohne bezahlen. Ich sage es Gé!* (wenn du kommst).« – *»Komm her, Herr Passe-*

port.« – »Gib mir den blauen.« – »Du sollst eine Fahne machen.« – »Komm her, Ro, komm her ... Du bist der Wagen.« usw.
Pie: *»Komm her, Ez, guck dir den Salamander an.« – »Geh mal weg, ich kann nichts sehen.«* (Er spricht von einem Dach:) *»Nein, nimm es weg, nimm es weg, ich will meins hintun.«*
Diese Beispiele mögen genügen. Das einzige, was bei der Einteilung Schwierigkeiten bereitet, ist die Unterscheidung zwischen Bitten, die sich mit allen Zwischentönen an die Befehle anschließen, und Fragen, die eine implizite Bitte enthalten. Wir wollen alle Fragen, die nicht in fragender Form ausgedrückt werden, »Bitten« nennen und sie in diese Kategorie einordnen, und alle fragenden Bitten werden wir in die nächste Kategorie einordnen. Hier einige Beispiele von Bitten:
Lev: *»Bitte, die gelbe Farbe.« – »Ich möchte ein bißchen Wasser haben.«*
Pie: *»Den Radiergummi, Fräulein, ich möchte den Radiergummi.«*
Dagegen werden wir bei den Fragen Äußerungen einordnen wie: »Ez, willst du mir helfen?« »Kann ich sie sehen?« usw. Diese Unterscheidung ist sicher künstlich. Zwischen der fragenden Bitte und der Frage, die unmittelbare Handlungen betrifft, finden wir alle Zwischenformen. Wir müssen allerdings Fragen und Befehle unterscheiden, wir dürfen also vor der Künstlichkeit dieser Ordnung nicht zurückschrecken: Vorausgesetzt, daß man sich über diese Einordnung verständigt und daß man die Statistik nicht wörtlich nimmt, dann ist das übrige kein Problem. In der Folge wird uns nicht das Verhältnis zwischen Befehlen und Fragen am wichtigsten sein, sondern das Verhältnis zwischen der gesamten sozialisierten Sprache und der gesamten egozentrischen Sprache. Über diese grundsätzlichen Unterscheidungen kann man leicht Übereinstimmung erreichen.
Der Anteil dieser Kategorie beträgt 10% bei Lev und 15% bei Pie. Der Anteil des Dialogs und der Information betrug bei den gleichen Kindern jeweils 12% und 14%.

§ 9. Fragen und Antworten

Bei diesen zwei Kategorien, die wir hier gleichzeitig behandeln wollen, ist eine Vorfrage zu lösen: Gehören sie beide der sozialisierten Sprache an? Was die Antworten betrifft, besteht kein Zweifel. Was wir nämlich »Antwort« nennen, ist die angepaßte Äußerung eines Gesprächspartners, nachdem er eine Frage gehört und verstanden hat. Zum Beispiel: »Was ist das für eine Farbe?« – (Lev:) *»Gelbbraun.«* – »Was machst du, Lev?« – *»Das Schiff.«* usw.

Zu den Antworten rechnen wir auch die Ablehnung und die Zustimmung, Antworten, die nicht auf konstatierende Fragen, sondern auf Befehle und Bitten gegeben werden:
»Gibst du sie mir wieder (die Fahrkarte)?« – (Lev:)« *Nein, ich brauche sie noch. Ich bin auf dem Schiff.«*
Diese zwei Antwortgruppen gehören eindeutig der sozialisierten Sprache an. Wir wollen daraus eine eigene Kategorie bilden, anstatt sie zur angepaßten Information zu rechnen, zunächst weil die Antworten nicht zur spontanen Sprache des Kindes gehören: Wenn seine Nachbarn es ständig unterbrächen oder die Erwachsenen ihm Fragen stellten, dann hätte das Kind einen weitaus höheren Prozentsatz sozialisierter Sprache. Und daher werden wir bei den Überlegungen im nächsten Paragraphen alle Antworten beiseite lassen. Aus diesem Grunde werden wir alle Äußerungen von Kindern, die von Erwachsenen provoziert sind, nicht behandeln. Im übrigen machen die Antworten nur 18% der Sprache von Lev und 14% der von Pie aus.
Der psychologische Gehalt der Antworten von Kindern untereinander ist äußerst interessant und würde schon allein genügen, um aus den Antworten eine von der Information verschiedene Kategorie zu bilden. Er steht im engen Zusammenhang mit dem Inhalt der Frage, was ganz natürlich ist. Daher wollen wir diese beiden Probleme gleichzeitig behandeln.
Gehören aber die Fragen, die die Kinder sich untereinander stellen, zur sozialisierten Sprache? Eine merkwürdige Frage, aber man kann sie stellen. Viele Äußerungen der Kinder erfolgen nämlich in Frageform, ohne aber überhaupt Fragen an den Gesprächspartner zu sein. Der Beweis dafür ist, daß das Kind gar nicht die Antwort hört und sie vor allem nicht erwartet: Es gibt sich selbst die Antwort. Das geschieht sehr häufig zwischen 3 und 5 Jahren. Im Alter unserer beiden Kinder ist das viel seltener. Jedesmal, wenn eine solche Frage auftrat, haben wir diese Pseudofragen zum Monolog oder zur Information gerechnet. (Beispiel: *»Fräulein, ein halbes, stimmt es? Ja, sehen Sie.«* Lev.) Hier behandeln wir also nur die Fragen im eigentlichen Sinne.
Die Fragen machen bei Lev 17% und bei Pie 13% der Sprache aus. Man sieht, daß ihre Bedeutung der der Information gleichkommt und sie sogar übertrifft. Da die Frage eine spontane Suche nach Information bedeutet, können wir hier unsere Behauptungen bezüglich dieser letzten Kategorie überprüfen. Zweierlei war uns aufgefallen: das Fehlen intellektuellen Austauschs unter Kindern über die Kausalität und das Fehlen von logischen Beweisen und Begründungen in den Diskussio-

nen. Wenn wir daraus gleich schlössen, daß die Kinder diese beiden Bemühungen für sich behalten und sie nicht sozialisieren, dann kann man uns entgegnen, daß diese Bemühungen vielleicht gar nicht bei ihnen existieren. In diesem Fall würde es ihnen wohl schwer fallen, sie zu sozialisieren! Das trifft zum Teil auf den logischen Beweis zu. Was die kausale Erklärung betrifft (darunter verstehen wir nicht nur die Erklärung, die auf die mechanische Kausalität zurückgreift und die erst nach dem 7. oder 8. Lebensjahr auftritt – siehe Kapitel VI, § 3 –, wir meinen auch Erklärungen, die auf die finale Kausalität zurückgreifen oder vor allem auf die »Vorkausalität«, wie wir sie nennen werden, d. h. die Kausalität des »warum« bei Kindern zwischen 3 und 7–8 Jahren), wollen wir zwei Bemerkungen machen. Auf der einen Seite beschäftigen sich die Kinder der »Maison des Petits« bei ihren Zeichnungen und ihrem freien Bauen mit Tieren, Naturgegenständen (Sterne, Himmel, Regen usw.), mit Maschinen und hergestellten Gegenständen (Züge, Autos, Schiffe, Häuser, Fahrräder usw.); dabei hätten sie wohl die Gelegenheit, sich Fragen nach Ursprung und Ursache zu stellen. Auf der anderen Seite spielt das »warum« in den spontanen Fragen von Kindern an Erwachsene für Kinder unter 7 Jahren eine beträchtliche Rolle (vgl. S. 240: Wir haben jeweils 91, 53 und 41 »warum« bei drei Gruppen zu je 250 Fragen gezählt). Es gibt sehr häufig das »Warum der Erklärung«, es bedeutet »aus welchem Grunde« oder »aus welcher Ursache«. Im Kapitel VI werden wir die Erklärung bei 6- bis 7jährigen Kindern untersuchen und feststellen, daß sie im Durchschnitt zu 18% Gegenstand der Fragen ist, die gestellt werden. Wenn die Fragen nach Erklärungen bei unseren beiden Kindern selten sind, dann dürfen wir zu Recht annehmen, daß unsere Interpretation der Informationen und der Dialoge von Kindern untereinander stimmt: Der intellektuelle Austausch unter Kindern bleibt statisch oder deskriptiv, er berührt kaum die Kausalität, die den Gesprächen zwischen Kindern und Erwachsenen und der einsamen Reflexion des Kindes vorbehalten bleibt.

Anscheinend verhält es sich so. Auf 173 Fragen von Pie kommen nur 3 »warum«. Auf 224 Fragen von Lev kommen nur 10 »warum«. Unter diesen »warum« gibt es bei Lev nur 2 und bei Pie überhaupt keine »Warum der Erklärung«.[9]

»Warum hat sie sich gedreht?« (eine ausgestopfte Eule, von der Lev annimmt, sie sei ein wenig lebendig) und *»Warum dreht sie sich ein bißchen?«*

[9] Über die Definition des Ausdrucks vgl. Kap. VI.

Die anderen »warum« beziehen sich nicht auf kausale, sondern auf psychologische Erklärungen, auf die »Intention«, wie wir sagen werden,[10] was etwas ganz anderes ist:
»Warum hat er mir gesagt: Guten Tag Lev?« – »Warum hat Rey geweint?« – »Warum ist er weggegangen?« usw.
Darüberhinaus haben wir bei Lev einen einzigen Fall von »logischem warum«, wie wir bei der Diskussion auf S. 34 gesehen haben. Man sieht, wie selten das »warum« unter Kindern ist und wie selten es die Kausalität berührt.
Auf 224 Fragen von Lev und 173 von Pie kommen also zwei Fragen nach Erklärungen, beide von Lev. Die übrigen Fragen verteilen sich wie folgt: Zuerst finden wir 141 Fragen bei Lev und 78 bei Pie, die die Aktivität der Kinder als solche betreffen, die »Aktionen und Intentionen«[11]:
Lev: *»Meine Schere, siehst du sie?« – »Sollen wir Indianer spielen?« – »Aber ich arbeite, und du?« – »Ich habe dir doch nicht weh getan?« – »Kennst du den Mann da?« – »Wie soll ich das ganze Haus anmalen?« – »Das da, wie muß man das hintun* (eine Kugel an der Rechenmaschine)?«
Pie: *Bea, kommst du heute nachmittag?« – »Bist du fertig?«* usw.
Der enorme Unterschied zwischen der Zahl der Fragen nach der Aktivität der Kinder als solcher und der Zahl der Fragen nach kausaler Erklärung ist sehr bemerkenswert: Er zeigt, wie sehr die intellektuelle Arbeit des 6jährigen Kindes noch individuell bleibt, und wie beschränkt daher der Gedankenaustausch unter Kindern ist.
Eine andere Kategorie von Fragen, gebildet aus 27 bei Lev und 41 bei Pie, bezieht sich auf Tatsachen und Ereignisse, Zeit und Ort (Fragen nach »Wirklichkeit«, vgl. Kapitel VI):
Tatsachen: *»Ist deine Trommel zu?« – »Gibt es auch Zettel?« – »Sind da drin Schnecken?«* (Pie).
Ort: *»Ez, wo ist das Blau?« – »Wo ist sie denn* (die Schildkröte)?«
Zeit: *»Fräulein, ist es spät?« – »Wie alt bist du?«* (Pie.)
Wie man sieht, berühren diese Fragen nicht die Kausalität und bleiben statisch. Die Fragen nach dem Ort überwiegen in dieser Kategorie: 29 bei Pie und 13 bei Lev.
Eine andere Kategorie mit zahlreichen Beispielen (51 bei Pie, 48 bei Lev) besteht aus rein statischen Fragen, die Fragen nach Name, Klassifikation und Wertung:

[10] Vgl. ebenfalls Kap. VI.
[11] Vgl. Kap. VI.

Name: *»Was heißt das eigentlich ›hinten‹?«* – *»Wie heißt das* (ein Koch)?« (Lev.)
Klassifikation: *»Was ist das da?«* – *»Ist das gelb?«* (Lev.)
Bewertung: *»Ist das schön?«* (Lev, Pie)
Ferner gibt es noch einige Fragen nach der Anzahl (5 bei Lev, 1 bei Pie):
»Ist das nicht genug für 2 fr. 50?« – *»Und wieviel für 11?«* (Lev.)
Zum Schluß sollen noch zwei Fragen von Pie und eine von Lev erwähnt werden, die sich auf Regeln beziehen (Schrift usw.):
»Und das kommt auf diese Seite, nicht (die Ziffer 3)? (Lev.)
Abschließend geben wir eine vollständige Tabelle der Fragen von Lev und Pie, einschließlich der »warum«.

		Lev		Pie	
Fragen nach kausaler Erklärung			2		0
Fragen nach Wirklichkeit	Tatsachen und Ereignisse	7		8	
	Zeit	7		4	
	Ort	13		29	
			27		41
Aktionen und Intentionen			141		78
Regeln			1		2
Fragen nach Klassifikation	Name	7		0	
	Klassifikation und Bewertung	41		51	
			48		51
Anzahl			5		1
Insgesamt			224		173

Wir wollen uns hier nicht länger bei den Kriterien dieser verschiedenen Kategorien oder bei ihrem funktionalen Wert aufhalten: Diese Probleme sind Gegenstand eines späteren Kapitels: »Die Fragen eines Kindes« (Kapitel VI). Es genügt, dieser Tabelle zu entnehmen, daß die Fragen von Kindern untereinander (die Fragen eines Kindes an

Erwachsene spielen in diesem Zusammenhang nur eine geringe Rolle) sich vor allem auf die psychologische Aktivität beziehen (Aktionen und Intentionen). Wenn es um Dinge und nicht mehr um Personen geht, beziehen sie sich auf den statischen Aspekt der Wirklichkeit (Klassifikation, Ort, usw.) und nicht auf die kausalen Beziehungen. Diese Ergebnisse unterscheiden sich deutlich von denen, die wir bei Del festgestellt haben (Kapitel VI: Die Fragen eines Kindes). Bevor wir aber über den Unterschied zwischen Fragen von Kindern untereinander und Fragen eines Kindes an einen Erwachsenen irgendwelche Folgerungen ziehen, müßten wir eine wichtige Vorfrage klären: Stellen Lev und Pie, wenn sie nicht in der Schule sind, den Erwachsenen auch Fragen wie die von Del (»Warum der Erklärung« usw.) und wie oft? Obwohl wir auch Del während der Arbeitsstunden beobachtet haben, vermittelt er den Eindruck, daß er viel mehr der Vorstellung entspricht, die man im allgemeinen von einem 6jährigen, fragenden Kind hat. Aber könnten nicht Pie und Lev zu einem besonderen Typ gehören, der weniger Erklärungen verlangt und eher statisch ist? Es sind also noch viele ähnliche Untersuchungen wie die hier und in Kapitel VI beschriebenen nötig.

II. Schlußfolgerungen

Nachdem wir die verschiedenen Kategorien der Sprache unserer beiden Kinder, so gut es ging, definiert haben, bleibt zu untersuchen, ob es nicht möglich ist, aus unserem Material einige zahlenmäßige Konstanten zu gewinnen. Von vornherein möchten wir aber darauf aufmerksam machen, daß bei solchen Auswertungen Zahlen etwas Künstliches haben. Viele Äußerungen lassen sich schwer einordnen und beeinträchtigen den Wert der Statistik. Man kann das Maß an Objektivität in unseren Klassifikationen beurteilen, wenn man die Liste mit den 50 ersten Äußerungen durchgeht, die wir hier als Beispiel für diejenigen geben, auf die wir unsere Technik anwenden möchten.[12] Diese Schwierigkeiten aber bedeuten wenig. Wenn wir unter den erzielten Ergebnissen einige finden, die deutlich konstanter sind als die anderen, dürfen wir diesen wohl einen objektiveren Wert zubilligen.

[12] Vgl. Anhang, S. 258 ff.

Besonders einer der ermittelten Werte scheint ziemlich sicher zu sein; es handelt sich gerade um den interessantesten für das Studium der kindlichen Logik, nämlich das Verhältnis der egozentrischen Sprache zur gesamten spontanen Sprache des Kindes. Wir verstehen unter egozentrischer Sprache, wie wir gesehen haben, die Gruppe, die sich aus den drei ersten Kategorien zusammensetzt: der *Wiederholung*, dem *Monolog* und dem *kollektiven Monolog*. Allen dreien ist gemeinsam, daß diese Äußerungen an niemanden gerichtet sind, wenigstens nicht an jemanden im besonderen, und daß sie keine angepaßte Reaktion bei den zufälligen Gesprächspartnern hervorrufen. Spontane Sprache nennen wir alle sieben ersten Kategorien, d. h. alle mit Ausnahme der *Antworten*, also alle Äußerungen außer denen, die eine Antwort auf die *Frage* eines Erwachsenen oder eines Kindes darstellen. Diesen Teil haben wir ausgeschlossen, weil er zu sehr vom Zufall abhängig ist: Es genügt, daß das Kind vielen Erwachsenen oder einem redseligen Freund begegnet, damit sich der Prozentsatz seiner Antworten beträchtlich ändert. Was die Antworten betrifft, die nicht auf präzise Fragen (Fragen mit Fragezeichen) oder auf präzise Befehle, sondern während eines Dialogs gegeben werden, also auf Vorschläge, die wiederum auf andere Vorschläge antworten, so werden sie selbstverständlich in der Rubrik *Information und Dialog* erfaßt. Wenn wir also in der folgenden Statistik die Antworten ausschließen, ist das nichts Künstliches: Die Sprache eines Kindes mit Ausnahme der Antworten bildet ein Ganzes, das alle Schritte der verbalen Intelligenz repräsentiert. Dieses Verhältnis der egozentrischen Sprache zur gesamten spontanen Sprache stellt sich so dar:

$$\frac{\text{egozentrische Sprache}}{\text{spontane Sprache}} = 0{,}47 \text{ für Lev}, \quad \frac{\text{egozentrische Sprache}}{\text{spontane Sprache}} = 0{,}43 \text{ für Pie.}$$

(Die egozentrische Sprache im Verhältnis zur gesamten spontanen Sprache einschließlich der Antworten beträgt bei Lev 39% und bei Pie 37%.) Die Ähnlichkeit der Ergebnisse bei Lev und bei Pie ist schon ein positiver Hinweis, besonders da der ermittelte Unterschied auch einem Temperamentsunterschied entspricht (Lev ist sicher egozentrischer als Pie). Aber die Richtigkeit des Ergebnisses erfährt noch eine weitere Bestätigung.

Wenn wir die 1400 Äußerungen, die wir bei Lev im Laufe eines Monats während der Untersuchung seiner Sprache aufgezeichnet haben, in Gruppen zu je 100 aufteilen und für jede Gruppe das Verhältnis

$$\frac{\text{egozentrische Sprache}}{\text{spontane Sprache}}$$

suchen, bekommen wir Zahlen, die nur zwischen 0,40 und 0,57 schwanken, was eine sehr geringe Abweichung darstellt. Die durchschnittliche Schwankung, d. h. der Durchschnitt der Abweichungen zwischen jeder ermittelten Zahl und dem errechneten Durchschnitt dieser Zahlen, beträgt nur 0,04, und das ist sehr wenig.

Wenn wir auf gleiche Weise die 1500 Äußerungen von Pie verarbeiten, finden wir Verhältniszahlen, die zwischen 0,31 und 0,59 schwanken, und eine durchschnittliche Abweichung von 0,06. Diese größere Variabilität entspricht durchaus dem, was wir von Pies Charakter wissen, der auf den ersten Blick nüchterner und angepaßter als Lev ist und geneigter zur Zusammenarbeit (vor allem mit seinem besten Freund Ez). Aber Pie wird ab und zu von seiner Phantasie fortgerissen, die ihn für einige Stunden isoliert, in denen er unaufhörlich Monologe führt.

Wir werden außerdem im Kapitel III sehen, daß diese beiden Koeffizienten von 0,47 und 0,43 dem Durchschnitt der 4- bis 7jährigen Kinder ziemlich genau entsprechen. Die gleiche Berechnung bei ca. 1500 Äußerungen, die bei einer Kindergruppe in einem ganzen Raum aufgezeichnet wurden, ergab einen Koeffizienten von 0,45 (durchschnittliche Abweichung: 0,05).

Diese Konstante des Anteils der egozentrischen Sprache ist um so bemerkenswerter, als wir für die anderen Koeffizienten, die wir zu ermitteln suchten, zu keinen ähnlichen Ergebnissen gelangen konnten. Wir haben die Verhältniszahlen der Kategorien *Information* und *Frage* (sozialisierte, konstatierende Sprache) zu den Kategorien *Kritik*, *Befehl* und *Bitten* (sozialisierte, aber nicht-konstatierende Sprache) ermittelt. Aber dieses Verhältnis schwankt zwischen 0,72 und 2,33 bei Lev, mit einer durchschnittlichen Abweichung von 0,71 (anstatt 0,04 und 0,06 für den Egozentrismus-Koeffizienten!) und zwischen 0,43 und 2,33 bei Pie mit einer durchschnittlichen Abweichung von 0,42. Das Verhältnis der egozentrischen Sprache zur sozialisierten, konstatierenden Sprache ergibt ebenfalls keine konstanten Koeffizienten.

Nur das eine wollen wir aus diesen Zahlen entnehmen: Unsere beiden 6½jährigen Kinder haben eine egozentrische Sprache, die fast die

Hälfte ihrer gesamten spontanen Sprache ausmacht. Zusammenfassend geben wir hier eine Tabelle der Sprachfunktionen bei Pie und Lev:

	Pie	Lev
1. Wiederholung	2	1
2. Monolog	5	15
3. Kollektiver Monolog	30	23
4. Angepaßte Information	14	13
5. Kritik	7	3
6. Befehle	15	10
7. Fragen	13	17
8. Antworten	14	18
Egozentrische Sprache	37	39
Spontane sozialisierte Sprache	49	43
Gesamte sozialisierte Sprache	63	61
Egozentrismus-Koeffizient	0,43 ± 0,06	0,47 ± 0,04

Es ist wichtig, noch einmal zu betonen, daß in diesen Zahlen nur eine unwesentliche Anzahl von Äußerungen, die von Kindern zu Erwachsenen gemacht wurden, enthalten ist. Wenn wir sie ganz beiseite lassen, steigt der Egozentrismus-Koeffizient etwa um 0,02, was noch innerhalb der erlaubten Abweichungen bleibt. Trotzdem wird es besser sein, diese Äußerungen in Zukunft bei der Berechnung ganz auszuschließen, auch wenn man sie dann gesondert klassifizieren muß. Wir werden übrigens diese Regel im nächsten Kapitel befolgen, wo der Egozentrismus-Koeffizient allein aus den Äußerungen von Kindern untereinander berechnet ist.

§ 11. Ergebnis

Was ist daraus zu schließen? Man scheint zu der Annahme berechtigt, daß die Kinder bis zu einem gewissen Alter egozentrischer als die Erwachsenen denken und handeln und sich ihren intellektuellen Denkprozeß weniger mitteilen als wir. Wenn sie zusammen sind, sprechen sie offenbar viel mehr über das, was sie tun, sprechen aber hauptsächlich für sich selbst. Wir dagegen schweigen viel mehr, während wir etwas tun, unsere Sprache ist aber fast immer sozialisiert.

Solche Behauptungen können paradox erscheinen. Wenn man die 4- bis 7jährigen Kinder beobachtet, während sie sich in den Klassen der »Maison des Petits« beschäftigen, ist man wirklich überrascht von dem

Schweigen, das, wir wiederholen es, von den Erwachsenen nicht befohlen, ja nicht einmal angeregt ist. Man würde zwar nicht erwarten, daß sich Arbeitsgruppen bilden, weil das Erwachen des Kindes zum sozialen Leben erst später einsetzt, sondern daß die Kinder in einem Riesenlärm alle durcheinander reden. Das ist nicht der Fall. Aber es ist offensichtlich, daß ein Kind von 4 bis 7 Jahren, versetzt in Verhältnisse, wie sie in der »Maison des Petits« gegeben sind, wo es sich mit Hilfe edukativer Spiele spontan beschäftigt, das Schweigen sehr viel öfter bricht, als es Erwachsene bei ihrer Arbeit tun, und es scheint auf den ersten Blick unaufhörlich den andern seine Gedanken mitzuteilen. Wie läßt sich diese Tatsache mit der Behauptung vereinbaren, das kindliche Denken sei egozentrischer als das unsere?
Man darf die Intimität des Denkens und den Egozentrismus nicht verwechseln. Die Reflexion des Kindes kann nicht in der Intimität verbleiben: Abgesehen vom Denken in Bildern und in autistischen Symbolen, das sich nicht direkt mitteilen läßt, ist das Kind bis zu einem noch unbestimmten, aber wahrscheinlich um 7 Jahre liegenden Alter außerstande, die Gedanken, die ihm in den Sinn kommen, für sich zu behalten. Es sagt alles. Es besitzt keine verbale Selbstbeherrschung. Soll das heißen, daß es sein Denken mehr sozialisiert als wir? Das ist die Frage: Man muß sehen, für wen es in Wirklichkeit redet. Das kann für die anderen sein. Aufgrund der vorhergehenden Untersuchung sind wir aber der Meinung, daß es vor allem zu sich selbst spricht und daß die Rede die individuelle Aktivität begleiten und verstärken soll, bevor es ihre Funktion ist, das Denken zu sozialisieren. Wir wollen versuchen, den Unterschied zwischen dem Denken des Erwachsenen, einem Denken, das zwar sozialisiert, aber zur Intimität fähig ist, und dem kindlichen Denken, das zwar egozentrisch, aber zur Intimität unfähig ist, genauer festzulegen.

Der Erwachsene denkt sozial, selbst bei seiner persönlichen und intimen Arbeit, selbst wenn er mit einer den meisten seiner Mitmenschen unverständlichen Untersuchung beschäftigt ist, hat er dauernd das Bild seiner Mitarbeiter oder seiner tatsächlichen oder vermeintlichen Kritiker vor Augen, auf jeden Fall das Bild von Berufskollegen, denen er früher oder später das Ergebnis seiner Untersuchung mitteilen wird. Dieses Bild verfolgt ihn im Laufe seiner Untersuchung und löst eine ständige mentale Diskussion aus. Daher ist die Untersuchung selbst in fast jedem Stadium sozialisiert. Die Erfindung entzieht sich diesem Einfluß, aber das Bedürfnis nach Kontrolle und Beweis ruft eine innere Sprache (langage intérieur) hervor, die sich unaufhörlich an Kritiker wendet, die das Denken annimmt und die sich die innere Einbildungskraft oft in Fleisch und Blut vorstellt. Wenn der Erwachsene sich Mitmenschen gegenüber befindet, ist das, was er ihnen mitteilt, bereits sozial elaboriert und daher in groben Umrissen dem Gesprächspartner angepaßt, d. h. verständlich. Denn je weiter ein Erwachsener in der individuellen Arbeit fortgeschritten ist, desto eher ist er fähig, sich in die anderen hineinzuversetzen und sich ihnen verständlich zu machen.

Das Kind dagegen, versetzt in die Verhältnisse, die wir oben beschrieben haben, scheint sehr viel mehr als der Erwachsene zu sprechen. Es begleitet fast alles, was er tut, mit Äußerungen wie »ich male einen Hut«, »ich kann das besser als du« usw. Das kindliche Denken scheint also viel sozialer, weniger fähig zu einer langen, einsamen Untersuchung. Das aber scheint nur so. Das Kind hat einfach weniger verbale Selbstbeherrschung, weil es die Intimität des Ich nicht kennt. Es spricht zwar unaufhörlich mit seinen Nachbarn, versetzt sich aber selten in deren Lage. Zu einem guten Teil redet es mit ihnen, als wäre es allein, als dächte es laut für sich. Es redet also für sich eine Sprache, die sich nicht die Mühe macht, die Nuancen und Perspektiven ausdrücklich zu bezeichnen, die ganz besonders immer behauptet – auch in der Diskussion – anstatt zu beweisen. Nichts ist so schwer zu verstehen wie die Hefte, die wir mit den Äußerungen von Pie und Lev gefüllt haben. Ohne die vielen Kommentare, die wir gleichzeitig notiert haben, wären die Worte dieser Kinder einfach unverständlich. Alles wird durch Andeutungen, durch Personal- und Demonstrativpronomen ausgedrückt: »er, sie, meines, ihm« usw., die nacheinander alles bezeichnen, was man will, ohne Bemühungen um Klarheit und Verständlichkeit. Wir brauchen diesen Stil hier nicht zu untersuchen. Im IV. Kapitel kommen wir darauf zurück, wenn wir von den verbalen Erklärungen unter Kindern sprechen. Das Kind fragt sich fast nie, ob es verstanden wird. Für das Kind bezieht sich alles auf es selbst; denn beim Reden denkt es nicht an die anderen. Es führt einen kollektiven Monolog. Seine Sprache gleicht sich erst dann der Sprache Erwachsener an, wenn es unmittelbar daran interessiert ist, sich verständlich zu machen, wenn es Befehle gibt oder Fragen stellt usw. Vereinfachend kann man sagen, daß der Erwachsene sozial denkt, selbst wenn er allein ist, und daß das Kind unter 7 Jahren egozentrisch denkt und spricht, selbst wenn es in Gesellschaft ist.

Was sind die Gründe dieser Tatsachen? Wir glauben, es gibt zweierlei Gründe. Einerseits lassen sie sich darauf zurückführen, daß es zwischen

Kindern unter 7 bis 8 Jahren kein soziales Leben von Dauer gibt, andererseits darauf, daß die wahrhaft soziale Sprache des Kindes, also die Sprache, die es bei seiner fundamentalen Aktivität – beim Spiel – benutzt, ebenso eine Sprache aus Gesten, Bewegungen und Mimik wie aus Worten ist.

Einerseits gibt es tatsächlich kein soziales Leben im eigentlichen Sinne bei Kindern unter 7 bis 8 Jahren. In einem Arbeitsraum der »Maison des Petits« bilden die Kinder offensichtlich eine Gesellschaft segmentären Typs, in der es weder Arbeitsteilung noch eine zentrale Ausrichtung der Unternehmungen noch eine Einheitlichkeit der Unterhaltungen gibt. Man kann sogar noch weiter gehen. Es handelt sich um eine Gesellschaftsform, in der – um es genau zu sagen – das soziale und das individuelle Leben undifferenziert sind. Der Erwachsene ist zugleich viel stärker individualisiert und stärker sozialisiert als ein Kind in einer solchen Gesellschaftsform. Er ist stärker individualisiert, weil er fähig ist, innerlich für sich zu arbeiten, ohne ständig mitzuteilen, was er tut, und ohne seine Nachbarn zu imitieren. Er ist aber auch stärker sozialisiert aus den Gründen, die wir gerade angeführt haben. Das Kind ist weder individualisiert, weil es keinen einzigen Gedanken für sich behält und weil jede Handlung eines Mitgliedes der Gruppe sich durch Imitation auf alle anderen auswirkt, noch sozialisiert, weil diese Imitation ohne Gedankenaustausch im eigentlichen Sinne zustandekommt, denn fast die Hälfte der kindlichen Äußerungen ist egozentrisch. Wenn wirklich die Imitation, wie Baldwin und Janet sagen, begleitet ist von einer Art Verwechslung von eigenem und fremdem Handeln, dann liegt in diesem segmentären Gesellschaftstyp, der auf Imitation beruht, die Erklärung für den paradoxen Charakter der Unterhaltung der Kinder, die zugleich ständig mitteilen, was sie tun, und für sich selbst reden, ohne aufeinander zu hören.

Das soziale Leben in der »Maison des Petits« durchläuft, wie Audemars und Lafendel beobachtet haben, drei prinzipielle Entwicklungsstadien. Bis ungefähr zum 5. Lebensjahr beschäftigt sich das Kind fast nur allein. Zwischen 5 und ungefähr $7^1/_2$ Jahren bilden sich kleine Gruppen von zwei Kindern, wie die von Pie und Ez (vgl. die Äußerungen, die in die Rubrik »angepaßte Information« aufgenommen wurden); diese Gruppen sind allerdings nur unbeständig und unregelmäßig. Mit 7 oder 8 Jahren ungefähr tritt schließlich das Bedürfnis auf, gemeinsam zu arbeiten. Nun sind wir der Meinung, daß genau in diesem letzten Alter die egozentrischen Äußerungen ihre Bedeutung verlieren: Gerade in diesem Alter muß man nämlich, wie wir im nächsten Kapitel sehen werden, die höheren Stufen der eigentlichen Unterhaltung unter Kindern ansetzen. In diesem Alter – wie wir im IV. Kapitel sehen werden – fangen die Kinder dann auch an, sich bei den bloß gesprochenen Erklärungen untereinander zu verstehen (im Gegensatz zu den Erklärungen sowohl mit Gesten als mit Worten).

Um diese Hypothese zu verifizieren, gibt es ein ganz einfaches Mittel: Man untersucht die Kinder zwischen 7 und 8 Jahren, deren Egozentrismus man vorher gemessen hat, später noch einmal. F. Berguer war so freundlich, das mit Lev zu tun. Sie hat fast 600 aufeinander folgende Äußerungen von Lev aufgenommen, als er 7 Jahre und einige Monate alt war, und zwar unter den gleichen Umständen wie früher. Der Egozentrismus-Koeffizient war nun auf 0,271 zurückgegangen.

Diese sozialen Stadien beziehen sich im übrigen nur auf die intellektuelle Aktivität des Kindes (Zeichnen, Konstruktionsspiele, Rechnen usw.). Das Problem sieht natürlich bei den Spielen im Freien anders aus: Diese Spiele stehen aber nur mit einem Bruchteil des kindlichen Denkens und Sprechens in Verbindung.

Andererseits ist die Sprache des Kindes um $6^1/_2$ Jahre deswegen noch so wenig sozialisiert, und die egozentrischen Formen spielen im Verhältnis zur Information und zum Dialog deswegen eine so große Rolle, weil die kindliche Sprache zwei verschiedene Spielarten aufweist: Die eine besteht aus Gesten, Bewegungen, Mimik usw., die das Wort begleiten und es manchmal ganz ersetzen, die andere besteht allein aus Worten. Nun läßt sich nicht alles mit Gesten ausdrücken. Die intellektuelle Untersuchung bleibt also egozentrisch, während die Befehle usw., die ganze Sprache, die mit dem Handeln, dem Umgang mit Dingen und besonders mit dem Spiel verbunden ist, schon stärker sozialisiert ist. Diese wesentliche Unterscheidung greifen wir im IV. Kapitel wieder auf: Wir werden sehen, daß sich die Kinder untereinander verbal schlechter verstehen als wir; aber das heißt nicht, daß ihre Verständigung untereinander beim Spiel oder bei manuellen Beschäftigungen nicht ausreicht, sie ist aber noch nicht vollständig verbal.

§ 12. Folgerungen und Arbeitshypothesen

Die Psychoanalytiker haben sich genötigt gesehen, zwei fundamentale Arten des Denkens zu unterscheiden: das *gelenkte* oder *intelligente Denken* und das *ungelenkte Denken* (pensée [non] dirigée), das Bleuler *autistisches Denken* nennt. Das gelenkte Denken ist bewußt, d. h. es verfolgt Ziele, die dem Geist des Denkenden gegenwärtig sind; es ist intelligent, d. h. der Wirklichkeit angepaßt, und sucht auf sie einzuwirken, es nimmt Wahrheit und Irrtum auf (empirische oder logische Wahrheit), und es ist durch die Sprache mitteilbar. Das autistische Denken ist unterbewußt, d. h. die Ziele, die es verfolgt, und die Probleme, die es sich stellt, sind dem Bewußtsein nicht gegenwärtig. Es ist der äußeren Wirklichkeit nicht angepaßt, sondern es schafft sich selbst eine aus Imagination oder Träumen bestehende Wirklichkeit; es versucht nicht, Wahrheiten festzustellen, sondern Wünsche zu erfüllen; es bleibt streng individuell und läßt sich nicht durch die Sprache mitteilen. Dieses Denken vollzieht sich vor allem in Bildern und muß, um sich mitzuteilen, indirekt vorgehen, wobei es die Gefühle, die es begleiten, durch Symbole und Mythen hervorruft.

Das sind zwei fundamental verschiedene Denkweisen. Ihrem Ursprung nach aber sind sie nicht getrennt, sie werden auch zusammen wirksam[13], folgen aber ihrer jeweiligen Logik, deren Richtungen divergieren. Das gelenkte Denken folgt im Laufe seiner Entwicklung immer mehr den Gesetzen der Erfahrung und der eigentlichen Logik. Das autistische Denken dagegen folgt einer Gesamtheit besonderer Gesetze (Gesetze des Symbolismus, der unmittelbaren Befriedigung usw.), auf die wir hier nicht eingehen wollen. Wenn das Denken sich etwa mit dem Wasser beschäftigt, dann folgt es einer ganz unterschiedlichen Orientierung, einmal von der Intelligenz, zum andern vom Autismus her. Für das intelligente Denken ist das Wasser eine natürliche Substanz, man kann seinen Ursprung erklären oder doch wenigstens seine Entstehung empirisch beobachten. Es verhält sich und zirkuliert nach Gesetzen, die man studieren kann, die technische Aktivität hat sich seiner seit historischen Zeiten bemächtigt (etwa für die Bewässerung). Dem autistischen Denken dagegen ist das Wasser nur interessant im Zusammenhang mit der Befriedigung organischer Bedürfnisse. Es dient als Getränk. Als solches und wegen seines Aussehens ist es in der Phantasie aller Völker, in der von Kindern und im Unterbewußtsein von Erwachsenen, zu einem rein organischen Bild geworden. Es wurde mit den aus dem menschlichen Körper austretenden Flüssigkeiten verbunden und wurde so zum Symbol der Geburt selbst, wie zahlreiche Mythen (z. B. Geburt der Aphrodite), Riten (Taufe als Symbol der Wiedergeburt), Träume[14] und Er-

[13] Die beiden Denkweisen vollziehen sich tatsächlich gemeinsam. Man darf annehmen, daß der Autismus viele Erfindungen hervorbringt und entwickelt, die anschließend von der Intelligenz geklärt und bewiesen werden.

[14] Vgl. Flournoy, H., Quelques rêves au sujet de la signification symbolique de l'eau

zählungen von Kindern[15] zeigen. Im ersten Fall paßt sich das Denken also dem Wasser als einer äußeren Wirklichkeit an, im zweiten gebraucht es das Wasser nicht, um sich ihm anzupassen, sondern um es mit mehr oder weniger bewußten Vorstellungen zu verbinden, die im Zusammenhang mit dem Harnlassen, der Befruchtung und der Geburt stehen.

Diese beiden stark divergierenden Denkformen sind vor allem in ihrem Ursprung verschieden. Die eine ist sozialisiert; dieses Denken wird durch die fortschreitende Anpassung der Individuen aneinander gelenkt. Die andere Denkform dagegen bleibt individuell und wird nicht mitgeteilt. Mehr noch – und das wird für das rechte Verständnis des kindlichen Denkens sehr wichtig –, ein großer Teil ihrer Unterschiedlichkeit geht auf die Tatsache zurück, daß die Intelligenz sich nach und nach sozialisiert und immer mehr mit Begriffen arbeitet, dank der Sprache, die das Denken mit dem Wort verbindet. Dagegen haftet das autistische Denken, eben weil es individuell bleibt, immer an bildlichen Vorstellungen, an körperlicher Aktivität und an Bewegungen selbst. Ob man sein Denken ausspricht, von ihm zu anderen spricht, oder ob man es verschweigt oder nur für sich selbst spricht, das ist von wesentlicher Bedeutung für die Struktur und das Funktionieren des Denkens im allgemeinen und für die Logik des Kindes im besonderen.

Je nach dem Grad ihrer Mitteilbarkeit gibt es aber zwischen dem intelligenten Denken und dem autistischen Denken viele Spielarten. Diese Zwischenformen müssen also einer speziellen Logik folgen, die ihrerseits zwischen der der Intelligenz und der des Autismus liegt. Wir wollen die wichtigste dieser Zwischenformen *egozentrisches Denken* nennen, wir meinen jenes Denken, das wie das Denken unserer beiden Kinder die Anpassung an die Wirklichkeit sucht, sich dabei aber nicht als solches mitteilt. So erhalten wir folgendes Schema:

	Nicht mitteilbares Denken	Mitteilbares Denken
Nicht gelenktes Denken	Autistisches Denken	(Mythologisches Denken)
Gelenktes Denken	Egozentrisches Denken	Mitgeteilte Intelligenz

et du feu, in: Internationale Zeitschrift für Psychoanalyse, Bd. VI, S. 398 (s. a. S. 329 und 330).

[15] Wir haben den Fall eines 9jährigen Kindes, Vo, veröffentlicht. Er stellt sich die Menschheit als von einem Säugling abstammend vor, der selbst aus einem Wurm hervorgegangen sei, der gerade aus dem Meer kriecht. Vgl. J. Piaget, La pensée symbolique et la pensée de l'enfant, in: Archives de psychologie, Bd. XVIII, 1923.

Um rasch die Bedeutung des Egozentrismus zu erfassen, sollte man einmal über folgende ständig gemachte Beobachtung nachdenken: Man sucht die Lösung irgendeines Problems. Auf einmal scheint alles klar zu sein, man hat verstanden und empfindet intellektuelle Befriedigung als ein Gefühl sui generis. Versucht man aber, anderen zu erklären, was man soeben verstanden hat, dann entstehen die Schwierigkeiten. Diese Schwierigkeiten entstehen nicht nur aus der Aufmerksamkeit, die nötig ist, um die Daten wie die Deduktionskette in einem einzigen Bewußtseinsbündel festzuhalten. Die Schwierigkeiten kommen aus dem Urteil selbst. Die eben noch sichere Schlußfolgerung scheint jetzt gar nicht mehr so sicher. Zwischen dieser und jener Behauptung fehlt eine ganze Reihe von Zwischengliedern, deren Fehlen man zunächst gar nicht empfunden hatte. Eine solche Beweisführung, die sich aufzudrängen schien, weil sie mit einem visuellen Schema oder mit irgendeiner Analogie verbunden war, drängt sich in dem Augenblick gar nicht mehr auf, in dem man merkt, daß man sich auf diese Schemata berufen muß und daß sie nicht mitteilbar sind. Eine Behauptung etwa, die mit einem Werturteil verbunden war, wird fragwürdig, sobald man sich des persönlichen Charakters dieses Werturteils bewußt wird. Wenn schon zwischen dem individuellen Begreifen und der ausgesprochenen Erklärung ein solcher Unterschied besteht, dann sind die Merkmale des individuellen Begreifens bei einem Menschen, der lange Zeit im eigenen Denken eingesponnen bleibt und sich noch nicht daran gewöhnt hat, im Blick auf die anderen zu denken und sein Denken mitzuteilen, noch schärfer akzentuiert. Man braucht nur an das unentwirrbare Chaos im Denken der Heranwachsenden zu erinnern.

Zum egozentrischen Denken und zur mitgeteilten Intelligenz gehören also zwei verschiedene Formen des vernünftigen Denkens und sogar – das kann man sagen, ohne paradox zu sein – zwei verschiedene Formen von Logik. Hier verstehen wir unter Logik sämtliche vom Geist erworbenen Gewohnheiten beim allgemeinen Ablauf seiner Operationen, bei der allgemeinen Beherrschung des Schachspiels, wie Poincaré sagt, im Gegensatz zu den besonderen Regeln, die für jede Behauptung, für jeden einzelnen Schachzug gelten. Die egozentrische Logik und die mitteilbare Logik unterscheiden sich also weniger in ihren Folgerungen als in ihrem Funktionieren (ausgenommen das Kind, bei dem die egozentrische Logik oft allein tätig ist). In folgenden Punkten gehen die beiden Logiken auseinander:

1. Die egozentrische Logik ist intuitiver, eher »synkretistisch« als deduktiv, die Denkprozesse sind also nicht explizit. Das Urteil geht

direkt von den Prämissen zur Schlußfolgerung über, es überspringt dabei die Zwischenstufen. – 2. Sie legt wenig Wert auf die Beweisführung und nicht einmal auf die Kontrolle der Behauptungen. Man vertraut auf Visionen von einem Gesamtzusammenhang und fühlt sich viel schneller in Sicherheit, als wenn die Beweisketten explizit wären. – 3. Diese Logik gebraucht persönliche Analogieschemata, Erinnerungen an frühere Schlußfolgerungen, die die künftigen Schlußfolgerungen leiten, ohne daß dieser Einfluß jedoch bewußt empfunden wird. – 4. Die visuellen Schemata spielen eine große Rolle, ersetzen sogar die Beweisführung und die Deduktion. – 5. Die persönlichen Werturteile schließlich beeinflussen das egozentrische Denken viel mehr als das mitteilbare Denken.

Die mitgeteilte Intelligenz dagegen ist 1. viel mehr deduktiv, sie versucht, die Verbindungen zwischen Behauptungen zu explizieren, gebraucht Worte wie »also, wenn ... dann« usw. – 2. Sie legt viel mehr Wert auf den Beweis. Die ganze Ausführung wird sogar auf den Beweis abgestellt, will den anderen überzeugen (und sich selbst auch, wenn die eigene Überzeugung durch das deduktive Denken erschüttert wurde). – 3. Sie versucht, die Analogieschemata auszuschließen und durch die eigentliche Deduktion zu ersetzen. – 4. Sie schließt ferner die visuellen Schemata aus, weil sie nicht mitteilbar und auch nicht beweiskräftig sind. – 5. Schließlich eliminiert sie die persönlichen Werturteile, um sich auf kollektive Werturteile zu stützen, die der allgemeinen Vernunft näher stehen.

Wenn ein solcher Unterschied zwischen dem mitgeteilten Denken und dem besteht, was vom egozentrischen Denken im Denken des Erwachsenen und des Heranwachsenden bleibt, müssen wir umso mehr den egozentrischen Charakter des kindlichen Denkens betonen. Vor allem im Hinblick auf das 3- bis 7jährige Kind – bis zu einem gewissen Grade noch bei dem 7- bis 11jährigen Kind – war uns daran gelegen, das egozentrische Denken zu erkennen. Beim 3- bis 7jährigen Kind konstituieren die fünf Merkmale, auf die wir soeben hingewiesen haben, eine Art spezielle Logik, auf die wir in diesem Band, aber auch im folgenden Band zurückkommen werden. Zwischen 7 und 11 Jahren beeinflußt diese egozentrische Logik kaum mehr die »Wahrnehmungsintelligenz« (»intelligence de perception«) der Kinder (wie Binet und Simon sie nennen), findet sich aber noch vollständig in der »verbalen Intelligenz«. In den nächsten Kapiteln wollen wir zahlreiche Phänomene untersuchen, die dem Egozentrismus entstammen und zuerst die »Wahrnehmungsintelligenz« bei 3- bis 7jährigen Kindern beeinflussen und später die »verbale Intelligenz« der 7- bis 11jährigen. Wir können also jetzt schon erkennen, daß Mitteilbarkeit (communicabilité) und Nichtmitteilbarkeit (incommunicabilité) keine Attribute darstellen, die dem Denken von Außen her zugefügt werden; sie sind konstitutive Züge, die die Struktur des vernünftigen Denkens wesentlich formen. Das Problem der Mitteilbarkeit gehörte also zu den Vorfragen, die zu lösen sind, um die Untersuchung über die Logik des Kindes zu beginnen. Es bleiben noch andere Vorfragen, alle diese Probleme lassen sich aber unter zwei Hauptpunkte gruppieren:

A) Mitteilbarkeit: 1. In welchem Maße denken gleichaltrige Kinder für sich selbst oder teilen ihr Denken untereinander mit? – 2. Die gleiche Frage in bezug auf jüngere und ältere Kinder a) aus derselben Familie, b) aus verschiedenen Familien. – 3. Die gleiche Frage in bezug auf Kinder und Eltern.

B) Verstehen: 1. In welchem Maße verstehen sich die Kinder gleichen Alters untereinander? – 2. Die gleiche Frage in bezug auf jüngere und ältere Kinder (aus gleichen und verschiedenen Familien). – 3. Die gleiche Frage in bezug auf Kinder und Eltern.

Die Probleme dieser zweiten Gruppe werden wir in einem der folgenden Kapitel erörtern. Was die Fragen der ersten Gruppe betrifft, glauben wir, die erste Frage zum Teil gelöst zu haben. Wenn man einräumt, daß die drei ersten von uns aufgestellten Kategorien der Kindersprache egozentrisch sind, ist das Denken des $6^1/_2$jährigen Kindes – in seinem gesprochenen Ausdruck – zu 44% bis 47% noch egozentrisch. Darüberhinaus werden nur die Bereiche der statischen Kategorien des Denkens von der Sprache sozialisiert; die erklärende Funktion und die Kausalität gehören also in diesem Alter dem Denken an, das noch keinen Ausdruck findet. Ist das Alter von 6 oder 7 Jahren dafür ein entscheidender Wendepunkt oder nicht? Wir haben noch zu wenig Vergleichsmöglichkeiten; wenn wir jedoch nach dem urteilen, was wir in der »Maison des Petits« beobachtet haben, dürfen wir annehmen, daß das Kind im Alter von 7 bis 8 Jahren beginnt, sein Denken mitzuteilen (in diesem Alter liegt der Anteil der egozentrischen Sprache bei 25%). Das sehen wir am Beispiel von Lev, dessen Egozentrismus-Koeffizient mit 7 Jahren auf 0,27% sinkt. Das soll nicht heißen, daß die Kinder sich untereinander mit 7 oder 8 Jahren schon ganz verstehen – später werden wir sehen, daß das nicht der Fall ist –, damit ist lediglich gesagt, daß sie schon in diesem Alter bemüht sind, einen besseren (Gedanken-)Austausch und ein besseres gegenseitiges Verständnis zu erreichen.

II. Kapitel

DER ANTEIL DER EGOZENTRISCHEN SPRACHE BEI DER VERBALEN KOMMUNIKATION MIT ERWACHSENEN UND UNTER KINDERN[1]

Zahlreiche Autoren haben unsere Ergebnisse geprüft, zu denen wir durch die Analyse der Kindersprache in der »Maison des Petits« im Hinblick auf die soziale Anpassung gelangt waren, und sie haben drei Arten von Divergenzen und möglichen Abweichungen festgestellt.

Erstens ist klar, daß Statistiken nicht übereinstimmen können, wenn man unterschiedliche Gegenstände mißt. Tatsächlich sind einige Autoren zu Schlußfolgerungen gekommen, die den unseren widersprechen, weil sie den Begriff »Egozentrismus« im geläufigen Sinne nahmen und nicht in dem Sinne, auf den wir uns hier geeinigt hatten. Das erklärt unter anderem den Widerspruch von Ch. Bühler. Ein amerikanischer Autor hat sogar den Gebrauch von Wörtern wie »ich« (je) oder »Ich« (moi) usw. als Kriterium des Egozentrismus aufgestellt, als könne man nicht in einem sozial völlig angepaßten Sinne von sich selbst sprechen und als könne man nicht sehr wohl egozentrisch bleiben, d. h. seinen eigenen Standpunkt von dem der anderen nicht unterscheiden, ohne je von sich selbst zu sprechen!

Zweitens ändern sich die Ergebnisse je nach dem Schulmilieu; denn selbstverständlich beeinflussen die mehr oder weniger große Freiheit zu reden, die Art der Beschäftigung oder das Eingreifen des Lehrers in verschiedenem Ausmaß die Sprache des Kindes.

Drittens bleibt vor allem ein wichtiges Problem, nämlich das der verbalen Beziehung zwischen Kind und Erwachsenem. In ihrem Werk über »Gespräche mit Kindern«[2] bringen D. und R. Katz das Beispiel zweier Kinder, die untereinander kaum egozentrisch und in ihren Gesprächen mit Erwachsenen völlig »sozialisiert« sind. Über den letzten Punkt lassen die 154 ausgezeichneten Dialoge keinen Zwei-

[1] In Zusammenarbeit mit A. Leuzinger-Schuler.
[2] D. und R. Katz, Gespräche mit Kindern, Berlin 1928.

fel aufkommen. Was die Gespräche der Kinder untereinander betrifft, geben die Autoren zu (S. 8), daß sie weniger entwickelt und dürftiger waren, aber nicht eigentlich egozentrisch. Ohne eine eigentlich egozentrische Sprache zu präsentieren, beweisen nach D. und R. Katz diese Kinder, daß sie mit ihren Eltern eine stärker »sozialisierte« Sprache als untereinander sprechen.
A. Leuzinger-Schuler hat angesichts der sich widersprechenden Ergebnisse der Analyse von Katz und unserer Arbeit in der »Maison des Petits« ihrerseits versucht, das Problem selbst zu lösen, indem sie ihren eigenen, damals 3jährigen Sohn und drei andere Kinder zwischen 3 und 4 Jahren beobachtete. Sie stellte sich dabei zwei Fragen, die wir etwa so formulieren können: 1. Tritt der verbale Egozentrismus durchschnittlich häufiger gegenüber Erwachsenen oder gegenüber anderen Kindern auf? – 2. Wie verändern sich beide Typen sozialer Beziehungen im Verhältnis zueinander im Laufe des 4. Lebensjahres? Kurz gesagt: setzt die Sozialisierung des kindlichen Denkens – im Sinne des (Gedanken-)Austauschs und der Zusammenarbeit – im Gespräch mit Erwachsenen oder mit anderen Kindern ein?
A. Leuzinger-Schuler versucht, diese Fragen mit Hilfe einer statischen Analyse nach der gleichen Methode zu beantworten, die wir im vorliegenden Buch »Sprechen und Denken des Kindes« angewandt haben. Dieser Punkt ist nicht unwichtig. Es scheint uns nämlich schwierig, ohne weiteres rein qualitative Ergebnisse wie die von D. und R. Katz mit Schlußfolgerungen zu vergleichen, die sowohl auf der Anwendung der Statistik als auch auf der direkten Analyse beruhen. D. und R. Katz beschränken sich auf die Behauptung, ihre Kinder hätten, auch wenn sie sich selbst überlassen waren, keineswegs den gleichen verbalen Egozentrismus gezeigt wie die Kinder der »Maison des Petits«; man kann doch wohl nicht gut glauben, daß unter 500 oder 1000 aufs Geratewohl aufgezeichneten Äußerungen nicht wenigstens einige »egozentrische« Sätze vorkommen.

§ 1. Die Äußerungen von Hans im Laufe seines 4. Lebensjahres

A. Leuzinger-Schuler notierte Hunderte von Äußerungen ihres Sohnes, jeweils am Anfang, in der Mitte und am Ende seines 4. Lebensjahres; dabei trennte sie immer sorgfältig das, was vor Erwachsenen gesprochen wurde, von dem, was das Kind in Gegenwart seiner kleinen Freunde sagte. Man muß wissen, daß Hans ein Einzelkind war und damals in einer Stadt der deutschsprachigen Schweiz eine Privatschule besuchte, die A. Leuziger-Schuler selbst leitete. Die Gesprächspartner von Hans sind also Schulkameraden in einer Schule, die nach denselben Grundsätzen geleitet wird wie die »Maison des Petits«; dadurch lassen sich die folgenden Ereignisse mit denen, die wir in Genf erzielt hatten, gut vergleichen.

Die wichtigste Schlußfolgerung, zu der A. Leuzinger-Schuler gelangt ist, besteht darin, daß Hans in Gegenwart anderer Kinder eine stärker »sozialisierte« Sprache aufweist als in Gegenwart Erwachsener, besonders seiner Mutter. Außerdem mildert sich dieser Gegensatz, der am Anfang des 4. Lebensjahres sehr scharf war, und das Verhältnis beginnt sich langsam in dem Maße umzukehren, wie das Kind sich daran gewöhnt, an Erwachsene Fragen zu stellen. Hier die Zahlen; die Koeffizienten sind nach der Methode errechnet, die wir in Kapitel I beschrieben haben:

Alter	3;1	3;6	4–4;1
Egozentrismus-Koeffizient in Gegenwart von Erwachsenen	71,2%	50,3%	43,5%
Alter	3;4	3;8	3;11–4;0
Egozentrismus-Koeffizient in Gegenwart anderer Kinder	56,2%	43,2%	46,0%

Ein solches Ergebnis muß genau analysiert werden. Wie wir feststellen können, zeigt die Sprache dieses Kindes am Anfang des 4. Lebensjahres einen viel höheren Egozentrismus-Koeffizienten (d. h. einen weniger sozialisierten Charakter) in den Beziehungen zu den Erwachsenen als in den Beziehungen zu gleichaltrigen Kindern (71,2% gegen 56,2%). Vom Anfang bis zum Ende des Jahres sinkt der Egozentrismus-Koeffizient in den Beziehungen zu den Erwachsenen spürbar von 71% auf 43%, also um 28%, während die Abschwächung in den Beziehungen zu anderen Kindern geringer ist (10%). Im ganzen gesehen, ohne die Beziehungen zu Erwachsenen und die zu Kindern zu trennen, geht der Egozentrismus-Koeffizient im Laufe des 4. Lebensjahres von 63,7% auf 44,7% zurück.

Wir wollen diese Daten jetzt qualitativ zu analysieren versuchen und fangen mit der egozentrischen Sprache an. Unmittelbar ist deutlich: Bei Hans finden sich die längsten und reinsten Monologe in der Sprache, die das Kind gegenüber dem Erwachsenen benutzt; in diesem Fall kann das Kind den Faden seiner Phantasie ununterbrochen weiterspinnen. Dagegen werden die Monologe, die Hans in Gegenwart anderer Kinder führt, oft unterbrochen: einmal durch Fragen aller Art, dann aber auch durch Einmischung anderer Kinder während des Spieles.

Hier einige Beispiele dieser Monologe in Gegenwart von Erwachsenen:
Alter 3; 1 (beim Bauen): (124) *»Ich baue ein Haus für die Chinesen. Ich baue ein Haus, ein ganz großes Haus. Ich habe ein Haus für die Chinesen gebaut.* (125) *Ganz oben die Schlafzimmer. Darauf lege ich das Dach. Die Decke. So. Das stimmt, die Decke.* (126) *Und jetzt die Betten. Ich mache die Betten, so ein Bett für die Chinesen, ein Bett für die Chinesen, die Betten übereinander.* (127) *So. Die Chinesen schlafen da oben, beim lieben Gott. Sie schlafen. Ich lege sie da oben hin, beim lieben Gott.* (128) *Da ist der liebe Gott* (er legt ein Klötzchen hin). *Da ist sein Kopf, sein kleiner Kopf.* (129) *Guck mal* (er spricht mit sich selbst): *der liebe Gott ist da oben, auf dem Dach.«*

Alter 3; 1 (beim Zeichnen): (318) *»Ich brauche ein anderes Stück Papier.* (319) *Ich muß den Kirchturm fertigmachen. Da sind die Glocken, die gehen mit der Schnur.* (320) *Ich lege es dahin* (das Papier). (321) *Du mußt noch was anderes machen* (er spricht mit sich selbst), *eine Kommode machen. Ich mache ... da ... die Beine.* (322) *Das ist nur ein Tisch.* (323) *Da, ich zeichne auf dieses Blatt.* (324) *Ich mache einen Mann.* (325) *Was mache ich?* (er spricht mit sich selbst). *Das ist eine Wasserleitung. Da muß ich Wasser hinmalen. Jetzt das Wasser.* (326) *Ich mache noch ein Schiff. Ein kleines Schiff und ein Indianer, ein Mann und eine Frau. Zwei Männer und eine Frau. Zwei Männer und ein Indianer.* (327) *Sie fallen ins Wasser, siehst du?* (zu sich selbst). (328) *Da ist eine Wasserleitung. Da ist das Schiff, die Indianer, und ein Mann, und eine Frau. Ich muß sie drinnen zeichnen.* (329) *Jetzt mache ich ein Tier.«*

Diese langen Monologe sind ganz charakteristisch für die egozentrische Sprache in den Beziehungen zwischen Kind und Erwachsenem. Andererseits besteht hier unbestreitbar die soziale Beziehung. Das Kind weiß sich gern in der Nähe seiner Mutter. Bei allem, was es tut und denkt, fühlt es sich behütet. Wenn es spricht, hat es nicht das Gefühl, zu sich selbst zu sprechen. Mit der Mutter oder mit sich selbst zu sprechen scheint dem Kind dasselbe, so sehr fühlt es sich in der Nähe der Mutter geborgen. Seine Aktivität vollzieht sich in einer Atmosphäre der Übereinstimmung, des Einklangs, fast könnte man sagen in einem »Leben der Einung« (»vie unitive«), um mit den Mystikern zu sprechen; und diese Atmosphäre schließt jedes Bewußtsein des Egozentrismus aus. Auf der anderen Seite ist man erstaunt, daß diese Äußerungen weitgehend Selbstgespräche sind: Das Kind fragt nicht und erwartet auch keine Antwort. Es will der Mutter, die bei ihm ist, auch nichts Bestimmtes mitteilen. Es kümmert sich nicht darum, ob sie zuhört oder nicht. Es spricht für sich, so wie der Erwachsene innerlich mit sich selbst spricht. Dabei weiß der Erwachsene aber, daß er allein ist oder daß er mit fiktiven Gesprächspartnern so diskutiert, wie er es sonst in Wirklichkeit tun würde. Das Kind dagegen spürt von alledem zweifellos nichts, wenn es so redet. Hier stehen wir also entweder vor einem Maximum an sozialer Kommunion, wobei das Ich mit dem anderen eins ist, oder aber vor einem maximalen Aufgehen des anderen im eigenen Ich. Die Wahrheit liegt nicht in der Mitte: Sie liegt in dem gleichzeitigen Zutreffen beider Gesichtspunkte. Der erste ist wahr vom inneren Gesichtspunkt aus. Der zweite ist wahr vom Gesichtspunkt des Beobachters aus. Das ist die für den Egozentrismus charakteristische Haltung: Es gibt keine Unterscheidung zwischen dem anderen und dem Ich.

Für den verbalen Egozentrismus in den sozialen Beziehungen zwischen Hans und seinen Freunden brauchen wir keine Beispiele zu bringen. Sie entsprechen denen in der »Maison des Petits«. Wir wollen nur den feinen Unterschied festhalten. Bei den Beziehungen unter Kindern kann man nicht von einer so engen Gemeinschaft sprechen. Der Unterschied – oder auch einfach die Unterscheidung – zwischen dem Ich und dem anderen wird hier deutlicher empfunden als in den Beziehungen zu den Eltern. Sicher kann man in gewisser Hinsicht sagen, was wir schon am Anfang unserer Untersuchung behauptet haben: Bei 3- bis 5jährigen Kindern, die ständig zusammenleben, »sind das individuelle und das soziale Leben undifferenziert«.[3] Einerseits ist das Kind weniger individualisiert als der Erwachsene, denn es gibt bei jeder Einwirkung nach, und seine Persönlichkeit ist nicht stark genug, den Strömen der Nachahmung, die die Gruppe durchziehen, zu widerstreben. Auf der anderen Seite aber ist das Kind weniger sozialisiert als der Erwachsene, weil es alles auf seinen eigenen Gesichtspunkt zurückführt. In diesem Sinne kann man die egozentrische Sprache unter Kindern als Hinweis auf eine relative Undifferenziertheit zwischen dem Individuellen und dem Sozialen ansehen. Doch diese Situation begünstigt die Sozialisation, auch wenn sie an den Monolog des Kindes in Gegenwart der Mutter erinnert. Gegenüber dem Erwachsenen wird das Kleinkind in doppelter Hinsicht beeindruckt, es wird von einem ihm weit überlegenen Geist beherrscht und zugleich von diesem Geist, mit dem es alles

[3] Vgl. oben, S. 48.

gemeinsam hat, vollständig verstanden. Die Beziehung ist also anfangs eine Identifikation, selbstverständlich mit Enttäuschungen, Auflehnung, Rückkehr zum Gehorsam und damit zur Re-Identifikation. Im großen und ganzen nimmt das Kind in sich auf, was es an den Eltern entdeckt, und setzt bei ihnen alles voraus, was es in sich selbst fühlt. Das ist das »Leben der Einung«. Der Freund dagegen ist ihm zugleich ähnlich (im Gegensatz zu überlegen und fremd), daher die Notwendigkeit einer ausgeprägteren Differenzierung.

Das sehen wir jetzt bei der Untersuchung der sozialisierten Sprache. Wir unterscheiden in dieser Hinsicht zwei Gruppen von Äußerungen: Die erste enthält Dialoge, Diskussionen, Informationen, Kritik, Befehle usw. (wir sprechen einfach von Dialogen), die zweite besteht aus den Fragen.

Wir beginnen mit der Entwicklung der Formen des Dialogs bei Hans im Laufe des 4. Lebensjahres. Die nicht in Klammern stehenden Zahlen geben die gesamte sozialisierte Sprache dieses Kindes an, ohne die Fragen und Antworten, aber mit der angepaßten Information.[4] Darunter setzen wir in Klammern die Zahlen, die sich nur auf die angepaßte Information beziehen, weil diese die sozialisierte Sprache am besten kennzeichnet:

Alter	3;1	3;6	4–4;1
Dialog mit Erwachsenen	16%	17%	19%
(Informationen, die an Erwachsene gerichtet sind)	(10%)	(10,3%)	(14,7%)

Alter	3;4	3;8	3;11–4
Dialog mit Kindern	23,2%	32,8%	35%
(Informationen, die an Kinder gerichtet sind)	(13,8%)	(22,7%)	(26,4%)

Diese Tabelle zeigt zunächst deutlich, daß der Dialog und die angepaßte Information erkennbar stärker im Gespräch mit anderen Kindern als im Gespräch mit Erwachsenen vertreten sind. Zwischen 3; 1 und 3; 4 macht der Dialog mit Kindern 23% aus gegenüber 16% mit Erwachsenen; das ist natürlich, weil der Egozentrismus-Koeffizient im gleichen Alter 71% im Gespräch mit Erwachsenen und 56% im Gespräch mit Kindern beträgt. Am Ende des Jahres (3;11–4;1) sind die Egozentris-

[4] Zur Definition dieser Ausdrücke vgl. Kapitel I.

mus-Koeffizienten bei Gesprächen mit Erwachsenen und mit Kindern zwar ungefähr gleich (43,5% und 46%), der Dialog macht aber nur 19% des Gesprächs mit den Erwachsenen aus, erreicht aber 35% im Gespräch mit den anderen Kindern! Am Ende des 4. Lebensjahres ist der Dialog mit Kindern fast doppelt so wichtig wie mit Erwachsenen. Eine wichtige Feststellung, deren Ursache wir auf den Grund kommen müssen. Mit anderen Worten ausgedrückt: Im Laufe des 4. Lebensjahres hat der Dialog mit Erwachsenen kaum an Bedeutung gewonnen (von 16% auf 19%), während das wirkliche Gespräch mit anderen Kindern deutlich zugenommen hat (von 23% auf 35%).

Gehen wir zur qualitativen Analyse dieser Informationen oder Dialoge über. Bei den Äußerungen, die A. Leuzinger-Schuler aufgezeichnet hat, fällt am meisten auf, daß die Informationen unter Kindern nicht nur häufiger vorkommen, sondern auch einem entwickelteren Typ angehören. Die ersten Beispiele der informativen Sätze, die schon etwas nuanciert sind, also nicht mehr einfach statische oder deskriptive Feststellung, sondern aktive Bestandteile einer Diskussion oder der Zusammenarbeit, tauchen zum ersten Mal im Gespräch unter Kindern auf. Es sieht so aus, als würde erst der Zusammenstoß verschiedener Meinungen und Absichten zu Diskussionen höherer Ordnung führen.

Hier folgen die besten Beispiele für Dialoge mit Erwachsenen oder an Erwachsene gerichtete Informationen:

Alter 3;1 (Die Mutter sagt: »Ich habe nachgesehen, ob es warm oder kalt ist.« Antwort): (73) *»Das Barometer ist auch warm.«* (91) *»Mama, im kleinen Zimmer ist noch Licht an.* (92) *Ich kann die Tür nicht ganz allein zumachen, ich bin zu dumm.«* (510) *»Mama, das kann man nicht essen* (eine verdorbene Banane), *das ist faul.«* (594) *»Mama, die Tür vom Speiseschrank ist zu.«*

Alter 3;6: *»Sieh mal, der Arm ist auch ein bißchen gebrochen.«* (60) *»Er ist gebrochen, er ist kaputt«* (der Radiergummi). (230) *»Da liegt eine kleine Beere, da auf dem Boden.«* (Unter 500 Äußerungen finden wir keine Diskussion.)

Alter 4;1 (Die Diskussion wird häufiger, aber sie bleibt wenig entwickelt): (3) *»Wer ist denn Irma?* – So heißt Tante Irma. – (4) *Nein, sie heißt nicht so.«* (46) *»Hörst du, wie sie sprechen* (Soldaten)? – Nein, sie singen. – (47) *Nein, sie sprechen. Warum singen die Soldaten?«* (167) *»Was ist Eduard?* – Ein Name. – *Nein, das ist kein Name. Das ist nur, um zu rufen: Eduard, komm, komm, komm sofort!«* (196) *»Warum bin ich ein großer Junge?* – Weil du älter bist. – (197) *Nein, ich bin nicht alt, nicht alt, ich bin jung, ich bin ganz jung.«*

Hier folgen jetzt Beispiele für Diskussionen in der Sprache von Hans mit anderen Kindern:

I. Alter 3;4 (Ruth, ebenfalls 3;4): »Da oben (in den Felsen von Glaris) ist die Eisenbahn, die zum Himmel fährt. – (257) *Nein, da ist keine Eisenbahn.* – Da sind aber Schienen. – (258) *Nein, da oben sind keine Schienen. Im Himmel gibt es keine Schienen. Der liebe Gott braucht keine Schienen.* – Doch. – (259) *Nein, der liebe Gott braucht keine Schienen und keine Eisenbahn.* – Aber für eine Eisenbahn braucht man eine Schiene.« Oder auch: »(222) *Die Kanne gehört mir* (er nimmt sie). – Nein, ich brauche sie. – (223) *Nein, ich muß sie ausgießen.* – Bitte, gib mir die Kanne. – (224) *Ich muß ein Blatt reintun. So jetzt kannst du sie haben.«*

II. Alter 3;8 (Barbara, 4;1): »Ich will Feuer machen (geht an den Ofen). – (141) *Nein, Barbara, du darfst kein Feuer machen, weil wir Zentralheizung haben.* – Doch. – (142) *Nein, man braucht kein Feuer zu machen, denn durch die Zentralheizung ist es schon warm.«* Ein anderes Beispiel: (500) *»Gestern nachmittag mußte ich allein Kaffee trinken.* – Warum allein? – (501) *Weil du nicht da warst.* – Nein, weil Besuch da war.« Hier noch eine Diskussion im Alter von 3;8 Jahren, wobei die Logik der Beziehungen mitspielt: (272) *»Barbara, deine Tante ist am Telefon.* – Nein, jetzt ist das meine Tante. Wenn ich weit weg bin, in Paris, ist es wieder deine Tante. – (273) *Nicht deine Tante?* – Deine und meine Tante, nicht, so ist es doch?« Man sieht, daß Barbara und Hans Mühe haben, dein und mein zu unterscheiden, obwohl sie beide verträglich sein möchten.

III. Alter 4;0 (Sotti 6;8): »Ich habe nur drei Wagen, du hast aber vier. – (195) *Du hast ja vier.* – Nein, du hast vier, ich nur drei. – (196) *Nein, da das ist vier, da eins.* – Nein, du hast vier, ich drei. – (197) *Sieh mal, das sind vier Wagen. So, das ist vier* (die von Sotti). *Aber so ein langer Zug* (der von Hans), *das ist nicht vier, das ist eher ein bißchen drei.«* Beachtenswert ist die qualitative Bewertung, die Hans der exakten Zählung des älteren Kindes entgegensetzt.

Es ist klar, daß diese Diskussionen seht »primitiv« bleiben. Manchmal sprechen die Gesprächspartner nicht über dasselbe (Diskussion über die Schienen zwischen Ruth und Hans), manchmal besitzen sie keine ausreichenden Begriffe für Beziehungen, um die Wechselbeziehung der Gesichtspunkte herzustellen (Diskussion mit Barbara über »deine« Tante), manchmal haben sie verschiedene Zählsysteme (Diskussion mit Sotti). Vom funktionalen Standpunkt aus gesehen, kann man den Nutzen eines solchen Austauschs nicht hoch genug bewerten, denn er zeugt von dem Bemühen um gegenseitiges Verständnis und von der Suche nach gemeinsamen Perspektiven. Von der Struktur her gesehen handelt es sich noch um Egozentrismus, von der Funktion her schon um Kooperation.

Wenn wir damit die Diskussion mit Erwachsenen vergleichen, beobachten wir sicher die gleiche Erscheinung, wenn auch weniger ausgeprägt. Das Kind sucht ebenfalls seine Meinung oder seine Perspektive mit denen anderer zu vergleichen, und das gibt der Diskussion ihre Qualität. Da der Gesprächspartner aber in diesem Fall ein mächtiges und weises Wesen ist, hat das Kind nur die Wahl, sich zu fügen oder nicht nachzugeben. In der Diskussion über das Singen der Soldaten zum Beispiel gibt Hans nach, ohne daß es so aussieht, während er bei der Auseinandersetzung über die Namen Irma und Eduard oder über sein Alter ohne Begründung an seiner Meinung festhält. Hätte nun die Mutter von Hans das Gespräch weiterführen können? Es lag nur an ihr, es zu tun. Sie verzichtete darauf, weil sie dem Kind keine Ansicht aufdrängen wollte, die es später ganz allein entdecken konnte.

Demgegenüber oder gerade deshalb besteht die wirkliche Funktion des Gesprächs zwischen Kindern und Erwachsenen im Stellen von Fragen. Wenn wir jetzt zur Analyse der Fragen übergehen, finden wir den wirklichen Grund für das Sinken des Egozentrismus-Koeffizienten in den Gesprächen zwischen Hans und dem Erwachsenen in der beträchtlichen Zunahme der Zahl der Fragen.

Hier zuerst eine statistische Tabelle:

Alter	3;1	3;6	4–4;1
Fragen, die an den Erwachsenen gerichtet sind	12,8%	29,6%	35,2%
Alter	3;4	3;8	3;11–4
Fragen, die an Kinder gerichtet sind	13,6%	14,8%	12%

Diese Tabelle macht sofort sichtbar, daß die Zahl der Fragen an Kinder im Laufe des 4. Lebensjahres praktisch unverändert bleibt, während die Zahl der Fragen an Erwachsene sich fast verdreifacht hat. Wenn man nur das Sprechen des Kindes mit dem Erwachsenen berücksichtigt, dann sind die Fragen von 12% auf 35% gestiegen. Fast allein auf diese Zunahme ist das Sinken des Egozentrismus-Koeffizienten in den Äußerungen gegenüber Erwachsenen zurückzuführen. Anders gesagt, im Falle von Hans geht die intellektuelle Sozialisation vom Kind zum Erwachsenen fast allein auf die Zunahme der Fragen zurück.

Darüber hinaus ist der qualitative Unterschied zwischen den Fragen an Erwachsene und den Fragen an andere Kinder aufschlußreich. Die ersteren enthalten einen bedeutenden Anteil an Fragen über Kausalität und Erklärung, während in der zweiten Gruppe dieses Element fast ganz fehlt.
Hier einige Beispiele von Fragen an Erwachsene:
Alter 3;4: »*Warum ist die Wolke weg? – Warum hat der Wind sie weggejagt? – Warum versteckt sich die Sonne hinter den Wolken? – Warum macht der Transformator soviel Krach?*«
Alter 3;6: »*Warum muß die Höhle so dunkel sein? – Warum gibt es gerade hier solche Beeren? – Warum geht das Dach kaputt, wenn man Steine darauf wirft?*«
Alter 4: »*Der Heizkörper ist kalt. Warum? – Warum höhlt das Wasser die Steine aus? – Warum brechen die Zähne ab, wenn man auf Steine beißt? – Was hat der liebe Gott gemacht, daß die Kirschen so groß sind? – Wozu braucht man die Ketten? – Warum müssen sie denn die Gewichte halten? – Warum muß der Leim flüssig bleiben?*«
Die Fragen an andere Kinder gleichen denen, die wir im Kapitel I zitiert haben. Sie beziehen sich auf die tägliche, unmittelbare Aktivität und keineswegs auf die theoretische Erklärung, die die Mehrzahl der Fragen an Erwachsene bestimmt. Es ist klar, daß diese Fragen an Erwachsene »präkausal« bleiben und von einer kindlichen Geisteshaltung durchdrungen sind; wir wollen das hier nicht von neuem darlegen. In einer Frage wie »Warum muß die Höhle so dunkel sein?« zeigt sich – funktionell gesehen –, wie N. Isaacs so scharfsinnig nachgewiesen hat, das Erstaunen des Geistes, der eine Regel kennt und vor einer Tatsache steht, die dieser Regel widerspricht (zum Beispiel: gewöhnlich sind Verstecke in der Natur nicht dunkel, warum ist also diese Höhle dunkel?). Dennoch aber wird die Regel sozusagen als eine moralische wie zugleich physische Verpflichtung empfunden: Warum »muß« sie so dunkel sein? Was uns aber hier interessiert und schon von uns festgestellt wurde, ist folgendes Faktum: Solange der kindliche Geist »präkausal« orientiert ist, wendet das Kind sich immer an den Erwachsenen als den, der die fertige Wahrheit liefert, und nicht an andere Kinder, die nicht mehr wissen als es selbst. Später dagegen diskutiert das Kind in dem Maße, wie seine Erklärungen positiv werden, gern mit den Anwesenden, so wie es jetzt schon auf der Ebene des Spiels oder der praktischen Aktivität geschieht.
So gesehen läßt sich leicht verstehen, warum der Dialog mit den Erwachsenen im Laufe des 4. Lebensjahres von Hans kaum zugenommen

hat, die Zahl der Fragen an Erwachsene sich aber fast verdreifacht hat und warum die Zahl der Fragen an Kinder kaum gestiegen ist, während Information und Diskussion sich fast verdoppelt haben. Die Haltung gegenüber anderen Kindern und die Haltung gegenüber Erwachsenen sind wesentlich voneinander verschieden: Die erste ist bestimmt von der Kooperation, die zweite von der intellektuellen Unterordnung und bleibt so nur oberflächlich mit wirklicher Kooperation oder Gegenseitigkeit verbunden.

§ 2. Die Reaktionen der drei anderen Kinder

Die Sprache von Hans entwickelt sich im Verlauf des 4. Lebensjahres mit einer Klarheit, die nichts zu wünschen übrig läßt. Einerseits ist der Egozentrismus-Koeffizient am Anfang des Jahres gegenüber anderen Kindern viel schwächer als gegenüber Erwachsenen. Andererseits gleichen sich die Koeffizienten am Ende des Jahres einander an: Die Zahl der Fragen an Erwachsene hat sich nämlich beinahe verdreifacht, während die Diskussion mit anderen Kindern immer noch häufiger als die mit Erwachsenen vorkommt und sogar manchmal ein Verhältnis von zwei zu eins erreicht. Hier stellt sich das Problem, ob das nur für Hans gilt oder ob alle Kinder gleich reagieren und sich untereinander anders sozialisieren als in Gegenwart von Erwachsenen. Die von D. und R. Katz veröffentlichten Ergebnisse widersprechen denen von A. Leuzinger; also darf der Fall von Hans nicht verallgemeinert werden. Die Frage nach dem jeweils verschiedenen Typ und Milieu kompliziert hier die Frage nach der Entwicklung. Man muß also die Rolle der verschiedenen Arten von Erziehung, also die Arten sozialer Beziehungen, und noch mehr die individuellen Unterschiede der Kinder ins Auge fassen. Mit anderen Worten: Um zu ermitteln, ob die intellektuellen Beziehungen zwischen Hans und seiner Mutter allgemeine Gültigkeit besitzen, müssen wir uns zunächst fragen, ob andere Kinder gegenüber A. Leuzinger ebenso reagieren, und dann, ob sie bei anderen Erwachsenen identische Reaktionen zeigen. Zunächst wollen wir also das Verhalten anderer Kinder analysieren, die zu der kleinen Gruppe aus A. Leuzingers Privatschule gehören. Danach werden wir die Ergebnisse von D. und R. Katz im Zusammenhang mit diesen Ergebnissen prüfen.
Außer der Sprache von Hans hat A. Leuzinger die Sprache von drei Kindern zwischen 3 und 4 Jahren untersucht. Nach der gleichen Methode zeichnete sie einige Hundert Äußerungen auf, die teils gegenüber anderen Kindern, teils allein ihr gegenüber gemacht wurden. Diese

Kinder kannten ihre Beobachterin sehr gut, weil sie ihre ganze Zeit bei ihr verbrachten, um zu spielen, zu malen, zu bauen und zu reden. Andererseits kann man die folgenden Ergebnisse nicht der Schulatmosphäre zuschreiben, weil diese Schule mit einer Schule nur den Namen gemein hatte und einer großen Familie glich, wo die Kinder in aller Freiheit ihre Aktivität entfalten konnten. Wir dürfen außerdem nicht vergessen, daß es sich um 3jährige Kinder handelt, also um Kinder, die noch nicht gelernt haben, einen Unterschied zwischen Pädagogen und anderen Menschen zu machen. Der Egozentrismus-Koeffizient lag bei den drei Kindern wie folgt:

Name und Alter	Rob 3;6	Sli 3;8	Wer 3;11–4
Egozentrismus-Koeffizient in Gegenwart von Erwachsenen	61,5%	38,1%	47,8%
Egozentrismus-Koeffizient in Gegenwart anderer Kinder	46,3%	36,7%	41,2%

Es ist interessant festzustellen, daß die drei Kinder gegenüber der Beobachterin ebenso reagierten wie Hans gegenüber seiner Mutter, d. h. alle drei sind gegenüber Erwachsenen weniger sozialisiert als gegenüber ihren Kameraden. Das heißt natürlich nicht, daß sie mit Erwachsenen weniger sprechen als mit ihren Kameraden: Ihre Äußerungen dem Erwachsenen gegenüber sind aber egozentrischer. Bei Rob und Wer ist der Unterschied zwischen der Sprache, die sich an Erwachsene richtet, und der an andere Kinder gerichteten Sprache erheblich. Bei Sli dagegen ist der Unterschied so gering, daß er dem Zufall zugeschrieben werden könnte. Wie wir jedoch sehen werden, fragt dieses Kind sehr viel, daher stammt seine Erwachsenen gegenüber sehr sozialisierte Sprache. Außerdem ist er im allgemeinen nicht so egozentrisch wie die drei anderen beobachteten Kinder.

Im großen und ganzen bestätigt diese Statistik die bei Hans gewonnenen Ergebnisse; wir sehen aber sofort, daß auch der individuelle Typ berücksichtigt werden muß. Die relative Ausnahme im Falle von Sli beweist das und verlangt eine sorgfältige Prüfung. Wir werden gleich auf ein zweites Problem des individuellen Typs stoßen, wenn wir die Reaktionen von Rob mit denen der beiden anderen Kinder im Hinblick auf die Diskussion und die angepaßte Information vergleichen.

Es ist überflüssig, hier neue Beispiele der egozentrischen Sprache anzuführen, da wir solche schon im Falle von Hans gegeben haben. Wir wollen lediglich den paradoxen Fall von Rob betrachten: Die Sprache dieses Kindes ist bedeutend weniger egozentrisch gegenüber Gleichaltrigen als gegenüber einem Erwachsenen allein: 46,3% zu 61,5%. Rob beherrscht aber die deutsche Sprache kaum und kann sich sehr schlecht mit seinen Freunden verständigen, mit A. Leuzinger dagegen spricht er französisch. Trotzdem ist seine Sprache, wenn er sich an gleichaltrige Kinder wendet, den anderen besser angepaßt, als wenn er seine Muttersprache gegenüber einem Erwachsenen gebraucht! Das ist wieder ein Indiz zugunsten unserer Hypothese, daß der Gedankenaustausch unter Gleichaltrigen einen anderen Typ der Sozialisation darstellt als die Beziehungen zum Erwachsenen allein.

Wir wollen jetzt die Fragen untersuchen, nachdem wir am Beispiel von Hans gesehen haben, daß sie das Wesentliche der sozialisierten Sprache zwischen Kindern und Erwachsenen ausmachen. Hier die Statistik:

Name und Alter	Rob 3;6	Sli 3;8	Wer 3;11–4
Fragen an Erwachsene . . .	18,5%	47,0%	38,0%
Fragen an Kinder	7,6%	22,5%	20,5%

Diese Tabelle ist eindeutig[5]. Sie zeigt, daß verhältnismäßig mehr Fragen an Erwachsene als an andere Kinder gestellt werden. Das Verhältnis beträgt durchschnittlich zwei zu eins. Außerdem werden die Fragen kausaler Ordnung – hauptsächlich »präkausale« Fragen – fast ausschließlich an Erwachsene gerichtet. Dieser Umstand zeigt klar, daß das Kind den Erwachsenen als die Quelle der Wahrheit anspricht und nicht als einen Widersacher oder einen intellektuell gleichberechtigten Mitarbeiter. Erstaunlich ist in diesem Zusammenhang der Prozentsatz der Fragen, wenn man ihn nicht, wie in der Tabelle, in Beziehung zur gesamten an Erwachsene gerichteten Sprache setzt, sondern in Beziehung zur sozialisierten Sprache allein: bei Rob sind 48%, bei Sli 75%, bei Wer 72% der sozialisierten Äußerungen gegenüber Erwachsenen Fragen!

Diese letzte Beobachtung ermöglicht uns, die unterschiedlichen Egozentrismus-Koeffizienten gegenüber dem Erwachsenen bei unseren drei Kindern zu erklären. Wir können sagen: Je weniger das Kind dem Erwachsenen gegenüber egozentrisch ist, umso mehr fragt es; denn seine

[5] Diese Tabelle versteht sich wie die entsprechende im Falle von Hans-Jörg: 18,5% der Sprache von Rob an Erwachsene besteht aus Fragen, ebenso 7,6% seiner an andere Kinder gerichteten Äußerungen etc.

verbale Sozialisation gegenüber dem Erwachsenen besteht fast ausschließlich aus Fragen. Die folgende Tabelle zeigt das:

Name	Sli	Wer	Rob
An Erwachsene gerichtete egozentrische Sprache	38,1%	47,8%	61,5%
An Erwachsene gerichtete Fragen	47 %	38 %	18,5%
	85,1%	85,8%	80 %

Es läßt sich also leicht feststellen: 1. Der Prozentsatz der Fragen steht genau im umgekehrten Verhältnis zum Prozentsatz der egozentrischen Sprache. – 2. Die Fragen und die egozentrische Sprache zusammen machen nahezu die ganze Sprache aus, die sich an Erwachsene richtet, es bleiben 15% oder 20% für den Dialog und die Information, über die wir noch sprechen werden.
Ebenso umgekehrt ist das Verhältnis zwischen Fragen der gleichaltrigen Kameraden und dem Anteil an egozentrischer Sprache, die sich an Kinder wendet. Das zeigt, daß in allen Situationen das Fragen mit der Sozialisation korreliert. Bei Kindern untereinander aber spielen die Fragen nur eine beschränkte Rolle, und die Summe der Fragen und der egozentrischen Sprache machen hier kaum mehr als die Hälfte der Gesamtsprache aus. Unnötig, diesen Punkt länger zu erörtern; wichtig ist zu verstehen, daß die Sozialisation gegenüber dem Erwachsenen zu einem besonderen Typ gehört, der hauptsächlich auf den Fragen beruht.
Schließlich wollen wir zu den Formen des Dialogs, der angepaßten Information usw. übergehen (mit Ausnahme der Antworten auf von anderen gestellte Fragen, die übrigens nur 2% oder 3% der gesamten Sprache ausmachen und hier ohne Interesse sind). Auch hier ist die Feststellung überraschend, daß die Ergebnisse bei Rob, Sli und Wer die Analyse der Sprache von Hans bestätigen: Wenn man Fragen und Antworten ausschließt, kommt die eigentlich sozialisierte Sprache viel häufiger untereinander vor als zwischen Kindern und Erwachsenen. Man vergleiche die Statistik (S. 69).
Eindeutig bestätigt diese Tabelle die Ergebnisse der Analyse der Sprache von Hans. Bei Rob, Sli und Wer erreicht oder übertrifft die an Kinder gerichtete sozialisierte Sprache selbst das Doppelte der an

Erwachsene gerichteten sozialisierten Sprache. Das entspricht so sehr unseren bisherigen Darlegungen, daß weitere Beispiel sich erübrigen.

Name und Alter	Rob 3;6	Sli 3;8	Wer 3;11–4
Dialog mit Erwachsenen . . .	16,7%	12,3%	11,2%
(Information an Erwachsene)	(15,5%)	(9,3%)	9,6%)
Dialog mit Kindern	33,3%	30,3%	27 %
(Information an Kinder) . . .	(16 %)	(21 %)	(20 %)

Nur ein Punkt bedarf einer Erklärung, nämlich der Prozentsatz von »angepaßter Information«, der eingeklammert und im übrigen in den Gesamtzahlen auch einbegriffen ist. Bei Sli und Wer erreicht die angepaßte Information, die sich an Erwachsene richtet, nicht die Hälfte der Information, die in der Sprache der Kinder untereinander enthalten ist. Angesichts der allgemeinen Zahlen ist das natürlich. Bei Rob dagegen erreicht der Prozentsatz der an Erwachsene gerichteten Information den der an Kinder gerichteten, im Gegensatz zu den anderen Zahlen der sozialisierten Sprache dieses Kindes. Woran mag das liegen? A. Leuzinger meint, es hänge hier mit der Erziehung zusammen. Im Vergleich zu seinen Freunden fragt Rob wenig, verrät aber dauernd verbale Kenntnisse, die er in Gesprächen mit seinen Eltern erworben hat. Anders gesagt, handelt es sich um ein Kind, das man fördert und dem man ständig Dinge beibringt, die über seinen Horizont gehen, anstatt es wachsen zu lassen und anstatt seine intellektuelle Spontaneität zu respektieren. Wir haben es schon bei Sli gesehen: Der individuelle Typ oder die Form der Erziehung kompliziert das Problem und stört bei der Bestimmung allgemeingültiger Mittelwerte. Einmal verursacht – wie bei Sli – die Fülle der Fragen einen hohen Prozentsatz der sozialisierten Sprache mit dem Erwachsenen. Ein anderes Mal führt eine verbale Erziehung – wie bei Rob – zu einem etwas höheren Prozentsatz des Dialogs mit dem Erwachsenen.

Wenn man diesen ganz natürlichen Schwierigkeiten Rechnung trägt, bestätigen die Beobachtungen von A. Leuzinger an Rob, Sli und Wer die Ergebnisse, die sich aus der Analyse der Sprache von Hans ergeben haben. Wir können also versuchen, sie mit den Daten zu vergleichen, die in der »Maison des Petits« gewonnen wurden, und daraus einige Schlußfolgerungen ziehen.

§ 3. Der Egozentrismus der kindlichen Sprache

Eine erste Schlußfolgerung, die sich aus den vorausgegangenen Beobachtungen ziehen läßt, ist die, daß es in einem Milieu, in dem das Kind seiner Spontaneität überlassen ist, tatsächlich eine egozentrische Sprache gibt entsprechend der, die wir in der »Maison des Petits« beobachtet haben. Diese Sprache macht sicher niemals die Gesamtheit der kindlichen Sprache aus. Sie bildet wohl auf jeder Altersstufe nur eine mehr oder weniger wichtige Randerscheinung, nämlich am Rande einer von vornherein sozialisierten Sprache, die Befehle oder Bitten, Ein-Wort-Sätze oder ganze Sätze, die Wünsche und später Fragen und Feststellungen ausdrückt. Diese Randerscheinung beträgt aber bei einem Kind wie dem 3jährigen Hans in Gegenwart seiner Mutter noch 71,2% der gesamten spontanen Sprache. Demnach kann man vermuten – diese Vermutung bestätigt sich sofort bei der Beobachtung von 1- und 2jährigen Kindern –, daß in den Sprachanfängen lediglich einige Bitten oder präzise Befehle wirklich an einen anderen gerichtet sind; die übrigen Worte sind ein Selbstgespräch, wobei das Kind sowohl zu sich selbst als auch zu seiner Umgebung spricht.

Alter	Name und Egozentrismus-Koeffizient		Mittelwert
3 Jahre	Hans	0,52	0,51
	Rob	0,55	
	Sli	0,37	
	Jan	0,56	
	Dan	0,56	
4 Jahre	Hans	0,44	0,48
	Wer	0,44	
	Ad	0,60	
	Nic	0,45	
5 Jahre	Ad	0,46	0,46
6 Jahre	Pie	0,43	0,45
	Lev	0,47	
7 Jahre	Clau	0,30	0,28
	Lev	0,27	

Hier ist aber nicht der Platz, diese Grundfragen zu behandeln. Wir wollen uns darauf beschränken, die Ergebnisse von A. Leuzinger in das Bild der schon gewonnenen Ergebnisse einzubeziehen. Wenn wir den durchschnittlichen Egozentrismus-Koeffizienten von Hans mit 3 und mit 4 Jahren errechnen, ebenso den von Rob, Sli und Wer, erhalten wir die Zahlen 0,52 und 0,44; 0,55; 0,37 und 0,44. Vergleichen wir nun diese Zahlen mit denen der »Maison des Petits«, so erhalten wir obige Tabelle[6] (vgl. S. 70).

Diese Statistik erfaßt ungefähr 12000 Äußerungen von Kindern, die selbstverständlich nicht genügen können, ein genaues Gesetz aufzustellen, selbst dann nicht, wenn ein solches Gebiet für die Existenz solcher Gesetze günstig wäre. Folgendes können wir aber aus diesen Zahlen erschließen: Die egozentrische Sprache bleibt nach einem Anfangsstadium, in dem sie wahrscheinlich mehr als drei Viertel der Gesamtsprache ausmacht (ohne jemals mit ihr zusammenzufallen), zwischen dem 3. und 6. Lebensjahr halbwegs konstant. Im Laufe dieser Zeit verringert sich ihr Anteil allmählich und schwankt dabei zwischen der Hälfte und einem Drittel der gesamten Sprache. Nach sieben Jahren schließlich beginnt der Prozentsatz der egozentrischen Sprache langsam bis unter ein Viertel der gesamten spontanen Sprache zu sinken.

Eine zweite Schlußfolgerung ergibt sich aus den Ergebnissen von A. Leuzinger: Die Sozialisation des Kindes geschieht auf zwei verschiedenen Wegen, entsprechend den zwei entgegengesetzten Haltungen dem Erwachsenen und anderen Kindern gegenüber.

Der Erwachsene ist dem Kind sehr überlegen und zugleich sehr nahe. Er beherrscht alles, dringt zugleich aber in das Innerste jedes Wunsches und jedes Gedankens ein. Deshalb schwankt das Kind ihm gegenüber zwischen Frage und Bitte und dem Selbstgespräch, verbunden mit einem Gefühl der Übereinstimmung, hin und her. Entweder reagiert das Kind – wie im letzten Fall – ihm gegenüber wie gegenüber einem vergrößerten, allgegenwärtigen »alter ego«. Alles, was das Kind tut, wird mit seiner Mutter geteilt; von ihm aus gesehen trennt keine Grenze sein eigenes Ich und dieses höhere Ich. In diesem Falle ist der Prozentsatz egozentrischer Sprache in Gegenwart Erwachsener höher als in Gegenwart anderer Kinder. Oder das Kind wendet sich – wie im ersten Falle – an die Eltern wie an einen allmächtigen Willen und an eine überlegene Intelligenz. Dann unterscheidet das kindliche Denken zwischen

[6] Hinsichtlich der »Maison des Petits« siehe oben, Kapitel I. Was Nic betrifft, siehe im Folgenden. In der »Maison des Petits« richtet sich die Sprache der Kinder sowohl an Erwachsene wie an Kinder.

seinem Ich und dem anderen und sozialisiert sich auf diese Weise: Die so hergestellten Beziehungen sind aber die eines Unterlegenen gegenüber einem Höherstehenden, und die geistige Autorität des Erwachsenen lastet mit ihrem ganzen Gewicht auf dem kindlichen Denken.

Der Spielkamerad dagegen ist sowohl dem Ich des Kindes ähnlich als auch davon verschieden. Er ist ihm ähnlich, weil er gleich ist im Können oder Wissen; ganz verschieden aber, gerade weil er auf demselben Niveau steht und nicht wie ein überlegener Erwachsener in das Innere der Wünsche oder in die Perspektive des eigenen Denkens eindringt. Daher sozialisiert sich das Kind in bezug auf Gleichaltrige ganz anders als in bezug auf den Erwachsenen. Es schwankt so ebenfalls zwischen zwei Polen, nämlich dem individuellen oder kollektiven Monolog einerseits und der Diskussion oder dem wirklichen Gedankenaustausch andererseits. Daher sozialisiert sich das Kind mehr, auf jeden Fall aber anders mit Kindern als mit Erwachsenen allein. Während die Überlegenheit des Erwachsenen die Diskussion und die Zusammenarbeit stört, gibt der Spielkamerad Gelegenheit zu jenen sozialen Verhaltensweisen, die eine echte Sozialisation der Intelligenz bewirken. Umgekehrt, wo die Gleichheit der Spielkameraden das Kind daran hindert, Fragen zu stellen, steht der Erwachsene zur Verfügung und gibt Antwort.

Es gibt also zwei verschiedene Wege der Sozialisation. Im Hinblick auf das Denken ist der eine jedoch wichtiger als der andere. In dem Maße, wie das Kind wächst, verringert sich sein Respekt vor der Überlegenheit der Erwachsenen, zumindest ändert er seinen Charakter. Der Erwachsene ist nicht mehr die unbestrittene oder gar unbestreitbare Wahrheit; die Frage wird zur Diskussion. Von jetzt an erlangt die gesamte durch den Gedankenaustausch mit Gleichaltrigen vorbereitete Haltung der Sozialisation das Übergewicht über die Haltung intellektueller Unterordnung und schafft sich damit das wesentliche Werkzeug, dessen sich das Individuum – und zwar sein Leben lang – immer mehr bedient.

Wenn nun der Prozeß der Sozialisation verschieden ist je nachdem, ob es sich um Beziehungen zu Erwachsenen oder zu Kindern handelt, dann ist eines klar: Die statistischen Zahlen, insbesondere der Prozentsatz der sozialisierten Sprache, sind nicht nur abhängig vom Kind, sondern in hohem Maße auch abhängig vom Verhalten des Erwachsenen selbst. Hat sich der Erwachsene zum Grundsatz gemacht, sein Eingreifen auf ein notwendiges *Minimum* zu beschränken, dann schwankt das Kind in seinen Beziehungen zu ihm zwischen Selbstgespräch und Frage; dazwischen finden wir ohne Zweifel in geringem Maß die angepaßte Information oder embryonale Diskussion. Greift der Erwachsene aber dauernd ein, dann kann er das Selbstgespräch auf ein geringes Maß reduzieren und den Dialog fördern. Die darauf folgenden Diskussionen nehmen zwar, was ihre Zahl betrifft, den ersten Platz ein. Aber sind sie in ihrer Qualität vergleichbar mit den spontanen Diskussionen, die das Kind selbst braucht. Hier treten alle Fragen der »aktiven« und der autoritären Erziehung auf.

Wir haben diesen Punkt berührt, weil wir erklären möchten, wie leicht so divergierende Ergebnisse wie die von A. Leuzinger und die von D. und R. Katz zu vereinbaren sind. In ihrem Buch »Gespräche mit Kindern« bringen diese Autoren das Beispiel von zwei Kindern, denen der verbale Egozentrismus untereinander und vor allem ihren Eltern gegenüber fehlt. Die 154 Gespräche, die uns mitgeteilt werden, zeigen in der Tat nur angepaßten Dialog. Kann man aber sagen, daß solche Beobachtungen allgemeingültig sind? Um es noch einmal zu sagen: Es ist schwierig, darüber zu urteilen, ob diese Kinder untereinander gar keine kollektiven Monologe führen, da statistische Daten und Gesamtaufzeichnungen von Äußerungen, die über mehrere Tage aufeinander folgen, fehlen. Am Beispiel unserer beiden Mädchen, die so aneinander hingen, wie es eben Schwestern tun, und die sowohl der Zusammenarbeit als auch wahrer Diskussion fähig waren, haben wir gesehen, wie Kinder lange Zeit zwischen dem Monolog zu zweit und dem echten Dialog schwankten, bevor der Dialog das Übergewicht erlangte[7]. Es scheint uns kaum vorstellbar, daß nicht alle Kinder wenigstens Spuren dieser gleichen Reaktionen aufweisen.

Bei der Lektüre der interessanten Gespräche mit den Eltern, die D. und R. Katz aufgezeichnet haben, muß einem das gegensätzliche Verhalten der Erwachsenen gegenüber Hans Leuzinger einerseits und gegenüber Theodor und Julius Katz andererseits auffallen. Wir wollen hier nicht die in den Erziehungsweisen charakteristischen Unterschiede aufzeigen, die bei diesen Gesprächen zutage treten; wir stellen lediglich fest, daß die meisten von D. und R. Katz zitierten Gespräche von dem Erwachsenen selbst gesteuert sind. Eine große Zahl dieser Dialoge ist eine Gewissenserforschung oder ein moralisches Bekenntnis, bei denen das Kind abends gefragt wird, ob es brav gewesen ist, ob es ungehorsam war usw. Die Kinder sind an dieses ihnen auferlegte Gesprächsschema so sehr gewöhnt, daß sie manchmal von sich aus verlangen, man möge

[7] Vgl. »La formation du symbole chez l'enfant«.

sie nach ihren Fehlern fragen: »Frag mich, ob ich ungezogen war« (S. 74). Außerdem, wenn die Kinder rein intellektuelle Fragen stellen, ist man eher geneigt, ihnen gleich die Antwort zu geben, anstatt sie zunächst selbst suchen zu lassen oder mit ihnen auf ihrer Ebene zu diskutieren. Wenn wir es an anderer Stelle versucht haben[8], zwischen einseitiger Achtung und gegenseitiger Achtung zu unterscheiden, so kann man sagen, daß diese Gespräche, sowohl intellektuell als moralisch gesehen, von der einseitigen Achtung geprägt sind.

Es ist klar, daß ein solches ständiges Eingreifen (»interventionnisme«) des Erwachsenen das Gespräch des Kindes verändert. Das Buch von D. und R. Katz ist von großer Bedeutung, weil es uns zeigt, wie sehr das Kind sich diesem Typ des Dialogs anpaßt. Nun sind wir aber der Meinung, daß es sich hier um einen besonderen Typ der Beziehungen zwischen Kindern und Erwachsenen unter anderen möglichen Typen handelt. A. Leuzinger hat ihre Ergebnisse unter ganz anderen Umständen gewonnen, sie weichen daher selbstverständlich von denen ab, die wir jetzt besprechen. Aus diesem offensichtlichem Widerspruch können wir eines lernen: Die Sprache des Kindes hängt nicht nur von der Entwicklung des Kindes ab, sondern auch – vollkommen einleuchtend – vom Typ der sozialen Beziehungen des Kindes zum Erwachsenen.

Der verbale Egozentrismus des Kindes stellt in keinem Falle ein exaktes Maß für seinen intellektuellen Egozentrismus dar, er ist nur ein mehr oder weniger deutliches und veränderliches Anzeichen für Haltungen, die zugleich tiefer sozial und epistemisch sind. Wir möchten jeden Zweifel hierüber beseitigen.

Was ist der verbale Egozentrismus des Kindes? Wenn zwei normale Erwachsene sich unterhalten, weil sie sich etwas mitzuteilen haben, zeigt ihr Gespräch zwei Merkmale, die miteinander zusammenhängen. Erstens versucht jeder von ihnen, auf seinen Gesprächspartner einzuwirken. Ob man fragt, bittet, befiehlt oder ob man informiert, in jedem Falle will man das Verhalten oder das Denken des anderen modifizieren. Zweitens vermag gerade deswegen jeder Erwachsene intellektuell seinen eigenen Standpunkt von dem des anderen zu unterscheiden. Was wir sagen, hängt von dem ab, was der Gesprächspartner noch nicht weiß oder schon kennt. So versetzen wir uns an seine Stelle, und auch wenn wir nur von uns selbst sprechen und dabei so tun, als ob wir von anderen oder von allgemeinen Dingen sprächen (das ist ja der bewußte, sogar heuchlerische Egozentrismus des Erwachsenen, im geläufigen

[8] Vgl. »Le jugement moral chez l'enfant«

Sinne des Wortes), handeln wir in der entschiedenen Absicht, auf den anderen einzuwirken (und zwar zu unseren Gunsten); dabei verstehen wir es sehr gut, uns in seinen Geist zu versetzen, um die Wirkung zu berechnen. Das alles vermag das Kind teilweise sehr früh, und die »sozialisierte« Sprache entwickelt sich zweifellos ebenso früh wie die Sprache selbst: Schon im frühesten Alter kann das Kind äußerst geschickt sein (übrigens fast unbewußt), wenn es darum geht, von anderen das zu bekommen, was es will. Doch darüber hinaus gibt es bei der kindlichen Sprache ein weiteres Kennzeichen, das sich beim Erwachsenen analog nur in bestimmten außergewöhnlichen Situationen findet, unter anderem bei den mystischen Selbstgesprächen, in denen sich die Abhängigkeit des Kindes wiederfindet. Diese egozentrische Sprache erkennt man an zwei Kriterien: Einmal spricht das Kind, ohne auf den Gesprächspartner einwirken zu wollen. Wenn es etwa in Gegenwart von Erwachsenen oder auch von Spielkameraden spielt oder arbeitet, spricht es in einem Zuge, ohne daß man weiß, ob es sich an jemand wendet oder für sich spricht. In § 1 und § 2 haben wir weitere Beispiele für dieses Phänomen gegeben und festgestellt, daß das Kind, wenn es sich im Geiste an den Erwachsenen oder an den Spielkameraden als an ein »alter ego« wendet, nicht die Absicht hat, ihm etwas mitzuteilen oder Fragen zu stellen, vielmehr will es sich selbst, unter Teilnahme dieses Partners, zum Handeln anregen. Zweitens – und gerade deswegen – ist es möglich, bei solchen Äußerungen den Unterschied zwischen dem eigenen Gesichtspunkt und dem des anderen zu erkennen. Wenn das Kind in Gemeinschaft mit dem Erwachsenen ein Selbstgespräch führt, unterscheidet es sein Denken von dem des Zuhörers ebensowenig, wie der Mystiker sein eigenes Denken von dem Denken trennt, in das er eingetaucht ist. Und wenn ein 2- bis 3jähriges Kind vor seiner nächsten Umgebung einen Monolog führt, stellt es sich noch nicht einmal die Frage, ob es gehört wird oder nicht.

Es besteht wohl kein Zweifel darüber, daß dieses Phänomen mit dem intellektuellen und sozialen Egozentrismus im allgemeinen verwandt ist, obwohl – um es noch einmal zu sagen – der verbale Egozentrismus viel variabler ist, weil er von äußeren sozialen Faktoren abhängt. Wenn der Egozentrismus ein Aufgehen des Ichs in den Dingen und Personen ist, wobei der eigene Gesichtspunkt und der der anderen nicht unterschieden werden, dann ist offensichtlich dieses verbale Verhalten des Kindes, das wir egozentristische Sprache nennen, ein spezieller Fall dieses allgemeinen Phänomens und kann als Indiz bei der Analyse der altersbedingten Entwicklung des Kindes dienen. Es ist aber lediglich ein

Indiz, und die äußeren Umstände verändern das verbale Verhalten des Kindes – und folglich die Entwicklung des Egozentrismus-Koeffizienten – viel schneller als das tiefere intellektuelle Verhalten; d. h. die epistemische Haltung, über die wir noch sprechen werden und die sich der unmittelbaren Beobachtung entzieht.

Aus diesem Grunde können wir uns nicht ohne weiteres der Ansicht von Stern anschließen. In der 4. Auflage seiner »Psychologie der frühen Kindheit« gibt er zu, daß die Originalität der egozentrischen Sprache gegenüber der Sprache der Erwachsenen auf eine »ganz andere personale Struktur des Kindes«[9] hinweist. Aber in der 5. Auflage erklärt Stern angesichts der abweichenden Ergebnisse von D. und R. Katz, der verbale Egozentrismus des Kindes vertrage sich nicht mit allen Schlußfolgerungen, die wir daraus gezogen haben. Trotz Sterns großer Autorität scheint es uns nicht so wichtig zu erfahren, in welchem Maß der verbale Egozentrismus sich durch das soziale Milieu und die Erziehung reduzieren läßt; wichtiger ist zu wissen, in welchem Maße er sich äußert, wenn das Kind sich selbst überlassen ist. Wenn der verbale Egozentrismus nur ein Indiz und keine primäre Ursache ist, dann muß man die genauen Beziehungen zwischen diesem Indiz und den tieferen Wirklichkeiten bestimmen, die er ausdrückt, und nicht gleich auf seine Abweichungen verweisen, um seine Bedeutung zu bestreiten. Wenn man etwa eine zoologische Art beurteilen will, um sie mit einer verwandten Art zu vergleichen, dann ist es wichtiger zu erfahren, daß die erste in einem bestimmten Milieu A eine Morphose oder eine spezielle Varietät hervorbringt, die zweite aber nicht, als zu wissen, daß die erste in einem anderen Milieu B genau so reagiert wie die zweite. Ebenso erfahren wir mehr über die spontanen Anlagen eines Kindes, wenn wir hören, daß in der »Maison des Petits« in Genf oder im Kindergarten in Hamburg der Egozentrismus des Kindes einen hohen Prozentsatz erreicht, als wenn wir wissen, daß eine sozialisierte Sprache in einer anderen sozialen Umwelt einen ebenso hohen Prozentsatz erreichen kann wie bei den Erwachsenen: Wenn sich ein Kind unter bestimmten Umständen der gesamten egozentrischen Sprache enthalten kann, dann könnte der normale Erwachsene sie wohl kaum annehmen.

Allerdings vergleicht A. R. Lurija in seinen in russicher Sprache er-

[9] Seite 147: »Es ist klar, daß hier ein Unterschied der frühkindlichen Sprache gegenüber der der Erwachsenen getroffen ist, der tief in der ganz anderen personalen Struktur des Kindes begründet ist.«
Fräulein Muchow hatte in der Tat in Hamburg Ergebnisse erzielt, die den unsrigen in Genf, in der »Maison des Petits«, entsprechen.

schienenen Arbeiten die egozentrische Sprache des Kindes mit der inneren Sprache des Erwachsenen. Das ist ein ausgezeichneter Vergleich vom funktionalen Gesichtspunkt aus oder, wie A. R. Lurija in der Sprache von J. Dewey sagt, vom »instrumentalen« Gesichtspunkt aus, der aber, wie uns scheint, die Strukturunterschiede nicht beseitigt. Dieser Fall scheint uns dem symbolischen Spiel zu entsprechen, das eine interessante Realität lediglich reproduziert: Das Kind erlebt bei diesem Spiel sozusagen plastisch die Ereignisse von neuem, die wir nur im Geist mit unserem inneren Denken nachzeichnen. Vom Funktionalen her kann man gleichermaßen sagen, daß das symbolische Spiel einer gewissen Form des Denkens der Erwachsenen entspricht. Nimmt man aber dann eine Analyse der Struktur vor, zeigen sich die Unterschiede sehr deutlich: Der wesentliche Unterschied ist in beiden Fällen, daß die Sprache und das Denken des Kindes veräußerlicht und sozusagen »objektiviert« sind, während wir ein Gefühl der Verinnerlichung und Subjektivität empfinden. Das Phantasiespiel z. B. projiziert die vorherrschenden Gedanken des Kindes in die Dinge selbst und verkörpert sie so symbolisch in der äußeren Wirklichkeit: Anstatt seine Mahlzeiten einfach in Gedanken ein zweites Mal zu erleben, identifiziert sich das Kind mit seinen Puppen, verwandelt sogar Stöckchen und Grashalme, die es in Aktion versetzt, um sie diese Mahlzeiten darstellen zu lassen. Ebenso teilt die egozentrische Sprache in der Form der Unterhaltung mit der – realen oder fiktiven – sozialen Gruppe das mit, was wir lediglich uns selbst erzählen. In beiden Fällen schließt die Identität der Funktionen die Strukturunterschiede nicht aus; in beiden Fällen läuft der Egozentrismus darauf hinaus, daß das Subjekt sich nicht genug von der Außenwelt differenziert, sondern in diese Welt den Inhalt seiner Subjektivität projiziert.

Diese Verwandtschaft zwischen dem verbalen Egozentrismus und dem symbolischen Spiel – eine andere Form der egozentrischen Assimilation, die mit zunehmendem Alter zurückgeht[10] – erlaubt folgende Schlüsse: Erstens scheint aus unseren früheren Arbeiten und den neuen Untersuchungen von A. Leuzinger hervorzugehen, daß in einem klar umrissenen, homogenen Milieu, wie bei der spontanen Arbeit der Kinder in der »Maison des Petits«, der Koeffizient des verbalen Egozentrismus mehr oder minder regelmäßig mit zunehmendem Alter zurückgeht. Diese erste wichtige Tatsache gilt, wie es scheint, ganz unabhängig von den Beziehungen zwischen den verschiedenen möglichen Formen des

[10] Vgl. unser Buch über »La formation du symbole chez l'enfant«.

Milieus. Man könnte für die verschiedenen Altersstufen Berechnungen in einem Milieu vornehmen, in dem der Egozentrismus-Koeffizient im Durchschnitt, je nach Altersstufe, nicht so hoch liegt wie in Genf (z. B. in dem Milieu, das Muchow in Hamburg untersucht hat): Wenn in einem solchen Milieu auch der Egozentrismus-Koeffizient mit zunehmendem Alter zurückgeht – was im Durchschnitt zutrifft –, dann verlieren die generellen Schwankungen von einem Milieu zum anderen nicht ihre Bedeutung als Indiz für die Entwicklung des verbalen Egozentrismus.

Zweitens stellen wir beim Vergleich der verschiedenen untersuchten Formen der Umgebung fest, daß der verbale Egozentrismus sich nicht ganz zufällig verändert. Die Veränderung geschieht aus bestimmten Gründen, die nicht schwer zu erkennen sind. Diese Gründe können mit der Aktivität des Kindes zusammenhängen, aber auch mit den Beziehungen des Kindes zu seiner Umgebung.

Was die Aktivität des Kindes betrifft, kann man im großen und ganzen sagen, daß der Egozentrismus-Koeffizient umso höher liegt, je näher diese Aktivität dem Spiel kommt – insbesondere dem Übungsspiel und dem Deutungsspiel (symbolisches Spiel); er liegt aber umso niedriger, je mehr die Aktivität sich der Arbeit im eigentlichen Sinne nähert. Uns scheint, man kann auf diese Weise die Unterschiede zwischen dem jeweiligen Milieu erklären, dem der »Maison des Petits«, dem des Kindergartens in Hamburg und dem des »Malting House« in Cambridge. In der »Maison des Petits« in Genf oder in der Schule von A. Leuzinger in Glaris verfügen die Kinder über eine Vielzahl edukativer Spiele (Rechen- und Leselottos, Rechenmaschinen, Bauklötze, Platten usw.), die sie in voller Freiheit gebrauchen können. Dieses Material ist so beschaffen, daß die Beschäftigung damit zu Anfang ein rein motorisches oder symbolisches Spiel ist und erst allmählich in eigentlich intellektuelle Untersuchung übergeht. In einem solchen Milieu läßt sich keine scharfe Grenzlinie zwischen Spiel und Arbeit ziehen. Und gerade in diesem Milieu ist die egozentrische Sprache am meisten entwickelt. Von den drei Typen des Milieus, die wir eben genannt haben, ist das »Malting House« das andere Extrem; es ist so eingerichtet, daß das Kind so viel wie möglich mit Experimentieren und wissenschaftlichen Problemen beschäftigt ist. In einem solchen Milieu ist der verbale Egozentrismus viel schwächer. Isaacs bemerkt selbst, daß die Häufigkeit des Monologs – des reinen oder des kollektiven – immer proportional zur Häufigkeit des Deutungsspiels ist; die rein experimentelle Untersuchung schließt den Monolog eher aus und wird begleitet von angepaßter Sprache. Der Kindergarten

von Hamburg nimmt – was den Egozentrismus-Koeffizienten angeht – eine Zwischenstellung ein; das scheint auch für das Verhältnis zwischen Arbeit und Spiel zuzutreffen. Dieser Zusammenhang zwischen dem spielerischen Pol der kindlichen Aktivität und dem egozentrischen Pol seiner Sprache versteht sich von selbst, wenn man bedenkt, daß das symbolische Denken, das dem Deutungsspiel, dem Traum und der Träumerei gemeinsam ist, immer mehr eine Assimilation der Wirklichkeit an das Ich bedeutet als eine objektive Anpassung des Geistes an die Dinge. Was die Konvergenz des sozialisierten Pols der Sprache mit dem Pol der geregelten Aktivität (Arbeit, Spiel nach Regeln usw.) anlangt, so ist es ebenfalls selbstverständlich, wenn die Anpassung an andere mit der Anpassung an die physische Welt parallel läuft. Wir wollen nur daran erinnern: Je jünger das Kind ist, um so mehr verwischt sich der Unterschied zwischen Spiel und Arbeit, wenn kein Druck von außen den natürlichen Lauf der Dinge stört. Daher scheint es mir kaum möglich, mit Isaacs die Schlußfolgerung zu ziehen, die intellektuelle Aktivität des Kindes habe nichts Egozentrisches an sich, als wären Arbeit und Phantasie immer voneinander getrennt.
Die Beziehungen des Kindes zu seiner sozialen Umgebung beeinflussen natürlich auch die Schwankungen des Egozentrismus-Koeffizienten. Hier sind die Dinge jedoch viel komplexer, weil es zwei Typen von Beziehungen gibt: Beziehungen zu Gleichaltrigen und Beziehungen zu Erwachsenen. Allgemein läßt sich sagen, daß zwei Faktoren, wenn auch auf verschiedene Weise, dazu beitragen, den Egozentrismus-Koeffizienten absinken zu lassen: die Gemeinsamkeit der Interessen des Kindes mit seinen Kameraden und die Neigung der Erwachsenen, sich einzumischen. Der erste Faktor tritt auf, wenn Geschwister eng miteinander verbunden sind oder unter ähnlichen Verhältnissen leben wie im »Malting House«, wo alle sich um das gleiche Ziel bemühen. Dieser Faktor wirkt sich natürlich auf die Sozialisierung der Sprache und des Denkens im Sinne der Zusammenarbeit aus. Die Autorität des Erwachsenen kann natürlich auch zur Sozialisierung der kindlichen Sprache führen, allerdings in einem anderen Sinne – wie wir im Zusammenhang mit den Beobachtungen von A. Leuzinger und von D. und R. Katz gesehen haben. In einem Milieu, wo die Erwachsenen sich nicht einmischen, in dem die Arbeit nach dem Belieben jedes einzelnen stattfinden oder auch auf bestimmte Untersuchungen konzentriert werden kann, ist die Sprache dagegen egozentrischer. Das ist in der »Maison des Petits« der Fall. Auch hier führen die Beobachtungen von Muchow zu Ergebnissen, die zwischen denen von Cambridge und Genf liegen, weil die Arbeits-

bedingungen ebenfalls eine Mischform darstellen: Die Kinder waren im Kindergarten von Hamburg in »kleine Familiengruppen« eingeteilt; also eine Mittelform zwischen der Situation in der »Maison des Petits« und der Zusammenarbeit der Kinder im »Malting House« oder bei den Beobachtungen von D. und R. Katz.

§ 4. Der intellektuelle Egozentrismus des Kindes

In unseren ersten Untersuchungen über das Denken des Kindes haben wir, in Ermangelung eines besseren, den Ausdruck »Egozentrismus« gebraucht, um eine Orientierung des Geistes zu bezeichnen, die uns in den Anfängen der intellektuellen Entwicklung des Individuums wichtig erschien und die bei dem Erwachsenen in allen Situationen fortbesteht, wo ein spontanes, naives, also kindliches Denkverhalten noch überwiegt. Dieser Ausdruck hat Anlaß zu manchen Mißverständnissen gegeben;[11] daher kann es nützlich sein, ihn von neuem zu definieren, bevor wir bestimmen, inwiefern der verbale oder der soziale Egozentrismus mit dem intellektuellen Egozentrismus zusammenhängt.
Das spezifische Merkmal des kindlichen Egozentrismus darf man vor allen Dingen nicht im Bereich des Sozialen oder des Moralischen suchen, auch nicht im Bereich des bewußten Ich; es liegt auf der rein intellektuellen Ebene: Der kindliche Egozentrismus gehört zur Erkenntnis, wir würden sogar von einem epistemischen Phänomen sprechen, wenn man im Zusammenhang mit der Psychologie der kindlichen Intelligenz davon sprechen könnte. Nun haben wir den sozialen oder verbalen Egozentrismus des Kindes vor diesem epistemischen Egozentrismus beschrieben, der von unserem Gesichtspunkt aus der allein wichtige ist: Wahrscheinlich aus diesem Grunde wurden unsere Schlußfolgerungen

[11] Wegen des geläufigen Sinnes des Wortes. Diese Zweideutigkeit fällt jedoch je nach dem Gebrauch des Wortes fort; es gibt z. B. einen ebenso großen Unterschied zwischen dem, was die Umgangssprache unter »Realismus« versteht, und dem, was die philosophische Sprache mit demselben Ausdruck bezeichnet, wie zwischen den beiden – dem geläufigen und dem vereinbarten – Sinn des Wortes »Egozentrismus«. »Realismus« bedeutet in der Umgangssprache, daß nur die Tatsachen berücksichtigt werden, also nicht die Gedanken oder Gefühle des Subjekts; für die Philosophie besteht der Realismus darin, die Existenz der Dinge so zu akzeptieren, wie sie erscheinen, also das Subjektive und das Objektive nicht zu trennen. Ebenso bedeutet der »Egozentrismus« in der Umgangssprache, daß man alles auf sich selbst zurückführt, das heißt auf ein Ich, das seiner selbst bewußt ist; wir dagegen nennen »Egozentrismus« das Nicht-Unterscheiden des eigenen Standpunkts von dem der anderen oder zwischen dem eigenen Tun und den Veränderungen des Gegenstandes. Wir wählten diesen Ausdruck wegen seiner Analogie mit dem »Anthropozentrismus«, aber der »Anthropozentrismus« des Kindes bezieht sich noch ausschließlich auf das Tun des Kindes selbst und nicht auf das des Menschen im allgemeinen.

angefochten und die Diskussion auf ein Gebiet verlagert, das mit dem Ursprung des Egozentrismus nichts mehr zu tun hat.

Was ist also der intellektuelle Egozentrismus des Kindes? Er ist sozusagen die gesamte vorkritische, also vorobjektive Haltung der Erkenntnis, gleich ob es sich um ein Erkennen der Natur, ein Erkennen der anderen oder des eigenen Ich handelt. In seinem Ursprung ist der Egozentrismus also weder ein Phänomen des Bewußtseins (das Bewußtwerden des Egozentrismus zerstört den Egozentrismus) noch ein Phänomen des sozialen Verhaltens (das Verhalten manifestiert indirekt den Egozentrismus, aber es konstituiert ihn nicht), sondern eine Art systematischer und unbewußter Illusion, eine Art Perspektive.

Ein Bild kann uns das verständlich machen. Stellen wir uns einen unwissenden Menschen vor, der seit seiner Geburt in einem Gebirgswinkel wohnt; das Gebirge kann er überblicken; er hat es aber nie bestiegen. Was die Kenntnis der physischen Welt betrifft, wird dieser Mensch selbstverständlich Opfer aller möglichen Illusionen sein, er wird nicht nur einen nahen Gipfel für höher als einen entfernten halten und nicht nur glauben, daß ein Bach aus einem Berg entspränge, den er zu verlassen scheint, obwohl es sich nicht so verhält, sondern er wird sich die Welt als ein System vorstellen, dessen Mittelpunkt er selbst ist; dabei ordnet er sämtliche Berge und Täler auf den Ort hin, den er bewohnt. Was die Kenntnis der anderen Menschen betrifft, wird er sich ähnliche Illusionen machen: Den Reisenden aus der Nachbarstadt setzt er dem Fremden gleich, der von jenseits der Grenze kommt; den Intellektuellen, der Urlaub macht, hält er für einen faulen Rentner; die Aktivität eines jeden wird immer auf die eigene Aktivität bezogen und daran gemessen. Was schließlich das Erkennen des eigenen Ich betrifft, fehlen diesem angenommenen Menschen die zur Selbsterkenntnis notwendigen Bezugssysteme, weil er nie in der Lage war, seine physische Position zu erkennen (weil er nie im Lande herumkam und weil sein Winkel inmitten anderer Gebiete liegt) oder seine moralische Position zu begreifen (weil er nie über andere objektiv urteilen konnte). Wohl wird er wissen, daß er der Josef ist, also ein anderer als Peter, Jakob oder Hans. Er wird sich aber für klüger halten als den Engländer, der sein Land besichtigt, oder für fleißiger als den Schriftsteller, der gekommen ist, um sein Land zu beschreiben.

Dieser Mensch wird weder sich selbst noch vielleicht anderen egozentrisch erscheinen. Er selbst kann selbstverständlich nicht ahnen, welche neue Einstellungen er gewinnen würde, wenn er allmählich die Gegend kennenlernen würde, vor allem das, was über seinen jetzigen Horizont hinausgeht; dieser Gewinn bestünde nicht in einer einfachen Addition von Kenntnissen gleich denen, die er schon besitzt, sondern in einer Art allgemeinen Aufgebens seiner zentralen Position (Dezentralisierung), einem Umbau seines Systems von Perspektiven und Wertungen. Er ist also egozentrisch, ohne es zu wissen, und das Bewußtsein dieses Egozentrismus würde diesen Egozentrismus abschwächen oder beseitigen. Mit anderen Menschen spricht er über dieselben Berge, dieselben Täler, über die gleichen Arbeiten und Ereignisse, über die jeder spricht, so daß man nicht leicht merkt, in welchem beschränkten und immer persönlichen Sinn er die Begriffe verwendet, die allen gemeinsam sind. Nur der aufmerksame Beobachter entdeckt von Zeit zu Zeit an einer naiven Bemerkung, wie sehr seine Ansicht von der Welt sich von der eines Menschen unterscheidet, der schon aus seinem Winkel herausgekommen ist und sich in Beziehungen zu anderen setzt.

Welches sind die Ursachen des Egozentrismus eines Menschen, wie wir ihn hier beschrieben haben? Es liegt zunächst an der Gesamtheit äußerer Umstände: Ihm fehlen Kenntnisse, er ist an eine bestimmte Stelle im Raum und in der sozialen Umgebung gebunden. Läßt sich aber alles durch Unwissenheit erklären? Sicher nicht; denn sobald dieser Mensch allmählich das Land um sich über seinen ursprünglichen Horizont hinaus und die Verschiedenheit der Menschen und verschiedenen Gesellschaftsformen entdeckt, wird er nicht nur neue Kenntnisse denen hinzufügen, die er bereits besitz: Er wird das System der Interpretation ändern. Was für ihn etwas Absolutes oder eine Gruppe zentraler Begriffe war, wird zum Standpunkt, der in Beziehung zu anderen Standpunkten steht. Ein zweiter Faktor muß also noch im anfänglichen Egozentrismus berücksichtigt werden: Als spontane, für jedes Individuum natürliche Apperzeptionsform, die keine einleitende Erklärung braucht, ist der Egozentrismus ein ursprüngliches »Zentrieren« des Denkens, eine »Unschuld des Geistes« im Sinne einer Abwesenheit aller intellektuellen Relativität und jedes rationalen Bezugssystems. Eine solche Apperzeptionsform ist zwar keine isolierbare, durch äußere Beobachtung oder Introspektion erkennbare Qualität: Dennoch ist sie eine wesentliche intellektuelle Realität, die das Verhalten und das Bewußtsein des Subjektes bestimmt, obwohl sie selbst auf einer anderen Ebene liegt.

Kommen wir nun auf das Kind zurück. Sowohl vom Erkennen der physischen Welt her gesehen wie vom Erkennen der anderen oder des eigenen Ich, befindet sich das Kind in der Lage des Menschen, den wir eben betrachtet haben: Es steht mitten in einem physischen und sozialen Universum, das es niemals erkundet hat, und wird zum Opfer dieser besonderen Perspektive, in die es die Umstände hineinstellen. Die epistemische Haltung, als Antwort auf diese äußere Situation, kann höchstens noch »unschuldiger« sein: denn in den ersten Wochen seines Lebens kennt sich das Kind noch nicht als denkendes Subjekt, nicht einmal als lebendiges und bewußtes Wesen, und es versenkt sich ganz in die Vorgänge, die es betrachtet, und kann zwischen seinem Ich und der äußeren Welt nicht kritisch unterscheiden.

Was ist also der intellektuelle Egozentrismus? Er ist eine spontane Haltung, die am Anfang die psychische Aktivität des Kindes beherrscht und im Falle geistiger Trägheit während des ganzen Lebens bestehen bleibt. Negativ gesehen, leistet diese Haltung Widerstand gegen die Herstellung von Beziehungen zur Gesamtheit und gegen die unpersönliche Aktivität der Vernunft. Positiv gesehen besteht diese Haltung in einer Absorption des Ich in den Dingen und in der sozialen Gruppe; diese Absorption vollzieht sich so, daß das Subjekt glaubt, die Dinge und die Menschen in sich zu kennen, ihnen aber in Wirklichkeit über ihre objektiven Merkmale hinaus Eigenschaften zuschreibt, die aus seinem eigenen Ich stammen oder auf die besondere Perspektive, die es einnimmt, zurückzuführen sind. Um aus seinem Egozentrismus herauszukommen, braucht das Subjekt also nicht so sehr neue Kenntnisse über die Dinge oder die soziale Gruppe zu erwerben oder sich mehr dem Objekt als etwas Äußerem zuzuwenden; es muß sich vielmehr ›dezentrieren‹ und das Subjekt vom Objekt trennen: Es muß sich des Subjektiven in sich selbst bewußt werden, sich in alle anderen möglichen Perspektiven versetzen und auf diese Weise zwischen seinem eigenen Ich und den Dingen und Personen ein System gemeinsamer und reziproker Beziehungen herstellen. Egozentrismus wendet sich also gegen die Objektivität, soweit Objektivität auf der physischen Ebene Relativität und auf der sozialen Ebene Gegenseitigkeit bedeutet.

Wenn wir sagen, daß das Kind im Hinblick auf das Erkennen der physischen Welt egozentrisch ist, dann heißt das einfach, das Kind begreift die Dinge zugleich so, wie sie erscheinen (Phänomenalismus), und versieht sie mit Eigenschaften, die seinen eigenen gleichen (Intentionalität, diffuse Kraft und diffuses Leben, zwingende Gesetze usw.). Der Mond zum Beispiel folgt uns (Phänomenalismus), und das tut er, »um« uns zu leuchten, zu beaufsichtigen oder alles, was man will (Finalismus, der darauf zurückzuführen ist, daß das Objektive und das Subjektive nicht getrennt werden). Wie kann das Kind diese zweifache Illusion richtigstellen? Genau auf die gleiche Weise, wie es im Laufe des ersten Lebensjahres aufhört zu glauben, daß die Gegenstände sich in ihrer Größe verändern, und erkennt, daß sie von gleichbleibender Dimension sind, oder auch auf dieselbe Weise, wie Kopernikus aufgehört hat, an den Geozentrismus zu glauben, oder Einstein an die absolute Gültigkeit der Newtonschen Gesetze: Das Kind stellt sich selbst in ein System objektiver Relationen. Dabei wird eine zusätzliche Wirkung erziehlt: Der Phänomenalismus wird zugunsten einer rationalen Wirklichkeit eliminiert, und die subjektiven ›Vorbeziehungen‹ (Finalität, Kraft, Intentionalität usw.) werden durch die Trennung des Subjekts vom Objekt reduziert. Das Beispiel mit dem Mond ist zwar sehr deutlich, aber kein besonderes Beispiel. Jedesmal, wenn das Kind irgendeine Bewegung, irgendeine Kausalbeziehung usw. interpretiert, hat es Gelegenheit, den Phänomenalismus der unmittelbaren Daten mit falschen absoluten Gesetzen subjektiven Ursprungs zu verbinden. Man sieht also, was der anfängliche Egozentrismus des physischen Erkennens ist: Er ist keine Hypertrophie des Ichbewußtseins, aus der heraus das Kind kein Interesse an der Erfahrung der Außenwelt zeigen würde; er ist im Gegenteil ein reiner »Realismus«, d. h. eine unmittelbare Besitzergreifung des Objekts, die so unmittelbar geschieht, daß es dem Subjekt, das sich selbst nicht kennt, nicht gelingt, aus sich herauszugehen und sich in eine Welt von nicht mehr subjektiv bedingten Bezügen zu stellen.

Jetzt sind wir in der Lage, den sozialen Egozentrismus der Kinder und durch ihn den logischen Egozentrismus zu verstehen. Man kann den sozialen Egozentrismus vielleicht als einen Sonderfall des epistemischen Egozentrismus auffassen, ebenso wie man diesen aus jenem ableiten kann. Mit anderen Worten, das Kind entdeckt die Menschen auf dieselbe Weise, wie es die Dinge entdeckt, und es kennt beide auf die gleiche Weise. Es verfällt gegenüber der sozialen Gruppe denselben perspektivischen Illusionen wie der physischen Welt gegenüber. Es mischt sein »Ich« in die Vorstellung von anderen ebenso wie in die von den materiellen Gegenständen.

Ebensowenig wie der Egozentrismus beim Erkennen der physischen Welt ist der soziale Egozentrismus des Kindes eine Qualität, die man direkt beobachten kann, weder durch Introspektion des Ichbewußtsein noch durch die Beobachtung des äußeren Verhaltens. Der soziale Egozentrismus ist ebenso wie der rein intellektuelle Egozentrismus eine epistemische Haltung: Er ist eine Art, die anderen zu verstehen, wie der Egozentrismus im allgemeinen eine Haltung den Gegenständen gegenüber ist. Ohne Zweifel zeigt eine aufmerksame Beobachtung der Sprache des Kindes dessen Existenz ebenso wie eine aufmerksame Beobachtung der spontanen Reaktionen gegenüber physischen Phänomenen. Als epistemische Haltung läßt er sich aber niemals direkt feststellen. Denn ebenso wie das Kind auf der physischen Ebene ganz den Dingen zugewandt ist und nicht seinem eigenen Ich als Subjekt der Erkenntnis, ist es auch auf der sozialen Ebene ganz auf die anderen ausgerichtet. Es ist somit weit von dem entfernt, was die Umgangssprache egozentrisch nennt, nämlich dauerndes, bewußtes Sich-mit-sich-selbst-Beschäftigen. Es sieht die Dinge auf der physischen Ebene nur gefärbt durch gewisse Qualitäten, die seinem eigenen Ich entstammen, ebenso nimmt es auf sozialer Ebene die anderen nur durch eine unbewußte Symbiose zwischen seiner eigenen Person und seiner Umgebung wahr.

Wir können also von vornherein einen Einwand ausräumen, der oft bei hervorragenden Autoren zu finden ist und der uns auf einem einfachen Mißverständnis zu beruhen scheint: Der Egozentrismus stehe im Widerspruch zu der geläufigen Beobachtung, daß das Kind essentiell ein soziales Wesen sei, daß es nicht nur mit dem Menschen, sondern mit allem Lebendigen und ohne Zweifel mit dem ganzen Universum im Einklang lebte. A. A. Grünbaum zum Beispiel sieht in einem kurzen, ideenreichen Aufsatz[12] in der allumfassenden Sympathie des Kindes, in dessen Bedürfnis nach »Gemeinschaft« mit den Dingen selbst ein typisches Merkmal der kindlichen Mentalität. Zur Stützung seiner These bemerkt A. A. Grünbaum, wir hätten bei unseren Erklärungen, die auf dem kindlichen Egozentrismus gründen, »zugeben« müssen, daß dieser Egozentrismus seiner selbst unbewußt ist. Grünbaum scheint also eine Antithese zwischen dem kindlichen Egozentrismus und der kindlichen »Gemeinschaftsbindung« aufzustellen. Ch. Bühler[13] weigert sich ebenfalls wegen der großen Soziabilität der Kinder, die sie untersucht hat, von einem Egozentrismus des Kindes zu sprechen. Ähnliche Bemerkungen finden sich auch bei D. und R. Katz und bei Isaacs.

Unserer Meinung nach beruht dieses Argument auf einer Verwechslung von Worten. Nimmt man den Begriff Egozentrismus im geläufigen Sinne, also im Sinne einer bewußten Beschäftigung mit sich selbst, die das Gefühl für Gemeinschaft nicht aufkommen läßt, dann sind selbstverständlich die beiden Begriffe kontradiktorisch. Nimmt man aber den Begriff Egozentrismus in einem rein epistemischen Sinn, um die Verwechslung von Subjekt und Objekt bei einem Erkenntnisakt zu bezeichnen, in dem das Subjekt sich selbst nicht kennt und sich nicht

[12] A. A. Grünbaum, Die Struktur der Kinderpsyche, in: Zeitschrift für pädagogische Psychologie, Okt. 1927, S. 446 ff.
[13] Kindheit und Jugend, Leipzig, 3. Auflage, 1931.

»dezentrieren« kann, um sich dem Objekt zuzuwenden, dann widersprechen sich Egozentrismus und Gefühl für die Gemeinschaft so wenig, daß sie sogar oft nur ein und dasselbe Phänomen bilden. So zitiert Grünbaum auf physischer Ebene als Beispiele für Gemeinschaftsgefühle des Kindes gerade die Haltungen, die wir als Illustrationen für den Egozentrismus gebraucht haben. Die Luftballons steigen in die Luft, »weil sie die Luft mögen«, sagt ein 6½jähriges Kind: Da das Kind egozentrisch ist – so sagten wir –, begreift es den Luftballon wie sich selbst und verleiht ihm Intentionen und Finalität. Das geschieht, antwortet Grünbaum, weil das Kind die Dinge in dem Maße, wie es mit ihnen im Einklang lebt, personifiziert. Wer würde nicht einsehen, daß beide Auslegungen auf dasselbe hinauslaufen? Das Kind, das sich als Subjekt nicht kennt, lebt ja gerade deswegen mit dem Gegenstand im Einklang, weil es seine eigenen inneren Eigenschaften in den Gegenstand hineinprojiziert.

Dasselbe geschieht auch auf sozialer Ebene. Das Kind ist auf die anderen Personen wie auf die Dinge ausgerichtet. Es will nicht isoliert sein und fühlt sich mit der gewohnten Gruppe auch dann in Verbindung, wenn es allein ist. Trotzdem gelingt es ihm nicht, in seinem Verständnis der anderen oder in den intellektuellen oder moralischen Beziehungen, die es durch die Sprache zu den anderen unterhält, sein eigenes Ich von dem der anderen zu trennen; zwischen den anderen und ihm selbst gibt es mehr Identifikation und sogar Verwechslung als Differenzierung und Gegenseitigkeit. So kann das Kind, je nach dem Gesichtspunkt, ganz egozentrisch und zugleich ganz in den anderen aufgegangen erscheinen.

Wir wollen an einem Beispiel zeigen, wie diese beiden Merkmale miteinander verbunden sind; dabei erkennen wir auch den Zusammenhang des sozialen Egozentrismus mit dem intellektuellen Egozentrismus. Wie wir an anderer Stelle bemerkt haben, erklärt ein 6- bis 7jähriger Junge gern, daß er einen Bruder habe, daß dieser Bruder seinerseits aber keinen Bruder habe. Andererseits wird das Kind – wie Brunschvicg richtig bemerkt hat – sich selbst nicht mitzählen, wenn es die Personen zählt, die sich in seinem Zimmer aufhalten; als zählendes Subjekt nimmt sich das Kind nicht wahr und rechnet sich nicht zu den gezählten Objekten. Man sieht hier das Paradox: Im ersten der beiden Beispiele wird das Kind so sehr von seinem eigenen Ich beherrscht, daß es sich nicht in die Lage seines Bruders versetzen kann; im zweiten Beispiel vergißt es sich selbst vollständig! In Wirklichkeit liegt hier ein und dasselbe Phänomen vor: In beiden Fällen hält das Kind die eigene Perspektive für die einzig mögliche, und zwar deshalb, weil das denkende Subjekt sich als Subjekt nicht kennt. Je nachdem aber, ob man in erster Linie die dem Ich eigene Perspektive betont oder aber das Sichvergessen des Subjekts, erscheint das Kind als egozentrisch oder als ganz den anderen zugewandt.

Wir stellen jetzt fest, daß der soziale Egozentrismus ebenso wie der physische von den äußeren Umständen, der Situation des Kindes wie von der ersten und spontanen Haltung des Denkens bedingt ist. Das Kind steht mitten in einer Welt von sozialen Reaktionen, Gefühlen, Meinungen, intellektuellen Bezügen und sprachlichen Ausdrücken, die es noch nicht erfassen kann, und es kann sich diese Umwelt selbstverständlich nicht assimilieren, bevor es sie aus seiner engen und begrenzten Perspektive erkundet hat. In diesem Punkt läßt sich wie bei dem physischen Egozentrismus bei weitem nicht alles durch den Mangel an Kenntnissen erklären. In einer sehr subtilen Studie über unsere Hypothesen schreibt zum Beispiel Ch. Blondes folgendes: »Ein Kunde, der nicht in der Lage ist, einem Schreiner klar zu machen, was er will, ist vielleicht nicht allein ein Opfer des Autismus seines Denkens. Mit der Sprache verhält es sich wie mit anderen Bewegungen, die wir erlernen müssen: Zunächst üben wir sie schlecht aus und gebrauchen sie zur Unzeit. Denken wir an einen jungen Mann, der in die erste Tanzstunde geht. Er tanzt nicht im Takt, tritt den Mädchen auf die Füße, stößt an die anderen Paare; er tanzt, als ob er allein wäre. Das ist noch lange kein Grund, hier zwischen einem egozentrischen und einem geordneten Tanz zu unterscheiden und den einen dem anderen entgegenzusetzen.«[14] Später[15] vergleicht Ch. Blondel einen Mann, der sich als naturwissenschaftlicher Laie für die moderne Pkysik interesssiert und sich mit einem Fachmann über die Relativitätstheorie unterhält, mit dem Kind, das mit Erwachsenen über Dinge spricht,die es nur halb versteht. Nun stimmt es, daß der Mangel an Information auf seiten des Subjekts bei dem kollektiven Monolog des Kindes mit seiner Umgebung eine große Rolle spielt. Es besteht aber ein großer Unterschied zwischen der Situation des Kindes, das aus Unwissenheit alles auf seinen eigenen Gesichtspunkt bezieht, und der des Erwachsenen, der sein Verhalten dem des Gesprächspartners nicht anpassen kann, weil ihm die Kompetenz fehlt. Der Erwachsene, der von Schreinerei, Tanz oder von der Relativitätstheorie nichts versteht, weiß, daß er nichts versteht; weil er aber auf anderen Gebieten kompetent

[14] Revue d'histoire et de philosophie religieuse, Straßburg, 1924, Nr. 473.
[15] Seite 475.

ist, kann er sich auf den Standpunkt der Menschen versetzen, mit denen er zu tun hat; aus diesem Grunde sollte man nicht vom egozentrischen Tanz sprechen, wenn man die ersten Tanzversuche des jungen Mannes in seiner ersten Tanzstunde beschreiben will; man hätte einen Grund dazu, wenn dieser junge Mann der Meinung wäre, daß er wie alle tanzt. Da das Kind völlig unerfahren ist, kann es eben diese Unerfahrenheit nur annähernd erkennen, und so wähnt es sich im Einklang mit der ganzen Gruppe, auch dann, wenn es ein für andere unverständliches Selbstgespräch führt.

Sowohl auf der sozialen als auf der physischen Ebene spielt also beim Egozentrismus des Kindes der Mangel an Kenntnissen nur eine sekundäre Rolle: Der primäre Faktor ist die spontane Haltung des individuellen Denkens, das sich unmittelbar zum Objekt hinwendet, ohne sich seiner eigenen Perspektive bewußt geworden zu sein. Aus diesem Grund schließen sich Sozialität und Egozentrismus nicht aus. Der egozentrische Geist ist sogar der auf ihn einwirkenden Suggestion seiner Umgebung und dem Druck der Gruppe zugänglicher als ein durch Kooperation disziplinierter Geist: Weil er sich selbst nicht kennt, wird der egozentrische Geist sich seiner Persönlichkeit nicht bewußt. Wir sehen ja auch, daß das Kind das *Maximum* an Suggestibilität in der gleichen Altersstufe aufweist, in der sein Egozentrismus am *stärksten* ausgeprägt ist. Beide Merkmale gehen mit der wirklichen Sozialisation des Individuums zurück.

Wie findet nun diese Sozialisation statt? Hier bemerken wir einen überraschenden Parallelismus zwischen dem Verhalten des Kindes auf der physischen Ebene und dem auf sozialer Ebene: In beiden Fällen erklärt sich das Zurückgehen des Egozentrismus nicht durch einen Zuwachs an Kenntnissen oder neuen Gefühlen, sondern durch eine Veränderung der Perspektive in dem Sinne, daß das Subjekt seinen ursprünglichen Gesichtspunkt zwar nicht aufgibt, ihn aber in die Gesamtheit aller anderen möglichen einordnet. Mit anderen Worten: Das Verstehen der anderen Menschen wie der physischen Welt ist von zwei Bedingungen abhängig: 1. Man muß sich selbst als Subjekt bewußt wahrnehmen und das Subjekt vom Objekt trennen, so daß die Eigenschaften des ersteren nicht mehr auf das zweite übertragen werden. – 2. Man muß aufhören, den eigenen Gesichtspunkt als den einzig möglichen zu betrachten und muß ihn mit allen anderen koordinieren. Anders ausgedrückt: Sich dem sozialen Milieu wie dem physischen anpassen, heißt eine Gesamtheit von Beziehungen aufzubauen und sich selbst in diese Beziehungen dank einer koordinierenden Aktivität zu versetzen, die

die Dezentrierung und die Anerkennung der Möglichkeit anderer Ansichten einschließt.
Es ist unmittelbar einsichtig, daß die doppelte Bemühung um Herstellung von Beziehungen und um Gegenseitigkeit die Bestimmung des Prozesses der Zusammenarbeit oder der Sozialisation unter Gleichaltrigen konstituiert; einen Aspekt davon hatten wir schon in § 3 behandelt, als wir die sozialen Beziehungen unter Kindern mit denen zwischen Kindern und Erwachsenen verglichen. Von hier aus betrachtet ist die Untersuchung der Kooperation der beste Ansatzpunkt, um das eigentliche Wesen des sozialen Egozentrismus des Kindes indirekt zu erfassen.
Die Erwachsenen sind, wie wir schon gesehen haben, dem Kind zugleich überlegen und ihm durch ihre beschützende Sympathie sehr nahe. Daher schwankt das Kind ihnen gegenüber zwischen einer Haltung des Bittens bzw. Forderns und einer Haltung der vollkommenen Verbundenheit, die aus der Verschmelzung des eigenen Ich mit dem des anderen resultiert. In keinem der beiden Fälle tritt das Kind aus seiner eigenen Perspektive heraus, um sie mit der anderen zu koordinieren. Deshalb überwiegt die egozentrische Sprache in den Beziehungen zwischen dem Kleinkind und dem Erwachsenen, wenn dieser keinen Gebrauch von seiner Autorität macht, um diese Beziehungen zu verändern.
Der Spielkamerad dagegen, der als Individuum zugleich anders und gleich ist, wirft ein neues Problem auf: die ständige Unterscheidung zwischen dem eigenen Ich und dem des anderen und die Wechselseitigkeit dieser beiden Perspektiven. Aus diesem Grunde spielt die Kooperation zwischen Gleichaltrigen eine so große Rolle; diese Form sozialer Beziehungen ist natürlich zwischen Erwachsenen und Kindern nicht ausgeschlossen, wenn es durch die richtige Erziehung des einen wie des anderen möglich wird, den Faktor der Autorität und Überlegenheit nicht spürbar werden zu lassen.
Der soziale Egozentrismus in dem bestimmten Sinne, den wir eben zu analysieren versucht haben, geht mit dem intellektuellen Egozentrismus parallel, und im allgemeinen kann man den Egozentrismus des Kindes nur in bezug auf den Prozeß der Kooperation ›vorsozial‹ nennen.
Allgemein gesprochen sind die intellektuellen und die sozialen Formen des Egozentrismus nur zwei Aspekte derselben Sache, weil beide in ihrem Ursprung durch die anfängliche Aktivität des Kindes bedingt sind und durch die Wirksamkeit desselben Faktors verschwinden, nämlich durch die allmähliche Koordinierung der Handlungen. Diese Koordinierung ermöglicht das Entstehen des Operationssystems der zwi-

schenmenschlichen Kooperation oder des Systems der gemeinsam vollzogenen Operationen.

Wenn wir die Verstandestätigkeit des Kindes, vor allem die sensomotorische Aktivität vor der Ausbildung der Denkfähigkeit betrachten, also die Substruktur, auf der das Denken in Symbolen und die Vorstellungskraft aufbauen, so erkennt man, daß der Egozentrismus dadurch entsteht, daß die anfänglichen Handlungen des Kindes wenig koordiniert, irreversibel und folglich wesentlich auf ihr Ziel bzw. auf ihr gewünschtes Ergebnis hin zentriert sind. Schon auf der Stufe der Wahrnehmung gehen die meisten Täuschungen oder »Illusionen« des Gesichtssinns, des Tastsinns usw. auf die illegitime Rolle der »Zentrierungen« zurück, während die Dezentrierung, die der Wahrnehmungstätigkeit inhärent ist, eine regulierende und koordinierende Rolle spielt.[16]

Auf der Stufe der sensomotorischen Intelligenz (d. h. der Wahrnehmung und der mobil gewordenen Gewohnheit), die allmählich die Grenzen ihres elementaren Betätigungsfeldes überschreitet, kann man das gleiche feststellen: Der Aufbau des unveränderlichen Objekts, des konkreten Raums etwa[17] entsteht aus einer Dezentrierung, die die Richtung der ursprünglichen Tätigkeit umkehrt. Nachdem der Säugling den Standort von Gegenständen und die außerhalb seiner selbst stattfindenden Bewegungen allein auf seine eigenen Bewegungen bezogen, »zentriert« hat, ordnet er schließlich seinen eigenen Körper in denselben konkreten Raum ein, der auch die Gegenstände umfaßt, die durch diese gesamte Koordination hergestellt werden. – Wenn die Sprache durch das Erfassen dieses Systems kollektiver Zeichen und die bildliche Vorstellungskraft mit ihrem individuellen »Symbolismus« erworben werden, tritt der Egozentrismus von neuem in der Form intuitiver Zentrierungen auf, die an mental vorgestellte Handlungen gebunden sind, und die eine Assimilation der (physischen oder sozialen) Realität an das eigene Tun ausdrücken. Auf dieser Ebene bewegen sich die Analysen der kindlichen Sprache, die wir in diesem und im ersten Kapitel vorgenommen haben.

An seinem Ausgangspunkt drückt der Egozentrismus also wesentlich die Irreversibilität der Handlung aus: Eine Handlung ist um so weniger mit anderen vereinbar und kann um so weniger in beiden Richtungen

[16] Vgl. darüber unser Buch »La psychologie de l'intelligence«, 1947, Kap. III (L'intelligence et la perception).

[17] Vgl. »La naissance de l'intelligence chez l'enfant« und »La construction du réel chez l'enfant«.

ablaufen, je »zentrierter« sie ist. Diese anfängliche Zentrierung erklärt das Verhalten, das irreversibel ist, und diese perspektivistische Illusion, die der Egozentrismus oder die Assimilation ist. R. Zazzo hat es in seiner Erörterung über den Egozentrismus kürzlich treffend formuliert: »Es handelt sich einfach um Anthropozentrismus.«[18] Der Psychologe muß diesen Begriff aber erklären, und der Autor hat wohl nicht völlig erkannt, was diesen Egozentrismus, den er nur zögernd anerkennen will, unlösbar mit dem Begriff der ursprünglichen geistigen Irreversibilität verbindet, den er dann ohne Zögern von uns übernimmt.[19] In dem Maße, wie die Handlungen miteinander koordiniert werden, äußert sich auf der einen Seite diese Koordination, die immer zugleich individuell und sozial ist, in der reversiblen Zusammensetzung der Handlungen, die so zu Operationen werden, und andererseits in der interindividuellen Reziprozität der Operationen jedes einzelnen, wodurch Kooperation entsteht. Dieser doppelte Prozeß, der das Individuum »dezentriert«, bezieht sich auf dessen anfänglichen Egozentrismus.

Durch die Koordination werden die Handlungen zunächst zu Operationen; denn eine Operation ist eine umkehrbare Handlung. Überhaupt bestehen die allgemeinsten Koordinationen von Handlungen darin, diese zu ordnen bzw. in Systeme hierarchisch einzuordnen, die sowohl die Rückkehr zum Ausgangspunkt (Reversibilität) wie Umwege (Assoziativität) als auch die Zusammensetzung zu je zweien (Transitivität) erlauben. Diese Operations-Gesamtsysteme, deren vollendete Form dem entspricht, was die Mathematiker »Gruppen« nennen, erscheinen in einer einfacheren Form im Bereich der logischen Klassen und Beziehungen (in diesem Fall sprechen wir von »Gruppierungen«). Solche Gruppierungen und Gruppen dienen als Basis für den Aufbau logischer und mathematischer Strukturen, und wir haben ihre wesentliche Rolle bei der psychologischen Ausarbeitung der logischen Formen der Zahl, der Mengen, der Zeit usw. zeigen können, vom Raum gar nicht zu reden, für den H. Poincaré den Einfluß dieser Organisationsform entdeckt hat.

Da die Gruppierung also die Gleichgewichtsgrundlage darstellt, die die Koordination der Handlungen erreicht hat, wenn diese vollkommen dezentriert sind, kann man zugleich den intellektuellen Egozentrismus an der Irreversibilität des Denkens, d. h. am Fehlen der Gruppierung,

[18] R. Zazzo, Le devenir de l'intelligence, Paris 1946, S. 39.
[19] Ebd., S. 40–41.

messen und den Fortschritt der Reversibilität anhand der schrittweisen Bildung der Gruppierungen genau bestimmen. Deshalb sind wir heute der Meinung, daß die Untersuchungen, die auf diesem etwas schwachen Indiz des verbalen Egozentrismus beruhen, durch die Analyse des Operationsmechanismus des Handelns und des Denkens selbst ersetzt werden müssen, d. h. durch die Analyse der inneren Triebkraft der intellektuellen Entwicklung.

Wenn aber die Handlungen des Individuums in dem Maße, wie sie nicht koordiniert werden, auf die eigene Aktivität zentriert bleiben, setzt andererseits die fortschreitende Koordination des Handelns auch die fortschreitende Reziprozität mit den Handlungen der anderen voraus: Der einzelne könnte nämlich nicht folgerichtig handeln, wenn er die Handlungen der anderen nicht berücksichtigte. Die Operationssysteme oder Gruppierungen und Gruppen, die Ausdruck der Koordination der Operationen sind, umfassen also schon durch ihre Organisation ein In-Beziehung-Setzen mit den Operationen anderer. Genauer gesagt bilden die Entsprechungs- und Wechselbeziehungen die wichtigsten Gruppierungen, und die Operationen anderer und die eigenen fügen sich daher notwendigerweise zu einem System von zugleich logischen und sozialen Kooperationen: In diesem zweifachen Sinne der interindividuellen Kooperation und der interindividuellen Koordination ist das Operationssystem das eigentliche Instrument der Dezentrierung, das das Individuum aus seinem anfänglichen Egozentrismus befreit.

III. Kapitel

TYPEN UND STADIEN VON GESPRÄCHEN UNTER KINDERN ZWISCHEN 4 UND 7 JAHREN[1]

Dieses Kapitel schließt sich an das erste an und ergänzt es. Wir möchten hier einfach 1. die statistischen Ergebnisse, die bei der Beobachtung von Lev und Pie erzielt wurden, kontrollieren, 2. einige Gesprächstypen zwischen gleichaltrigen Kindern feststellen, Typen, die breiter angelegt sein sollen als die bloßen Sätze, die wir im vorherigen Kapitel betrachtet haben; sie könnten schließlich die Stadien des Gesprächs bei 4- bis 7jährigen Kindern bilden.

Die Schlußfolgerungen des ersten Kapitels können tatsächlich gewagt erscheinen, da nur zwei Kinder beobachtet wurden, also nur zwei verschiedene psychologische Typen. Dasselbe Experiment müßte auf eine ganze Kindergruppe ausgedehnt werden, um so die größtmögliche Vielfalt psychologischer Typen zu erfassen. Dieses Experiment soll in diesem Kapitel beschrieben werden. Diesmal sollen also vollständige Gespräche analysiert werden, die nicht mehr unter zwei Kindern, sondern innerhalb einer ganzen Kindergruppe stattfinden, in einem Raum, wo die Kinder herumlaufen oder ein- und ausgehen. Die Äußerungen, die wir notiert haben, stammen von ungefähr zwanzig 4- bis 7jährigen Kindern (Jungen und Mädchen), die während ihres Aufenthaltes in einem bestimmten Raum beobachtet wurden. In der »Maison des Petits« (wo die folgenden Beobachtungen wie die vorhergehenden gemacht wurden) haben die 4- bis 7jährigen Kinder eine ganze Etage für sich, mit fünf Räumen (Rechenzimmer, Bauzimmer, Bastelzimmer usw.); sie dürfen von einem Raum in den anderen gehen, ganz wie sie wollen, und werden nicht zu einer kontinuierlichen Arbeit angehalten. In einem dieser Räume sind folgende Aufzeichnungen gemacht worden.

[1] In Zusammenarbeit mit Valentine Jean Piaget. Wir möchten uns an dieser Stelle bei G. Guex für ihre Hilfe bei der Sammlung unseres Material bedanken.

§ 1. *Kontrolle des Egozentrismus-Koeffizienten*

Ein erstes Ergebnis der Aufzeichnungen war die Feststellung, daß die aufgezeichneten Äußerungen sich in dieselben Kategorien einordnen lassen wie die, deren wir uns bei Lev und Pie bedient haben. Die Sprache unserer zwanzig Kinder spiegelt zwar Temperamentsunterschiede, bleibt aber das Produkt der gleichen funktionalen Bedürfnisse. Beim autoritär veranlagten Kind steigt die Zahl der Befehle, Drohungen, Kritiken und Diskussionen, beim Träumer die Zahl der Monologe. Die Proportionen sind also verschieden, aber bei jedem Kind sind alle Kategorien vertreten. Es gibt einen quantitativen, aber keinen qualitativen Unterschied.

Bei Lev und Pie, zwei ziemlich verschiedenen Typen, liegen die Egozentrismus-Koeffizienten nahe beieinander (0,47 und 0,43). Kann man daraus schließen, daß dieser Koeffizient zwischen 4 und 7 Jahren durchschnittlich bei 0,45 liegt? Wir haben ihn anhand der gesamten von uns erfaßten Sprache der zwanzig Versuchskinder (Jungen und Mädchen aus verschiedenem Milieu und von verschiedener Herkunft) errechnet. Wir haben dabei die gleiche Methode wie vorher angewandt, indem wir die Berechnung jeweils auf eine kontinuierliche Folge von 100 Sätzen bezogen. Diese Sätze sind also nicht mehr das, was ein einziges Kind hintereinander gesprochen hat, sondern geben die vollständige Unterhaltung in einem bestimmten Raum wieder, in dem sich immer mindestens drei oder vier Kinder aufhalten und miteinander sprechen. Diese Berechnung hat also die größten Chancen, objektiv zu sein. So kamen wir zu einem durchschnittlichen Egozentrismus-Koeffizienten von $0{,}45 \pm 0{,}05$ (Verhältnis der egozentrischen Kategorien zur Gesamtsprache ohne die Antworten). Das Durchschnittsalter der beobachteten Kinder beträgt 6 Jahre; das ist eine interessante Bestätigung unserer Ergebnisse aus Kapitel I.

§ 2. *Die verschiedenen Typen des Gesprächs unter Kindern*

Im ersten Kapitel haben wir einige Typen von Äußerungen unterschieden, aber eben als Typen und nicht als Stadien, d. h. wir haben uns nicht gefragt, wie sich diese Typen auseinander entwickeln, oder wie das Gespräch unter Kindern im allgemeinen abläuft. Mit diesem Problem wollen wir uns jetzt beschäftigen. Außerdem haben wir uns nur mit isolierten Äußerungen beschäftigt; wir haben sie zwar nicht aus dem Zusammenhang gerissen, haben die Sätze aber einzeln numeriert und

Satz für Satz klassifiziert. Jetzt müssen wir versuchen, Typen von ganzen Gesprächen zu finden, nicht mehr Typen isolierter Äußerungen. Diese Typen sind bis auf einige Beziehungen, die wir gleich genauer erklären, von den vorhergehenden Äußerungstypen unabhängig.

Wann kann man von einem Gespräch unter Kindern sprechen? Wir wollen festlegen, daß ein Gespräch stattfindet, sobald mindestens drei Äußerungen hintereinander – die von wenigstens zwei Gesprächspartnern stammen – sich auf denselben Gegenstand beziehen. Wir geben hier als Beispiel zwei mögliche Schemata des Gesprächs, die aus den einfachsten ausgewählt sind:

I. 1.) Äußerungen von A. – 2.) Äußerungen von B, die sich auf die Äußerung von A bezieht. – 3.) Äußerung von A, die sich auf die Äußerung von B bezieht.

II. 1.) Äußerung von A. – 2.) Äußerung von B, die sich auf die Äußerung von A bezieht. – 3.) Äußerung von C, die sich auf die Äußerung von A oder auf die von B bezieht.

Jedes Gespräch besteht also aus Äußerungen, die zu der von uns sozialisiert genannten Sprache gehört. Die Äußerungen von A können Informationen, Kritiken, Befehle oder Fragen sein. Die Äußerungen von B und C können dann ebenfalls zu diesen vier Gruppen gehören oder Antworten sein. Wie wir aber soeben gesagt haben, sollen die Typen des Gesprächs weiter als die Typen der Äußerungen gefaßt und unabhängig von ihnen sein. Zu einem gleichen Gesprächstyp können als Elemente Informationen, Fragen, Befehle usw. gehören. Folgende Probleme stellen sich jetzt: 1.) Welche Typen des Gesprächs unter Kindern gibt es? – 2.) Finden sich diese Typen zeitlich nebeneinander oder gehören sie zu bestimmten Entwicklungsstadien? – 3.) Wenn sie Stadien konstituieren, welches ist ihre zeitliche Genealogie? Stammen sie aus der egozentrischen Sprache? Wenn ja, welche Entwicklung durchläuft das Kind, um von der egozentrischen Sprache zu den höheren Typen des Gesprächs zu gelangen?

Wir glauben, daß es uns gelungen ist, einige Stadien festzustellen. Ausgangspunkt war dabei der kollektive Monolog, der also noch kein Gespräch darstellt. Folgende Tafel haben wir aufgestellt. Wir bringen sie mit allem Vorbehalt. Sie soll uns vor allem ein leitendes Schema für unsere Klassifikation sein (vgl. S. 96).

Stadium I gehört noch zum egozentrischen Denken, das wir im ersten Kapitel beschrieben haben. In diesem ersten Stadium findet also kein eigentliches Gespräch statt, da jedes Kind für sich spricht, auch wenn man meint, es wende sich an eine bestimmte Person. Außerdem sprechen die Gesprächspartner nicht von demselben Gegenstand. Dennoch ist der kollektive Monolog Ausgangspunkt des kindlichen Gesprächs, denn er geht aus diskontinuierlichen Gruppen und aufeinanderfolgenden Bündeln von Äußerungen hervor. Wenn nämlich ein Kind sich auf diese Weise äußert, kommt es vor, daß andere ihm sofort antworten, wobei sie von sich selbst sprechen. Auf diese Weise entsteht eine Folge von vier oder fünf Äußerungen, die ein keimhaftes Gespräch bilden, ohne jedoch das Stadium des kollektiven Monologs zu verlassen.

Monolog:	*Gespräche:*				
Stadium I	Stadium II A (erster Typ)		Stadium II A (zweiter Typ)		Stadium III A
	Einbeziehung des Gesprächspartners in das eigene Handeln und Denken (ohne Zusammenarbeit)	⇄	*Zusammenarbeit im Handeln oder im nicht-abstrakten Denken*	→	*Zusammenarbeit im abstrakten Denken*
Kollektiver Monolog	⇅		⇅		⇅
	Stadium II B (erster Typ)		Stadium II B (zweiter Typ)		Stadium III B
	Auseinandersetzung (Aufeinandertreffen entgegengesetzter Handlungen)	⇄	*Primitive Diskussion* (Aufeinandertreffen von unbegründeten Behauptungen)	→	*Wirkliche Diskussion* (Aufeinandertreffen von begründeten Behauptungen)

Die Stadien II und III dagegen gehören zum eigentlichen Gespräch und zur sozialisierten Sprache. Wir haben sie in zwei Reihen A und B eingeteilt, die genetisch gesehen parallel laufen (dem Stadium II A entspricht II B, dem Stadium III A entspricht III B), und die Reihe A entspringt der Übereinstimmung in den Handlungen und Meinungen (progressive Zusammenarbeit), die Reihe B entspringt einer fehlenden Übereinstimmung, die mit der einfachen Auseinandersetzung beginnt und in mehr oder weniger vollkommene Diskussionen übergehen kann.

Das Stadium II A kann sich in zwei gleichzeitigen Typen darstellen. Den ersten Typ (der Gesprächspartner wird in das eigene Handeln und Denken einbezogen) finden wir in den Gesprächen wieder, bei denen jedes Kind von dem spricht, was es selbst tut, und seinen Gesprächspartner daran teilnehmen läßt. Hier findet eine Einbeziehung insofern statt, als jeder dem Gesprächspartner zuhört und ihn versteht, es kommt aber deshalb nicht zu einer Zusammenarbeit, weil jeder nur von sich, vom eigenen Handeln oder vom eigenen Denken spricht.

Beim zweiten Typ dagegen besteht eine Zusammenarbeit im Handeln oder im Denken, das an ein Handeln gebunden ist, insofern, als das Gespräch sich auf eine den Gesprächspartnern gemeinsame Tätigkeit bezieht. Der Gegenstand des Gesprächs ist also ein aktuelles Handeln und nicht die Erklärung eines früheren oder künftigen Handelns. In diesem Stadium kommt es auch vor, daß man über eine gemeinsame Erinnerung spricht; es geht dabei aber weder um Erklärungen (erneute Darlegung einer schon früher gegebenen Erklärung) noch um Diskussionen (die Untersuchung von falscher und richtiger Erinnerung oder die Suche nach Umständen, die diese Erinnerung ergänzen usw.). Die gemeinsam hervorgerufene Erinnerung dient in diesem Stadium II A allein zur augenblicklichen Anregung: Man spricht darüber, genau wie man eine Geschichte erzählt, aus Freude an der Sache (»Erinnerst du dich noch . . .?« usw.).

Dem Stadium III A ist dagegen die Zusammenarbeit im abstrakten Denken vorbehalten. Unter abstraktem Denken ist jenes kindliche Denken zu verstehen, das nicht mehr an das aktuelle Handeln gebunden ist, sondern das sich vornimmt, eine Erklärung zu finden oder eine Geschichte oder eine Erinnerung zu rekonstruieren, indem die Reihenfolge, die Umstände oder die Wahrheit der Berichte erörtert werden. Zusammenarbeit im abstrakten Denken bedeutet also gemeinsames Suchen nach einer Erklärung oder gemeinsame Diskussion über die Wahrheit einer Tatsache oder einer Erinnerung.

In der Folge der beiden Stadien der Reihe A stellen wir also eine progressive Sozialisation des Denkens fest. *A priori* gäbe es keinen Grund, weshalb diese drei Typen des Gesprächs Stadien bilden sollten. Man könnte sich sehr wohl denken, daß der Typ III A vor dem Typ II A oder vor dem kollektiven Monolog aufträte oder auch gleichzeitig mit ihnen. Wie wir gleich sehen werden, ist das aber nicht der Fall, es gibt nur eine altersbedingte Progression, die der obigen Tafel entspricht. Allerdings hört das Kind, auch wenn es die Stadien II A, dann III A erreicht hat, natürlich nicht gleich auf, Gespräche der vorhergehenden Stadien zu führen. Diese gehen aus einfachen Typen hervor. Ein Kind, das Stadium II A erreicht hat, führt trotzdem bei bestimmten Gelegenheiten weiterhin Monologe.

Parallel zu dieser Entwicklung durchlaufen die Kinder die zwei näch-

sten Etappen (Stadium II B und III B); statt wie bei den vorhergehenden Stadien untereinander übereinzustimmen, divergieren sie dann in ihren Meinungen und Wünschen.
Das Stadium II B stellt sich ebenfalls in zwei Typen dar. Am Anfang steht die Auseinandersetzung. Das ist der einfache Gegensatz divergierender Handlungen. Wie wir es eben beim ersten Typ des Stadiums II A gesehen haben, können die Kinder über ihr eigenes Handeln sprechen, wobei jedes sich in Gedanken in das Handeln der anderen einbezieht; ebenso können sie, anstatt sich gegenseitig einzubeziehen, sich kritisieren, beleidigen, die eigene Überlegenheit behaupten, kurz, sich streiten.
Aus diesem Streit, einem Aufeinandertreffen von Behauptungen, die nicht einfach konstatieren, sondern Wünsche, subjektive Werturteile, Befehle und Drohungen zum Ausdruck bringen, können Diskussionen entstehen. Die Diskussion ist ein Aufeinandertreffen gegensätzlicher Feststellungen. Nachdem das Kind sich geäußert hat: »Gib mir das. – Nein. – Ja. – Nein. – Ja.«, kann es konstratierend fortfahren: »Ich brauche das. – Nein. – Ja.« usw. Der erste Dialog gehört zur Kategorie der Auseinandersetzung, der zweite zur Kategorie der Diskussion. Selbstverständlich kann es auch umgekehrt verlaufen: Die Diskussionen können zu Auseinandersetzungen führen.
Der zweite Typ des Stadiums II B ist also die primitive Diskussion, d. h. eine Diskussion, in der das Behauptete weder begründet noch bewiesen wird. Erst im dritten Stadium (III B) erscheint die wirkliche Diskussion, bei der man die Äußerungen auch begründet.
Wiederum ist klar, daß das Kind, wenn es die Stadien II B und III B erreicht hat, deshalb nicht aufhört, einen Monolog zu führen oder primitiv zu diskutieren. In dem Alter, wo es schon streitet, muß ein Kind nicht unbedingt auch schon einer wirklichen Diskussion fähig sein.
Andererseits gibt es zwischen den Stadien II und III der Reihe A und den entsprechenden Stadien der Reihe B nicht *a priori* eine zeitliche Verbindung. Wie die Tatsachen allerdings beweisen, treten die wirkliche Diskussion und die Zusammenarbeit im abstrakten Bereich im gleichen Alter auf. Außerdem treten der Streit und die Einbeziehung des Gesprächspartners in das Handeln zur gleichen Zeit zusammen auf. Ferner treten die primitive Diskussion und die Zusammenarbeit beim Handeln im selben Alter auf. Es gibt also durchaus einen gewissen Parallelismus.
Nachdem wir zu diesem Schema gelangt sind, wollen wir die einzelnen Stadien untersuchen.

§ 3. *Stadium I: Der kollektive Monolog*

Wir wollen uns kurz fassen, da wir im ersten Kapitel ausführlich erklärt haben, was unter »kollektivem Monolog« zu verstehen ist. Da dieses Stadium noch nicht zum eigentlichen Gespräch gehört, bleibt das Kriterium, dessen wir uns bedient haben, um die *isolierten* Äußerungen zu erkennen, die zum kollektiven Monolog gehören, auch noch gültig, um eine *Gruppe* solcher Äußerungen zu erkennen. Trotzdem kann es interessant sein, einige neue Beispiele dieser Kategorie zu bringen, einmal, um einige Fälle von Kindern unter fünf bis sechs Jahren vorzustellen, und dann, weil dieses auf das Gespräch vorbereitende Stadium bei Kindern unter fünf Jahren quantitativ bei weitem das wichtigste ist.

Zunächst einige Beispiele kollektiver Monologe, die einseitig sind, obwohl diese Äußerungen an einen Gesprächspartner gerichtet waren: Den (4;5 F[2]) redet unaufhörlich, während sie arbeitet. Bea (5;10 F) kommt in den Arbeitsraum. Den: *»Du hast einen Pullover an, ich nicht; meine Mama hat gesagt, es ist nicht kalt.«* Den arbeitet weiter. Bea antwortet nicht.

Den zu Geo (6;0) (im Bastelraum): *»Ich weiß, wie das geht, du wirst sehen, wie ich es kann; du weißt nicht, wie das geht.* (Keine Antwort. Den geht an ihren Platz zurück.) *Ich weiß, wie das geht.«* Den zu Bea: *»Was willst du?* (Keine Antwort.) *Ich brauche kleine Löcher.«*

Ari (4;1 F) zu En (4;11): *»Wie heißt du? Ich heiße Ari.«* Keine Antwort. Ari zu einem Erwachsenen, ohne Übergang: *»Sie läßt gleich ihre Puppe fallen.«*

Diese Monologe von Vierjährigen sind in ihrer Funktion völlig den Monologen gleich, die wir im ersten Kapitel zitiert haben. Sie sind allerdings paradoxer, denn sie gebrauchen Fragen oder Formen, die eindeutig sozial aussehen, wie *»du hast ..., du wirst sehen ..., willst du?«* usw., die das Kind anwendet, ohne dem Gesprächspartner überhaupt Zeit zu lassen, ein einziges Wort anzubringen. Den z. B. ist Beas Pullover aufgefallen, führt die Tatsache aber sofort auf sich selbst zurück: *»Ich nicht ...«* usw. Warum wendet sie sich an Bea? Nicht um ihr etwas mitzuteilen, noch weniger, um eine Antwort von ihr zu erhalten; sie braucht vielmehr einen Vorwand, um zu sprechen. Gleicherweise ist die Frage von Den an Bea rein platonisch: Sie ist eine Pseudo-Frage, die nur zur Einleitung der unmittelbar folgenden Äußerungen

[2] F = Mädchen.

dient. Nur die Form weist auf ein soziales Verhalten hin, nicht der Inhalt. Das gleiche Phänomen tritt bei Ari und En auf.

Die kollektiven Monologe, die aus zwei oder mehr Sequenzen bestehen, sind für unsere gegenwärtige Absicht interessanter. Einige Beispiele:

Pie (6;5): »*Wo kann man noch einen Tunnel bauen? Ach! Hier, Eun?*« – Eun (4;11): »*Guck mal, mein schönes Kleid!*« (Ende.)

Cat (6;2): »*Bist du fertig, Bur?*« – Bur (4;11): »*Jetzt macht das schon wieder so.*« usw.

Die Form solcher Äußerungen deutet schon auf das spätere Gespräch hin: Das sprechende Kind erwartet eine Antwort vom Gesprächspartner. Beide Äußerungen gehören zum kollektiven Monolog, weil der Gesprächspartner nicht zuhört. Es findet also noch kein Gespräch statt, da die aufeinanderfolgenden Sätze einander nicht angepaßt sind, aber doch schon ein keimhaftes Gespräch, weil die Äußerungen als ein einziges Bündel gruppiert sind.

Das Alter, in dem der kollektive Monolog als Stadium auftritt, liegt zwischen 3 und 4 bis 5 Jahren. Bis zum Alter von 5 Jahren findet man nämlich im Durchschnitt noch keine höheren Formen des Gesprächs unter Kindern, wenigstens nicht unter gleichaltrigen Kindern, die nicht zur selben Familie gehören.

§ 4. Stadium II A. Erster Typ: Jeder wird in das Handeln einbezogen

Wir haben diesen Typ bereits dadurch definiert, daß er durch Gespräche bestimmt ist, bei denen jeder Gesprächspartner von sich oder von seinem Standpunkt her spricht, aber wo jeder zuhört und versteht. Dennoch gibt es zwischen den Gesprächspartnern noch keine Zusammenarbeit im Hinblick auf ein gemeinsames Handeln. Ein Beispiel: Jedes Kind ist mit seiner Zeichnung beschäftigt, jedes erzählt die Geschichte, die seine Zeichnung dastellt. Trotzdem sprechen sie vom gleichen Gegenstand und hören sich zu:

Lev (5;11): »*Das fängt mit ›Goldlöckchen‹ an. Ich schreibe die Geschichte von zwei Bären. Der Papa-Bär ist tot. Aber der Papa, der war zu krank.*« – Gen (5;11): »*Ich wohnte vorher auf dem Salève. Ich wohnte in einem kleinen Haus, und man muß mit der Seilbahn fahren, um die Sachen einzukaufen.*« – Geo (6;0): »*Ich kann den Bären nicht malen.*« – Li (6;10 F): »*Das ist ›Goldlöckchen‹.*« – Lev: »*Ich hab keine Locken.*«

Dieses Beispiel ist klar. Es findet ein Gespräch statt, weil alle über dasselbe sprechen: über die Zeichnung, an der sie gerade arbeiten. Trotzdem spricht jeder von sich, ohne daß es zur Zusammenarbeit kommt. Ein anderes Beispiel:

Pie (6;5): *»Das war toll, gestern* (eine Flugveranstaltung).« – Jacq (5;6 F): *»Da war ein blaues* (Flugzeug), *es waren viele davon, und nachher haben sie sich nebeneinander aufgestellt.«* – Pie: *»Gestern bin ich Auto gefahren. Und weißt du, was ich gesehen habe, als ich im Auto war? Ganz viele Lastwagen sind vorbeigefahren. Fräulein, geben Sie mir den Radiergummi.«* – Jacq: *»Jetzt will ich das zeichnen* (die Flugzeuge). *Das wird schön.«*

Der Gegenstand des Gesprächs bleibt also der gleiche, und der Dialog vollzieht sich in vier Sequenzen. Zunächst sieht es aus, als würde eine gemeinsame Erinnerung evoziert, wie es der Fall ist bei der Zusammenarbeit, die wir im folgenden Stadium betrachten werden; im Laufe des Gesprächs merkt man aber, daß jedes Kind von seinem eigenen Gesichtspunkt nicht abgeht: Pie spricht von seinem Auto, Jacq nimmt sich vor, die Flugzeuge zu zeichnen. Sie verstehen sich zwar, arbeiten aber nicht gemeinsam.

Hier zwei noch typischere Beispiele, die zeigen, daß die Einbeziehung eines jeden in das Handeln eine Zwischenform zwischen dem kollektiven Monolog und der Zusammenarbeit ist:

Mad (7;0): *»Am Sonntag war ich bei meiner Großmutter, sie wohnt Chemin de l'Escalade.«* – Geor (7;2): *»Kennst du Pierre C.?«* – *»Nein.«* – *»Ich kenne ihn, er ist mein Freund.«*

Rom (5;9): *»Weißt du, was ich zu Weihnachten bekomme?«* – Lev (5;11) und To (4;9): *»Nein.«* – Arm: *»Ein Fahrrad mit drei Rädern.«* – Lev: *»Ein Dreirad. Ich habe eins.«*

Wir sehen, wie der »Chemin de l'Escalade« Geor's Denken abschweifen läßt. Es scheint ein kollektiver Monolog zu sein. Aber der Gesprächspartner hört jetzt zu und versteht. Dieses Stadium stellt also den Anfang des wirklichen Gesprächs dar, den Anfang der sozialisierten Sprache. Bildet nun dieser Gesprächstyp ein wirkliches Stadium, oder ist er ein Typ unter anderen? Wir haben gesehen, daß er beides zugleich ist.

Selbstverständlich lassen sich genaue Grenzen eines solchen Stadiums – vorausgesetzt, es ist wirklich ein Stadium – nicht bestimmen. Man müßte über eine sehr große Menge Material verfügen, um eine entscheidende Aussagen ermöglichende Statistik zu gewinnen. Immerhin stellen wir fest, daß unser Material kein Beispiel für diesen Typ bei Kindern unter 5 Jahren, nicht einmal unter 5;6 enthält, obgleich wir

eine große Zahl kollektiver Monologe bereits im Alter von 3 und 4 Jahren ermittelt haben.
Andererseits erscheint die Zusammenarbeit auf abstrakter Ebene kaum vor dem Alter von 7 Jahren. In Beziehung zum kollektiven Monolog und zu dieser Zusammenarbeit im Abstrakten bildet der vorliegende Typ also ein Stadium. Aber im Verhältnis zur Zusammenarbeit beim Handeln erscheint der vorliegende Typ weder früher noch später.
Die Zusammenarbeit beim Spiel läßt sich schon im Alter von 4 und 4;6 Jahren feststellen. Es gibt also manchmal schon Zusammenarbeit vor der Einbeziehung in das Handeln, aber oft ist das Verhältnis umgekehrt: Bei vielen Kindern erscheint die Zusammenarbeit bei der Arbeit nach diesem Typ. Man kann also sagen, daß dieser und der folgende Typ gleichzeitig auftreten: Sie sind zwei mögliche Formen desselben Stadiums.
Außerdem verliert das Kind natürlich nicht die Gewohnheiten, die es sich im Stadium II angeeignet hat, wenn es Stadium III erreicht und einen neuen Gesprächstyp zu praktizieren beginnt, eben die Zusammenarbeit auf abstrakter Ebene. Auch bei den Erwachsenen existieren diese verschiedenen Typen nebeneinander mit Ausnahme des kollektiven Monologs, der eine spezifisch kindliche Form des Gesprächs ist.

§ 5. Stadium II A. Zweiter Typ: Die Zusammenarbeit im Handeln oder im nicht-abstrakten Denken

Gegenstand der sukzessiven Äußerungen dieses Gesprächstyps ist nicht mehr das Handeln jedes einzelnen Gesprächspartners, sondern eine gemeinsame Aktion. Die Gesprächspartner arbeiten zusammen und sprechen über das, was sie tun. Die Äußerungen, die sich auf denselben Gegenstand beziehen, gehen nun nicht mehr auseinander, sondern konvergieren.
Hierfür ein typisches Beispiel:
Bea (5;10 F) will eine Fahne zeichnen. Lev (5;11): *»Kennst du die von meinem Papa?« – »Das ist nicht deine, das ist meine. Die ist rot und blau ... rot, schwarz und weiß, so.« – »Ja, zuerst rot, weiß und zuerst schwarz.« – »Ich habe die Farbe, die ich brauche, ich nehme ein Viereck.« – »Nein, man muß zwei kleine, lange Dinger nehmen. – So und jetzt ein Viereck* (zeigt es Lev).« – *»Wenn du fertig bist, zeigst du es mir, ob es richtig ist* (was geschah).«
Das ist ein sehr schönes Beispiel für Zusammenarbeit beim Zeichnen. Lev gibt Bea Ratschläge, zunächst über die Farbe, dann über die Form,

schließlich überprüft er das Ergebnis. Es ist zu bemerken, daß Lev in diesem Fall die Fahne kannte, Bea dagegen nicht, und daraus entstand ein Dialog. Merkwürdigerweise gehören alle Beispiele, die wir für eine Zusammenarbeit beim Handeln von Kindern unter 5;6 oder 6 Jahren besitzen, zu dem Typ, daß ein Kind, das sich auskennt oder älter ist, einem weniger informierten oder jüngeren Kameraden erklärt, wie man handeln muß. Nimmt das jüngere Kind nicht aktiv an dem Dialog teil, dann wird selbstverständlich sein Alter nicht berücksichtigt, wenn wir die Altersstufe, bei der der vorliegende Gesprächstyp erscheint, errechnen wollen. Hier folgen zwei Beispiele; beim ersten ist nur das ältere Kind aktiv:

Rog (5;6) zu Ai (3;9), der an der Tafel zeichnet: *»Willst du etwas zeichnen?«* – *»Etwas.«* – *»Aber nicht so lang. Das mußt du so machen, dann so, dann so, und dann kleine Fenster, aber nicht so lang.«* (Der Dialog besteht zum Teil aus Gesten.)

Rog (5;6) bittet Ez (6;4), ihm etwas von einem Lernspiel zu erklären: *»War einer von diesen da bei den gelben?«* – Jacq (7;2): *»Zeig ihm das nicht!«* – Ez: *»Da gibt es gelbe. Er macht alles falsch. Das da geht viel leichter. Du kannst es fertig machen, mach es schnell fertig.«*

Man sieht, daß die Zusammenarbeit in diesen Fällen eine Hilfe des Älteren für den Jüngeren ist. Bei den Kleinen, denen unter 5;6 Jahren, ist die Zusammenarbeit von Gleichaltrigen vorwiegend eine Zusammenarbeit beim Spiel. Dafür zwei Beispiele:

Lev (5;11): *»Den, ich bin der Vater, und du bist die Mutter, und Ari ist das Hausmädchen.«* – Ari (4;1): *»Ja, und das Hausmädchen sorgt gut für die kleinen Kinder.«* – Den (4;5 F): *»Lev, du bist der Vater. Du gehst auf die Jagd, du fährst nach Deutschland.«*

Lev (5;11): *»Nachher spielen wir Ballon.«* – Arn (5;9): *»Wie denn Ballon spielen?«* – *»Verstehst du, wir würden sagen, wir sind im Himmel. Wer will der Sand sein? Arn, du bist der Sand.«* – *»Nein, nicht der Sand.«* – *»Du bist der Ballon, ich bin der Korb. Wer will der Sand vom Ballon sein?«*

Man sieht, daß diese Gespräche wohl eine Zusammenarbeit voraussetzen, wenn nicht bei einem gemeinsamen Handeln, dann wenigstens bei einem gemeinsamen Spiel oder Vorhaben. Als solche gehören sie nicht mehr zum Typ der »Einbeziehung eines jeden in das Handeln«. Abschließend ein Fall der Zusammenarbeit bei der Evozierung einer gemeinsamen Erinnerung. Leider besteht das Beispiel nur aus zwei Sequenzen, da der Dialog von einem Erwachsenen unterbrochen wurde:

Arm (5;9): *»Das ist wirklich lustig im Zirkus, wenn die Räder* (des Dreirads) *weg sind.«* – Lev (5;11): *»Weißt du noch, wenn der Turner, aber der konnte gar nicht richtig turnen, er ist hingefallen ...«*
Hier handelt es sich also einfach um eine Zusammenarbeit im Denken. In diesen Fällen stellen sich zwei Abgrenzungsprobleme. Zunächst finden wir alle möglichen Zwischenformen zwischen diesen Äußerungen und denen des vorigen Typs (Einbeziehen in das Handeln). Aber bei diesem letzten Typ des Gesprächs spricht jedes Kind von sich selbst oder von seinen eigenen Erinnerungen. Hier jedoch sind die Erinnerungen gemeinsam. In der Praxis kann diese Unterscheidung von Nutzen sein. Ist sie es nicht, so kann man die beiden Typen des Stadiums II A zu einem einzigen zusammenfassen. Dagegen ist es immer von Nutzen, diese Zusammenarbeit bei der Evozierung einer gemeinsamen Erinnerung von der Zusammenarbeit auf abstrakter Ebene zu unterscheiden. Wenn es um eine gemeinsame Erinnerung geht, setzt diese Zusammenarbeit im Abstrakten nicht nur voraus, daß die Gesprächspartner zusammen diese Erinnerung evozieren, sondern auch, daß sie darüber diskutieren, daß sie daran zweifeln oder ihre Richtigkeit begründen oder daß sie das Warum der Ereignisse erklären usw. Keines dieser Kriterien trifft auf das zuletzt zitierte Gespräch zu: Lev und Arm beschränken sich darauf, ein gleiches Vergnügen in sich neu zu wecken, wollen aber keineswegs die Ereignisse bewerten oder erklären.
Abschließend können wir sagen, daß die Zusammenarbeit beim Handeln oder beim nicht-abstrakten Denken einem Typ angehört, der gleichzeitig mit dem vorigen auftritt. Beide zusammen stellen ein Stadium dar, das sich im Durchschnitt auf das Alter zwischen 5 und 7 Jahren erstreckt.

§ 6. Stadium III A: Zusammenarbeit im abstrakten Denken

Allein die Gespräche dieses Stadiums dienen einem echten Gedankenaustausch. Während die Kinder nämlich gemeinsam handeln oder gemeinsam Erinnerungen evozieren, wie es im Verlauf der Gespräche des letzten Typs der Fall ist, denken sie offensichtlich viel mehr, als sie sagen. Wie wir im Kapitel VI sehen werden, findet sich beim Kind neben den statischen Kategorien seines Denkens und dem Interesse an seinem Handeln selbst ein Interesse an der Erklärung von Handlungen und Phänomenen – und zwar lange, bevor es 7 Jahre alt ist. Die zahlreichen »warum« der Kinder zwischen 3 und 7 Jahren beweisen das.

Zu diesem Typ rechnen wir die Gespräche, die sich auf zwei Punkte beziehen: 1.) auf die Erklärung der Dinge und das Motiv der Handlungen, 2.) auf die Wirklichkeit der Ereignisse (»Stimmt das ...?«, »Warum ...?« usw.).

Merkwürdigerweise fanden wir bei den zwanzig beobachteten Kindern nur ein Gespräch, das zu diesem Typ gehört – eine Bestätigung der Ergebnisse, zu denen wir bei der Beobachtung von Pie und Lev gelangt waren. Und dieses einzige Gespräch ist noch nicht einmal ganz eindeutig. Das zeigt uns wieder, wie sehr das intellektuelle Untersuchen des Kindes egozentrisch bleibt. Außerdem können wir daraus schließen, daß die Sozialisation des Denkens bei 7 oder 8 Jahren anfängt. Wir sind der Meinung, daß in diesem Alter die ersten Gespräche des jetzt besprochenen Typs auftauchen (wahrscheinlich bei Jungen und Mädchen).

Das einzige Beispiel, das wir bei den beobachteten Kindern gefunden haben, ist übrigens ein Dialog zwischen einem 7jährigen Mädchen und einem 6jährigen Jungen. Diese Kinder suchen gemeinsam nach einer Erklärung, nicht für einen Mechanismus, sondern für eine Handlung, für die Abwesenheit der Lehrerin. Die entsprechende Frage müßte man also zu dem »Warum, das sich auf Absichten und Handlungen bezieht« rechnen (siehe Kap. VI), sie würde lauten: »Warum ist Fräulein L. noch nicht da?«

Mad (7;6): *Ach, die bummelt aber!«* – Lev (6;0): *»Sie weiß nicht, ob es spät ist.« – »Ich weiß aber, was sie ist.« – »Und ich weiß, wo sie ist.« – »Sie ist krank.« – »Sie ist nicht krank, weil sie nicht da ist.«*

Wie man sieht, hat diese gemeinsame Erklärung noch kein sehr hohes intellektuelles Niveau! Trotzdem fällt der Gebrauch des Wortes »weil« bei der Argumentation auf. Allerdings ist gerade der Nebensatz, der dieses Wort enthält, schwer verständlich.

Zum Vergleich zitieren wir ein Beispiel eines Gesprächs, das diesem Typ angehört, aber außerhalb der »Maison des Petits« bei zwei Schwestern von 7 und 8 Jahren beobachtet worden ist. Dieses Beispiel enthält nicht nur eine gemeinsam gesuchte Erklärung wie im Fall von Mad und Lev, sondern die gemeinsame Rekonstituierung einer Erinnerung. Die Erinnerung wird hier diskutiert und bewertet und nicht nur evoziert wie im letzten Stadium:

Cor (7 Jahre): *»Einmal hab ich dem Hasen geschrieben, ich möchte ihn gern sehen. Er ist aber nicht gekommen.«* – Viv (8 Jahre): *»Papa hat den Brief im Garten gefunden. Ich glaube, er war mit dem Brief gekommen. Er hat Cor nicht gefunden und ist wieder weggegangen.«* –

»Ich bin im Garten gewesen, er war da. Nachher hab ich ihn vergessen.« – »Er hat gesehen, Cor war nicht da. Er hat gedacht, ›sie hat mich vergessen‹, dann ist er weggegangen.«

Cor und Viv glauben an Feen, wenigstens glauben sie beide in ihrem Gespräch daran, halten auf diese Weise an einer Illusion fest, die schon mehrere Monate dauert. Sie haben ein Haus für die Feen gebaut, in das sie abends Briefchen legen. Bei diesem Gespräch geht es um eines dieser Briefchen und was sie damit erreicht haben. Wie man sieht, erklären sie sich gegenseitig einen Mißerfolg und betrachten das Geschehene kritisch. Das genügt uns, um diese Äußerungen zu diesem Stadium zu rechnen. Es ist erstaunlich, daß wir solch einfache Gespräche unter den 3- bis 7jährigen Kindern, die in der »Maison des Petits« zusammen spielen und arbeiten, nicht gefunden haben. Gespräche dieses Typs müssen schon bei Geschwistern unter 7 Jahren vorkommen. Das ist aber ein Problem für sich: Denn sobald es um ältere und jüngere Kinder geht, drückt das Gespräch weniger einen Gedankenaustausch als eine besondere Beziehung aus; das ältere Kind wird für allwissend gehalten, und das jüngere bringt diesem Wissen ein wenig von der Achtung entgegen, die es sonst vor dem Wissen seiner Eltern hat.

Selbstverständlich finden sich zwischen den Gesprächen des Stadiums III A und denen des Stadiums III B (echte Diskussion) alle möglichen Zwischenstufen.

§ 7. Stadium II B. Erster Typ: Die Auseinandersetzung

Nun betrachten wir die Stadien, die zu den vorhergehenden parallel laufen. Sie bestehen aus Gesprächen, die zwar ein Gedankenaustausch unter Individuen sind; Anlaß zu diesem Austausch sind aber nicht mehr ein progressives Zusammenarbeiten, sondern Divergenzen in Meinungen oder Handlungen. Es scheint müßig zu sein, wegen dieses einzigen Unterschiedes zwei Reihen von Stadien zu unterscheiden; aber wenn man unsere Klassifikation jemals auf eine Statistik von Bedeutung anwendet, dann könnte eine solche Unterscheidung wichtig werden, vor allem vom genetischen Standpunkt aus. Es könnte gut sein, daß aus der Auseinandersetzung das Bedürfnis der Kinder entsteht, sich verständlich zu machen. Auf jeden Fall ist das Studium der Diskussion für die Psychologie des Denkens von großer Bedeutung, wie die Forschungen von E. Rignano und P. Janet uns gezeigt haben: Er ist daher notwendig, die Entstehung der kindlichen Diskussionen gesondert zu

untersuchen; das wollen wir jetzt, allerdings sehr schematisch, versuchen.
Wir unterscheiden in der kindlichen Diskussion zwei Stadien. Das erste wird konstituiert durch ein unvermitteltes Aufeinandertreffen von gegensätzlichen Tendenzen oder Meinungen. Daraus ergeben sich zwei mehr oder weniger zur gleichen Zeit auftretende Typen: die Auseinandersetzung und die primitive Diskussion. Das zweite Stadium wird konstituiert durch Diskussionen, in welchen die von den Gesprächspartnern einander entgegengehaltenen Ansichten begründet werden. Dieses letzte Stadium entspricht der Zusammenarbeit im abstrakten Denken (III A). Das erste Stadium entspricht dem Stadium II A. Zwischen den entsprechenden Stadien der beiden Reihen gibt es natürlich alle möglichen Zwischenglieder.
Hier einige Beispiele für Auseinandersetzungen:
Ez (6;5): *»Ach, das hab ich nie gehabt.«* – Pie (6;5): *»Du hast doch schon damit gespielt.«* – *»Das ist für A.«* – *»Ich hab nie damit gespielt.«*
Lev (6;0): *»Ich habe den Platz hier.«* – Bea (5;10): . . . – *»Ich setze mich aber trotzdem hierhin.«* – *»Lev war doch zuerst da.«* – *»Nein, ich war zuerst da.«*
Ez (6;3): *»Du kriegst gleich eine Ohrfeige.«* – Rog (5;6): *»Ja, du kriegst gleich eine Ohrfeige.«* – Lev (5;10, erschreckt): *»Nein.«*
Lil (6;10 F): *»Sie ist nett.«* – Ez (6;5): *»Nein.«* – Mo (7;2): *»Ja, ja, ja.«* – (Alle stehen auf und sehen sich an.) Ez zu Mo: *»In der Pause kriegst du eine Ohrfeige.«*
Man sieht, worin sich die Auseinandersetzung von der primitiven Diskussion unterscheidet: Die Auseinandersetzung wird von Handlungen oder wenigstens von Ankündigungen von Handlungen (Gesten oder Drohungen) begleitet. Sie ist das funktionale Äquivalent der Diskussion. Bei der primitiven Diskussion stehen sich nur Behauptungen gegenüber. Hier sind es Handlungen: Ez und Pie streiten sich um ein Spielzeug, Lev und ein stummer Gesprächspartner, den Bea in Schutz nimmt, streiten sich um einen Platz usw. Das Wort begleitet einfach bei der Auseinandersetzung die Geste. Es wird auch nicht immer verstanden wie z. B. bei Lev (in der zweiten Auseinandersetzung): Er wiederholt, was Bea eben gesagt hat, meint aber, er würde das Gegenteil behaupten.
Unter Berücksichtigung des Alters muß man zwischen den gesprochenen Auseinandersetzungen und den Auseinandersetzungen ohne Worte unterscheiden. Nur die ersteren interessieren uns hier. Mit 4 oder 5 Jahren

sind die Kinder zwar streitsüchtig, sie streiten sich aber merkwürdigerweise meistens, ohne zu sprechen, und in unserem Material finden wir keine gesprochenen Auseinandersetzungen (die Dialoge aus drei Sequenzen bilden) vor 5½ Jahren. Wir haben sogar geglaubt, einen gewissen Fortschritt zu beobachten, der dem Alter entsprechend von der Auseinandersetzung ohne Worte über die Auseinandersetzung mit Worten (begleitet von Handlungen) zu der einfach gesprochenen Auseinandersetzung führt (ohne Handlungen, wie bei Ez und Lev, die sich am Ende ihrer Äußerungen nicht geohrfeigt haben, sondern die bei Worten geblieben sind). Ein solches Fortschreiten kann man selbstverständlich nicht verallgemeinern: Es drückt lediglich die fortschreitende Beherrschung des Gesprächs in dieser kleinen Gesellschaft aus, die wir beobachtet haben.

Die Auseinandersetzung erscheint also gleichzeitig mit den beiden Typen des Stadiums II A. Zwischen der Auseinandersetzung und der primitiven Diskussion gibt es alle denkbaren Zwischenformen. Hierfür zwei Beispiele, die wir noch zur Auseinandersetzung rechnen:

Bea (5;10 F): *»Du hast mir gesagt, ich wäre ein Ochse!«* – Jac (7;2): *»Nein, ich hab gesagt ... still.«* – *»Ich habe aber verstanden, du hast gesagt, ich wäre ein Ochse.«*

Lev (5;11): *»Gen, zeig mir mal deine Seilbahn. Aber das ist doch keine Seilbahn!«* – Gen (6;0) zu Pie (6;5): *»Er sagt, das ist keine Seilbahn.* (Er sieht sich die Zeichnungen von Pie an:) *Das ist nicht schön.«* – Pie: *»Gen sagt, daß meine nicht schön ist. Er darf sie nicht mehr sehen.«* Lev zu Pie: *»Das ist sehr schön.«*

Im letzten Beispiel verbünden sich Lev und Pie gegen Gen. Das ist etwas anderes als eine Diskussion. Das Kind will nicht diskutieren, sondern andere necken oder sich verteidigen. Das erste Beispiel ist schwieriger. Jac gibt von vornherein auf, weil er keine Auseinandersetzung will. Es findet noch nicht einmal eine Diskussion statt. Wegen des Tones, in dem Bea angreift, wollen wir diesen Dialog aber doch zur Auseinandersetzung rechnen.

§ 8. Stadium II B. Zweiter Typ: Die primitive Diskussion

Die Diskussion beginnt in dem Augenblick, da die Gesprächspartner sich darauf beschränken, ihre grundsätzlichen Meinungen zu affirmieren, statt sich zu necken, zu kritisieren oder zu drohen. Die Nuance ist vielleicht schwer zu fassen. Eben sahen wir Zwischenformen, die wir der Auseinandersetzung zuordnen. Jetzt bringen wir ein Beispiel, das der Diskussion angehört; denn die Kinder bleiben bei Feststellungen, obwohl es um Schläge geht:

Ez (6;4): *»Paß mal auf, an der Escalade, da bin ich stärker.«* – Lev (5;11): *»Ja, an der Escalade, aber nicht in der Schule.«* – *»Überall bin ich der Stärkste.«*

Es handelt sich hier wohl um eine primitive und keine echte Diskussion; denn in den Behauptungen von Ez und Lev gibt es überhaupt kein Bedürfnis nach logischer Begründung. Das Kriterium für eine primitive Diskussion ist übrigens schwer anzuwenden. Wir müssen uns zuerst darüber einig werden und wissen, wann ein Ansatz von Begründung und Beweis bei den Behauptungen, um die es in der Diskussion geht, vorliegt. Wir schlagen folgende Regel vor: Ein Beweis liegt vor (also eine echte Diskussion), wenn die Behauptung und die Begründung, die das Kind für die Stichhaltigkeit dieser Behauptung angibt, mit einem Wort verbunden wird, das als Konjunktion dient (z. B.: da, weil, denn usw.), und so diesen Beweis explizit zum Ausdruck bringt. Solange der Beweis implizit bleibt und das Kind nur Behauptungen aneinander reiht, die nicht miteinander verbunden sind, handelt es sich um primitive Diskussion. Diese Regel ist ganz willkürlich, aber nützlich; denn wenn man anfängt, subjektiv zu beurteilen, wann ein Beweis vorliegt, trifft man noch willkürlichere Entscheidungen.

Viv (7;3 F): *»Mein Papa ist ein Tiger.«* – Geo (7;2): *»Nein, das geht nicht. Ich hab ihn gesehen.«* – *»Mein Papa ist ein Pate, meine Mama ist eine Patin.«*

Man sieht, daß Geo implizit seine Behauptung *»das geht nicht«* mit folgendem Beweis begründet: *»Ich habe ihn gesehen.«* Zwischen den zwei Äußerungen besteht aber keine ausdrückliche Verbindung. Um im zweiten Satz eine Begründung für den ersten zu finden, müßte man eine Überlegung anstellen, die Geo überhaupt nicht zum Ausdruck bringt. Geo beschränkt sich wie Viv auf Behauptungen. Dasselbe gilt für das nächste Beispiel:

Lev (5;11): *»Das ist Ai.«* – Mie (5;5 F): *»Das ist Mie* (Ai's Schwester).« – *»Nein, das ist Ai.«* – Ez (6;4): *»Du siehst doch, das ist Mie* (er hebt den Mantel hoch und zeigt auf ihr Kleid).«

Die drei ersten Sequenzen dieser Diskussion sind eindeutig primitiv, ohne jeden Beweis. Die vierte Sequenz enthält eine Begründung, aber nur durch die Geste, ohne ausdrückliche Schlußfolgerung. Das genügt in diesem besonderen Fall, aber dieser Fall bleibt nichtsdestoweniger primitiv.

Die Begründung kann ein Appell an die Autorität Älterer, anderer oder seiner selbst sein. Wenn sie nicht in der Form einer Schlußfolgerung ausgedrückt wird, liegt keine echte Diskussion vor. Hierfür zwei Beispiele:

Lev (5;10): *»Es ist nicht böse, einen kleinen Vogel zu begraben.«* – Ari (4;1): *»Doch, das ist böse.«* – *»Nein, nein, nein.* (Lev zu Je:) *Nicht wahr, das ist nicht böse.«* – Je (6;0): *»Ich weiß nicht, ich glaube nicht.«*

Ai (3;9): *»Ich habe vier Kugeln.«* – Lev (5;10): *»Das sind nicht vier. Du kannst nicht zählen. Du weißt nicht, wieviel vier ist. Zeig mal ...«* usw.

Es scheint nicht schwer, in all diesen Beispielen die primitive Diskussion zu erkennen: Alle diese Äußerungen gehen aus einer einfachen Behauptung und nicht aus einer expliziten Schlußfolgerung hervor. Wenn man diese Beispiele mit dem folgenden vergleicht, bei dem der letzte Satz einer echten Diskussion nahe kommt, und auch mit dem einzigen Beispiel einer echten Diskussion, das wir gefunden haben, sehen wir sofort den Unterschied:

Lev (5;11): *»Nur denen, die Englisch können, denen kann man ihn geben* (den Fisch).« – Ez (6;4): *»Der* (Bea) *kann man ihn nicht geben. Ich kann Englisch sprechen.«* – Bea (5;10): *»Nein, ich kann doch Englisch.«* – Lev: *»Dann geb ich ihr den Fisch.«* – Ez: *»Ich auch.«* – Mad (7;6): *»Die kann es nicht.«* – Lev: *»Stimmt nicht. Sie kann es.«* – Mad: *»Sie sagt das nur, weil sie den Fisch haben will.«*

Nur das Ende des Gesprächs ist eine Diskussion. Zuerst stellen Lev und Mad lediglich ihre Gesichtspunkte gegeneinander. Im Vergleich zu den früheren Beispielen zeigt sich aber ein großer Fortschritt, wenn Mad das Verhalten von Bea erklärt, um Lev zu widersprechen: Sie interpretiert den Gesichtspunkt der Gegenseite und begründet ihren eigenen durch eine Erklärung. Wenn auch die anderen Gesprächspartner bei der primitiven Diskussion bleiben, so erreicht Mad doch mit ihrer letzten Äußerung die wirkliche Diskussion.

Abschließend sieht man, daß die primitive Diskussion auf der Ebene des Denkens dem entspricht, was die Auseinandersetzung auf der Ebene des Handelns ist: ein einfaches Aufeinandertreffen entgegengesetzter Wünsche und Meinungen. Es wundert also nicht, daß beide Gesprächstypen im großen und ganzen gleichzeitig auftreten. Sicher tritt die Auseinandersetzung ohne Worte oder wenigstens ohne Dialoge aus drei Sequenzen vor der Diskussion auf. Aber die gesprochene Auseinandersetzung fängt wie die primitive Diskussion nach unseren Beobachtungen im Durchschnitt mit 5 oder 5½ Jahren an. Andererseits erscheint die echte Diskussion ebenso wie die Stufe III A erst mit 7 oder 7½ Jahren.

Bevor sie als einfacher Typ unter anderen Typen der Diskussion auftritt, ist die primitive Diskussion also ein Stadium in der Entwicklung des kindlichen Gesprächs, ein Stadium, das, ohne genaue Grenzen zu haben, nichtsdestoweniger den objektiven statistischen Daten entspricht.

§ 9. Stadium III B: Die echte Diskussion

Die statistischen Daten sind folgende: In unserem Material haben wir bei den Kindern unter 7 Jahren nur einen einzigen Fall von echter Diskussion, einen aus mehr als aus zwei Sequenzen bestehenden Dialog. Das entspricht übrigens genau dem Tatbestand, daß die Zusammenarbeit im abstrakten Denken im Durchschnitt auch erst mit 7 oder $7^1/_2$ Jahren auftritt. Diese zwei Aspekte, A und B des Stadiums III, haben nämlich einen gemeinsamen Grund: Vor einem bestimmten Alter behält das Kind alles für sich in seinem Denken, ohne es zu sozialisieren, was sich auf die kausale Erklärung oder auf die logische Begründung usw. bezieht. Nun gehören aber zur Diskussion explizite Beweise, logische Verbindungen usw., alles Operationen, die dem Egozentrismus des Kinder unter 7 Jahren widersprechen.

Hier der einzige Fall einer echten Diskussion. Man sieht sofort den Unterschied von den vorigen Beispielen: Von den fünf Sequenzen des Dialoges enthalten drei das Wort »weil«, wenigstens eines davon bezeugt eine explizite logische Begründung:

Pie (6;5): *»Jetzt kriegst du den* (Bleistift) *nicht, weil du danach gefragt hast.«* – Hei (6;0): *»Doch, weil er mir gehört.«* – *»Nein, der gehört nicht dir, der gehört allen, der gehört allen Kindern, Ai und auch My.«* – Pie: *»Der gehört Fräulein L., weil sie ihn gekauft hat, und er gehört auch allen Kindern.«*

Es ist erstaunlich, daß ein so einfacher Gesprächstyp nur einmal in unserem Material zu finden ist. Die Anwendung des logischen »weil« ist in der Tat recht schwierig. Das logische »weil« verbindet nämlich nicht zwei Phänomene, wovon das eine die Ursache und das andere die Folge ist, sondern zwei Ideen, von denen die eine der Grund, die andere die Schlußfolgerung ist. Diese Verbindung macht aber 7jährigen Kindern noch große Schwierigkeiten, wie wir in Kapitel I des Bandes 2 (Studie über den Sinn der Konjunktionen »weil« usw.) sehen werden. Es ist also nicht überraschend, daß die echte Diskussion unter Kindern, bei der Beweise nur mit Hilfe solcher Verbindungen möglich sind, unter 7 Jahren noch so selten vorkommt.

Nach dem 7. oder 8. Lebensjahr dagegen treten die logischen »weil« und »denn« im Gespräch der Kinder sehr zahlreich auf. Die Kinder sind damit in der Lage, eine echte Diskussion zu führen und im abstrakten Denken zusammenzuarbeiten.

Hier zwei Beispiele, die aus Äußerungen von 7- bis 8jährigen Kindern willkürlich herausgegriffen wurden, die Audemar und Lafendel von Zeit zu Zeit veröffentlichen.[3] Diese Beispiele sind zwei Seiten solcher Gespräche aufs Geratewohl entnommen:

Ray: (Sie wird kein Waisenkind sein) *»aber in einem Kinderheim, denn sie hat noch ihren Papa.«*

Ray: (Die Generationskette der Menschen ist die wichtigste von allen) *»weil sie viel gearbeitet haben, haben sie vieles erfunden.«*

Wir haben also hier ein logisches »weil« und ein »denn«. Die Sprache dieser Kinder enthält viele solcher Formen, während die Jüngeren, die Kinder unter 7 Jahren, sie vermeiden oder höchstens in Ausnahmefällen gebrauchen. Man stellt fest, daß es sich bei Ray um logische »weil« handelt, d. h. sie verbinden zwei Ideen oder zwei Definitionen miteinander, und nicht um psychologische »weil«, die eine Handlung und deren psychologische Erklärung miteinander verbinden.

Man sieht, aus welchen tiefen Gründen sowohl die echte Diskussion als auch die Zusammenarbeit im abstrakten Denken in der Entwicklung des Kindes erst nach 7 oder 7½ Jahren auftreten. Liegt es am Fehlen verbaler Formen der logischen Verknüpfung, daß die echte Diskussion nicht auftritt, oder liegt es am fehlenden Bedürfnis nach Diskussion und Zusammenarbeit, daß solche verbalen Formen spät auftreten? Wenn man einräumt, daß das kindliche Denken mehr von den Interessen und von der Tätigkeit der Kinder abhängig ist als umgekehrt, dann liegt offensichtlich der primäre Grund im fehlenden Bedürfnis nach Diskussion und Zusammenarbeit. Daher beginnen wir unsere Untersuchung der kindlichen Logik mit der Untersuchung der Formen des Gesprächs und der Funktionen der Sprache. Allerdings besteht eine ständige Wechselwirkung zwischen den verschiedenen Faktoren, die bei dieser Entwicklung eine Rolle spielen.

§ 10. Schlußfolgerungen

Was läßt sich aus allen diesen Tatsachen schließen? Wir wollen uns zuerst fragen, ob sich zahlenmäßige Ergebnisse aus dem von uns be-

[3] L'Educateur, Lausanne, Band 58, S. 312–313.

nutzten Material gewinnen lassen. Dieses Material füllt zwei Hefte mit je 500 Äußerungen. Darunter sind mehrere Dialoge zwischen Kindern und Erwachsenen; wir haben sie bei der folgenden Statistik ausgelassen. Dann bleiben ungefähr 400 Äußerungen in jedem Heft, die Gespräche unter Kindern wiedergeben. Unter diesen 400 Äußerungen von Kindern zwischen 3½ und 7 Jahren befinden sich im ersten Heft 31 Gespräche und im zweiten 32. Diese zwei Gruppen verteilen sich folgendermaßen:

	I	II	Insgesamt	
Stadium II A 1. Typ	4	6	10	21
Stadium II B 1. Typ	8	3	11	
Stadium II A 2. Typ	9	16	25	40
Stadium II B 2. Typ	9	6	15	
Stadium III A	1	0	1	2
Stadium III B	1	0	1	

Der kollektive Monolog läßt sich natürlich in eine Statistik, die auf Gesamtgesprächen basiert, nicht einordnen: Er kann nur errechnet werden aus der Zahl der isolierten Äußerungen, aus denen er besteht. Wir haben schon gesehen, daß der Egozentrismus-Koeffizient (kollektiver Monolog und Wiederholung) für die gesamten hier beobachteten Äußerungen ohne die Antworten 0,45 betrug.

Aus einem solchen Ergebnis geht deutlich hervor, daß die echte Diskussion und die Zusammenarbeit im abstrakten Denken ein Stadium bilden, das erst nach dem 7. Lebensjahr erreicht wird. Diese Tatsache ist eine sehr nützliche Bestätigung der Ergebnisse, zu denen wir im ersten Kapitel gekommen sind. Nach der Statistik der Äußerungen von Lev und Pie sind wir zu der Annahme gekommen, daß die intellektuelle Bemühung der Kinder unter 7 bis 7½ Jahren (kausale Erklärung, logische Begründung usw.) noch egozentrisch bleibt. In allen Äußerungen, die der »Information« angehören, haben wir nämlich sehr wenige Fälle einer kausalen Erklärung oder einer logischen Begründung gefunden. Die Untersuchung, die sich auf diese Punkte bezieht, geschieht schweigend oder wird von Monologen begleitet. Unsere jetzigen Ergebnisse zeigen, wie selten die echte Diskussion und die Zusammenarbeit im abstrakten Denken vor dem 7. Lebensjahr sind, und verifizieren diese Schlußfolgerungen mit einer anderen Methode.

Daß das Stadium der echten Zusammenarbeit und Diskussion erst mit

7 oder $7^1/_2$ Jahren beginnt, hat eine große Bedeutung. Gegen das 7. oder 8. Lebensjahr nämlich läßt sich das Auftreten eines logischen Stadiums beim Kind feststellen, in dessen Verlauf sich das Phänomen der Reflexion verallgemeinert, wenn wir mit Janet unter Reflexion die Tendenz verstehen, die Anschauungen und Meinungen zusammenzufügen und sie so in ein System zu bringen, daß sie sich nicht widersprechen.

Bis zum 7. oder 8. Lebensjahr fühlen sich die Kinder nicht verpflichtet, eine einzige Meinung über einen Gegenstand zu haben. Sicher denken sie nicht kontradiktorisch, sondern sie übernehmen nacheinander Ansichten, die, würde man sie vergleichen, kontradiktorisch wären. Denn Kinder empfinden den Widerspruch nicht, weil sie beim Wechsel von einer Ansicht zur anderen jedesmal die frühere vergessen. So haben dieselben 5- bis 7jährigen Kinder im Laufe unserer Befragungen einmal behauptet, daß die Ameisen, die Blumen oder die Sonne lebendig wären, ein anderes Mal, daß sie es nicht wären. Andere haben uns gesagt, Flußbetten wären von Menschen gemacht, ein anderes Mal, nur das Wasser habe sie gemacht. Die beiden entgegengesetzten Meinungen bestanden bei ihnen nebeneinander: Zu einem bestimmten Zeitpunkt übernahmen sie die eine, dann wieder kamen sie auf die andere zurück und waren dabei vollkommen aufrichtig, sie hatten das Vergangene einfach vergessen. So etwas erlebt man häufig, wenn man Kinder bis zum Alter von 7 bis 8 Jahren prüft, auch dann, wenn sie nicht fabulieren.

Wir werden an anderer Stelle (Band 2) diesen Mangel an Systematisierung und Kohärenz untersuchen. Es genügt uns hier festzustellen, daß das Verschwinden dieses Phänomens zusammenfällt mit dem Erscheinen des Stadiums der echten Diskussion. Diese Koinzidenz ist nicht zufällig. Wir haben soeben gesagt: Wenn wir annehmen, daß zwischen der Aktivität des Kindes und seinem Denken eine Korrelation besteht, ist klar, daß ein Kind, das einmal an die Diskussion gewöhnt ist, dann auch das Bedürfnis spürt, sich selbst eine Einheit zu geben, seine eigene Meinungen in ein System zu bringen. Gerade darauf haben Janet und Tarde bei der Psychologie der Diskussion im allgemeinen hingewiesen. Sie haben gezeigt, daß jede Reflexion das Ergebnis einer inneren Diskussion ist, und zwar einer Diskussion, die zu einer Schlußfolgerung führt, als wiederholte das Individuum vor sich selbst eine Haltung, die es anderen gegenüber eingenommen hat. Unsere Untersuchungen bestätigen also diese Ansicht.

Zum Schluß bleibt noch zu sagen, daß die vorliegende Studie durch

Untersuchungen über Kindergespräche außerhalb des Bereichs der Arbeit ergänzt werden muß, also durch Beobachtungen beim Spiel, auf öffentlichen Plätzen usw. Wir haben das von uns aufgestellte Schema jedoch so ausführlich besprochen, daß man sich bei weiteren Forschungen seiner bedienen kann. Das folgende Kapitel wird diese Ergebnisse ergänzen, und wir werden zeigen, daß Kinder im Alter unter 7 oder 8 Jahren deswegen keine Gespräche über logische oder kausale Verknüpfungen führen, weil sie in diesem Alter gerade erst anfangen, sich gegenseitig zu verstehen, wenn sie solche Fragen angehen.

IV. Kapitel

VERBALES VERSTEHEN UND ERKLÄREN UNTER GLEICHALTRIGEN KINDERN VON 6 BIS 8 JAHREN[1]

Wir haben in den bisherigen Kapiteln festzustellen versucht, in welchem Maße die Kinder miteinander sprechen und in sozialer Weise denken. Ein wesentliches Problem haben wir dabei außer acht gelassen: Verstehen sich die Kinder untereinander, wenn sie miteinander sprechen? Dieses Problem wollen wir jetzt erörtern.

Die Frage läßt sich nicht so leicht beantworten wie die vorhergehenden, und zwar aus einem sehr einfachen Grund. Es ist möglich, direkt zu kontrollieren, ob die Kinder miteinander sprechen, sogar ob sie zuhören; dagegen läßt sich durch direkte Beobachtung unmöglich feststellen, ob sie sich verstehen. Das Kind kann auf tausenderlei Art und Weise so tun, als verstünde es. Und, was die Sache noch komplizierter macht, es kann auch so tun, als ob es nicht verstünde, indem es etwa fabuliert, wenn es gefragt wird, auch dann, wenn es sehr gut verstanden hat.

Diese Umstände zwingen uns zu äußerster Vorsicht; wir wollen also die Fragen nacheinander behandeln, und hier nur mit einer unter anderen möglichen beginnen: mit der Frage des verbalen Verstehens.

Zur Rechtfertigung der von uns vorgenommenen Experimente wollen wir die in den bisherigen Kapiteln vorliegenden Beobachtungen des Kindes zum Ausgangspunkt nehmen. Wie wir oben sahen, lassen sich unter den entwickeltsten und sozialsten Typen des Gesprächs unter Kindern, also der Zusammenarbeit und Diskussion, zwei Fälle unterscheiden, die wir Stadien II und III genannt haben. Der erste Fall ist an das Handeln gebunden (Zusammenarbeit im Handeln oder primitive Diskussion, die noch eng mit dem Handeln verbunden ist ohne explizite Schlußfolgerungen), der zweite appelliert an die Abstraktion.

[1] In Zusammenarbeit mit Valentine Jean Piaget.

Abgekürzt nennen wir sie »handlungsbezogener« Fall und »verbaler« Fall. Im »verbalen« Fall arbeiten die Kinder zusammen oder diskutieren: Sie bemühen sich, eine Geschichte zu rekonstruieren, eine Erinnerung zu beurteilen oder eine Erklärung zu geben (sie wollen irgendein Phänomen oder das Wort eines Erwachsenen erklären). Folglich liegen diese Diskussionen auf der verbalen Ebene, ohne Handlungen, ohne Hilfe eines materiellen Gegenstandes, mit dem die Gesprächspartner gerade spielen oder arbeiten, selbst ohne Anblick der Phänomene oder der Ereignisse, über die sie diskutieren. Im »handlungsbezogenen« Fall dagegen wird die Zusammenarbeit oder die Diskussion von Gesten begleitet, es wird mit dem Finger und nicht mit der Rede bewiesen: Es macht dabei also wenig aus, ob das Gesprochene verständlich ist oder nicht, denn die Gesprächspartner haben den Gegenstand des Gesprächs vor Augen. Daher die bizarre Sprache vieler Kinderreden (»das da, das gibt das, dann das, das kommt da, und das geht so« usw.). Im Zusammenhang mit diesen »handlungsbezogenen« Gesprächen wäre es angebracht – wenn es nicht ganz vom Thema unserer jetzigen Untersuchung abweichen würde –, auch von der Sprache zu sprechen, die aus Gesten und Mimik besteht, man könnte sagen, von der Bewegungssprache, der, alles in allem genommen, wahren sozialen Sprache der Kinder.

Ohne Zweifel verstehen sich die Kinder in den beiden Fällen, im »handlungsbezogenen« Gespräch und im »nur gesprochenen« Gespräch, auf völlig unterschiedliche Weise. (Die zweite Gesprächsform charakterisiert übrigens ein Stadium, das erst mit 7 Jahren beginnt; sie wirkt sich also wahrscheinlich erst dann ganz aus, d. h. sie hilft den Kindern erst, sich gegenseitig verbal zu verstehen, wenn sie etwa 8 Jahre alt sind.) Man hat den Eindruck, daß die Kinder sich beim »handlungsbezogenen« Gespräch gegenseitig gut verstehen. Will man aus pädagogischen Gründen einem Kind irgendeinen Rechenvorgang oder irgendeine Regel aus dem Bereich der Schule von einem anderen Kind erklären lassen, hat man Erfolg, wenn man eine Beweisführung mit Handlungen, Gesten und auch genügend pädagogischem Spielmaterial vornimmt. So haben wir aus dem Experiment von Descœudres erfahren, daß bei Rechtschreibespielen (Lotto usw.), Rechenspielen und bei den Geschicklichkeitsübungen (Perlen einfädeln usw.) sogar anormale Kinder erfolgreich zusammenarbeiten und sich untereinander besser verstehen, als Lehrer und Kinder es könnten. Diese Regel gilt ohne Zweifel auch für normal begabte gleichaltrige Kinder schon ab 5 oder 6 Jahren, obwohl das Verständnis zwischen Älteren und Jüngeren im

Durchschnitt besser ist. Das alles betrifft aber nur das »handlungsbezogene« Gespräch. Bei dem »nur gesprochenen« Gespräch stellt sich die Frage, ob die Kinder sich untereinander verstehen, wenn sie diese Form anwenden; dieses Problem wollen wir hier zu lösen versuchen. Zunächst wollen wir auf seine Bedeutung hinweisen.

Ein wesentlicher Teil der intellektuellen Untersuchung des Kindes vollzieht sich ganz bezogen auf irgendwelches Material, das dem Kind tatsächlich zur Verfügung steht, oder bezogen auf konkrete Darstellungen. Ohne die traditionellen Schulen zu erwähnen, in denen das Kind schon ab 7 Jahren mit keinem einzigen Werkstoff mehr hantieren kann und in denen sein Denken im vollständigen Verbalismus erstickt, kommen doch täglich Fälle ähnlich dem folgenden vor. Das Kind sieht ein Fahrrad auf der Straße und rekonstruiert geistig dessen Mechanismus (in Genf kann ein Junge im Durchschnitt schon mit $7^1/_2$ oder 8 Jahren diese Erklärung geben). Dasselbe Phänomen tritt bei Autos und Zügen auf. Schon das 6- bis 7jährige Kind hat Vorstellungen, die mit den Worten »Benzin«, »Strom«, »Dampf« usw. verknüpft sind. Es hat andere Vorstellungen, die mit Begriffen wie Leben, Denken, Fühlen usw. verbunden sind, und es hat Ideen über den Lebens- oder Gefühlskoeffizienten, wenn man so sagen darf, den man Tieren, Pflanzen, Sternen usw. zuerkennen soll. Das Kind hört von Ländern, Städten, Tieren und Werkzeugen, die ihm ganz unbekannt sind und über die es trotzdem urteilt. Eine andere Untersuchung gilt dem Wahrheitsgehalt der Träume, Märchen, der Phantasie beim Spiel usw. Alle diese Untersuchungen können nur verbal stattfinden, sie sind immer von den Untersuchungen verschieden, die sich auf Spielsachen oder Werkzeuge beziehen, die manuelle Arbeit oder wenigstens den Umgang damit erfordern.

Wie aus den beiden letzten Kapiteln hervorgeht, ist diese verbale Untersuchung nicht sozial; jedes Kind betreibt sie ganz für sich allein. Jedes Kind hat seine Welt von Hypothesen und Lösungen, die es aus Egozentrismus oder aus Mangel an Ausdrucksmöglichkeiten nie mitteilt, was auf dasselbe herauskommt, wenn die Sprache durch Denkgewohnheiten geformt wird, wie wir in diesem Kapitel zu zeigen hoffen. In einem Kapitel in Band 2 werden wir sogar so weit gehen zu behaupten, daß das Kind, das sein Denken nicht ausdrückt, Begriffe und Definitionen, derer es sich bedient, wenn es für sich allein denkt, überhaupt nicht bewußt wahrnimmt. Was geschieht nun, wenn die Zufälle des Gesprächs oder der Diskussion die Kinder zwingen, ihre Gedanken nur verbal auszutauschen? Verstehen sie sich untereinander oder nicht? Das ist für die Psychologie des kindlichen Denkens eine Hauptfrage. Sie ist für uns eine notwendige Gegenprobe. Läßt sich beweisen, daß das verbale Denken unter Kindern nicht mitteilbar ist, dann erhalten wir eine Bestätigung unserer Hypothesen über den kindlichen Egozentrismus und zugleich eine Erklärung für die eindeutigsten Phänomene der kindlichen Logik, insbesondere für den verbalen Synkretismus (siehe Kapitel V).

§ 1. Die experimentelle Technik

Das Experiment, das wir zur Lösung dieses Problems angewandt haben, besteht darin, ein Kind einem anderen etwas erzählen oder erklären zu lassen. Diese Methode wird man ohne Zweifel kritisieren, weil sie vom wirklichen Leben abweicht, in dem das Kind spontan und ohne Zwang redet, und vor allem ohne daß man ihm vorschreibt, was es seinem Gesprächspartner erzählen oder erklären soll. Darauf können wir nur antworten, daß wir kein anderes Mittel zur Lösung unseres Problems gefunden haben. Das Mittel ist sicher nicht ohne Mängel. Hat man einmal das Risiko einkalkuliert, dann muß man jedoch auch einsehen, daß diese Methode in gewisser Hinsicht an das erinnert, was im wirklichen Leben geschieht, wenn ein Kind eine Erzählung gehört oder eine Erklärung bekommen hat und gleich zu einem kleinen Bruder oder Kameraden läuft, um dieselbe Geschichte wiederzuerzählen oder dieselbe Erklärung zu geben. Es kommt darauf an, daß man sich bemüht, aus dem Experiment ein Spiel zu machen und Interesse zu wekken. Aber diese Bedingung läßt sich leicht verwirklichen, wenn man die Unterrichtsstunden wählt, denn dann lassen sich die Kinder durch das unerwartete Geschehen leicht fesseln. Man versucht, ihnen die Sache wie ein Vergnügen oder einen Wettbewerb darzustellen: »Kannst du gut Geschichten erzählen? Nun, dein Freund soll jetzt vor die Tür gehen. Während er draußen ist, erzählen wir dir eine Geschichte. Du mußt gut zuhören. Wenn du gut zugehört hast, holen wir deinen Freund wieder herein, und du erzählst ihm selber die Geschichte. Wir werden sehen, ob du gut erzählen kannst oder ob er es besser als du kann. Verstehst du? Du mußt gut zuhören, und nachher erzählst du dasselbe ...«. Nötigenfalls muß man die Anweisungen wiederholen und darauf bestehen, daß genau nacherzählt wird.

Dann wird eines der beiden Kinder vor die Tür geschickt, und man liest dem anderen einen vorher präparierten Text langsam vor. Man wiederholt die schwierigen Stellen. Man muß alles tun, damit das Kind zuhört: Aber man darf den vorbereiteten Text nicht verändern. Dann gibt es zwei Möglichkeiten (beide Techniken haben wir nacheinander angewandt, um die eine durch die andere zu kontrollieren): Entweder wird das Kind, das im Korridor wartet, hereingeholt und das, was das erste Kind (wir nennen es den *Erzähler* [explicateur]) dem zweiten Kind (wir nennen es den *Nacherzähler* [reproducteur]) sagt, wird sofort aufgezeichnet (und natürlich *vollständig*). Oder aber man bittet den Erzähler, eine erste Erzählung vorzutragen, die unverkürzt aufgezeichnet wird, und dann schickt man ihn hinaus, damit er dem Nacherzähler dieselbe Erzählung wiederholt, und zwar im Flur oder auf dem Hof, also in unserer Abwesenheit, wobei das Kind immer darauf hingewiesen wird, daß es über beliebig viel Zeit verfügt. In beiden Fällen wird die Erzählung des Nacherzählers natürlich *vollständig* aufgezeichnet. Beide Techniken haben ihre Nachteile. Bei der ersten ist natürlich die Erzählung, die in unserer Gegenwart vorgetragen wird, weniger spontan. Bei der zweiten haben wir keine direkte Kontrolle mehr, und es kann gut sein, daß der Erzähler uns zwar eine gute Erzählung geliefert hat, sich dann aber nicht mehr die Mühe macht, für den Nacherzähler eine ebenso gute zu liefern. Es ist immer nachteilig, wenn der Erzähler dieselbe Geschichte zweimal wiederholen muß. Wir sehen bei der ersten Technik immer von dieser Vorkontrolle ab, was sowieso bei 7- bis 8jährigen Kindern vorzuziehen ist. Weil das Verständnis des Nacherzählers nach dem Bericht des Erzählers und nicht nach dem Originaltext bewertet wird, spielen einige Fehler seitens des Erzählers keine Rolle. Hat der Erzähler zum Beispiel 8 von 10 Punkten und der Nacherzähler 4 von 8 Punkten verstanden, dann liegt der Verständnis-Koeffizient bei 0,8 ($= \frac{8}{10}$) für den Erzähler und bei 0,5 ($= \frac{4}{8}$) für den Nacherzähler. Er beträgt für letzteren also nicht 0,4 ($= \frac{4}{10}$); denn die zwei Punkte, die der Erzähler ausgelassen hat, werden bei der Berechnung nicht mehr berücksichtigt. Hat man es mit 5- bis 6jährigen Kindern zu tun, muß man sich allerdings, selbst wenn man die erste Technik anwendet, vom Erzähler einen Vorbericht geben lassen; denn manchmal hat er an alles andere gedacht, nur nicht ans Zuhören!

Wir haben übrigens herausgefunden, daß die Resultate, die wir mit beiden Techniken erhielten, völlig gleichwertig waren. Werden sie also gleichzeitig angewandt, verfügt man über eine Kontrollmöglichkeit, die bei den weiteren Untersuchungen zu berücksichtigen ist.

Wenn das Experiment beendet ist, werden die Rollen beider Kinder vertauscht: Der Erzähler wird bei dieser zweiten Prüfung zum Nacherzähler und geht aus dem Raum; dem früheren Nacherzähler, der jetzt Erzähler geworden ist, erzählt man eine neue Geschichte und geht auf die gleiche Weise vor.

Nachdem auf diese Weise Erzählungen ausgetauscht wurden, haben wir Erklärungen austauschen lassen, die sich auf mechanische Gegenstände bezogen. Dem Erzähler wird die Zeichnung eines Wasserhahns oder einer Spritze gezeigt (manchmal haben wir auch die Zeichnung eines Fahrrades benutzt); dabei wird dem Kind immer in einer festen Reihenfolge erklärt, wie die einzelnen Teile funktionieren. Diese seltsame Auswahl haben wir nicht willkürlich getroffen, sondern entsprechend dem Interesse der 6- bis 8jährigen Jungen. Oft wußten sie sogar schon zu gut über die Gegenstände Bescheid, so daß das Experiment nicht mehr ganz schlüssig war.

Was die Erklärungen betrifft, sind wir wie folgt vorgegangen. Nachdem dem Erzähler die Zeichnung erklärt worden war, gab er dem Nacherzähler an Hand dieser Zeichnung seine Erklärung, der dann wiederum seine eigene abgab, wobei er die Zeichnung immer vor Augen hatte.

Nach dieser Technik machten wir etwa hundert Experimente bei 30 7- bis 8jährigen Kindern, die wir uns zu zweit vornahmen (also 15 Paare zu je vier Experimenten je Paar, d. h. zwei Erklärungen und zwei Geschichten), und bei 20 6- bis 7jährigen Kindern (also 10 Paare zu je vier Experimenten je Paar).

Hier die Geschichten, die wir verwendet haben:

I. Epaminondas ist ein kleiner Neger und wohnt in einem Land, wo es sehr heiß ist. Seine Mutter hat ihm gesagt: »Bring diesen Kuchen zu deiner Großmutter, aber laß ihn nicht fallen.« Epaminondas nimmt den Kuchen unter den Arm, und als er bei seiner Großmutter ankommt, ist der Kuchen ganz zerdrückt. Seine Großmutter gibt ihm ein Stück Butter, das er seiner Mutter bringen soll. Diesmal denkt Epaminondas: »Jetzt werde ich ganz vorsichtig sein.« Und er legt das Stück Butter auf seinen Kopf. Die Sonne ist glühend heiß, und als er ankommt, ist die Butter ganz zerschmolzen. »Du bist aber dumm«, sagt ihm seine Mutter, »du hättest die Butter in ein Blatt legen sollen, und sie wäre heil angekommen.«

II. Es war einmal eine Frau, die Niobe hieß und die zwölf Söhne und zwölf Töchter hatte. Sie traf eine Fee, die nur einen Sohn hatte und keine Tochter. Da machte sich die Frau über die Fee lustig, weil die Fee nur einen Jungen hatte. Die Fee ärgerte sich und band die Frau an einem Felsen fest. Die Frau weinte zehn Jahre lang. Am Ende wurde sie in einen Felsen verwandelt, und aus ihren Tränen entstand ein Bach, der noch heute fließt.

III. Auf einem Schloß lebten einmal ein König und eine Königin, die drei Söhne und eine Tochter hatten. In der Nähe des Schlosses gab es eine böse Fee, die keine Kinder mochte. Sie lockte die Kinder des Königs und der Königin ans Meeresufer und verzauberte sie in vier schöne weiße Schwäne. Weil ihre Kinder nicht nach Hause kamen, suchten der König und die Königin sie überall, bis ans Ufer des Meeres. Da sehen sie vier schöne Schwäne, die ihnen erzählen, daß sie ihre Kinder sind. Die Schwäne sind lange auf dem Meer geblieben, dann sind sie in ein sehr kaltes Land gezogen. Nach vielen Jahren sind sie dahin zurückgekehrt, wo ihr Schloß stand. Aber es gab kein Schloß mehr, ihre Eltern waren tot. Da gingen die Schwäne in eine Kirche und wurden in drei kleine alte Männer und eine kleine alte Frau verwandelt.

In diesen drei Erzählungen sind die Tatsachen auf sehr verschiedene Weisen verbunden; es geht von den einfachsten und natürlichsten bis zu den mythischsten Beziehungen.

Und jetzt zu den beiden mechanischen Erklärungen, die wir am meisten verwendet haben. Sie enthalten kausale Beziehungen, die uns mit den in den vorhergehenden Erzählungen enthaltenen Beziehungen die Möglichkeit geben, genau zu untersuchen, wie die Kinder die ganze Skala der möglichen Beziehungen ausdrücken und verstehen:

1) Siehst du diese beiden Bilder (I und II), das ist ein Wasserhahn.

2) Siehst du das (a), das sind die Flügel des Wasserhahns.

3) Damit sie sich drehen, siehst du, muß man mit den Fingern so machen (Bewegung mit dem Finger auf Bild I. Dann wird auf Bild II das Ergebnis gezeigt). Jetzt wird es so (Bild II).

4) Siehst du da (Bild I), wenn die Flügel so geöffnet sind (waagerechte Bewegung, indem man auf a zeigt), dann ist das Rohr, siehst du, (man zeigt b, man kann es auch kleines Loch oder kleine Tür nennen) offen.

5) Das Wasser fließt dann, siehst du (Bild I, man zeigt auf b).

6) Es fließt, weil das Rohr offen ist.

7) Siehst du da (Bild II), wenn die Flügel gedreht sind (man zeigt a, macht eine senkrechte Handbewegung), dann ist das Rohr (man zeigt b, nennt es auch kleines Loch oder kleine Tür) geschlossen.

8) Das Wasser kann nicht durchlaufen, siehst du (man zeigt c). Es wird zurückgehalten.

9) Es kann nicht fließen, weil das Rohr (man zeigt b) verschlossen ist.

Es ist zu beobachten, daß dem Kind gegenüber jeder dieser Punkte zum

Ausdruck gebracht werden muß. Es kommt nämlich häufig vor, daß das Kind zum Beispiel Punkt 5 versteht (das Wasser fließt) und glaubt das Wasser fließe einfach, weil man die Flügel des Hahns gedreht hat, ohne daran zu denken, daß die Flügel erst das Rohr drehen mußten, und daß allein dieser Umstand den Durchfluß des Wassers ermöglicht.

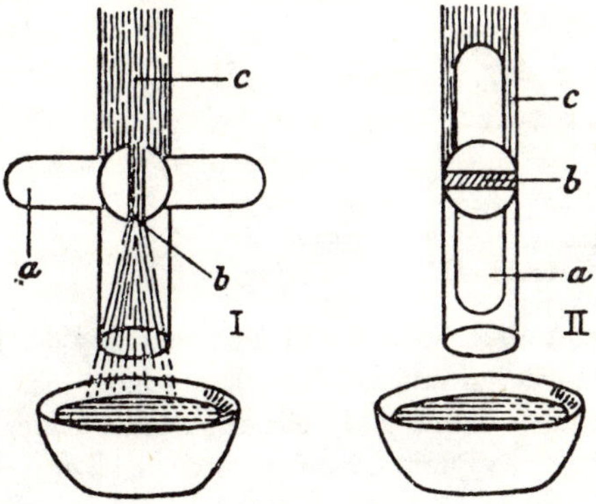

Hier der zweite der verwendeten Versuche:

1) Siehst du das da (Bild III und IV), du weißt, was es ist? Es ist eine Spritze.

2) Du weißt doch, was eine Spritze ist? Damit kann man Wasser spritzen.

3) Weißt du, wie sie funktioniert? Siehst du, man taucht sie ins Wasser: da (a) ist Wasser.

4) Siehst du da (b), das ist der Kolben. Will man, daß das Wasser steigt, dann zieht man den Kolben hoch.

5) Dann steigt das Wasser, siehst du (man zeigt bei Bild IV auf das Wasser in c).

6) Das Wasser ist durch das Loch hochgestiegen, siehst du (d).

7) Es ist gestiegen, weil man den Kolben hochgezogen hat. Dadurch ist Platz entstanden (man zeigt auf c). Das Wasser füllt dann diesen Platz aus.

8) Um zu spritzen, drückt man den Kolber herunter (b).

9) Dann kommt das Wasser heraus (man zeigt auf d).

Bis jetzt ist die Technik einfach. Man liest dem Erzähler eine der Geschichten oder eine der Erklärungen vor, es soll aber nicht aussehen, als ob vorgelesen würde, man muß so lebendig wie möglich sprechen. Der Erzähler erzählt dann die Geschichte dem Nacherzähler und dieser reproduziert sie für uns selbst.

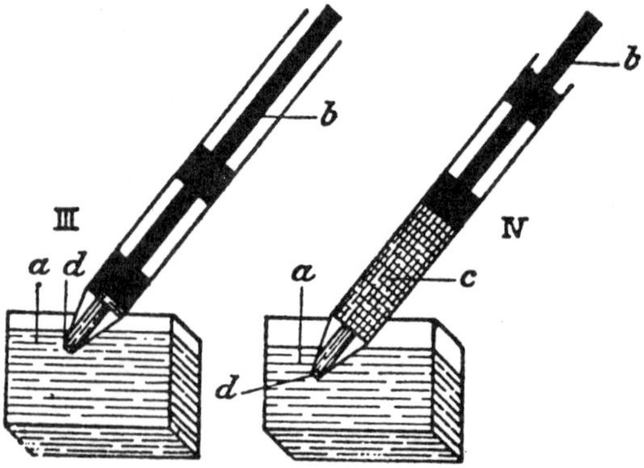

Das ist aber nicht alles. Sobald man die Erzählung des Nacherzählers gehört und vollständig aufgezeichnet hat, schickt man den Erzähler für einen Augenblick hinaus und stellt dem Nacherzähler einige Fragen über die ausgelassenen Punkte, um festzustellen, ob er sie wirklich nicht verstanden hat. Er kann sie entweder vergessen haben oder sie nicht auszudrücken wissen. Um über das Verstehen des Kindes zu urteilen, muß man in jedem Falle solche Faktoren ausschalten und sehr gründlich nachforschen. Wurde in der Erzählung von Niobe zum Beispiel das Ende vergessen, dann muß man das Kind fragen, ob nicht auch von einem Bach die Rede ist. Durch Fragen, die zunächst vage und erst allmählich gezielter gestellt werden, ebenso wie an Hand der Einteilung in Punkte, die wir für die Erklärungen und für die Geschichten im nächsten Paragraphen geben, kontrolliert man das Verstehen des Nacherzählers. Danach befragt man auf gleiche Weise den Erzähler, um zu sehen, ob er uns in den Punkten gut verstanden hat, die zweifelhaft erscheinen.

§ 2. *Die Auswertung des Materials*

Wie man sieht, gleichen diese Experimente denen von Claparède und Borst, von Stern u. a. in vielen Aspekten hinsichtlich der Aussagen. Und an der Weise, wie der Erzähler und vor allem der Nacherzähler die gehörte Erzählung entstellen, sieht man, daß verschiedene Faktoren, wie das Tatsachengedächtnis, das logische Gedächtnis usw. eine Rolle spielen: Wir nennen sie mit einem Wort Aussagefaktoren. Wir wollen diese Faktoren aber ausschalten; denn es gilt hier nur das Verstehen oder das Nichtverstehen selbst zu untersuchen, unabhängig von Entstellungen aus anderen Ursachen. Wie sind diese Aussagefaktoren, die uns hier nicht interessieren, auszuschalten? Durch die Methode der Auswertung.

Wir haben jeden unserer Texte in eine bestimmte Zahl von Punkten eingeteilt, wie das auch bei der Auswertung von Aussageexperimenten geschieht; so erkennt man leicht, welche Punkte von den Kindern wiederholt oder ausgelassen wurden. Wir haben aber wenige Punkte herausgesucht und sie nicht auf Einzelheiten bezogen; vielmehr waren wir bemüht, sie auf wenige Rubriken einzuschränken, die allein das richtige Begreifen des Berichts signalisieren. Um bei der Auswertung des Materials zu beurteilen, ob ein Punkt richtig oder falsch ist, haben wir das Gedächtnis und die Faktoren, die zum Begreifen des Berichts nicht wesentlich sind, überhaupt nicht berücksichtigt. In der Geschichte von Niobe zum Beispiel spielt der Name »Niobe« keine Rolle: Es genügt schon, wenn »eine Frau« oder sogar »eine Fee« erwähnt wird. Ebenfalls kann »zwölf Söhne und zwölf Töchter« in »viele Kinder« oder in »drei Kinder« usw. verwandelt werden, wenn nur ein Unterschied zwischen der Kinderzahl der »Frau« und der Kinderzahl der »Fee« gemacht wird.

Hier die einzelnen Punkte, die wir berücksichtigt haben: I. Niobe. (1) Es war einmal eine Frau (oder eine Fee usw). (2) Sie hatte Kinder (vorausgesetzt, deren Zahl ist höher als die Zahl der Kinder der folgenden Fee). (3) Sie traf eine Fee (oder ein Mädchen usw.). (4) Diese Fee hatte wenige Kinder (oder gar keine, vorausgesetzt, die Kinderzahl ist geringer als die von Niobe). (5) Die Frau machte sich über die Fee lustig. (6) Weil die Fee wenige Kinder hatte. (7) Die Fee ärgerte sich. (8) Die Fee band die Frau fest (an einen Felsen, einen Baum, am Ufer usw). (9) Die Frau weinte. (10) Sie wurde in einen Felsen verwandelt. (11) Die Tränen bildeten einen Bach. (12) Der noch heute fließt.

Es ist ersichtlich, daß mit Ausnahme von Punkt 7, den man leicht übergehen kann, und der Punkte 9 bis 12, die den Hauptteil der Geschichte ergänzen, jeder einzelne Punkt zum Verständnis der Erzählung notwendig ist. Man sieht außerdem, daß wir in der Auswertung großzügig sind, da wir alle möglichen Detailveränderungen tolerieren.

Die Auswertung der Geschichten von Epaminondas und von den vier Schwänen wurde genau nach den gleichen Prinzipien vorgenommen.[2]

[2] Hier die einzelnen Punkte, die wir verwendet haben, für den Fall, daß jemand unsere Experimente an Hand der gleichen Texte wiederholen möchte:
I. Epaminondas: 1. Ein kleiner Neger. 2. Warme Länder. 3. Seine Mutter schickt

Die Punkte, nach denen wir uns bei der Auswertung der mechanischen Erklärungen gerichtet haben, haben wir bereits im vorhergehenden Paragraphen angegeben. Hier haben wir ebenfalls großzügig beurteilt, ob sie richtig oder falsch waren.

Jetzt müssen wir noch darstellen, wie wir das Verstehen der Kinder errechnet haben. Zunächst haben wir uns bemüht, unsere Ergebnisse in Zahlen und Koeffizienten des Verstehens auszudrücken. Wir ignorieren zwar gewiß nicht, was man alles gegen Messungen auf dem Gebiet der Psychologie einwenden kann. Wir ignorieren auch nicht, wie ungenau und willkürlich solche Auswertungen sind und wie leicht die Statistiker sich von den Zahlen faszinieren lassen und darüber vergessen, was Zahlen konkret darstellen. Man soll aber andererseits die Psychologen nicht für naiver halten, als sie sind. Allzuoft ist es der Leser selbst, der die Zahlen »buchstäblich« nimmt, während der Psychologe sich für seine Schlußfolgerungen Zeit läßt. Aus unseren Zahlen werden wir bei weitem nicht so viel herausholen, wie sie zu enthalten scheinen. Bei dieser Arbeit erwarten wir von den Zahlen keine exakte Messung – das erscheint uns verfrüht –, sie sollen uns vielmehr beim Aufspüren und beim Stellen der Probleme helfen. Um sie aber zu lösen, werden wir uns vielmehr auf die Methoden der reinen Beobachtung und der klinischen Untersuchung als auf rohe Zahlenergebnisse verlassen. Kurz, die Zahlen sollen uns höchstens zu einer schärferen kritischen Beurteilung verhelfen. Unter diesen Voraussetzungen läßt sich nichts gegen ihre Legitimität sagen. Man soll an unserer Methode also nicht vorschnell Anstoß nehmen, man möge im Gegenteil unsere Schlußfolgerung abwarten. Bis dahin sind wir einzig und allein darum bemüht, objektive Auswertungsschemata zu ermitteln, die zwar auf einer rein willkürlichen Grundlage entstanden, aber geeignet sind, von allen angewandt zu werden und zu gleichen Ergebnissen zu führen.

Wir unterscheiden zunächst das *Gesamtverstehen,* also die Art, wie

ihn einen Kuchen wegbringen. 4. Der Kuchen kommt ganz zerdrückt (zerknüllt usw.) an. 5. Weil er ihn unter den Arm genommen hatte. 6. Seine Großmutter gibt ihm Butter. 7. Die Butter kommt geschmolzen an. 8. Weil er sie auf seinen Kopf gelegt hat. 9. Und weil es warm war.

II. Vier Schwäne: 1. Ein Schloß. 2. Ein König und eine Königin. 3. Sie hatten Kinder. 4. Es gab eine Fee. 5. Sie mochte die Kinder nicht (oder sie war böse usw.). 6. Sie hat die Kinder in Schwäne verwandelt. 7. Die Eltern finden ihre Kinder wieder oder die Schwäne usw. 8. Diese ziehen weg. 9. In kalte Länder. 10. Sie kommen wieder. 11. Es gibt weder Schloß noch Eltern mehr. 12. Sie werden verwandelt. 13. In alte Leute. 14. In einer Kirche.

Wir unterscheiden die Punkte 12. und 13., denn es kommt vor, daß das Kind zwar versteht, daß alte Leute eine Rolle spielen, aber nicht weiß, daß es sich um die verwandelten Schwäne handelt.

der Nacherzähler den gesamten Bericht des Erzählers verstanden hat, und das verbale *Verstehen, das die kausalen oder logischen Beziehungen betrifft.* Letzteres bezieht sich auf einige Punkte der Erzählungen. Wir kommen noch darauf zurück.

Innerhalb des Gesamtverstehens unterscheiden wir einerseits das implizite Verstehen (d. h. das, was das Kind verstanden hat, aber nicht notwendigerweise auch ausdrücken kann) und das explizite Verstehen (das, was das Kind spontan wiederholt), und andererseits auch das Verstehen des Erzählers in bezug auf den Erwachsenen und das Verstehen des Nacherzählers in bezug auf das des Erzählers. Aufgrund dieser Unterscheidungen müssen wir vier verschiedene Verstehens-Koeffizienten aufstellen:

α) Das, was der Nacherzähler verstanden hat im Verhältnis zu dem, was der Erzähler verstanden hat.

β) Das, was der Nacherzähler verstanden hat im Verhältnis zu dem, was der Erzähler ausgedrückt hat.

γ) Das, was der Erzähler verstanden hat im Verhältnis zu dem, was der Erwachsene ausgedrückt hat.

δ) Das, was der Erzähler ausgedrückt hat, im Verhältnis zu dem, was er verstanden hat.

Wenn man nämlich dem Erzähler etwas erklärt, gibt es verschiedene Möglichkeiten. Entweder (1.) versteht er nicht und kann also nicht wiederholen oder (2.) er versteht zwar, aber kann oder will nicht wiederholen (weil ihm die Ausdrucksmittel fehlen oder weil er meint, daß dieser oder jener Punkt selbstverständlich, dem Gesprächspartner bekannt sei usw.), oder (3.) aber er versteht und wiederholt richtig. Es ist wichtig, diese drei Fälle getrennt zu untersuchen. Einer der Hauptgründe des Nichtverstehens unter Kindern kann nämlich beim Erzähler persönlich liegen. Dann muß dieser Faktor berücksichtigt werden. Hier ein Beispiel für die Auswertung:

Schla (6;6) zu Riv (6;6): Erklärung der Zeichnung mit dem Wasserhahn: »*Siehst du, das ist so* (Bild I), *das ist auf, das kleine Rohr, das da durch geht* (c), *findet das kleine Rohr* (b), *das Wasser fließt. Da* (Bild II) *ist es zu und findet nicht mehr das kleine Rohr, das fließt. Das Wasser kommt so* (Bild I, c), *es kommt in das kleine Rohr. Es ist auf, und da* (Bild II) *ist es zu. Siehst du* (Bild II), *man sieht das kleine Rohr nicht mehr, es liegt, dann kommt das Wasser so* (c), *es kann es nicht mehr finden.*«

Bezieht man sich auf die Punkte, die im vorhergehenden Paragraphen festgesetzt wurden, findet man folgendes: Schla hat den Punkt 1 verstanden: Bevor er mit Riv sprechen sollte, hat er uns gesagt, daß es sich um einen Wasserhahn handelte. Er vergißt aber, es Riv zu sagen, zweifellos, weil für ihn die Sache klar ist. Den Punkt 2, d. h. die Bedeutung der Flügel, hat er ebenfalls verstanden. Schla hat uns vorher gesagt: *»Da gibt es zwei Stäbchen* (a), *wenn man dreht, fließt das Wasser, weil sie das Rohr drehen.«* Die Erklärung ist gut. In der Darstellung, die er Riv gibt, erwähnt er dagegen die Flügel des Wasserhahns überhaupt nicht mehr. Schla sagt einfach: *»Es ist auf«* oder *»es ist zu«*, was für ihn anscheinend genügt, um an die Bewegung zu erinnern, mit der man die Flügel des Hahns dreht. Ist es Nachlässigkeit oder Vergeßlichkeit, oder meint Schla, daß Riv hinreichend versteht? Wir wollen diese Faktoren jetzt nicht näher erörtern. Es genügt uns hier, wenn wir deren Bedeutung für den Mechanismus der kindlichen Sprache sehen. Der Punkt 3 ist auch verstanden (*»wenn man dreht«*). Schla weiß und sagt uns, daß die Flügel des Wasserhahns mit den Fingern gedreht werden. Aber Riv sagt er auch das nicht, weil es selbstverständlich ist, oder aus irgend einem anderen Grund. Alle anderen Punkte hat er – wie man sieht – verstanden und Riv gegenüber auch richtig ausgedrückt. Die Beziehung zwischen der Tatsache, daß *»es auf ist«* und daß das Wasser durch das Rohr (b) fließt, hat er deutlich unterstrichen, ebenso die Richtung, wie das Wasser fließt. Die umgekehrte Beziehung (zwischen dem Schließen des Rohrs, dem Drehen der Flügel und dem Abstellen des Wassers) wird auch klar gezeigt.

Schla hat die neun Punkte der Erklärung, die er vorbringen mußte, verstanden. Er war zwar nicht in der Lage, Riv alles mit klaren und deutlichen Worten zu erklären, er hat aber für sich selbst alles verstanden und kann uns das spontan beweisen (sonst hätten wir es nachträglich durch Fragen überprüft, wie wir im vorhergehenden Paragraphen besprochen haben). Wenn wir jetzt den Koeffizienten γ berechnen, erhalten wir:

$$\gamma = \frac{\text{Zahl der Punkte, die der Erzähler verstanden hat}}{\text{Zahl der Punkte, die zu verstehen waren}} = \frac{9}{9} = 1{,}00$$

Die Punkte, die gegenüber dem Nacherzähler (Riv) nicht zum Ausdruck gebracht wurden, spielen bei diesem Koeffizienten also nicht mit. Dagegen treten sie bei der Berechnung des Koeffizienten δ ein:

$$\delta = \frac{\text{Zahl der dem Nacherzähler gegenüber ausgedrückten Punkte}}{\text{Zahl der vom Erzähler verstandenen Punkte}} = \frac{6}{9} = 0{,}66$$

Jetzt erkennt man die Bedeutung der Koeffizienten γ und δ. Der erste ist ein Maß für das Verstehen des Erzählers im Verhältnis zum Erwachsenen, der das Experiment vornimmt. Der zweite ist ein Maß für den Wert der Erklärung, die der Erzähler dem Nacherzähler gibt.

Wir wollen jetzt sehen, wieviel Riv von der Erklärung Schlas verstanden hat. Hier die wörtlichen Äußerungen von Riv:

Riv (6;6): *»Da* (I, c) *ist das Rohr, dann ist es auf, dann ist da das Wasser, das fließt in die Schüssel, dann da* (II, c) *ist es zu, dann ist da kein fließendes Wasser mehr; dann ist da das kleine Rohr* (II, b), *es liegt, dann ist da die Schüssel, die ist voll. Das Wasser kann nicht mehr fließen, weil das kleine Rohr da ist, das liegt, das stört.«*

Der Punkt 1 (Name des Wasserhahns) wird ausgelassen. Aber hat Riv ihn verstanden? Wir fragen ihn: »Was ist das alles? – *Ein Rohr.* – Ist es ein Wasserhahn? – *Nein.«* Er hat also nicht verstanden, was nicht verwundert, da Schla es ihm nicht gesagt hat. Der Punkt 2 wird ebenfalls ausgelassen. Wir zeigen Riv die Flügel (a) und fragen ihn, was das sei. Er weiß es nicht. Er hat auch nicht verstanden, wie man das kleine Rohr (b) dreht; das hätte er erraten können, als er Schla sagen hörte *»das ist auf«* usw., auch wenn er nicht versteht, daß (a) die Flügel sind. Die Punkte 3, 4 und 7 sind also verfehlt. Diese Interpretation überprüfen wir durch verschiedene Fragen: »Was macht man, damit das kleine Rohr liegt?« usw. Der Rest dagegen wurde verstanden.

Man kann zweierlei über das Verstehen von Riv wissen wollen. Einmal das Verhältnis zum Verstehen von Schla, nicht nur zu dem, was Schla ausgedrückt hat, sondern auch zu dem, was er verstanden, aber nicht ausgedrückt hat (α). Zweitens das Verhältnis zu dem, was Schla explizit ausgedrückt hat (β). Was das letztere betrifft, so hat Riv die Punkte 4 und 7, die Schla ausgedrückt hat (*»Da ist es zu und findet nicht mehr das kleine Rohr, das fließt«* usw.), nicht verstanden. Nun hätte Riv aber entdecken können – auch ohne zu wissen, daß (a) die Flügel vom Wasserhahn sind –, daß man etwas drehen oder »zumachen« muß, um das Rohr (b) zu schließen oder zu legen. Diese Beziehung ist ihm völlig entgangen, obwohl sie von Schla sogar mit Handbewegungen gezeigt wurde. Sicher könnte man sagen, daß Schla diese Beziehung nicht in sehr klaren Termini zum Ausdruck bringt, aber er drückt sie genau im kindlichen Stil der »Parataxe« (»juxtaposition«) aus (siehe § 6). Anstatt zu sagen: »Es findet das kleine Rohr nicht mehr, *weil es zu ist«*, sagt Schla: *»Es ist zu, es findet das kleine Rohr nicht mehr.«* Das ist der Stil, in dem Schla denkt. Warum versteht Riv ihn nicht, da er für sich selbst sicherlich auch im gleichen Stil denkt?

Riv hat 4 von den 6 Punkten verstanden, die Schla ausgedrückt hat, und von den 9 Punkten, die Schla verstanden hat. Daraus ergeben sich die beiden Koeffizienten α und β.

$$\alpha = \frac{\text{Alles, was der Nacherzähler verstanden hat}}{\text{Alles, was der Erzähler verstanden hat}} = \frac{4}{9} = 0{,}44$$

$$\beta = \frac{\text{Alles, was der Nacherzähler verstanden hat}}{\text{Alles, was der Erzähler ausgedrückt hat}} = \frac{4}{6} = 0{,}66$$

Da Schla die beiden Punkte 4 und 7 im Stil der paraktischen Reihung ausgedrückt hat, könnte man sie als nicht ausgedrückt ansehen; das würde den Koeffizienten β in $\frac{4}{4} = 1{,}00$ abändern. Wir entscheiden uns aber dafür, daß das paraktische Reihen ein mögliches Ausdrucksmittel darstellt, das wir allerdings später für sich untersuchen werden (§ 6).

Nun ist die Bedeutung der Koeffizienten α und β klar. Der Koeffizient α zeigt, was der Erzähler den Nacherzähler verstehen lassen konnte. Die Schwankungen dieses Koeffizienten sind auf zwei ganz verschiedene Faktoren zurückzuführen, die hier allerdings zusammen gemessen werden: 1.) kann oder will der Erzähler sich nicht immer klar ausdrücken; 2.) der Nacherzähler versteht nicht immer, was der Erzähler sagt, auch wenn letzterer sich klar ausdrückt. Diese beiden Faktoren, der Wert des vom Erzähler Ausgedrückten und der Wert des Verstehens des Nacherzählers, werden jeweils durch die Koeffizienten α und β ausgedrückt. Beide sind virtuell in dem Koeffizienten α enthalten, der also – wenn die Experimente nicht künstlich sind und die Auswertung nicht willkürlich geschieht – ein Maß des verbalen Verstehens von Kindern untereinander darstellt; denn er mißt die Art, wie einer der Gesprächspartner sich verständlich macht, und zugleich die Art, wie der andere versteht. Darüber hinaus ist der Koeffizient α wirklich ein Maß für das Verstehen von *Kindern* untereinander, da er im Verhältnis zu dem berechnet wird, was der Erzähler vom Originaltext behalten und verstanden hat, und nicht im Verhältnis zu dem, was er hätte verstehen sollen. Hätte Schla statt 9 Punkten 4 verstanden, würde $\alpha = \frac{4}{4}$ und $\gamma = 0{,}44$ betragen. Das Verstehen der Kinder untereinander (α) wäre vollkommen, auch wenn das Verstehen vom Kind zum Erwachsenen (γ) schlecht wäre.

Der Koeffizient β ist das Maß für das Verstehen von Kindern untereinander im engeren Sinne, d. h. für das Verstehen des Nacherzählers im Verhältnis zu dem, was der Erzähler zum Ausdruck bringen konnte.

Die Werte α und β dürfen also nicht verwechselt werden und jeder ist für sich genommen von Interesse.

Wir wollen gleich zeigen, was man aus solchen Koeffizienten folgern kann: Im Fall von Schla und Riv, den wir eben dargelegt haben, ist es deutlich, daß das eine der beiden Kinder das andere nicht so gut verstanden hat, wie dieses uns wiederum verstand, da Riv Schla in einem Verhältnis von 0,44 ($\alpha = \frac{4}{9}$) verstanden hat, während Schla uns in einem Verhältnis von 1,00 ($\gamma = \frac{9}{9}$) verstand. Woran liegt nun dieses Nichtverstehen zwischen Schla und Riv? Hat Riv schlecht verstanden oder hat Schla schlecht erklärt? Das Verstehen von Riv im Verhältnis zu dem, was Schla zum Ausdruck bringen konnte, beträgt 0,66 ($\beta = \frac{4}{6}$). Der Wert der Darlegung von Schla im Verhältnis zu dem, was er selbst verstanden hat, beträgt auch 0,66 ($\delta = \frac{6}{9}$). Daraus kann man schließen, daß die Mängel in der Darlegung von Schla und in dem Verstehen von Riv im gleichen Maße für das Nichtverstehen zwischen den beiden Kindern verantwortlich sind.

Die Auswertung der Erzählung geschieht nach genau der gleichen Technik. Die besonderen Formen des Verstehens (Kausalität usw.) werden wir später untersuchen.

§ 3. *Die numerischen Ergebnisse*

Die 60 Experimente, die wir bei den dreißig 7- bis 8jährigen Kindern (alles Jungen) vorgenommen haben, werteten wir nach der gleichen Methode aus und sind zu folgenden Ergebnissen gekommen.

Wir wollen noch einmal die Tatsache betonen, daß die Zahlen in unseren Augen keine Lösung des Problems bedeuten, das wir uns gestellt haben. Wir verlassen uns nämlich nicht in dem Maße auf den Wert unserer Berechnungen, vor allem nicht auf den allgemeinen Wert unserer Experimente, daß wir so voreilige Schlußfolgerungen ziehen würden. Unsere Experimente sind ganz einfach »Experimente zur Probe«, die weiteren Untersuchungen zur Orientierung dienen sollen.

Die folgenden Zahlen bedeuten also lediglich eine Einleitung in die Beobachtung und in die klinische Untersuchung. Sie enthalten allerdings eine statistische Lösung. Aber wir werden diese Lösung nur als Arbeitshypothese übernehmen, um in den weiteren Paragraphen zu sehen, ob diese Hypothese klinischen Tatsachen wirklich entspricht und ob letztere wiederum den Tatsachen entsprechen, die die gewöhnliche Beobachtung entdeckt.

Nach diesen Vorbemerkungen wollen wir zu den Zahlen übergehen.

Was die Erzählungen betrifft, liegt das Verstehen zwischen Kindern, das durch den Koeffizienten α bezeichnet wird, nur bei 0,58. Der Erzähler hat uns aber im Durchschnitt gut verstanden; denn der Koeffizient γ erreicht 0,82. Andererseits stellte es sich heraus, daß der Erzähler relativ gute Darlegungen geboten hat. Der Koeffizient δ beträgt nämlich 0,95. Vor allem das Verstehen des Nacherzählers ist also mangelhaft: β liegt bei 0,64.

Zu bemerken ist, daß der zu Lasten des Erzählers gehende Fehlbetrag ($1{,}00 - 0{,}95 = 0{,}05$), von dem zu Lasten des Nacherzählers gehenden abgezogen ($0{,}64 - 0{,}05 = 0{,}59$), den gesamten Fehlbetrag ergibt (0,58); das wird für uns in der Folge wichtig sein.

Was die Erklärung betrifft, liegt das Verstehen zwischen Kindern ebenfalls weit unter dem Verstehen zwischen dem Erzähler und dem Erwachsenen. Der Koeffizient α beträgt nämlich 0,68, und γ liegt bei 0,93. Im Durchschnitt wurden also die Erklärungen besser verstanden als die Geschichten, sowohl zwischen Kindern als auch zwischen Kindern und Erwachsenen. Vielleicht ist es ein Zufall, der auf die Art der Auswertung zurückgeht (die neun Punkte der Erklärung werden möglicherweise leichter behalten, weil sie umfassender sind). Das spielt aber keine Rolle. Interessant ist nicht dieser Wert von 0,68 für sich genommen, sondern die Proportionsverhältnisse, die er impliziert. Die Anteile des Nacherzählers und des Erzählers liegen bei diesem Fehlbetrag nämlich ganz anders als bei den Geschichten. Der Erzähler drückt sich hier weit weniger gut aus: δ liegt nur bei 0,76 gegenüber 0,95 bei den Geschichten. Das Verstehen des Nacherzählers im Verhältnis zu dem, was der Erzähler ausgedrückt hat, beträgt 0,97 (β) gegenüber 0,64 bei den Erzählungen. Im Falle der Erklärungen steht man also, wie es scheint, dem Geschehen in der Praxis viel näher als im Falle der Geschichten. Dieser Eindruck wird dadurch bestätigt, daß auch der Anteil des Erzählers, bezeichnet durch den Koeffizienten δ, und der Anteil des Nacherzählers (β), wenn man sie addiert, dem Gesamt-Fehlbetrag nicht länger entsprechen; sie liegen darunter: $1{,}00 - 0{,}76 = 0{,}24$ und $0{,}79 - 0{,}24 = 0{,}55 < 0{,}68$.

Diese Tatsache läßt sich leicht interpretieren. Bei den Geschichten gelingt es dem Nacherzähler, wenn der Erzähler sich schlecht ausdrückt, nicht, Unklarheiten oder Auslassungen der gehörten Darlegung zu ersetzen. Im Gegenteil neigt er seinerseits dazu, sogar das ihm richtig Dargestellte zu entstellen. Vor allem hört er seinem Gesprächspartner häufig überhaupt nicht zu, weil aus der alltäglichen Beobachtung spontaner Kindergespräche reichlich hervorgeht (kollektiver Monolog: Wir erinnern an das auf Seite 20 zitierte Beispiel. Wenn Pie zu Bea sagt: »Guck mal, ich zeichne die Treppe«, antwortet Bea: »Heute nachmittag kann ich nicht kommen, ich habe Turnen«). Bei den mechanischen Erklärungen dagegen ist der Nacherzähler bereits aus eigenem Interesse mit der Handhabung von Wasserhähnen und Spritzen beschäftigt. Außerdem hat er die Zeichnungen vor Augen, und während der Erzähler spricht, denkt er selber über die Bedeutung dieser Zeichnung nach. Auch dann, wenn er dem Erzähler nicht zuhört oder wenn dieser unklar oder elliptisch spricht, stellt der Nacherzähler selbst die Erklärung, die er geben soll, wieder her. So wird klar, warum das Gesamtverstehen α höher liegt, als die Summe der in den Koeffizienten δ und β enthaltenen Fehlbeträge aufzeigt. Diese Proportionsverhältnisse sind, wie es uns scheint, von unseren Auswertungsmethoden unabhängig.

Der Wert des Koeffizienten α deutet also nicht unbedingt auf ein gutes Gesamtverstehen hin. Er bedeutet auch nicht, daß der Erzähler imstande war, den Nacherzähler etwas für ihn Neues und bis jetzt Unbekanntes verstehen zu lassen. Im Gegenteil ergibt die Summe der Fehlbeträge 0,56, während sie bei den Geschichten nur bei 0,59 liegt. Das unverarbeitete Verstehen der Erklärungen ist natürlicherweise nicht so gut wie bei den Geschichten. Wenn α bei den Erklärungen höher liegt, dann muß der Nacherzähler mitgeholfen haben; das liegt an der Zeichnung und daran, daß er sich schon früher mit den Gegenständen auseinandergesetzt hat. Das scheinbare Verstehen veranlaßte in diesem Falle eine gegenseitige Anregung zur individuellen Reflexion. Das ist übrigens der Ausgangspunkt jedes Verstehens, auch beim Erwachsenen.

Daß der Erzähler sich im Falle der Geschichte besser auszudrücken vermag (Koeffizient δ) als bei den Erklärungen, ist ganz natürlich. Die Erklärung setzt eine Reihe sprachlicher Ausdrücke voraus, die in ihrem Gebrauch schwierig sind, weil sie kausale Beziehungen implizieren. Die Geschichten sind im Stil sehr viel einfacher.

Die Ergebnisse, zu denen wir bei 6- bis 7jährigen Kindern gekommen sind, bestätigen diese Schlußfolgerungen voll und ganz. Bei dieser Altersstufe haben wir mit 20 Kindern, darunter 8 Mädchen, experimentiert[3]. Auch bei diesen Kindern liegt das Verstehen zwischen Kindern nicht so hoch wie das zwischen Kindern und Erwachsenen; und die Proportionen sind hier natürlich deutlicher als bei den 7- bis 8jährigen

[3] Es ist sicher unangemessen, bei einer solchen Untersuchung Jungen und Mädchen zusammen zu beobachten. Bei diesen acht Mädchen ergab sich aber kein wesentlicher Unterschied zu den Jungen, da ihre Zahl so gering war; man kann also doch unsere 40 Experimente mit den 6- bis 7jährigen Kindern als homogen ansehen.

Kindern. Im Falle der Erklärungen liegt das Verstehen zwischen Kindern bei $\alpha = 0{,}56$, das Verstehen von uns Erwachsenen bei $\gamma = 0{,}80$. Was die Geschichten betrifft, beträgt das Verstehen zwischen Kindern $\alpha = 0{,}48$ und das Verstehen von uns Erwachsenen $\gamma = 0{,}70$.
Wie wir sehen, beweisen die Koeffizienten $\gamma = 0{,}80$ und $\gamma = 0{,}70$, daß die Verwendung der gleichen Erklärungen und der gleichen Geschichten trotz des Altersunterschiedes berechtigt ist, da der Erzähler uns in so hohem Maße verstehen konnte.
Warum verstehen sich die 6- bis 7jährigen Kinder untereinander relativ so wenig? Liegt es am mangelhaften Ausdruck des Erzählers oder versteht der Nacherzähler zu wenig? Der Erzähler konnte sich mit 6 bis 7 Jahren ebenso gut wie mit 7 bis 8 Jahren ausdrücken ($\delta = 0{,}76$), und bei den Geschichten fast so gut ($\delta = 0{,}87$ gegenüber 0,95). Das Verstehen des Nacherzählers im Verhältnis zu dem, was der Erzähler zum Ausdruck bringen konnte, ist hier auch schlecht (0,70 und 0,61), und interessanterweise im gleichen Verhältnis wie bei den 7- und 8jährigen Kindern beobachtet. Bei den Geschichten ist die Summe der Fehlbeträge, die sich in den Koeffizienten β und δ zeigen, dem Koeffizienten α gleich: $1{,}00 - 0{,}87 = 0{,}13$ und $0{,}61 - 0{,}13 = 0{,}48 = \alpha$.
Bei den Erklärungen dagegen liegt der Koeffizient α höher als die Summe der Fehlbeträge:
$1{,}00 - 0{,}76 = 0{,}24$ und $0{,}70 - 0{,}24 = 0{,}46 < 0{,}56$.
Die Ursache dieses Phänomens ist die gleiche wie bei den 7- bis 8jährigen Kindern.
Zusammenfassend erhalten wir folgende Tabelle:

Alter	*Erklärungen*				*Geschichten*			
	α	γ	β	δ	α	γ	β	δ
6 bis 7	0,56	0,80	0,70	0,76	0,48	0,70	0,61	0,87
7 bis 8	0,68	0,93	0,79	0,76	0,58	0,82	0,64	0,95

Was kann man aus diesen Zahlen schließen? Wir haben uns vorgenommen, vorsichtig zu sein. Sollen wir von vornherein behaupten, daß die Kinder sich untereinander nicht so gut verstehen wie uns Erwachsene, wenigstens was das verbale Verstehen betrifft? Das scheint ja aus unseren Experimenten hervorzugehen, aber wir haben uns besonders bemüht, verständlich zu sprechen, was nicht immer der Fall ist, wenn Erwachsene mit Kindern sprechen. In der Praxis findet sich ohne Zweifel öfter, wie Stern sagt, die »Angleichung« (»convergence«) der Sprache der Eltern an den kindlichen Stil; mit anderen Worten, die Eltern gebrauchen instinktiv leichte, konkrete und sogar animistische oder anthropomorphe Ausdrücke, um sich so auf die Ebene des Kindes zu begeben. Auf der anderen Seite gibt es den ganzen Verbalismus, all das, was das Kind aufschnappt und entstellt, und all das, was ihm entgeht. Die Untersuchungen von Descœudres und von A. Belot über das Nichtverstehen zwischen Kindern und Erwachsenen mit ihren so eindeutigen Ergebnissen sind ja bekannt.[4]

Wir wollen uns also auf folgende Schlußfolgerungen beschränken: Alles scheint darauf hinzudeuten, daß sich bei verbalem Austausch die Kinder untereinander nicht besser verstehen, als sie uns Erwachsene verstehen. Zwischen ihnen tritt das gleiche Phänomen auf wie zwischen ihnen und uns: Die Wörter, die gesprochen werden, sind nicht vom Gesichtspunkt des Gesprächspartners her gedacht; letzterer erfaßt sie auch nicht so, wie sie sind, sondern trifft eine Auswahl je nach seinen eigenen Interessen und entstellt sie gemäß seinen schon vorhandenen Vorstellungen. Das Gespräch unter Kindern vermag also nicht auf Anhieb die Gesprächspartner aus ihrem Egozentrismus herauszuholen, weil jeder in seinem eigenen eingeschlossen bleibt, ob er nun versucht, seine eigenen Gedanken zu erklären, oder ob er sich bemüht, die der anderen zu verstehen. Dieses Phänomen findet sich gewiß auch bei den Erwachsenen. Da aber alle mehr oder weniger in der Diskussion und im Gespräch geübt sind, kennen sie ihre Mängel. Wenn sie nicht durch Unaufrichtigkeit oder Affekte in ein kindliches Verhalten zurückfallen, bemühen sie sich, verstanden zu werden und selbst zu verstehen, denn sie wissen aus Erfahrung, wie unglaublich verschlossen die Geister sind. Die Kinder haben keine Ahnung davon. Sie glauben zu verstehen und glauben sich verstanden. Daher all ihre Irrgänge, wenn sie sich unterhalten.

Das ist also unsere Arbeitshypothese. Wir wollen bei der Analyse des Materials sehen, ob sie etwas taugt. Man möge uns also nicht mehr in den Mund legen, als wir gesagt haben. Wir nehmen einfach an, daß die kindliche und ›zwischenkindliche‹ Sprache egozentrischer bleibt als unsere. Sollte dies bei der Analyse bestätigt werden, würde dieser Umstand viele rein logische Phänomene erklären: den Sprachsynkretismus, das Desinteresse an Einzelheiten der logischen Beziehungen und

[4] A. Belot, Les écoliers nous comprennent-ils?, in: Bulletin de la Société Alfred Binet.
A. Descœudres, Guerre au verbalisme, in: Intermédiaire des éducateurs, 1913. Ders., Encore le verbalisme, ebd., 1917.

am Wie der kausalen Beziehungen und vor allem die Unfähigkeit, mit der Logik der Relationen umzugehen, die ja immer voraussetzt, daß man zugleich von zwei oder mehreren Standpunkten aus denkt (Kapitel V und VI und die ersten Kapitel des Bandes 2).

§ 4. Der Egozentrismus in der Erklärung von Kindern untereinander

Unsere statistischen Ergebnisse führen zu einer paradoxen Tatsache, die den 7- bis 8jährigen sowie den 6- bis 7jährigen Kindern gemeinsam ist: daß der Nacherzähler die Geschichten nicht so gut verstanden hat wie die mechanischen Erklärungen, obwohl der Wert der Ausführung des Erzählers im ersten Fall höher ist. Bei den Geschichten liegen die Werte der Ausführung bei jeweils 0,95 und 0,87, der Koeffizient β bei 0,64 und 0,61, während bei den mechanischen Erklärungen die Ausführung 0,76 und 0,76 ergibt und der Koeffizient β 0,80 und 0,70. Daraus muß man schließen, daß das Verstehen des Nacherzählers von der Ausführung des Erzählers teilweise unabhängig ist. Diese Ausführung ist ohne Zweifel mittelmäßig. Wenn wir sagen, daß ihr Wert z. B. 0,95 beträgt, wollen wir nur sagen, daß die Punkte, die der Erzähler ausgedrückt hat, in einem Verhältnis von 0,95 zu denen stehen, die er selbst verstanden hat. Aber die Art, wie er diese ausgedrückten Punkte miteinander verbindet und sie dem Gesprächspartner darlegt, kann sehr schlecht sein. Der Stil des Erzählers weist, anders gesagt, eventuell einige Züge auf, deretwegen er kaum verständlich und kaum »sozialisiert« zu nennen ist. Wir wollen diese Züge herauszuarbeiten versuchen.

Was uns in den Erklärungen von Kindern untereinander, die wir im Laufe unserer Experimente untersucht haben, am meisten auffiel, ist der *egozentrische Charakter* des kindlichen Stils, wie man ihn nennen kann. Dieser Charakter entspricht vollkommen den Merkmalen der spontanen Sprache der Kinder, wie wir sie in den vorhergehenden Kapiteln beschrieben haben. Diese Übereinstimmung zwischen den Ergebnissen der bloßen Beobachtung und denen der Experimente muß uns als Ausgangspunkt dienen, denn sie allein kann uns dazu helfen, die Bedeutung der Experimente vernünftig abzusichern. Wie wir gesehen haben, spricht das 6- bis 7jährige Kind zum großen Teil noch für sich selbst, ohne sich zu bemühen, sich beim Gesprächspartner Gehör zu verschaffen. Ein Teil der Sprache des Kindes bleibt also egozentrisch. Auf der anderen Seite, selbst wenn die Sprache sozialisiert ist, betrifft diese

Sozialisierung anfangs nur das statische Moment im Denken, d. h. die Kinder vermeiden, wenn sie miteinander sprechen, die kausalen Beziehungen sowie die logischen Beziehungen (weil usw.), wie sie in jeder »echten Diskussion« oder »Zusammenarbeit im abstrakten Denken« angewandt werden. Diese beiden Arten von Beziehungen bleiben also vor 7 bis 8 Jahren unausgesprochen oder, wenn man will, ganz individuell. Die Beobachtung zeigt ja, daß das Kind vor dem 7. oder 8. Lebensjahr spontan anderen gleichaltrigen Kindern keine Erklärungen oder Beweise gibt, auch wenn es selbst solche ausdenkt, und zwar weil seine Sprache noch vom Egozentrismus geprägt ist.
Bei unseren Experimenten stießen wir nun genau auf dasselbe Phänomen. Dauernd kam es uns vor, als hätte der Erzähler für sich selbst gesprochen, ohne sich um den Gesprächspartner zu kümmern. Selten ist es ihm gelungen, sich auf den Standpunkt des letzteren zu versetzen. Liegt es daran, daß das Kind sich an den Experimentator wandte, als ob es eine Lektion aufsagte, und dabei vergaß, daß es sich seinem Kameraden verständlich machen sollte? Man könnte es glauben. Die spontane Sprache unter Kindern zeigt aber genau die gleichen Merkmale. Außerdem streut der Erzähler in seine Ausführung Ausdrücke wie: »verstehst du, siehst du« usw. ein: Das zeigt gut, daß er nicht vergißt, daß er zu einem Freunde spricht. Die Ursache seines Egozentrismus liegt sehr viel tiefer. Sie ist äußerst wichtig und erklärt in der Tat den ganzen Egozentrismus des kindlichen Denkens. Die Kinder verstehen sich untereinander schlecht, weil sie glauben, daß sie sich verstehen. Der Erzähler geht einfach davon aus, daß der Nacherzähler alles begreift, daß er fast im voraus alles weiß, was er wissen muß, und alle Subtilitäten ohne weiteres versteht. Die Kinder haben dauernd Erwachsene um sich, die nicht nur viel mehr als sie wissen, sondern die auch alles tun, um sie so gut wie möglich zu verstehen, die sogar ihren Wünschen und Gedanken zuvorkommen. Die Kinder haben nun ständig den Eindruck – ob sie arbeiten oder nicht, ob sie Wünsche äußern oder ein schlechtes Gewissen haben –, man könne ihre Gedanken lesen, in extremen Fällen sogar, man könne ihnen ihre Gedanken stehlen. Das gleiche Phänomen findet man zweifellos auch in der Psychologie der Schizophrenen und bei anderen pathologischen Formen. Diese Mentalität ist offensichtlich schuld daran, daß die Kinder nicht bemüht sind, sich klar auszudrücken, sich nicht einmal die Mühe machen zu sprechen, in der Überzeugung, daß der Gesprächspartner genau so viel wie sie oder mehr als sie weiß und daß er sofort versteht, worum es geht. Diese Mentalität ist also dem Egozentrismus nicht entgegengesetzt: Beides

läßt sich auf die eine Meinung des Kindes zurückführen, die Meinung, daß es im Mittelpunkt der Welt steht.

Auf diesen Denkgewohnheiten beruht zunächst die große Ungenauigkeit des kindlichen Stils. Die Pronomina, personalen und demonstrativen Adjektive wie »er, sie« oder »das, es, ihm« usw., werden wild durcheinander gebraucht, ohne daß man weiß, worauf sie sich beziehen: Der Gesprächspartner soll sehen, wie er es versteht. Hier ein Beispiel: Gio (8 Jahre) erzählt die Geschichte von Niobe, als Erzähler: *»Es war einmal eine Frau, die hieß Niobe, die hatte zwölf Jungen und zwölf Mädchen und dann eine Fee einen Jungen und ein Mädchen. Und dann wollte Niobe mehr Söhne haben* (als die Fee. Gio will sagen, daß Niobe mit der Fee rivalisierte, wie es in unserem Text zum Ausdruck gebracht ist. Man sieht aber, in welch elliptischer Form das Kind sich ausdrückt). *Und dann ärgerte sie* (wer?) *sich. Sie* (wer?) *hatte sie* (wen?) *an einen Stein gebunden* (wer hat gebunden und wer ist gebunden worden?). *Es* (was? wer?) *ist ein Fels geworden, und seine Tränen* (wessen Tränen?) *sind zu einem Bach geworden, der heute noch fließt.«*

Wenn man diese Erzählung liest, könnte man meinen, daß Gio nichts verstanden hat. In Wirklichkeit hat er fast alles begriffen, und von dem, was wir gesagt haben, hat er so viel verstanden, daß sich der Koeffizient $\gamma = 0{,}91$ ($\delta = 0{,}80$) ergibt. Zum Beispiel kann er uns sagen, daß die Fee sich geärgert hat, *»weil sie* (Niobe) *mehr Kinder haben wollte als die Fee.«* Die Pronomina, die er aufs Geratewohl verteilt, sind also eine Stilform und kein Zeichen des Nichtverstehens: Gio weiß ganz genau, daß die Fee Niobe festgebunden hat und nicht umgekehrt.

Die Folgen eines solchen Stils kann man sich leicht vorstellen: Der Nacherzähler Ri (8 Jahre) hielt zunächst Niobe für die Fee selbst und glaubte, Niobe hätte eine Frau festgebunden. Nachdem er über den Irrtum aufgeklärt wurde, erzählte er die Geschichte wie folgt:

»Es war einmal eine Frau, die zwölf Jungen und zwölf Mädchen hatte. Sie geht spazieren und trifft eine Fee, die einen Jungen und ein Mädchen hatte, die aber keine zwölf Kinder haben wollte. 12 und 12, das ist 24, und sie wollte nicht 24 Kinder haben, sie hat Niobe an einen Stein gebunden, sie ist ein Fels geworden« usw. ($\beta = 0{,}72$).

Ein anderes Beispiel:

Kel (8 Jahre) erzählt auch die Geschichte von Niobe und sagt von der Fee: *»Sie hat die Frau an einen Felsen gebunden. Sie* (wer?) *hat zehn Jahre lang geweint. Sie fließen heute noch.«* Das Wort »Tränen« ist

nicht ausgesprochen. Da man die Pluralendung des Verbs im Französischen nicht hört *(»elles coulent encore aujourd'hui»)*, ist dieser Stil natürlich völlig unverständlich. Es hört sich so an, als ob die Frau oder der Stein flössen. Wir haben es auch nicht gleich verstanden.
Im Falle der mechanischen Erklärung fällt dieses Merkmal in den Darstellungen der Kinder noch mehr auf. Von vornherein meint der Erzähler, daß die »Türen«, die »Rohre«, die »Stäbchen« dem Nacherzähler bekannt sind, so daß er nicht daran geht, diese Dinge zu zeigen und zu erklären, wozu sie gebraucht werden, sondern von ihnen wie von vertrauten Gegenständen spricht. Hier ein Beispiel:
Pour (7;6) erklärt Pel (7;0) den Wasserhahn: *»Das Wasser kann da durch fließen* (er zeigt das große Rohr auf Bild I, ohne die genaue Stelle der Öffnung anzugeben), *weil die Tür* (welche?) *oben und unten ist* (das bewegliche Rohr b, das er nicht zeigt), *dann um zu drehen* (was?), *machst du so* (er macht mit den Fingern eine drehende Bewegung, zeigt aber nicht auf die Flügel a). *Da, es* (was?) *kann sich nicht drehen* (= das Wasser kann nicht durchfließen), *weil die Tür links und rechts ist. Da, weil das Wasser da bleibt, können die Rohre nicht hierhin kommen* (das Rohr liegt. Wir sehen, wie die Beziehung, die durch das Wort »weil« ausgedrückt wird, umgekehrt wird. Er müßte sagen: das Wasser bleibt da, weil die Rohre nicht ... usw.), *dann kann es nicht fließen.«*
Man sieht, daß Pour voraussetzt, daß die Wörter »Tür«, »Rohr«, die er gebraucht, Pel bekannt sind, so daß Pour vergißt, die Gegenstände auf der Zeichnung zu zeigen. Pour hat jedoch die Einzelheiten der Zeichnung recht gut verstanden, wie sich aus den Fragen, die wir ihm nachher gestellt haben, ergibt ($\gamma = 0{,}88$). Allein sein Stil ist mangelhaft. Aus diesem Grunde spricht Pel in seiner Nacherzählung von »Türen«, die er wörtlich nimmt und die er nicht sieht. *»Das Wasser kann nicht fließen, weil es gesperrt ist, und es gibt Türen, die sich sperren, die sind zu, dann kann das Wasser nicht fließen.«* Überraschend ist, daß es Pel gelingt, doch ungefähr alles zu verstehen, aber nur, weil er sich selbst anstrengt ($\alpha = 0{,}75$). Was Pour zu Pel gesagt hat, bleiben leere Worte.
Darf man nun sagen, daß solche Phänomene allein auf die schulische Atmosphäre zurückgehen, die einen solchen Verbalismus begünstigt? Bei dieser Annahme spräche der Erzähler nicht, damit man ihn verstehe, sondern um zu sprechen, so wie man eine gelernte Lektion hersagt. Als Antwort auf diesen Einwand haben wir bereits daran erinnert, daß auch die spontane Sprache der Kinder, wenn sie miteinander reden, die gleichen unklaren Ausdrücke aufweist, weil sie viel mehr für

sich selbst als zu dem Gesprächspartner sprechen. Sogar beim »Einbeziehen eines jeden in das Handeln« (Kapitel III, § 4) kann man die unklaren Ausdrücke bemerken, die Kinder gebrauchen, wenn sie spontan miteinander sprechen:
»Der Papa Bär (welcher?) *ist tot. Aber* (?) *der Papa* (der gleiche? ein anderer?) *war zu krank«.* – *»Da war ein blaues«* (– es wird von Flugzeugen gesprochen, ohne sie zu nennen). *»Das will ich zeichnen«* (*»das«* bezeichnet zweifellos eine Flugveranstaltung oder irgend etwas, was im Zusammenhang mit dieser Veranstaltung steht).
Hier haben wir also die gleiche Undeutlichkeit der Bezeichnungen, die gleiche Art, auf Gegenstände anzuspielen, von denen angenommen wird, sie seien bekannt. Hier noch ein Beispiel für eine Erklärung, die im Laufe unserer Experimente beobachtet wurde und deren Stil dem der spontanen Erklärungen genau gleicht:
Toc (8 Jahre). Auszug aus der Erklärung des Wasserhahns: *»Das und das* (die beiden Enden des Rohres b), *das ist das und das* (dasselbe wird auf Bild II gezeigt), *weil das da* (Bild I) *das ist für das Wasser, das fließt, und das da* (Bild II), *man sieht die drinnen, weil das Wasser nicht fließen kann. Das Wasser ist da und kann nicht fließen.«*
Toc zeigt also die beiden Enden eines Rohres, ohne dabei zu sagen, daß es sich um ein Rohr handelt, ohne von den Flügeln (a) zu sprechen, kurz ohne irgendeinen von den Gegenständen, worüber er spricht, zu nennen. An diesem Punkt angekommen, glaubt er trotzdem, wie er uns selber sagt, daß sein Gesprächspartner (Kel, 8 Jahre) alles verstanden hat. Tatsächlich ist Kel in der Lage, uns ungefähr dieselben Worte zu wiederholen, kann ihnen aber natürlich keinen konkreten Sinn geben. In Gegenwart von Toc fragen wir ihn: »Wie hat man es gemacht, daß das Wasser nicht mehr fließt? – *Man hat gedreht* – Was? – *Das Rohr* (b) (Richtig). – Wie hat man denn das Rohr (b) gedreht? – ... – Wofür ist das da (die Flügel a)? – ... – (Er weiß es nicht).« Toc wundert sich, als er merkt, daß Kel nichts verstanden hat, und fängt seine Erklärung von Neuem an. Aber – und gerade diese Tatsache wollten wir hier unterstreichen, denn sie ist, wie wir sehen, allgemein verbreitet – seine zweite Fassung ist nicht deutlicher als die erste: *»Das da, diese beiden Dinger* (die Flügel a, über die zu sprechen er vergessen hatte) *so* (Bild I),*das ist so, das Wasser kann fließen. Wenn diese beiden Dinger so sind* (Bild II), *da kann das Wasser nicht fließen.«* Selbst dann, wenn er Kel aufklären will, vergißt Toc ihm zu sagen, daß mit den Flügeln das Rohr gedreht wird oder daß man die Flügel mit den Fingern drehen kann usw. Kurz, zumindest wenn Kel es nicht errät – und genau

das gelingt ihm in diesem besonderen Fall nicht –, ist die verwendete Sprache unverständlich. Um es aber noch einmal zu sagen, wenn Toc so spricht, dann zum guten Teil deshalb, weil er glaubt, daß alles selbstverständlich ist und daß Kel alles unmittelbar versteht.

Diese Merkmale der egozentrischen Sprache sind zwischen 6 und 7 Jahren noch stärker ausgeprägt, und das beweist uns, daß es sich hier nicht um schulische Gewohnheiten handelt. Zwischen 6 und 7 Jahren sind die Kinder noch in den sogenannten »Anfängerklassen« (»classes enfantines«), in denen der Verbalismus bei weitem nicht so betont ist wie in den folgenden. Andererseits spielen diese Kinder viel mehr miteinander als in den späteren Klassen (»classes primaires«). Nun sind aber die Erklärungen, die sie geben, bedeutend egozentrischer: Das zeigt, daß dieser Egozentrismus mit den allgemeinen Denk- und Sprachfaktoren, die wir in den vorhergehenden Kapiteln anläßlich der spontanen Sprache hervorgehoben haben, zusammenhängt.

Riv (6 Jahre) beginnt etwa die Wasserspritze zu erklären, indem er das Bild III zeigt und sagt: *»Siehst du da* (b), *das ist der Kolben* (welcher Kolben? von was?), *dann zieht man, dann spritzt es* (er kommt zu schnell zu dem Schluß). *Dann läßt das Platz für das Wasser* (wozu diesen Platz schaffen?).*Wenn man den kleinen Kolben schiebt* (er zeigt ihn nicht mehr), *kommt das Wasser raus, das spritzt, verstehst du? Da* (a) *ist der Becher, dann das Wasser.«*

Nun hat Riv alles verstanden ($\gamma = 1$). Und es ist klar, daß er sich an Schla, seinen Gesprächspartner, wendet, wie die Ausdrücke »Siehst du, verstehst du?« und das Interesse beider Kinder für die Sache zeigen. Selbstverständlich hat Schla überhaupt nichts verstanden.

Schla (6 Jahre) gibt die Erklärung von Riv wieder: *»Er hat mir gesagt, es war . . . etwas. Da war ein Ding und dann, wo das Wasser war, und dann, wo das aus dem Wasser rauskam. Da* (a) *der Platz, wo das Wasser war, und das Wasser spritzte in zwei Becher, und das lief herein«* ($\alpha = 0{,}33$).

Der Vergleich der beiden Texte zeigt, daß lediglich die Ungenauigkeiten von Riv Schla verwirrt haben. Seine Erklärung hätte sonst ausgereicht: An Hand der letzten Sätze, die Riv sprach, hätte man den ganzen Mechanismus rekonstruieren können. Dank Riv hat aber Schla die Spritze für einen Wasserhahn gehalten und folglich von der Bewegung des Kolbens nichts verstanden.

Ein anderes Beispiel:

Met (6;4 F) spricht von Niobe: *»Die Frau hat sich über diese Fee lustig gemacht, weil sie* (wer?) *nur einen Jungen hatte. Die Frau hatte zwölf*

Söhne und zwölf Töchter. Einmal hat sie (wer?) *sich über sie* (wer?) *lustig gemacht. Sie* (wer?) *hat sich geärgert, sie* (wer?) *hat sie am Ufer eines Baches festgebunden. Sie* (wer?) *hat fünfzig Monate lang geweint, und das hat einen großen Bach gemacht.«* Man sieht also nicht, wer gebunden hat und wer gebunden wurde. Met weiß es ganz genau ($\gamma = 0{,}83$), aber Her (6;3 F), die Gesprächspartnerin, versteht natürlich das Gegenteil: Die Fee *»hat sich über die Frau lustig gemacht, die sechs Jungen, dann sechs Mädchen hatte«*, und die Fee wurde festgebunden ($\alpha = 0{,}40$).

Eine der eindeutigsten Tatsachen schließlich, die man heranziehen kann, um den egozentrischen Charakter der kindlichen Erklärungen zu zeigen, ist, daß der Erzähler in vielen Fällen, wo er von der Spritze und vom Wasserhahn spricht, völlig vergißt, den Namen für die Gegenstände zu nennen, die er erklärt. Das ist bei der Hälfte der 6- bis 7jährigen Erzähler und bei einem Sechstel der 7- bis 8jährigen der Fall: Sie nehmen an, daß der Gesprächspartner auf Anhieb versteht, worum es geht. Selbstverständlich gibt der Nacherzähler das Überlegen auf und wiederholt die Erklärung, die er gehört hat, ohne zu versuchen, den Gegenständen einen Namen zu geben.

§ 5. Die Begriffe von Reihenfolge und Kausalität im Bericht der Erzähler

Andere Faktoren tragen dazu bei, den Bericht des Erzählers für den Gesprächspartner wenig verständlich zu machen: In der Erzählung fehlt jede Ordnung, und die kausalen Beziehungen werden selten ausgedrückt, sie werden im allgemeinen durch eine einfache parataktische Reihung der zu verbindenden Ausdrücke ersetzt. Es scheint also, daß der Erzähler sich nicht um das »wie« der von ihm wiedergegebenen Geschehnisse kümmert oder wenigstens die Ursachen dieser Geschehnisse nur lückenhaft sieht; kurz, die Erzählung der Kinder betont viel mehr die Geschehnisse selbst als die zeitlichen Beziehungen (Reihenfolge) oder die kausalen Beziehungen, die sie miteinander verbinden. Diese einzelnen Faktoren hängen übrigens wahrscheinlich alle mit dem Egozentrismus selbst zusammen, wenn auch in verschiedenem Grad.

Zunächst äußert sich das Fehlen der Reihenfolge im Bericht des Erzählers wie folgt: Das Kind selbst weiß genau, in welcher Reihenfolge die Geschehnisse sich abspielten oder in welcher Folge die verschiedenen Teile eines Mechanismus aufeinander wirken, aber in seinem Bericht mißt es dieser Reihenfolge keine Bedeutung bei und zeigt kein Interesse

dafür. Dieses Phänomen liegt wieder einmal daran, daß der Erzähler mehr für sich als für den Gesprächspartner spricht oder, wenn man das vorzieht, daß der Erzähler nicht daran gewöhnt ist, seine Gedanken vor seinesgleichen zum Ausdruck zu bringen, also sozial zu sprechen. Ein Erwachsener pflegt nämlich in seinen Erzählungen auf zweierlei Reihenfolgen zu achten, die natürliche, die mit den Tatsachen selbst gegeben ist, und die logische oder pädagogische. Hauptsächlich aus dieser Sorge um Klarheit und aus dem Wunsch heraus, Nichtverstehen beim anderen zu vermeiden, gelingt es uns Erwachsenen, unsere Ausführungen in eine bestimmte logische Reihenfolge zu bringen, ob sie der natürlichen Reihenfolge entspricht oder nicht. Wenn nun ein Kind, das seine Gedanken ausdrücken will, meint, es würde direkt vom Gesprächspartner verstanden, gibt es sich keine Mühe, seine Sätze in dieser statt in jener Reihenfolge zu ordnen. Es folgt seinen Gedankenassoziationen und springt von einem Punkt zum anderen, ohne sich überhaupt um die natürliche und erst recht nicht um die logische Reihenfolge zu kümmern. Es nimmt an, daß die natürliche Reihenfolge dem Gesprächspartner bekannt ist, und die logische Reihenfolge hält es für überflüssig.
Hier ein Beispiel:
Ler (7;6) erklärt den Wasserhahn: *»Das ist eine Quelle. Sie fließt, oder sie fließt nicht, oder sie fließt. Wenn sie so ist* (Bild I), *fließt sie. Und dann das da, das ist ein Rohr* (c), *wo das Wasser durchläuft. Und dann wenn das liegt* (b), *wenn man den Hahn dreht, dann fließt es nicht. Wenn es steht und man dann zumachen will, dann liegt es* (man beachte den seltsamen Gebrauch von temporalen Nebensätzen).*Und dann das da, das ist ...* (die Schüssel). *Und dann das da, wenn das steht* (wiederum das Rohr b), *dann ist das auf, wenn das liegt, dann ist es zu.«*
Del (7 Jahre): *»Das da, das ist ein Wasserhahn, und dann ist er gedreht, und dann läuft das Wasser in die Schüssel, und dann, um sich einen Weg zu suchen, läuft es in das kleine Rohr* (man beachte die Umstellung dieser zwei Sätze), *und dann gibt es die Flügel, die sind gedreht ...«* usw.
Diese Form der Darlegung, in der die Sätze durch »und dann« (et puis) verbunden werden, ist ganz typisch. Die Verbindung »und dann« bedeutet weder eine temporale noch eine kausale Beziehung, noch eine logische Beziehung, eine Beziehung, die vom Erzähler gebraucht würde, um seine Sätze in der Art einer klaren Deduktion oder einer Beweisführung zu verknüpfen. Der Ausdruck »und dann« zeigt einfach eine ganz persönliche Verbindung zwischen den Gedanken, die im Geist

des Erzählers auftauchen. Aber, wie man sieht, sind diese Gedanken, sowohl was die logische als die natürliche Reihenfolge betrifft, unzusammenhängend, obwohl jeder, für sich genommen, richtig ist.
Sogar bei den Geschichten findet man zwischen 7 und 8 Jahren Fälle, wo jegliche Reihenfolge in der Erzählung fehlt; solche Fälle sind aber seltener. Hier ein Beispiel dafür:
Duc (7 Jahre): *»Es waren einmal vier Schwäne, und es war eine Königin und ein König, die auf einem Schloß wohnten, die hatten einen Jungen und ein Mädchen. In der Nähe wohnte eine Hexe, die liebte die Kinder des Königs nicht, sie wollte ihnen Böses tun. Sie sind zu Schwänen geworden, und dann waren sie im Meer . . .«* usw.
Die Schwäne erscheinen also, bevor die Kinder und die Hexe einander begegnen; Duc weiß aber genau, wie die Folge der Erzählung zeigt, woher die Schwäne kommen.
Es besteht aber ein beträchtlicher Unterschied zwischen dem Bericht der 7- bis 8jährigen Erzähler und dem der 6- bis 7jährigen – und da liegt einer der wichtigsten Punkte, die bei der Auswertung unseres Materials ins Licht gerückt werden (der uns auch am besten zeigt, wie wenig es von den schulischen Gewohnheiten abhängt). Das Fehlen einer Reihenfolge, wie wir eben beschrieben haben, ist bei 7- bis 8jährigen Kindern mehr oder weniger die Ausnahme. Es ist die Regel zwischen 6 und 7 Jahren. Es scheint also, daß die Fähigkeit, die Erzählungen oder die Erklärungen zu ordnen, um das 7. bis 8. Lebensjahr erworben wird. Diese Frage müßte sicher mit anderen Techniken wieder aufgegriffen werden; denn es wäre wichtig zu beweisen, was wir hier annehmen, nämlich daß die Reihenfolge in den Erzählungen gleichzeitig mit den Stadien der echten Diskussion und der Zusammenarbeit im abstrakten Denken (siehe den Schluß des Kapitels II) und zugleich mit dem Beginn des Verstehens unter Kindern erscheint (Stadium von 7 bis 8 Jahren, also in der Zeit, wo β bei den Erklärungen 75% übersteigt und 0,79 erreicht). Sicher sprechen manche Indizien zugunsten dieser Chronologie. Man weiß z. B., daß Binet und Simon den Test mit den drei Besorgungen (drei verschiedene Einkäufe in einer bestimmten Reihenfolge) für das 7. Lebensjahr zusammengestellt haben. Vor dem 7. Lebensjahr sind die Kinder zwar in der Lage, die verlangten Besorgungen zu machen, aber nicht in der bestimmten Reihenfolge. L. M. Terman hat zwar diesen Test schon bei 5jährigen Kindern vorgenommen, aber das scheint uns übertrieben. Dieser Text ist höchstens 6jährigen Kindern angemessen. Nun ist es aber wahrscheinlich leichter, bei Handlungen auf eine bestimmte Reihenfolge zu achten als bei einer Erzählung. Das

bringt uns erneut auf 7 oder 7;6 Jahre als die Altersstufe, in der Bemühungen um Ordnung in den Berichten der Kinder erscheinen.
Hier z. B. als Vergleichspunkte zwei Erzählungen: die Geschichte von den vier Schwänen, einmal von einem 7;6 Jahre alten Kind repräsentativ für diese Altersstufe erzählt, einmal von einem typischen 6;4 Jahre alten Kind:
Cor (7;6): »*Es war einmal auf einem großen Schloß ein König und eine Königin, die drei Söhne und eine Tochter hatten. Dann war auch eine Fee, die hatte die Kinder nicht lieb, dann hat sie sie ans Meeresufer gelockt, dann wurden die Kinder in Schwäne verwandelt, und dann suchten der König und die Königin ihre Kinder, bis sie sie gefunden haben. Sie sind bis ans Meeresufer gegangen, und dann haben sie die vier Kinder in Schwäne verwandelt gefunden. Als die Schwäne das Meer verlassen haben, sind sie zum Schloß gegangen, sie fanden das Schloß ganz zerstört, dann sind sie in die Kirche gegangen, dann wurden die drei Kinder in kleine alte Männer und eine kleine alte Frau verwandelt.*« Hier wird die Reihenfolge der Fakten also beachtet.
Met (6;4): »*Es war eine Fee, es war ein König, dann eine Königin. Dann war ein Schloß, es war eine böse Fee* (die gleiche), *die die Kinder* (welche?) *mitgenommen und sie in Schwäne verwandelt hat. Sie hat sie ans Meer gebracht* (Inversion). *Der König und die Königin kamen nach Hause, sie haben sie nicht wiedergefunden. Sie sind ans Meer gegangen und haben sie gefunden. Sie sind in ein Schloß* (dasselbe; Met weiß das) *gegangen, sie haben sie in kleine alte Männer verwandelt. Nachher* (!) *haben sie sie gefunden.* (Das wurde schon gesagt. Met weiß auch, daß es geschieht, bevor die Kinder in alte Leute verwandelt wurden.)«
Darf man sagen, daß das Fehlen einer Reihenfolge auf Gedächtnisschwäche zurückzuführen ist? Das ist einer der Faktoren, aber nicht der einzige. Der Beweis: Wir lesen Met noch einmal die gleiche Geschichte vor, und sie erzählt sie dann wie folgt: »*Es war ein König und eine Königin. Sie hatten drei Kinder, ein kleines Mädchen und drei Jungen. Es war eine böse Fee, die die Kinder in weiße Schwäne verwandelt hatte. Die Eltern haben sie gesucht, sie haben sie am Meeresufer gefunden. Und dann* (!) *hat man sie in Schwäne verwandelt* (sie kommt auf etwas zurück, was schon gesagt wurde). *Sie sagten, das wären ihre Kinder. Sie hatten ein Schloß* (schlecht plaziert). *Ihre Eltern sind tot. Sie sind in einem kalten Land gewesen* (Inversion). *Sie gingen in eine Kirche, man hat sie in kleine alte Männer und eine kleine alte Frau verwandelt.*«

Oder auch der Anfang der Erzählung von Niobe:
Cé (6 Jahre): *»Das ist eine Frau, sie heißt Morel, und dann hat sie sich in einen Bach verwandelt ... dann* (!) *hatte sie zehn Jungen und zehn Mädchen ... und dann später* (!) *hat die Fee sie am Ufer vom Bach festgebunden, und dann hat sie zwanzig Monate geweint, und dann darauf* (!) *hat sie zwanzig Monate geweint, und dann fließen ihre Tränen in den Bach, und dann ...«* usw.

Man kann sich sicher fragen, ob der Erzähler verstanden hat. Wir haben diesen Umstand immer durch geeignete Fragen verifiziert. Bei den mechanischen Erklärungen erhebt sich dieser Einwand übrigens nicht. Dort ist die logische Reihenfolge viel weniger vom Verstehen abhängig, und in den meisten Fällen versteht das Kind gut (das sehen wir an den Fragen, die wir anschließend stellen), erzählt aber unzusammenhängend. Hier ein gutes Beispiel für diese Zusammenhanglosigkeit bei einem Erzähler, der alles verstanden hat:
Ber (6;3): *»Siehst du diesen Wasserhahn, wenn die Flügel gerade sind, so* (Bild I, a), *wenn sie liegen, siehst du, das kleine Rohr hat eine kleine Tür, und dann kann das Wasser nicht durch.* (Es besteht keinerlei Beziehung zwischen den drei Tatsachen. Es scheint, daß hier ein Irrtum vorliegt. In Wirklichkeit ist Ber von Bild I zu Bild II übergegangen.) *Dann fließt kein Wasser, die Tür ist zu. Dann siehst du hier* (dies »dann« hat keinen Sinn; er zeigt Bild I), *du findest die kleine Tür* (b), *und dann kommt das Wasser in die Schüssel, und dann sind die zwei Flügel so* (a) (schon gesagt), *dann kann das Wasser fließen und dann ist das Rohr so* (Bild II, b), *dann ist da die kleine Tür nicht, dann findet das Wasser die Tür nicht. Dann bleibt das Wasser hier* (Bild II, c). *Wenn der Wasserhahn auf ist* (Geste), *ist da ein kleines Rohr, dann geht das Wasser durch. Und dann die Flügel, na ja die liegen* (Bild I, a), *während das kleine Rohr da gerade ist* (Bild II, er nennt »gerade«, was er im Satz davor »liegend« nannte), *die Flügel sind gerade* (Bild II, a, diesmal heißt »gerade« »senkrecht«) *und das kleine Rohr* (b, eben hat er davon gesprochen, er sagte es sei gerade), *das liegt.«*

Diese Art von Erklärung ist paradox. Bers Verstehen ist ausgezeichnet (γ = 1,00), er gibt zahlreiche Einzelheiten wieder, sein Wortschatz ist ebenfalls groß (er kennt z. B. das Wort »während« [tandis que], das im allgemeinen mit ca. 7 Jahren erscheint).[5] Die Reihenfolge ist jedoch derart durcheinander geraten, daß sie unverständlich wird. Selbst der Sinn der Worte (»gerade« und »liegend«) ändert sich von einem Augen-

5 Das ging aus den Aufzeichnungen in der »Maison des Petits« hervor. Siehe A. Descœudres, Le développement de l'enfant de deux à sept ans.

blick zum anderen. Der Gesprächspartner Ter (6 Jahre) hat folglich kaum etwas verstanden und mußte die Erklärung selbst neu zusammenstellen, was ihm übrigens schlecht gelungen ist ($\alpha = 0{,}66$).

Wir brauchen keine weiteren Beispiele, denn sie sind alle fast gleich. Wir wollen jetzt eine Besonderheit charakterisieren, die mit diesem Mangel an Reihenfolge in den Erklärungen zusammenhängt; wir meinen die Tatsache, daß ein Kind sich nicht um das »wie« der Phänomene kümmert, von denen es erzählt, oder die es beschreibt. Von dem Augenblick an nämlich, wo das Kind dazu neigt, die Tatsachen einfach wiederzugeben, ohne sich um ihre Beziehungen zu kümmern, interessiert es sich auch nicht für die Einzelheiten ihrer Entstehung. Es beschränkt sich darauf, diese Einzelheiten wahrzunehmen, aber auf egozentrische Weise, es versucht also nicht, sie auszudrücken. Ist eine bestimmte Bedingung erfüllt, dann ergibt sich eine bestimmte Konsequenz; wie das geschieht, ist unwichtig. Der angegebene Grund ist immer unvollständig. Wir wollen zuerst einige Beispiele geben und dann versuchen, dieses mangelnde Interesse für das »wie« von Mechanismen zu erklären. Zunächst einige Fälle, die bei den Geschichten beobachtet wurden:

Duc (7 Jahre), den wir weiter oben, S. 144, bereits zitiert haben, erzählt die Verwandlung der Kinder in Schwäne, sagt aber nicht, daß die Fee Ursache dieser Verwandlung ist: *»Sie sind Schwäne geworden.«* Das ist alles.

Maz (8 Jahre) sagt ebenfalls: *»Da war eine Fee, eine böse Fee. Sie haben sich in Schwäne verwandelt.«* Hier werden also beide Behauptungen ohne jede explizite Angabe bezüglich des »wie« aneinandergereiht.

Blat (8 Jahre): *»Sie haben sich in Schwäne verwandelt«* usw. In diesen Fällen kennt der Erzähler sehr wohl das »wie« der Verwandlung: Die Fee hat alles gemacht. Doch hält er es für überflüssig, darauf hinzuweisen, denn für ihn ist es selbstverständlich. Manchmal versteht der Nacherzähler, manchmal aber auch nicht. In den folgenden Fällen ist die Auslassung des »wie« schwerwiegender; denn selbst der Erzähler interessiert sich nicht immer für den Mechanismus, den er beim Erklären ausläßt:

Schi (8 Jahre) erklärt die Wasserspritze: *»Man tut Wasser hinein, und dann zieht man. Das Wasser geht hinein* (c), *man schiebt, und dann spritzt es.«* Schi hat ungefähr verstanden ($\gamma = 0{,}77$). Er erwähnt aber weder das Loch noch den leeren Raum, den der Kolben hinter sich läßt, wenn er hochgezogen wird. Deshalb versteht der Gesprächspartner schlecht ($\delta = 0{,}55$).

Gui (7;6) sagt unter anderem: *»Der Wasserhahn ist in dieser Richtung, das verhindert, daß man Wasser fließen läßt* (!).« Er erklärt weder die Rolle des Rohres noch die Wirkung der Flügel auf das Drehen des Rohres.

Ma (8 Jahre) sagt, daß das Wasser im Hahn nicht fließen kann, *»weil es geschlossen ist, damit das Wasser nicht herauskommt, weil es zu ist, hat man den Wasserhahn gedreht.«*

Kurz, all diese Erklärungen erwähnen die Hauptsache (die Stellung des Rohres b) nicht, anstatt sich explizit darauf zu beziehen: Der Erzähler hat dieses »wie« verstanden, hält es aber für selbstverständlich, weil es ihn nicht interessiert.

Solche unklaren Ausdrücke findet man in Fülle bei den kleinen und sogar bei älteren Kindern. Es ist überflüssig, sie alle zu zitieren. Dagegen ist es interessant festzustellen, wie häufig sie sind, und zu untersuchen, warum das Kind sich so wenig um das »wie« kümmert, weder im Hinblick auf den Gesprächspartner noch für sich selbst. Man weiß bereits, daß die spontanen Erklärungen der Kinder diesen konstituierenden Zug – das Desinteresse am »wie« der Phänomene – aufweisen. Warum findet Schi es ganz natürlich, daß »beim Hochziehen des Kolbens« das Wasser in die Spritze steigt, als ob der Kolben das Wasser hochsteigen ließe; daß das Drehen an einem Wasserhahn verhindert, das Wasser »fließen zu lassen«, als ob das Wasser etwa den Befehlen der Flügel dieses Hahns gehorche? Hier liegt die mangelnde Anpassung des kindlichen Denkens an die Einzelheiten der Mechanismen vor. Hängt dieser Mangel an Anpassung nicht auch mehr oder weniger mit dem Egozentrismus des Denkens zusammen? Für den Wert einer Erklärung gilt beim Kind wie bei uns als Kriterium die *Befriedigung*, die der Geist spürt, wenn er merkt, daß er die Wirkung, die er erklären will, mit Mitteln, die er dann als Ursachen betrachtet, *herstellen* kann. Wenn man nun für sich selbst denkt, scheint alles einfach, die Phantasie ist freier, der Autismus wirksamer, mit anderen Worten, das Denken verleiht sich eine größere Macht: Bei zwei Phänomenen A und B, von denen man genau weiß, daß sie miteinander durch eine kausale Beziehung verbunden sind, die allein das »wie« erklärt, hält man es nicht für nötig, diese Beziehung genauer zu formulieren, weil man genau weiß, daß man sie finden würde, wenn man sie suchte – ganz gleich, auf welche Weise –, und ebenfalls, weil man, was die Beweisführung betrifft, sich selbst gegenüber wenig anspruchsvoll ist. Im Grenzfall – oder im Ursprung – läßt das egozentrische Denken dieses »wie« völlig außer acht. Will man dagegen dem anderen gegenüber seine Gedanken zum Ausdruck bringen, so spürt man die Schwierigkeiten besser; man muß alle Beziehungen unterstreichen und darf kein gedankliches Kettenglied überspringen, wie es die individuelle Phantasie macht.

Wir wollen nicht behaupten, durch diese Erwägungen das Desinteresse der Erzähler und der Kinder im allgemeinen an dem »wie« der Phänomene erklärt zu haben. Wir meinen nur, daß wir hiermit auf einen der Faktoren dieser Nichtanpassung hingewiesen haben. Es gibt andere, tiefere, die wir in Kapitel VI betrachten werden. Dieser eine Faktor genügt im Augenblick: Da die Erzähler, wie wir gesehen haben, im allgemeinen von ihrem Standpunkt sprechen, ohne sich in den Standpunkt ihrer Gesprächspartner versetzen zu können, bleiben ihre Interessen egozentrisch, und sie neigen dazu, jede Auskunft über das »wie« der Mechanismen zu unterlassen. Die angegebenen Ursachen der Phänomene sind also im allgemeinen unvollständig.

Diese Besonderheit der »unvollständigen Ursache« oder des »unvollständigen Grundes« unter unseren gegenwärtigen Resultaten festzustellen, ist umso interessanter, als sich diese Erscheinung leicht experimentell reproduzieren läßt; und wir werden sie im Zusammenhang mit unseren Untersuchungen über die Konjunktionen der Kausalität wiederfinden (vgl. Band 2). Bei den Versuchskindern stellen wir auch ein Phänomen fest, einen besonderen Fall dieses Desinteresses am »wie« der Mechanismen, das wir ebenfalls später finden werden (vgl. Band 2): eine offensichtliche Verwechslung der syntaktischen Stellung [renversement] des »weil«. In diesen Fällen sieht es so aus, als ob die Konjunktion »weil« die Folge statt die Ursache wie im konkreten Stil angeben würde. Diese Verwirrung liegt in Wirklichkeit darin begründet, daß das Kind sich nicht um das »wie« der Beziehungen unter den Tatsachen kümmert, die es ausdrückt.

Hier ein Beispiel: In dem Text, den wir im vorigen Paragraphen zitiert haben, sagt Pour (7;6) nicht: »Das Wasser bleibt da, weil das Rohr liegt«, oder um dasselbe in seinem Stil zu formulieren: »Das Wasser bleibt da, weil die Rohre nicht dahin kommen können«, sondern er sagt genau das Gegenteil: *»Weil das Wasser da bleibt, können die Rohre nicht dahin kommen.«*

Wir geben jetzt ein anderes Beispiel: Diesmal wird nicht ein »weil« verwechselt, sondern ein »warum« (im Kapitel VI, § 2 werden wir solche Verwechslungen in der spontanen Kindersprache kennenlernen). Anstatt zu sagen: »Warum fließt das Wasser da und da nicht? Weil der Wasserhahn da auf ist und da zu«, sagt Mart (8 Jahre) das Gegenteil: *»Warum* *ist da der Wasserhahn da auf und da zu?* (Weil) *da das Wasser fließt und da nicht.«* Dieses »warum« sieht wie ein »Warum der Motivation« aus (= »warum hat man da den Wasserhahn auf und da zu gezeichnet?«), es sieht aber nur so aus: In Wirklichkeit handelt es sich einfach um eine Verwechslung, die wieder einmal auf das Desinteresse an den Einzelheiten des Mechanismus zurückgeht.

Wie wir in Band 2 ausführlicher darlegen werden, gehen diese scheinbaren Verwechslungen der Ursache und der Wirkung auf die Tatsache zurück, daß das »weil« noch keine eindeutige Beziehung zwischen Ursache und Wirkung angibt, sondern eine weniger klare, undifferenzierte Beziehung, die wir »reihende Beziehung« (»liaison de juxtaposition«) nennen können, die insgesamt gesehen durch das Wort »und« ausgedrückt wird. Anstatt zu sagen: »Das Wasser bleibt da, weil das Rohr liegt«, könnte das Kind ebensogut undifferenziert sagen: »Das Rohr liegt, *und* das Wasser bleibt da«, oder auch: »Das Wasser bleibt da, und das Rohr liegt.« Ersetzt also das Kind »und« durch ein »weil«, dann will es manchmal die Beziehung zwischen Folge und Ursache angeben, manchmal die umgekehrte Beziehung.

Dieser Tatbestand geht auf das wichtige Phänomen der *parataktischen Reihung* zurück. Die Reihung umfaßt alle Tatsachen, die wir in diesem Paragraphen dargelegt haben, und entspricht dem, was Luquet im Hinblick auf das Zeichen »Unfähigkeit zur Synthese« (»incapacité synthétique«) nannte. Damit ist gemeint, daß das Kind unfähig ist, von einer Erklärung eine zusammenhängende Fassung zu geben, sondern im Gegenteil dazu neigt, das Ganze in eine Reihe von fragmentarischen und unzusammenhängenden Behauptungen zu zerlegen. Diese Behauptungen sind »aneinandergereiht« in dem Maße, wie sie nicht durch kausale oder temporale Beziehungen oder durch logische Beziehungen miteinander verbunden sind. In einem Text, der aus solchen aneinandergereihten Sätzen besteht, fehlt also nicht nur die Beachtung der Reihenfolge: Es fehlt jeder verbale Ausdruck zur Beziehung einer Relation. Diese aufeinanderfolgenden Behauptungen werden höchstens durch das Wort »und« verbunden. Im Geist des Kindes entspricht dieses Wort wohl einer dynamischen Beziehung, die man etwa mit »das paßt damit zusammen« ausdrücken könnte. Wohl kann diese Bezeichnung mehrere Bedeutungen enthalten – einschließlich der kausalen Bedeutung –, es stellt sich aber die Erkenntnisfrage, ob sich das Kind dieser verschiedenen Bedeutungen bewußt ist, ob es imstande wäre, sie auszudrücken, und schließlich, ob es ihm gelingt, durch diese parataktische Reihung dem Gesprächspartner klar zu machen, worum es geht. Es ist im Gegenteil möglich, daß die Wahrnehmung dieser Beziehungen egozentrisch bleibt, d. h. nicht kommunizierbar und fast unbewußt. Wir werden noch sehen, daß der Nacherzähler in der Tat kaum versteht, was durch die parataktische Reihung ausgedrückt wird.

Hier ein Beispiel: Mart (8 Jahre): *»Die Flügel, die sind auf, und dann fließt das Wasser, das kleine Rohr ist auf, und das Wasser fließt. Da, da fließt das Wasser nicht, da sind die Flügel zu, und dann, da fließt das Wasser nicht, und da fließt das Wasser. Da fließt das Wasser nicht, und da fließt das Wasser.«*

Wie man sieht, gibt es hier kein Ganzes, keine Synthese, sondern eine Reihe parataktischer Behauptungen; in der ganzen Erklärung findet man tatsächlich weder ein »weil« noch eine ausgedrückte kausale Beziehung. Alles wird statisch ausgedrückt, sowohl die Beziehungen zwischen den Flügeln und dem Rohr (b), wie die zwischen der Stellung des Rohres (b) und dem Durchfließen des Wassers; alles wird nur mit »und dann« angegeben. Wird man sagen, daß wir Erwachsene uns oft genauso ausdrücken? Aber dann bringen wir Ordnung in unsere Sätze, und vor allem verstehen wir untereinander das, was wir sagen wollen: Hier dagegen hatte Mart zwar alles verstanden ($\gamma = 1{,}00$), aber sein Gesprächspartner hat nur einen Teil der Beziehungen verstanden ($\beta = 0{,}77$). Im übrigen darf man nicht das »und«, das eine temporale Folge angibt wie »die Fee hat Niobe festgebunden, *und* Niobe hat geweint«, mit dem »und« verwechseln, das ein »weil« ersetzt und allein ein »und« der parataktischen Reihung ist. Außerdem genügt das Fehlen des Wortes »weil« nicht, um das Phänomen der parataktischen Reihung zu kennzeichnen: Dazu gehört auch noch eine wirkliche Zusammenhanglosigkeit in der Reihenfolge der Sätze.

Hier noch ein Beispiel: Ber (siehe S. 146): *»Wenn die Flügel gerade sind* (I) *... das kleine Rohr hat eine kleine Tür, und dann* (II) *kann das Wasser nicht durch«*, und *»du findest die kleine Tür und dann kommt das Wasser in die Schüssel, und dann sind die zwei Flügel so.«* In diesem Beispiel gibt es weder eine Reihenfolge noch kausale Beziehung zwischen den Sätzen noch eine explizite Verbindung wie »weil« oder »dann«: Es handelt sich also um eine eindeutig parataktische Reihung.

Kurz, aus alledem können wir schließen, daß das Kind die statische Beschreibung der kausalen Erklärung vorzieht. Es beschränkt sich darauf, die Einzelteile eines Mechanismus zu beschreiben und, wenn es nötig ist, dessen wichtigste Bewegungen aufzuzählen; das tut es aber rein statisch und ohne Sorge um das »wie«. Außerdem besteht diese

Beschreibung in manchen Fällen aus einer Reihe von Sätzen, die weder logisch noch temporal geordnet sind, die auch nicht durch explizite Verbindungen (wie z. B. »weil« oder »dann«) verknüpft sind. In diesen letzten Fällen sprechen wir von »parataktischer Reihung«.[6]
Interessanterweise läßt sich an unserem Material die Existenz und Konstanz dieser Zeichen feststellen, die wir bereits unterstrichen haben, als wir die Funktionen der Kindersprache und die spontanen Erklärungen zwischen Kindern unter der Rubrik der »angepaßten Information« untersucht haben (Kapitel I, § 6). Diese Tatsache zeigt deutlich, daß dieses relative Nichtverstehen zwischen Kindern, auf dem wir hier insistieren, kein künstliches Phänomen, erzeugt durch unsere Experimente, ist, sondern dieser Mangel an Verstehen ist in der verbalen Kindersprache verwurzelt, so wie sie unter natürlichen Bedingungen zu beobachten ist. Wir machen übrigens, wie wir schon sagten, für die Sprache, die mit Gesten begleitet wird, eine Ausnahme, denn sie bringt die Kausalität auf ihre Art zum Ausdruck, ohne besondere Worte oder explizite Bezeichnungen.
Eine Folge dieses statistischen, also der Kausalität nicht angepaßten Sprechens ist, daß das Kind sich besser ausdrücken kann, wenn es Geschichten erzählt, als wenn es einen Mechanismus erklärt. Wir haben ja gesehen, daß der Koeffizient δ bei den Geschichten immer höher liegt als bei den Erklärungen.

§ 6. Die Faktoren des Verstehens

Nachdem wir alle charakteristischen Züge der Erklärung unter Kindern festgestellt haben, scheinen zwei Schlußfolgerungen möglich: Entweder, da diese charakteristischen Züge auf eine allen Kindern gemeinsame Denkstruktur zurückgehen, d. h. da alle Kinder egozentrisch sind, verstehen sie sich leichter untereinander, als sie uns Erwachsene verstehen (weil sie die gleichen Denkmethoden haben), oder aber sie verstehen sich untereinander schlecht, garade wegen dieses Egozentrismus, weil jedes in Wirklichkeit für sich denkt. Wie die Erfahrung gezeigt hat, entspricht diese zweite Hypothese, was das verbale Verstehen angeht, am ehesten den Tatsachen.
Jetzt ist es an der Zeit zu untersuchen, ob der Erzähler sozusagen allein

[6] Im Band 2 werden wir noch ausführlich das Phänomen der parataktischen Reihung untersuchen, besonders im Zusammenhang mit der Konjunktion »weil«.

die Schuld an diesem Nichtverstehen trägt, oder ob die Art, wie der Nacherzähler versteht, nicht auch Besonderheiten aufweist, die es festzuhalten lohnt.
Zunächst haben wir gesehen, daß der Erzähler sich hauptsächlich deswegen so unklar und elliptisch ausdrückt, weil er überzeugt ist, daß der Gesprächspartner auf Anhieb versteht oder sogar im voraus alles weiß, was man ihm sagt. In diesem Zusammenhang ist zu bemerken, daß der Gesprächspartner eine völlig komplementäre Haltung einnimmt: Er glaubt immer, alles verstanden zu haben. So undeutlich die Erklärung auch sein mag, er ist immer zufrieden. Nur in zwei oder drei Fällen bei allen unseren Experimenten haben wir erlebt, daß der Nacherzähler sich über die erhaltene Erklärung beschwert. Liegt es an den schulischen Gewohnheiten, daß diese Zufriedenheit so leicht zu erreichen ist? Auch hier ist dieser Einwand nicht haltbar; denn dieses Merkmal ist bei den jüngeren Kindern noch ausgeprägter: Die Fragen, die in den seltenen Fällen gestellt wurden, kamen von 7- bis 8jährigen Nacherzählern. Die kleineren sind immer und auf der Stelle zufrieden. Wie wir außerdem in den vorigen Kapiteln gesehen haben, ist es ein charakteristischer Zug der Kindergespräche, daß jeder glaubt, er verstehe und höre den anderen zu, auch wenn dies nicht der Fall ist.
Nach diesen Bemerkungen kann man sich fragen, wie sich das Stadium des Verstehens von Kindern untereinander von 7 bis 8 Jahren charakterisieren läßt. Man kann ohne Paradoxie sagen, daß sich auf diesem Niveau zwei Kinder nur in dem Maße untereinander verstehen, wie identische, bei jedem schon vorhandene Denkschemata aufeinandertreffen. Mit anderen Worten: Wenn der Erzähler und sein Gesprächspartner bereits gemeinsame Interessen und Vorstellungen hatten oder zum Zeitpunkt des Experiments haben, dann wird jedes Wort des Erzählers verstanden, weil es sich bei dem Gesprächspartner in ein schon vorhandenes und klar umrissenes Schema einfügt. In diesen Fällen gelingt es dem Erzähler manchmal, das Schema seines Gesprächspartners zu bereichern. In allen anderen Fällen spricht der Erzähler ins Leere. Er beherrscht noch nicht, wie der Erwachsene, die Kunst, im Geiste des anderen nach irgendeiner Basis zu suchen und sie zu finden, auf der er eine neue Konstruktion errichten kann. Der Nacherzähler seinerseits beherrscht nicht die Kunst zu erfassen, was ihn vom Erzähler trennt, und seine eigenen, bisherigen Vorstellungen denen anzupassen, die ihm jetzt dargestellt werden. Wenn vor dem Experiment bei den Kindern nicht bereits gemeinsame Schemata vorhanden waren, rufen die Worte des Erzählers wegen einer zufälligen Analogie und sogar

wegen irgendwelcher Klangähnlichkeiten ein beliebiges Schema im Geiste des Nacherzählers hervor, der dann meint, er habe verstanden und in Wirklichkeit lediglich fortfährt, wie bisher zu denken, ohne sich von seinem Egozentrismus zu befreien.[7]

Aus diesem Grunde werden die Erklärungen eines Mechanismus, wie wir gesehen haben, besser als die Geschichten verstanden, auch wenn sie schwieriger wiederzugeben sind. Selbst wenn die Darlegung schlecht ist, spricht sie bei dem Gesprächspartner analoge, schon vorhandene Schemata an: Es handelt sich also nicht um echtes Verstehen, sondern um eine Konvergenz von bereits erworbenen Schemata. Bei den Geschichten ist diese Konvergenz nicht möglich, und die hervorgerufenen Schemata sind in der Regel divergent.

Wir brauchen keine weiteren Beispiele für diese divergierenden Schemata zu geben. In den Paragraphen 2 und 4 haben wir genug Berichte von Nacherzählern gesehen, so daß wir hier keine neuen zitieren wollen. Wir beschränken uns darauf, ein oder zwei Beispiele für ursprünglich rein verbale Schemata zu geben:

Nachdem Ri (8 Jahre) eine der Fassungen von Gio gehört hat, erzählt er die Geschichte von Niobe wie folgt: *»Es war einmal eine Frau, die Vaika hieß. Sie hatte zwölf Söhne. Eine Fee hatte nur einen. Einmal, eines Tages, da hat ihr Sohn einen Fleck auf einen Stein gemacht. Seine Mutter weinte fünf Jahre lang. Das* (der Fleck, wie Ri uns nachher gesagt hat) *hat einen Felsen gemacht, und ihre Tränen, die haben einen Bach gemacht, der noch heute fließt.«*

Die Vorstellung des Flecks (la tache) entstand bei Ri, als Gio folgende Worte sagte: »Der Sohn der Fee hat sie an einem Stein festgebunden (attachée).« Die Assonanz »tache – attaché« genügte, um eine ganze Konstruktion in Ri's Geist hervorzurufen: Die Mutter weint wegen des Flecks, der Fleck ist zu einem Felsen geworden. Das Nichtverstehen erstreckt sich also nicht nur auf ein Wort (attaché): Da wir in ganzen Sätzen denken und nicht in Wörtern, wurde der gesamte Schluß der Geschichte entstellt.

Herb (6 Jahre) erzählt die Geschichte von den vier Schwänen, nachdem er die Erzählung von Met (siehe § 5) gehört hat *»Es gab eine Königin mit einem König, dann vier Kinder, ein Mädchen und drei Jungen. Es*

[7] In diesem Zusammenhang ist es vielleicht interessant zu erwähnen, daß N. Roubakine (vgl. Ad. Ferrière, La psychologie bibliographique d'après les documents et les travaux de Nicolas Roubakine, in: Archives de psychologie, Bd. 16, S. 101–132) anläßlich seiner Untersuchung des Verstehens von Erwachsenen beim Lesen zu einer ähnlichen Auffassung gelangte; er hat gezeigt, daß Erwachsene verschiedener geistiger Typen sich auch nicht verstehen, wenn der eine die Schriften des anderen liest.

war eine böse Fee, dann hatte man alle Kinder weiß angezogen. Die Eltern hatten sie gesucht. Er hatte sie am Ufer des Meeres gefunden. Er hat der bösen Königin (= der Fee) *gesagt: ›Sind dies Eure Kinder?‹ Die böse Königin hat gesagt: ›Nein, es sind nicht Eure.‹«*

Hier scheint es ebenfalls, daß nur die Worte »in weiße Schwäne verwandelt« entstellt wurden (= »weiß angezogen«). Es bleibt aber nicht dabei. Diese Idee einer Verkleidung hat den Schluß der Geschichte bedeutend verändert: Anstatt an eine Verwandlung von Kindern in Tiere, die in ein fernes Land ziehen, zu denken, macht Herb aus der Geschichte die eines einfachen Kinderraubs. Die Fee hat die Kinder verkleidet, um sie bei sich zu behalten, und wegen der Verkleidung konnten die Eltern sie weder wiederfinden noch erkennen.

Man sieht, wie die Entstellung zustande kommt. An einer Silbe oder an einem Wort, die schlecht verstanden werden, entwickelt sich im Geiste des Nacherzählers ein ganzes Schema, das die Fortsetzung der Geschichte verschleiert und entstellt. Dieses Schema geht darauf zurück, daß das Denken um so weniger analytisch ist, je egozentrischer es ist, so wie wir es im Kapitel I gesehen haben. Das Denken erfaßt in diesem Fall nicht isolierte Wörter, sondern neigt dazu, in ganzen Phrasen vorzugehen, die es als Ganzes versteht oder entstellt, ohne sie zu analysieren. Dieses Phänomen ist übrigens in der verbalen Intelligenz des Kindes allgemein verbreitet, und wir wollen es im nächsten Kapitel unter der Benennung »verbaler Synkretismus« untersuchen.

Was schließlich die Faktoren des Verstehens betrifft, kann man sich fragen, in welchem Ausmaße der Nacherzähler die Form versteht, wie der Erzähler die Kausalität ausdrückt. Wir haben ja gesehen, daß die kausale Verbindung im allgemeinen durch einfache parataktische Reihung ersetzt wird. Versteht nun der Nacherzähler diese parataktische Reihung als kausale Verbindung? Das ist die Frage. Hier einige Ergebnisse, die wir bei 7- bis 8jährigen Kindern bei der Fragestellung »Wasserhahn« erhalten haben. Wir haben die Punkte 4, 6, 7 und 9 gesondert ausgewertet, weil diese Punkte ausschließlich die Kausalität betreffen (4 = wenn die Flügel waagerecht stehen, ist das Rohr offen; 6 = das Wasser fließt, weil das Rohr offen ist; 7 und 9 = umgekehrt). Wir haben unsere vier Koeffizienten ausschließlich an Hand dieser vier Punkte errechnet. So haben wir ein Maß des Verstehens der Kausalität bekommen, wobei es hier keine Rolle spielt, ob die kausale Verbindung von dem Erzähler durch parataktische Reihung ausgedrückt wurde oder nicht:

$\alpha = 0{,}48 \quad \gamma = 0{,}97 \quad \beta = 0{,}68 \quad \delta = 0{,}52.$

Bei den 6- bis 7jährigen Kindern sind die Ergebnisse offensichtlich die gleichen (α = 0,49 und β = 0,68).
Die Bedeutung dieser Zahlen ist klar. Die Kausalität wird zwar vom Erzähler gut verstanden (γ = 0,97 ist ein ausgezeichneter Koeffizient, der höher liegt als das durchschnittliche Verstehen der mechanischen Erklärungen bei dem Erzähler, das um 0,93 und 0,80 beträgt), sie wird aber schlecht ausgedrückt (δ = 0,52). Letzteres bestätigt also, daß das Phänomen der parataktischen Reihung allgemein ist. Die Folge dieser schlechten verbalen Ausdrucksweise ist ganz natürlich: Der Nacherzähler versteht den Erzähler sehr schlecht (α = 0,48 gegenüber 0,68 für die Erklärung eines Mechanismus bei den 7- bis 8jährigen und 0,56 bei 6- bis 7jährigen Kindern), und er versteht sogar das schlecht, was letzterer noch zum Ausdruck gebracht hat (β = 0,68 gegenüber 0,79 bei den 7- bis 8jährigen Kindern). Die kausalen Beziehungen werden also zwischen Kindern schlecht verstanden, ob sie nun durch parataktische Reihung ausgedrückt werden oder nicht.
Welche Rolle spielt nun das Phänomen der parataktischen Reihung bei diesem Nichtverstehen? Um dieses Problem zu lösen, haben wir bei der Erklärung des Wasserhahns und der Spritze sowie bei den Geschichten alle Fälle gesondert aufgezeichnet, wo eindeutig eine parataktische Reihung vorliegt, d. h. alle Fälle, bei denen eine kausale Beziehung einfach durch die parataktische Reihung (mit oder ohne »und«) der beiden zu verbindenden Sätze ausgedrückt wird. Und wir haben untersucht, in welchem Maße diese parataktische Reihung als eine kausale Verbindung verstanden wurde. Nehmen wir z. B. folgende Äußerung eines Erzählers: »Die Flügel stehen so, und das kleine Rohr ist zu.« In wieviel Fällen hat nun der Nacherzähler verstanden, daß das kleine Rohr zu ist, *weil* die Flügel gedreht wurden? (Es spielt dabei keine Rolle, ob der Nacherzähler sein Verstehen zum Ausdruck bringt oder nicht; denn es wird durch unsere zusätzlichen Fragen kontrolliert.) Bei etwa vierzig ausgesonderten, eindeutigen Fällen von Verbindungen durch parataktische Reihung wurde nur ein Viertel verstanden, d. h. daß nur in einem Viertel der Fälle die kausale Beziehung vom Gesprächspartner begriffen wurde. Das ist eine sehr wichtige Tatsache: Die Verbindung durch parataktische Reihung ist also ein egozentrisches Mittel, um die Kausalität zu denken. Sie kann für das Kind kein angepaßtes Ausdrucksmittel darstellen.
Sind diese Ergebnisse nun zufällig, liegen sie also an der Technik unseres Experiments, oder entsprechen sie Tatsachen, die man im spontanen Leben des Kindes beobachten kann? Wir brauchen uns nur an

die Ergebnisse der beiden letzten Kapitel zu erinnern, um einzusehen, daß dieses Nichtverstehen der Kausalität bei Kindern untereinander einer ursprünglichen Tatsache entspricht: Vor dem 7. oder 8. Lebensjahr kommt die Kausalität bei Kindergesprächen nicht vor. Die Erklärungen, die sie einander geben, sind selten, und sie sind statisch. Die Fragen, die sie aneinander richten, enthalten selten ein »warum«, und man findet kaum eine Frage, die eine kausale Erklärung fordert. Vor dem 7. oder 8. Lebensjahr ist die Kausalität Gegenstand nur der egozentrischen Reflexion. Diese Reflexion ist der Anlaß zu den wohlbekannten Fragen der Kinder an Erwachsene; aber die Schemata, die zu diesen Fragen notwendig sind oder von den Antworten der Erwachsenen hervorgerufen werden, bleiben Schemata, die nicht mitteilbar sind und die folglich alle Merkmale des egozentrischen Denkens beibehalten.

§ 7. Schluß. Die Frage der Stadien und das Bemühen um Objektivität in den Berichten von Kindern untereinander

Eine letzte Frage kann man sich im Zusammenhang mit unseren Experimenten stellen: In welchem Maße versuchen die Kinder, objektiv zu sein, wenn sie untereinander sprechen? Man muß von vornherein sagen, daß die Objektivität des Denkens mit seiner Mitteilbarkeit [Kommunikabilität] zusammenhängt. Gerade wenn wir egozentrisch denken, lassen wir unserer Phantasie freien Lauf. Wenn wir sozial denken, unterwerfen wir uns viel eher dem »Imperativ der Wahrheit«. Wann wird sich dieses Bemühen um Objektivität in der Erklärung oder der Erzählung von Kindern untereinander also zeigen? Wenn wir diesen Zeitpunkt bestimmen können, sind wir zugleich in der Lage, die kritische Zeit festzulegen, wo das Verstehen unter Kindern *gewollt* und damit möglich wird.

In dieser Hinsicht enthält unser Material eine relativ klare Antwort. Einerseits dürfen wir nämlich erst nach dem 7. oder 8. Lebensjahr von einem wirklichen Verstehen unter Kindern sprechen. Bis dahin überwiegen die egozentrischen Faktoren des verbalen Ausdrucks (elliptischer Stil, unklar angewandte Pronomina usw.) und des Verstehens selbst sowie die abgeleiteten Faktoren (wie das Fehlen einer Reihenfolge in den Erzählungen, die parataktische Reihung usw.) noch so stark, daß kein echtes Verstehen unter Kindern stattfinden kann. Wie es scheint, bringt das Alter von 7 bis 8 Jahren eine sich abschwächende Intensität dieser Faktoren und sogar das Verschwinden einiger von ihnen (Fehlen einer Reihenfolge). Andererseits – und das, weil wir uns auf Grund dieser Konvergenz zweier Phänomene, die sicher nicht durch Zufall zusammentreffen, erlauben, den Beginn des verbalen Verstehens unter Kindern im Durchschnitt zwischen dem 7. und 8. Lebensjahr anzusetzen – besteht ein fundamentaler Unterschied zwischen den 6- bis 7jährigen und den 7- bis 8jährigen Kindern hinsichtlich ihres Bemühens um Objektivität.

Wir haben uns nämlich im Laufe unserer Experimente oft gefragt, in welchem Maße die Erzähler bei ihrer Darlegung oder die Nacherzähler, wenn sie das Gehörte wiedergeben, bemüht waren, wahrhaftig zu sprechen, oder einfach der Meinung waren, wahrhaftig zu sprechen. Es kommt zum Beispiel vor, daß der Erzähler den Schluß seiner Geschichte oder seiner Erklärung nicht mehr gegenwärtig hat und, wie es scheint, diesen Schluß erfindet oder ihn wenigstens entstellt, so als fabuliere er. Ebenfalls kommt es vor, daß der Nacherzähler, wie es scheint, darauf verzichtet, das Gehörte getreu zu wiederholen, und lieber irgendeine erfundene Geschichte vorträgt, als etwas wiederzugeben, was er nicht verstanden hat. In dieser Hinsicht gibt es zwischen unseren zwei Gruppen von Kindern einen großen Unterschied.

Von den 7- bis 8jährigen Jungen darf man mit Sicherheit sagen, daß sowohl der Erzähler als auch der Nacherzähler bemüht sind, das Gehörte getreu wiederzugeben. Sie haben Sinn dafür, was die Genauigkeit einer Erzählung oder die Wahrheit einer Erklärung ist. Wenn sie fabulieren, was selten vorkommt, sind sie sich dessen bewußt, und sie sind auch bereit, das zuzugeben, wenn wir sie danach fragen. Das kann man umso deutlicher feststellen, als in dieser Hinsicht ein beträchtlicher Unterschied zwischen den Geschichten und den Erklärungen eines Mechanismus besteht. Die Erklärung eines Mechanismus interessiert viel mehr. Der Erzähler und der Nacherzähler bemühen sich beide zu verstehen. Daher sind die Ergebnisse besser. Die Geschichten interessieren weniger. Der Erzähler trägt sie mit mehr Nachlässigkeit vor. Auch wenn er wahrheitsgetreu wiederholt, was meistens der Fall ist, ist er weniger um Objektivität bemüht.

Bei den kleineren Kindern dagegen läßt sich nicht so leicht zwischen dem Fabulieren und dem getreuen Berichten unterscheiden. Wenn das Kind vergessen oder schlecht verstanden hat, erfindet es in aller Aufrichtigkeit. Stellt man ihm Fragen über das, was es gehört hat, gibt es sein Fabulieren auf; läßt man es jedoch gewähren, so glaubt es, was es erfindet. Zwischen dem Fabulieren – oder dem bewußten, gewollten

Erfinden – und der unbewußten Entstellung liegen also alle möglichen Zwischenformen.

Dieser Unterschied zwischen unseren beiden Gruppen von Kindern ist sehr wichtig. Er ist ein Beweis dafür, daß erst bei den ungefähr 7- bis $7^{1}/_{2}$jährigen Kindern das Bemühen erscheint, das Denken objektiv mitzuteilen und die anderen zu verstehen. Denn wie es scheint, wurden die Kleinen nicht durch das Fabulieren daran gehindert, sich gegenseitig im Laufe unserer Experimente zu verstehen (in den Fällen, wo sie nicht fabulierten, haben wir die gleichen Phänomene des Nichtverstehens beobachtet), es ist vielmehr umgekehrt: Die Tatsache, daß sie egozentrisch bleiben und nicht das Bedürfnis empfinden, sich mitzuteilen und zu verstehen, setzt die Kinder in die Lage, ihrer Phantasie freien Lauf zu lassen und zu fabulieren, und dies erklärt, daß sie sich so wenig um die Objektivität der Berichte kümmern.

V. Kapitel

BESONDERE MERKMALE DES VERBALEN VERSTEHENS BEI 9- BIS 11JÄHRIGEN KINDERN[1]

In den ersten Kapiteln haben wir den egozentrischen Charakter des kindlichen Denkens hervorgehoben, und wir haben uns bemüht, die Bedeutung zu zeigen, die dieses Phänomen für die Gedankenführung im allgemeinen haben kann. Insbesondere haben wir versucht, die drei folgenden Punkte hervorzuheben, in denen das egozentrische Denken sich vom sozialisierten Denken unterscheidet: 1. Das Denken ist nicht diskursiv, sondern springt durch einen einzigen intuitiven Akt von den Prämissen zum Schluß, ohne sich der Deduktion zu bedienen (und dasselbe gilt sogar für den verbalen Ausdruck des Denkens, während beim Erwachsenen nur das schöpferische Denken diesen intuitiven Charakter hat; die Darstellung dagegen ist in verschiedenem Maße deduktiv). 2. Bildliche Schemata und 3. Analogieschemata werden gebraucht; beide spielen bei der Steuerung des Denkens eine äußerst aktive Rolle, sind allerdings äußerst unzuverlässig, weil nicht mitteilbar und willkürlich. Diese drei Attribute kennzeichnen so das allgemeine Phänomen des *Synkretismus des Denkens.* Gewöhnlich wird der Synkretismus von einem vierten Kennzeichen begleitet, das wir ebenfalls schon erwähnt haben: ein bestimmtes Maß an Vertrauen und Zuversicht, so daß das Subjekt gern auf jeden Versuch einer Beweisführung verzichtet. Diese Phänomene wollen wir nun untersuchen.

Es scheint uns, daß der kindliche Egozentrismus nur bis zum Alter von 7 oder 8 Jahren erheblich ist, bis zu der Altersstufe, in der die Gewohnheiten des sozialisierten Denkens allmählich deutlicher hervortreten. Bis ungefähr 7½ Jahre also ist das ganze kindliche Denken von den Folgen des Egozentrismus, insbesondere des Synkretismus geprägt, ob das Denken nun rein verbal ist (verbale Intelligenz) oder ob es sich auf

[1] In Zusammenarbeit mit Alice Deslex.

die unmittelbare Beobachtung bezieht (Wahrnehmungsintelligenz). Nach dem Alter von 7 bis 8 Jahren verschwinden diese Folgen des Egozentrismus nicht sofort, sondern sie sitzen immer noch im abstraktesten Teil des Denkens fest, also in dem Teil des Denkens, der sich am schwersten fassen läßt, d. h. genau auf diesem Niveau des rein verbalen Denkens. So kommt es vor, daß beim Kind zwischen 7½ und 11 bis 12 Jahren vielleicht in der Wahrnehmungsintelligenz, also in dem an eine unmittelbare Beobachtung geknüpften Denken – ob dieses nun von Sprache begleitet wird oder nicht –, jeder Rest von Synkretismus verschwunden ist, daß sich aber noch deutliche Spuren des Synkretismus in seiner verbalen Intelligenz, in dem von der unmittelbaren Beobachtung losgelösten Denken, erhalten haben. Diesen Synkretismus, der nach dem Alter von 7 und 8 Jahren vorkommt, nennen wir *verbalen Synkretismus*. Nur von ihm soll hier die Rede sein.

Wir haben nicht einmal vor, eine Gesamtuntersuchung des verbalen Synkretismus vorzunehmen oder die verschiedenen Formen einzuordnen, die sich beim Kind zeigen. Wir wollen uns darauf beschränken, hier das Ergebnis eines Experimentes zu analysieren, das mit dem Synkretismus zusammenhängt und auf das wir ganz zufällig bei Voruntersuchungen zur Erstellung eines Verstehenstestes gestoßen sind.

Im *Institut J. J. Rousseau* bedienen wir uns manchmal eines Verstehenstestes, der sich zur Prüfung von Gymnasiasten oder von 11- bis 15jährigen Kindern sehr gut eignet. Zunächst legt man dem Versuchskind einige Sprichwörter vor, wie »Wer einmal getrunken hat, trinkt auch weiter«, »Auch kleine Bäche machen einen Fluß« usw. (10 Sprichwörter zugleich), dann legt man ihm 12 Sätze bunt durcheinander vor, von denen 10 jeweils den gleichen Gedanken in einer neuen Form wie jedes der vorgelegten Sprichwörter ausdrücken. Zum Beispiel entspricht der Satz »Es ist schwer, sich von schlechten Gewohnheiten zu befreien« dem Sprichwort »Wer einmal getrunken hat, trinkt auch weiter«. Man bittet das Kind, die Sprichwörter zu lesen und anschließend die jeweils korrespondierenden Sätze herauszufinden.

Nun haben wir versucht, diesen Test bei 9-, 10- und 11jährigen Kindern durchzuführen, und haben dabei folgendes beobachtet:

Zunächst haben die Kinder in den meisten Fällen die Sprichwörter natürlich überhaupt nicht verstanden; wohl aber haben sie gemeint, sie hätten verstanden, und haben von uns keine zusätzliche Erklärung über den wörtlichen oder verborgenen Sinn verlangt. Das ist eine sehr allgemeine Erscheinung des Verbalismus und übrigens als solche interessant. Kann man sagen, daß diese Erscheinung auf die Angst und die strenge Disziplin im Schulmilieu oder auf eine falsche Scham oder eine durch das Experiment bewirkte Aufregung zurückgeht? Manchmal trifft es zu, aber in den meisten Fällen nicht, wo das Kind wirklich zu verstehen glaubt. In diesen Fällen wiederholt sich bei dem Experiment lediglich ein alltägliches Phänomen: Das Kind hört Worte, die ein Erwachsener spricht, die ihm gelten oder auch nicht – das ist unwichtig –, und anstatt den Erwachsenen zu unterbrechen, um Erklärungen zu verlangen, glaubt das Kind sofort, es habe verstanden, oder es versucht für sich selbst zu verstehen, gleicht an seine eigenen Schemata an und verleiht im Laufe seiner Überlegungen jedem gehörten Wort einen mehr oder weniger genauen und konstanten, immer aber kategorischen Sinn. Das alles interessiert uns hier aber nur indirekt, und das Nichtverstehen von Sprichwörtern soll nicht Thema dieses Kapitels sein.

Eine zweite Feststellung: Die Kinder fanden, manchmal ohne zu zögern, manchmal nach mehrmaligen Versuchen, Sätze, die den nicht verstandenen Sprichwörtern entsprachen und in ihren Augen diese Bedingung richtig erfüllten, »dasselbe zu bedeuten« wie die betreffenden Sprichwörter. Die Kinder haben die Aufgabe also begriffen und auf ihre Weise gelöst. Natürlich war die Korrespondenz zwischen den Sprichwörtern und den »gleichbedeutenden« Sätzen verblüffend, weil unerwartet, und für uns zunächst völlig unverständlich, so daß wir gemeint haben, die Kinder müßten fabulieren. Aber auch das interessiert im Augenblick nicht. Es ist klar, daß die Kinder ohne Schwierigkeit einen korrespondierenden Satz finden, wenn sie meinen, sie verstünden die Sprichwörter. Daß diese Korrespondenz für die Logik eines Erwachsenen absurd ist, wundert nicht, und davon wollen wir gar nicht reden. Wie aber kommt die Korrespondenz zustande? An diesem Punkt berühren wir den verbalen Synkretismus.

Eine dritte Feststellung: Wir glauben, nachgewiesen zu haben, daß diese Korrespondenz nicht zufällig ist und nicht nur auf den sogenannten Verbalismus zurückgeht, d. h. auf den automatischen Gebrauch von Wörtern, die keinen Sinn haben. Im Gegenteil – und wir wollen in diesem Kapitel nur die spezielle Form dieser Korrespondenz unterstreichen – erkennt man in dieser Bemühung des Kindes um Verstehen und Erfinden mehrere dieser Analogieschemata und dieser sprunghaften Denkprozesse, die den verbalen Synkretismus gerade charakterisieren. Unter diesem Gesichtspunkt halten wir es für nützlich, diese wenigen Tatsachen, so unbedeutend sie auch auf den ersten Blick erscheinen mögen, darzulegen und zu analysieren.

Wie man sieht, verdanken wir unser Material einer äußerst schlechten

Technik. Wie aber jeder weiß, muß man in der Wissenschaft von allem profitieren, und das, was nach Experimenten, die zu einem bestimmten Zweck erdacht wurden, übrig bleibt, ist oft interessanter als diese Experimente selbst.

Wir hätten trotz dieser Vorbehalte nicht gewagt, Kinder dazu zu veranlassen, zu Sprichwörtern, die sie nicht verstanden, gleichbedeutende Sätze zu suchen, wenn nicht jedes unserer Kinder fähig gewesen wäre, bei mindestens zwei oder drei Sprichwörtern (von 10, 20 oder 30 je nach dem Experiment) die richtige Korrespondenz zu finden, und somit bewiesen hätte, daß es die Aufgabe verstehen konnte und begriff, was ein Sprichwort ist. Weiterhin haben wir uns im Laufe unserer Untersuchung davon überzeugt, daß das Kind im täglichen Leben sehr häufig Sätze hört, die es zu verstehen glaubt, auf seine Art assimiliert und ebenso entstellt wie die von uns verwendeten Sprichwörter. In dieser Hinsicht sind die Phänomene des verbalen Synkretismus von allgemeiner Bedeutung für das ganze verbale Verstehen des Kindes, und es lohnt sich, sie zu untersuchen. Wir hoffen, daß man uns angesichts dieser Umstände unsere Technik nicht vorwerfen wird. Es ist auch keine Technik! Wir haben nur »Experimente zur Probe« gemacht. Unsere Ergebnisse sollen nur Anregungen sein, die durch andere Methoden verbessert und kontrolliert werden müssen.

§ 1. Der verbale Synkretismus[2]

Zunächst wollen wir einige einleitende Worte über den Synkretismus sagen, unabhängig von den neuen Umständen, unter denen wir ihn beobachtet haben.

Die Autoren, die sich mit der Erforschung der Wahrnehmung befaßt haben, insbesondere mit dem Lesen am Tachistoskop und mit der Gestaltwahrnehmung, kamen zu der Ansicht, daß wir die Gegenstände nicht durch vorausgehende Analyse und Wahrnehmung jeder Einzelheit erkennen und wahrnehmen, sondern durch »Gesamtgestalten« (»formes d'ensemble«), die ebenso sehr von uns selbst konstruiert werden, wie sie durch die einzelnen Teile der wahrgenommenen Gegenstände gegeben sind, und die man das »Schema« oder die »Gestaltqualität« dieser Gegenstände nennen kann. Zum Beispiel wird ein Wort mit dem Ta-

[2] Dieser Paragraph wurde wie das ganze Kapitel geschrieben, bevor wir von der »Gestaltheorie« Kenntnis erhielten. Man wird sofort sehen, inwiefern unsere Ergebnisse mit den leitenden Hypothesen dieser heute gut bekannten Lehre übereinstimmen.

chistoskop nur für kurze Zeit dargeboten, daß man die Buchstaben nicht einzeln unterscheiden kann. Aber ein oder zwei dieser Buchstaben sowie die allgemeine Länge des Wortes werden erfaßt: und das genügt, um ein korrektes Lesen zu ermöglichen: Jedes Wort hat also sein »Schema«[3].

In einer Bemerkung über die kindliche Wahrnehmung hat Ed. Claparède[4] gezeigt, daß diese Schemata beim Kind von größerer Bedeutung als bei uns Erwachsenen sind, da sie der Wahrnehmung von Einzelheiten lange vorhergehen. Zum Beispiel gelang es einem 4jährigen Kind, das weder Musiknoten noch das Alphabet lesen konnte, die Lieder aus einem Gesangbuch nach ihren Titeln und durch bloßes Anschauen der Seiten zu erkennen, und zwar noch Tage und Wochen später. Jede Seite besaß also für das Kind ein Gesamtschema, während für uns, weil wir die Wörter und sogar die Buchstaben analytisch wahrnehmen, alle Seiten eines Buches so ähnlich sind. Die kindlichen Wahrnehmungen geschehen also nicht nur durch Gesamtschemata, sondern diese Schemata schalten sogar die Wahrnehmung der Einzelheiten aus. Sie entsprechen also einer konfusen Wahrnehmung, die sich von dem unterscheidet, was für uns die Wahrnehmung eines Komplexes oder der Gestalten ist, und ihr vorangeht. Diese Wahrnehmung der Kinder hat Ed. Claparède *synkretistische Wahrnehmung* genannt, nach dem Begriff, mit dem Renan die ersten Schritte des Geistes bezeichnete, die »allgemein und verstehend, aber unklar und ungenau« sind, und bei denen »sich alles ohne Unterscheidung anhäuft« (Renan). Die synkretistische Wahrnehmung schließt also die Analyse aus, unterscheidet sich aber von unseren Gesamtschemata insofern, als sie reichhaltiger und verworrener ist als diese. Aufgrund dieses Phänomens des Wahrnehmungssynkretismus ist es Decroly gelungen, den Kindern das Lesen durch die »Ganzheitsmethode« beizubringen, d. h. indem er sie die Wörter vor den Buchstaben erkennen lehrte; er folgte also dem natürlichen Weg vom Synkretismus zur Analyse und Synthese zugleich, und nicht von der Analyse zur Synthese.

Dieser Denkprozeß, der vom Ganzen zum Teil vorgeht, ist übrigens ganz allgemein verbreitet. Es ist bekannt, wie sehr Bergson diese Besonderheit in seiner Kritik der Assoziationslehre betont hat: »Die *Assoziation* ist keine ursprüngliche Tatsache, wir beginnen mit einer

[3] Vgl. Ernst Mach, Die Analyse der Empfindungen, 8. Aufl. 1919. Siehe auch in Bühler, Die Gesaltwahrnehmungen, Bd. I, 1913, S. 6 ff., zur Analyse der erschienen Arbeiten über die »Gestaltqualität«.

[4] Archives de psychologie, Bd. 7, 1907, S. 195.

Dissoziation, und diese Tendenz jeder Erinnerung, sich andere beizugesellen, erklärt sich aus einer natürlichen Rückkehr des Geistes zur ungeteilten Einheit der Wahrnehmung.«[5]

Besonders die Linguisten stellen diesen Vorgang immer wieder in der Sprache fest, wenn sie zeigen, daß der Satz stets dem Wort vorausgeht, und wenn sie mit Bally das Phänomen der »Lexikalisierung« analysieren. Sie gehen noch weiter. Denn sie zeigen, worauf wir später noch zurückkommen (Band 2), daß der Synkretismus und die parataktische Reihung verwandte Phänomene sind. Hugo Schuchardt hat vor kurzem darauf hingewiesen, daß nicht nur der Wortsatz (la phrase-mot) immer dem Wort vorangeht, sondern daß das Wort sich aus der parataktischen Reihung zweier Sätze ableitet; diese parataktische Reihung führt zur Koordination, woraus sich die Lexikalisation ergibt.

Vom Gesichtspunkt der Sprachpsychologie her hat A. Lalande gezeigt, was diese Darlegungen der Sprachwissenschaftler für das Studium der Denktätigkeit bedeuten. Er wies auf die Beobachtungen von O. F. Cook hin, daß die Golah in Liberia nicht wissen, daß ihre eigene Sprache aus Wörtern besteht: Die wirkliche Einheit, derer sie sich bewußt sind, ist der Satz. Die Sätze enthalten aber in ihrer Sprache genau wie in der unsrigen eine bestimmte Anzahl von Wörtern, und es gelingt den Europäern, die ihre Sprache erlernen, diesen Wörtern einen konstanten Sinn zu geben; den Golahs ist aber weder die Existenz noch die Konstanz ihrer Bezeichnung bewußt, es geht ihnen wie den Kindern, die zwar bestimmte schwierige Ausdrücke in der Gesamtsprache richtig erfassen, diese selben Ausdrücke isoliert jedoch nicht verstehen können. Lalande hat diese Beobachtung selbst ergänzt, indem er die Rechtschreibung wenig gebildeter Erwachsener untersuchte, die verschiedene Wörter zusammensetzen (*le courier vapasé ma cherami* = le courrier va passer, ma chére amie) oder aber einzelne Wörter trennen (*je fini en ten beras en bien for* = je finis en t'embrassant bien fort), wobei sie sich nicht darum kümmern, ob die auf diese Weise neu entstandenen Einheiten einen Sinn haben oder nicht. Diese Erwachsenen sind trotzdem imstande, ihre Muttersprache korrekt zu sprechen.

Kurz, sowohl bei der Sprache wie bei der Wahrnehmung geht das Denken vom Ganzen zum Teil, vom Synkretismus zur Analyse, und nicht umgekehrt. Wenn das so ist, müßte man den Synkretismus auch im Verstehen der Sprache selbst finden. Die Erscheinungen, die von Cook und Lalande festgehalten wurden, betreffen das bewußte Er-

[5] H. Bergson, Matière et mémoire, Paris, 11. Aufl. 1914, S. 180.

fassen von Wörtern als sprachliche Einheit, von Wörtern, die in ihrer Relation zum gesamten Satz bereits verstanden sind. Was geschieht also, wenn das Kind z. B. mit Sätzen konfrontiert wird, die es nicht auf Anhieb versteht, sei es, weil das durch diesen Satz ausgedrückte Urteil ihm zu schwierig ist, sei es, weil der Satz bestimmt schwierige Wörter enthält? Wird das Kind mit der Analyse anfangen und versuchen, die Wörter oder die Wortgruppen einzeln zu verstehen, oder wird das kindliche Verstehen Gesamtschemata erfassen, die selbst wiederum den einzelnen Ausdrücken einen Sinn geben? Mit anderen Worten: gibt es einen *Synkretismus des Verstehens,* wie es einen Synkretismus der Wahrnehmung oder des sprachlichen Bewußtseins gibt? In diesem Kapitel soll gezeigt werden, daß es diesen Synkretismus gibt, und es sollen einige Phänomene beschrieben werden, die sich darauf beziehen.

Darüber hinaus muß man zwischen diesem »Synkretismus des Verstehens« und jenem Phänomen unterscheiden, auf das wir in Kapitel VI, § 3, noch zurückkommen werden und das wir *Synkretismus des Denkprozesses* oder der Erklärung genannt haben.[6] Unter dieser Bezeichnung ist der Vorgang zu verstehen, bei dem ein Satz einen anderen nach sich zieht oder einer Ursache eine Wirkung folgt, aber nicht aufgrund einer logisch analysierten Implikation oder einer im einzelnen explizierten kausalen Beziehung (Analyse des »wie«), sondern wiederum aufgrund eines Gesamtschemas, das die zwei Sätze oder die zwei Vorstellungen des Phänomens verbindet. Dieses Schema ist auf eine unbestimmte ganzheitliche Weise unmittelbar gegeben, so daß die beiden Sätze oder die beiden Phänomene als ein Ganzes, eine unlösbare Gruppe bildend, erfaßt werden. Ein Beispiel: Bea (5 Jahre): »Der Mond fällt nicht herunter, *weil es sehr hoch ist, weil keine Sonne da ist, weil es sehr hoch ist.«* Die Tatsache, daß der Mond nicht herunterfällt, daß er sehr hoch steht und daß er leuchtet, wenn die Sonne nicht da ist, bildet ein Ganzes, da diese Kennzeichen immer zusammen wahrgenommen werden. Daher erklärt sich für das Kind eines der Kennzeichen des Mondes durch die Aufzählung der anderen.

Der Synkretismus des Verstehens und der des Denkprozesses stehen selbstverständlich in gegenseitiger Abhängigkeit, so daß sich diese beiden Formen in den Phänomenen, die wir jetzt beschreiben wollen, vermischen.

[6] Jean Piaget, Essai sur la multiplication logique, in: Journal de psychologie, 1922, S. 244 und 258 ff.

Schließlich müssen wir im Zusammenhang mit dem Synkretismus die schöne Arbeit von R. Cousinet über die Vorstellungen von Kindern erwähnen.[7] Cousinet hat unter dem Begriff der »unmittelbaren Analogie« eines der Phänomene beschrieben, die mit dem Wahrnehmungssynkretismus zusammenhängen. Nach seiner Ansicht haben die Kinder, die zwei Wahrnehmungen unter demselben Namen erfassen, diese Wahrnehmung nicht vorher miteinander verglichen (die Kinder vergleichen z. B. nicht ausdrücklich eine Eule mit einer Katze, bevor sie erstere eine »Miau« nennen), sondern sie sehen die verglichenen Objekte als ähnlich an, bevor sie irgend eine Schlußfolgerung ziehen. Es ist also keine mittelbare, sondern eine unmittelbare Analogie gegeben, weil das Subjekt »nicht etwa Wahrnehmungen vergleicht, sondern ... Vergleiche wahrnimmt.« Wie Cousinet selber sagt, nehmen die Kinder auf diese Weise Dinge, die verschieden sind, als identisch wahr, weil die kindlichen Vorstellungen ein »unlösbares Ganzes« bilden, mit anderen Worten, weil sie synkretistisch wahrnehmen.
Diese These Cousinets scheint uns ganz richtig zu sein; wir sind jedoch der Meinung, daß im Synkretismus des Verstehens und des Denkprozesses, den wir jetzt beschreiben wollen, mehr liegt als nur eine »unmittelbare Analogie«. Die meisten Beispiele, die Cousinet anführt, sind nämlich statisch. Sie bezeugen lediglich einen Synkretismus der Wahrnehmung oder der begrifflichen Vorstellung. Es sind Wahrnehmungen, assimiliert mit anderen Wahrnehmungen. Das ist übrigens die Form, in der der Synkretismus ursprünglich erscheint, und wir wollen in keiner Weise die anregende Darlegung Cousinets bestreiten. Wir sind aber der Meinung, daß der Begriff des Synkretismus mehr umfaßt als der der »unmittelbaren Analogie«; denn wir haben soeben gesehen, daß selbst bei den »mittelbaren« Operationen, wie dem Verstehen und dem Denkprozeß, ebenfalls Synkretismus vorliegen kann, also Ganzheiten Gesamtschemata, die die Sätze miteinander verbinden und die Implikationen erzeugen, ohne daß eine Analyse stattfindet. Wir schlagen also unseren Begriff *Synkretismus des Denkens* vor, da wir ihn für allgemeiner halten als die Begriffe »Wahrnehmungssynkretismus« und »Synkretismus der unmittelbaren Analogie« und da die letzteren in diesem Begriff als besondere Fälle enthalten sind.

[7] Roger Cousinet, Le rôle de l'analogie dans les représentationes du monde extérieur chez les enfants, in: Revue philos., Bd. 64, S. 159.

§ 2. Der synkretistische Denkprozeß

Unsere Untersuchung erstreckte sich in Genf auf etwa zwanzig 9jährige Jungen und etwa fünfzehn Mädchen im gleichen Alter und in Lavey (Kanton Waadt) auf ungefähr die gleiche Zahl von 8- bis 11jährigen Versuchskindern. Wir erinnern daran, daß der Test, den wir anwandten,[8] ein Verstehenstest für 11- bis 16jährige Kinder ist. Daher bleiben die Kinder, mit denen wir gearbeitet haben, bei den meisten Sprichwörtern unterhalb der Verstehensschwelle. Damit das Experiment dennoch nicht sinnlos ist, haben wir nur die Antworten derjenigen Kinder analysiert, die in der Lage waren, für mindestens ein oder zwei Sprichwörter die richtige Korrespondenz zu finden (und sie begründeten), und die so beweisen konnten, daß sie die Aufgabe begriffen hatten. Bei 9 Jahren schwankte die Zahl der richtigen Antworten übrigens bereits zwischen 1 (zwei Fälle) und 23 (ein Fall).

Nach diesen Vorbemerkungen wollen wir einige Fälle von Synkretismus analysieren. Anhand dieser Fälle werden wir allmählich dazu kommen, den Mechanismus des synkretistischen Verstehens zu begreifen. Wir werden in dem von uns zusammengestellten Material immer dann von Synkretismus des Denkprozesses sprechen, wenn die Assimilation eines Sprichwortes mit dem korrespondierenden Satz nicht aufgrund einer logischen Implikation stattfindet, die aus dem gegebenen Text hervorgeht, sondern aufgrund einer Implikation, die die Phantasie des Kindes mit Hilfe eines Gesamtschemas konstruiert, in welchem die beiden gegebenen Sätze verschmelzen. Damit diese synkretistische Implikation der beiden Sätze in ihrem reinen Zustand sichtbar wird, muß das Kind allerdings sowohl das Sprichwort als auch den Satz, den es ausgesucht hat, verstanden haben. Man sieht dann, wie zwei Sätze, die isoliert genommen, recht gut verstanden werden könnten, vom Synkretismus unmittelbar entstellt und durch eine künstliche Implikation miteinander verbunden werden. In den Fällen, wo die getrennten Sätze selbst falsch verstanden werden, kommt zum Phänomen des synkretistischen Denkprozesses der »Synkretismus des Verstehens« hinzu, den wir später untersuchen werden. Selbstverständlich sind beide immer mehr oder weniger miteinander vermischt.

Hier ein Fall eines fast rein synkretistischen Denkprozesses:

Kauf (8;8 F, $\frac{8}{10}$)[9] assimiliert das Sprichwort »Wenn die Katze weg

[8] Über die Liste der verwendeten Sprichwörter und die Auswertung siehe: Ed. Claparède, Comment diagnostiquer les aptitudes chez les écoliers, Paris.

[9] Der Bruch bedeutet: 3 von 10 Korrespondenzen waren richtig.

ist, tanzen die Mäuse«* mit folgendem Satz: »Manche Menschen treiben viel, tun aber nichts.«** Kauf würde jeden der beiden Sätze, für sich genommen, verstehen, sie behauptet jedoch, daß beide *»dasselbe«* bedeuten. »Warum bedeuten denn beide Sätze dasselbe? – *Weil sie fast dieselben Wörter enthalten.* – Was heißt denn ›manche Menschen ...‹ usw.? – *Das heißt, daß manche Menschen viel treiben, aber nachher tun sie nichts, sie sind zu müde. Es gibt Menschen, die viel treiben. Es ist genau wie bei den Katzen, wenn sie hinter den Hühnern und den Küken herlaufen. Sie ruhen sich im Schatten aus und schlafen. Es gibt viele Menschen, die viel laufen, die zu viel treiben. Nachher können sie nicht mehr, sie gehen ins Bett.«*

Hier erkennt man deutlich den Mechanismus der synkretistischen Implikation. Kauf hat das Sprichwort verbal richtig verstanden. Für sie bedeutet es: *»Die Katze läuft hinter den Mäusen her.«* Was den symbolischen oder moralischen Sinn dieses Sprichwortes betrifft, hat Kauf offensichtlich gewartet, um ihn auf ihre Weise zu begreifen, nachdem sie einen korrespondierenden Satz gefunden hatte. Wie bildet sich diese Korrespondenz oder Implikation? Die beiden Sätze werden einfach zu einem gemeinsamen Schema verschmolzen. Die Worte »wenn die Katze weg ist« verschmelzen mit folgenden: »Manche Menschen tun nichts« und nehmen nun den Sinn an: »Die Katze geht, um sich auszuruhen und zu schlafen.« Die Worte »die Katze läuft« werden folgenden Worten assimiliert: »Manche Menschen treiben viel.« Nun implizieren die beiden Sätze einander. Es ist keine analytisch hergestellte Implikation, die auf eine Reflexion über die tatsächlichen Angaben des Textes beruht, sie entsteht vielmehr synkretistisch, d. h. durch einfache Projektion des Sprichworts auf den korrespondierenden Satz, durch unmittelbare Verschmelzung. Es liegt hier also keine Analyse der Einzelheiten vor, sondern die Bildung eines Gesamtschemas. Das ist die Implikation durch Synkretismus, die man in jedem synkretistischen Denkprozeß wiederfindet und die in einer ganzheitlichen Verschmelzung der beiden Sätze besteht.

Selbstverständlich hängt bei Kauf dieser Synkretismus des Denkprozesses mit dem Synkretismus des Verstehens selbst zusammen. Im Gegensatz zum Sprichwort wird der korrespondierende Satz in Abhängigkeit von Gesamtschema verbal entstellt. Kauf hat sich darauf beschränkt, dem Sprichwort etwas vervollständigend hinzuzufügen, das

* Im Original: »Le chat parti, les souris dansent.« (Anm. d. Red.)

** Im Original: »Certaines personnes s'agitent beaucoup mais ne font rien.« (Anm. d. Red.)

im Text nicht gegeben ist; sie stellt sich vor, daß die Katze weggegangen ist, »um sich auszuruhen«, der Wortsinn wurde aber nicht verändert, während im korrespondierenden Satz die Worte entstellt wurden: Das Wort »aber« wurde nämlich im Sinne von »und dann« genommen. Das Verstehen dieses Satzes ist also selbst synkretistisch, d. h. entstanden in Abhängigkeit vom Gesamtschema, während das Sprichwort schon vor diesem Schema verstanden wurde. Man sieht also, wie der Synkretismus des Denkprozesses und der des Verstehens sich gegenseitig bedingen: Man spricht vom Synkretismus des Denkprozesses, wenn zwei Sätze, die, für sich genommen, verstanden werden, sich in den Augen des Kindes implizieren, und zwar in einem Gesamtschema, in dem sie zur Verschmelzung gelangen; und man spricht vom Synkretismus des Verstehens, wenn die einzelnen Elemente selbst dieser Sätze in Abhängigkeit vom Gesamtschema entstellt werden.

Hier ein anderes Beispiel:

Mat (10;0 F, $1\frac{2}{5}$) assimiliert das Sprichwort »Der Krug geht solange zum Brunnen, bis er bricht«* mit dem Satz »Mit zunehmendem Alter wird man vernünftig«.** Mat hat das Sprichwort verbal verstanden. Für sie bedeutet es: *»Man geht so oft zum Brunnen, der Krug bekommt einen Riß, man geht noch einmal hin, er zerbricht.«* Der korrespondierende Satz wird so erklärt: *»Je größer man wird, um so vernünftiger wird man; man gehorcht besser.* – Warum bedeuten die beiden Sätze dasselbe? – *Weil der Krug nicht mehr so hart ist, weil er alt wird, weil je größer man wird, man um so vernünftiger wird und man wird alt.«*

Hier liegt nur ein Synkretismus des Denkprozesses vor, da die einzelnen Elemente bei keinem der Sätze aufgrund des gemeinsamen Schemas entstellt wurden. Mats Denkprozeß scheint also vernünftig, bis auf die Tatsache, daß es doch seltsam ist, einen Krug, der zerbricht, mit einem alternden Menschen zu vergleichen. Soll man sagen, diese Absurdität rührt daher, daß ein 10jähriges Kind noch nicht verstehen kann, daß ein Sprichwort einen symbolischen, ausschließlich moralischen Sinn haben kann? Ohne Zweifel liegt hier einer der Faktoren, obwohl ein Kind dieser Altersstufe sehr wohl begreift, daß jedes Sprichwort eine symbolische Bedeutung hat. Aber wenn man allein diesen Faktor geltend macht, hat man noch nicht erklärt, wie das Kind imstande ist, alles mit allem durch umfassende Schemata zu verbinden und einen Krug mit einem Kind zu verbinden, nur weil beide älter werden.

* Im Original: »Tant va la cruche à l'eau qu'à la fin elle se casse.« (Anm. d. Red.)
** Im Original: »Avec l'âge, on devient sage.« (Anm. d. Red.)

Im übrigen ist deutlich, daß dieses letzte Beispiel bei weitem nicht so synkretistisch wie das erste ist und daß es an den einfachen Analogieschluß der Erwachsenen grenzt. Die beiden Beispiele sind extreme Fälle, zwischen denen eine ganze Skala mittlerer Fälle oszilliert. Hier einer davon, wiederum von Mat:

»Aus einem Kohlensack kommt kein weißer Staub«* wird assimiliert mit »Wer seine Zeit vergeudet, sorgt schlecht für seine Angelegenheiten«.** Das Sprichwort wird verbal verstanden: *»Ich habe verstanden, daß aus einem Kohlensack kein weißer Staub herauskommt, weil Kohlen schwarz sind.* – Warum bedeuten die beiden Sätze dasselbe? – *Wer seine Zeit vergeudet, sorgt schlecht für seine Kinder, er wäscht sie nicht, sie werden schwarz wie Kohle, und es kommt kein weißer Staub heraus.* – Erzähle mir eine Geschichte, die dasselbe bedeutet wie: Aus einem Kohlensack ... usw. – *Es war einmal ein Köhler, der weiß war. Er war schwarz geworden, und seine Frau sagte ihm: das ist ja widerlich, so einen Mann wie dich zu haben. Deswegen hat er sich gewaschen, und er konnte nicht weiß werden, seine Frau hat ihn gewaschen, und er konnte nicht weiß werden, die Kohle kann nicht weiß werden, und er hat sich die Haut gewaschen, aber er wurde immer schwärzer, weil der Waschlappen schwarz war.«*

An einem solchen Fall sieht man deutlich, daß der Mechanismus des Denkprozesses bei dem Versuchskind sich nicht einfach durch Analogieschlüsse, die sich auf die Einzelheiten der Sätze beziehen, erklären läßt. Nachdem das Kind das Sprichwort gelesen hatte, war es bereit, ihm den erstbesten symbolischen Sinn zuzuschreiben, aufs Geratewohl nach den korrespondierenden Sätzen, die ihm beim Lesen unter die Augen kamen. Von dem Sprichwort hat es lediglich ein Schema behalten, ein Gesamtbild, wenn man will, das der Kohle, die nicht weiß werden kann. Und dieses Schema wurde als Ganzes, ohne Analyse, auf den ersten korrespondierenden Satz projiziert, auf den es passen könnte (Wer seine Zeit vergeudet ... usw.), nicht etwa, weil dieser Satz tatsächlich mit dem Sprichwort etwas gemeinsam hätte, sondern aus dem einfachen Grunde, weil man sich ihn so ausdenken konnte. Nun – und gerade darin liegt der Synkretismus – merkt das Kind nicht, wenn es auf diese Weise zwei heterogene Sätze verschmilzt, daß es etwas Künstliches herstellt; es glaubt, daß die beiden so vereinigten Sätze einander objektiv zur Folge haben, daß sie sich *implizieren.* Der korrespondie-

* Im Original: »D'un sac à charbon ne sort pas de poussière blanche.« (Anm. d. Red)

** Im Original: »Ceux qui gaspillent leur temps soignent mal leurs affaires.« (Anm. d. Red.)

rende Satz, auf den das Sprichwort projiziert wurde, strahlt nämlich auf das Sprichwort zurück; und wenn man das Kind bittet, eine Geschichte zu erfinden, die das Sprichwort illustriert, beweist die Geschichte diese gegenseitige Durchdringung. Synkretistische Denkprozesse bedeuten also, daß zwischen diesen zwei Sätzen Implikationen oder Bezüge geschaffen werden, die nicht objektiv sind. Diese Subjektivität des Denkprozesses erklärt den Gebrauch umfassender Schemata: wenn diese Schemata umfassend sind, dann nämlich deshalb, weil sie den Sätzen hinzugefügt und nicht durch Analyse daraus abgeleitet werden. Der Synkretismus ist eine »subjektive Synthese«, während die objektive Synthese die Analyse voraussetzt.[10]

Hier weitere Beispiele, aus denen deutlich hervorgeht, wie dieses hinzugefügte Element nicht durch logische Analyse abgeleitet, sondern durch subjektive Assimilation ausgedacht wird:

Nove (12;11, 1^{8}_{2}) assimiliert »Wer lange daran feilt, macht aus einem Balken eine Nadel«* mit »Wer seine Zeit vergeudet, sorgt schlecht für seine Angelegenheiten«. – *»Weil, wer lange daran feilt, das heißt, daß wenn man viel daran feilt, wird er* (ein Balken) *kleiner. Wer nicht weiß, was er mit seiner Zeit machen soll, der feilt, und wer schlecht für seine Angelegenheiten sorgt, der macht aus einem Balken eine Nadel: Er wird immer kleiner, man weiß nicht, was man mit dem Balken macht* (also sorgt man schlecht für den Balken).«

Peril (10;6, 1^{7}_{0}) identifiziert »Eine Kutte macht noch keinen Mönch«** und »Manche Menschen treiben viel, aber tun nichts«. Denn *»man mag wohl eine Kutte machen, der Mönch ist nicht drin, die Kutte kann nicht sprechen.«* Dieser Kommentar ist anscheinend eine einfache Veranschaulichung, die Peril noch nicht einmal wörtlich nimmt. Aber er fährt fort: *»Weil die Menschen, die viel treiben, etwas treiben können, aber sie tun nichts, weil eine Kutte noch keinen Mönch macht, die Menschen, die viel treiben, tun auch nichts.«* Hier ist die Assimilation schwerwiegender: Die leere Kutte wird mit einem Menschen verglichen, der etwas treibt! Man spürt, daß die Worte »macht noch keinen« für das Kind immer stärker einen bildhaften Sinn gewinnen. »Erzähle uns eine Geschichte, die dasselbe bedeutet wie ›Eine Kutte macht noch keinen

[10] Schon jetzt begreift man, wie der Egozentrismus des kindlichen Denkens den Synkretismus nach sich zieht. Der Egozentrismus ist die Negation der objektiven Einstellung und folglich der logischen Analyse. Dagegen bringt er die subjektive Synthese hervor.

* Im Original: »En limant, on fait d'une poutr une aiguille.« (Anm. d. Red.)

** Im Original: »L'habit ne fait pas le moine.« (Anm. d. Red.)

Mönch«. – *Es war einmal eine Schneiderin, die ein Kleid für jemanden nähte, und während sie das Kleid machte, starb diese Frau plötzlich. Diese Schneiderin glaubte, daß sie alles machen könnte, daß das Kleid alles ersetzen könnte, aber sie sagt doch, daß das Kleid die tote Frau nicht ersetzen kann.«* Man sieht also, wie der korrespondierende Satz und das Sprichwort fortschreitend miteinander verschmelzen, weil die Worte »einen Mönch machen« nach und nach das Bild evozieren »etwas treiben, um einen Mönch darzustellen«, und weil die Worte »tun nichts« den Sinn »es gelingt ihnen nicht, den Mönch zu ersetzen« gewinnen. Die beiden Sätze werden auf diese Weise zu einer Einheit aufgrund eines vollkommen subjektiven Schemas!

Xy (12 Jahre): »Wer auf die Hilfe anderer vertraut, wird vielleicht einmal ohne Stütze dastehen«* = »Wer Dornen sät, läuft nicht ohne Holzschuhe«**, weil *»Wer auf die Hilfe anderer vertraut, muß eine Stütze haben, und wer auf Dornen geht, muß Holzschuhe haben.«*

Diese Beispiele mögen hier genügen. Später werden wir noch weitere geben. Wir wollen jetzt vielmehr versuchen, unsere Interpretation des Synkretismus des kindlichen Denkprozesses zu erörtern. Zwei Hypothesen sind nämlich möglich. Die erste geht dahin, die beobachteten Tatsachen aus dem Gebrauch eines einfachen Analogiedenkens zu erklären, aus der »mittelbaren Analogie«, wie Cousinet formuliert. Damit ist ein Denken gemeint, das wegen der Ähnlichkeit zwischen zwei verschiedenen Elementen bzw. zwei verschiedenen Gegenständen zu dem Schluß kommt, daß die zwei verglichenen Gegenstände sich im ganzen ähnlich sind. Im Fall des Sprichwortes und des korrespondierenden Satzes würde also das Kind von einer Ähnlichkeit, die es zwischen zwei Substantiven oder zwei Negationen usw. bemerkt, ausgehen und auf die identische Bedeutung der zwei Sätze schließen, indem es die übrigen Elemente jeweils Glied für Glied assimiliert. Die zweite Hypothese würde die Tatsachen aus dem Gebrauch von Gesamtschemata, aus einer unmittelbaren synkretistischen Verschmelzung der beiden Sätze erklären. Wenn das Kind das Sprichwort liest, legt es sich ein Schema zurecht, in welches viele Elemente eingehen können: die symbolische Bedeutung des Sprichwortes, die mentalen Bilder, die beim Lesen der Wörter entstehen, der Satzrhythmus, die Stellung der Wörter im Verhältnis zu den Konjunktionen, Negationen und zur Interpunktion. All diese Faktoren würden ein einziges Schema herstellen, das die an-

* Im Original: »Qui se confie au secours des autres risque d'être sans appui.« (Anm. d. Red.)

** Im Original: »Qui sème des épines ne va pas sans sabots.« (Anm. d. Red.)

schaulichen und bildhaften Vorstellungen, die beim Lesen des Sprichwortes entstehen, zusammenfaßt. Wenn nun ein korrespondierender Satz gesucht werden muß, dann steht das Schema bereit und kann als Ganzes in die Worte und Vorstellungen, die sich gerade finden, hineinprojiziert werden. Einige dieser Vorstellungen sind mit dem Schema unvereinbar; wenn sie es aber nur einigermaßen zulassen, bewirkt allein das Vorhandensein dieses Schemas, daß der korrespondierende Satz, bevor er überhaupt zu Ende gelesen ist, bereits entstellt verstanden wird. Das Schema des Sprichwortes assimiliert unmittelbar, verdaut sozusagen den entsprechenden Satz. Hat diese »Verdauung« erst stattgefunden, so kommt es zu einer Rückwirkung, zu einer reziproken »Verdauung« des Sprichwortes durch das Schema des korrespondierenden Satzes. Insofern liegt ein Synkretismus des Denkprozesses vor, der umfassender und dynamischer als der Synkretismus der Wahrnehmung ist, den R. Cousinet als »unmittelbare Analogie« beschrieben hat.

Ohne Zweifel ist der Unterschied zwischen diesen beiden Hypothesen oft kaum spürbar; denn das sofortige Erscheinen eines solchen umfassenden Schemas kann auch durch eine partielle Analogie ausgelöst werden. Nachdem wir die Antworten der Kinder untersucht haben, muß aber gesagt werden, daß solche synkretistischen Schemata in allen Fällen sichtbar sind. Was die partiellen Analogien betrifft, so entstehen sie manchmal aus diesen Gesamtschema, manchmal gehen sie ihnen voraus. Im allgemeinen assimiliert das Kind also die beiden Sätze weder durch Analyse noch durch Deduktion. Wenn Kauf das Sprichwort »Wenn die Katze weg ist, tanzen die Mäuse« mit dem bereits zitierten korrespondierenden Satz vergleicht, begründet sie ihren Vergleich mit den Worten: *»Weil sie fast dieselben Wörter enthalten.«* Nun enthalten aber die beiden Sätze kein einziges gemeinsames Wort, nicht einmal ein Synonym. »Weg sein« wird mit »viel treiben« assimiliert, die Assimilation beruht aber auf einem Schema und nicht auf einer Analogie von Einzelheiten; denn das Kind nimmt an, daß die Katze weggegangen ist, um sich auszuruhen, nachdem sie viel »getrieben« hat. Wird das Wort »(die Mäuse) tanzen« mit »(sie) treiben (viel)« verglichen? Dieser Vergleich wäre aber nur aufgrund eines Gesamtschemas möglich. Um ihre Assimilation des Sprichwortes »Der Krug geht solange ... usw.« mit dem Satz »Mit zunehmendem Alter wird man vernünftig« zu begründen, sagt uns Mat ebenfalls, daß beide Sätze das gleiche Wort enthalten: *»groß* und *alt.«* Sie hat aber selber das Wort »alt« in ihre Auslegung des Sprichwortes hineingebracht: *»weil er* (der

Krug) *alt wird.«* Hier ist die Analogie von Einzelheiten ebenfalls erst nach der Analogie der Gesamtschemata aufgetaucht oder wenigstens im Zusammenhang mit diesen. Nehmen wir an, daß diese Analogie von Einzelheiten von vornherein erfaßt wurde und Anlaß zur Bildung des umfassenden Schemas war; damit wäre noch nicht die Natur dieses Schemas genügend erklärt: »Die Härte des alternden Kruges läßt nach, ebenso wie der Mensch, der alt wird, vernünftiger wird.« Es ist klar, daß die Analogie von Einzelheiten und das Gesamtschema gleichzeitig erscheinen, und daß nicht etwa eine Schlußfolgerung vom Teil zum Ganzen, sondern eine unmittelbare Verschmelzung oder eine Assimilation stattgefunden hat. Wir haben übrigens gesehen, daß es oft keine Analogie von Einzelheiten gibt, die diesen Synkretismus erklären könnte. Im zweiten Beispiel mit Mat (»aus einem Kohlensack ...«) gibt es zwischen den beiden assimilierten Sätzen keine einzige Wortanalogie. Ebenso klar ist das im Falle von Peril: Der Sinn der Worte »macht keinen Mönch« wird immer konkreter und bildhafter, je enger die beiden Sätze miteinander verschmelzen. Nicht also aufgrund einer Analogie zwischen den Worten »einen Mönch machen« und den Worten »tun nichts« war das Kind in der Lage, diese Assimilation zu vollziehen, sondern die fortschreitende Assimilation hat die Analogie unterstützt.
Abschließend müssen wir sagen, daß zwischen der Bildung von Gesamtschemata und der von Analogien von Einzelheiten eine wechselseitige Abhängigkeit besteht: Die Gesamtschemata werden aufgrund der Analogie von Einzelheiten möglich, aber die Analogie von Einzelheiten genügt nicht zu ihrer Bildung; umgekehrt gewinnen die Analogien von Einzelheiten aufgrund der Gesamtschemata Konsistenz, aber auch sie genügen nicht zur Bildung dieser Analogien.
In seinem Ursprung ist der Synkretismus des Denkprozesses also die Assimilation zweier Sätze allein aufgrund der Tatsache, daß sie ein gemeinsames Gesamtschema haben, daß sie schlecht und recht in demselben Ganzen enthalten sind. A gehört zu demselben Schema wie B, also impliziert A B. Diese »Implikation« kann die Form einer Identifikation annehmen, wie im Falle unserer Experimente, in denen ein Kind gebeten wird, zwei Sätze zu finden, die »dasselbe bedeuten«. Sie kann aber auch die Form einer »Implikation« im eigentlichen Sinne annehmen oder eines »weil«, wie in den Fällen, die wir schon als Beispiele für den Synkretismus des Denkprozesses veröffentlicht haben.[11]
In dem oben erwähnten Beispiel: »Der Mond fällt nicht herunter, weil

[11] Vgl. den im § 1 zitierten Artikel.

es sehr hoch ist, weil die Sonne nicht da ist, weil es sehr hoch ist«, bilden die Merkmale »fällt nicht herunter«, »die Sonne ist nicht mehr da, wenn der Mond scheint«, »der Mond ist sehr hoch« ein einziges Schema, weil sie den Mond kennzeichnen. Dieses Schema braucht nur im Geist des Kindes vorhanden zu sein, und schon sagt es: Der Mond fällt nicht herunter, *weil* ... usw. Hier bewirkt also das Schema ganz klar eine Implikation.

§ 3. Das Bedürfnis nach Begründung um jeden Preis

Aus der Häufigkeit dieser pseudo-logischen oder pseudo-kausalen »weil« kann man schließen, daß das kindliche Denken und das egozentrische Denken im allgemeinen unablässig von dem Bedürfnis nach Begründung um jeden Preis bestimmt werden. Dieses logische oder vorlogische Gesetz ist von tiefer Bedeutung; denn in ihm ist wahrscheinlich der Grund dafür zu suchen, daß der Begriff des Zufalls in der kindlichen Mentalität fehlt. »Jedes Phänomen läßt sich aus den Umständen, in denen es auftritt, begründen«, oder »Alles geht auf alles zurück, und nichts ist zufällig«, so könnte man diese Meinung formulieren. Das für uns zufällige Zusammentreffen zweier Naturerscheinungen und zweier Äußerungen während eines Gesprächs geht nicht auf einen Zufall zurück; es läßt sich aus einem Grund erklären, den das Kind, so gut es geht, erfindet. Was die Reflexion über Naturerscheinungen betrifft, werden wir im Zusammenhang mit den kindlichen »warum« zahlreiche Beispiele für dieses Gesetz sehen (Kapitel VI, § 2). Viele dieser Fragen werden tatsächlich so gestellt, als ob das Kind den Zufall aus dem Ablauf der Ereignisse vollständig ausschlösse. Was die verbale Intelligenz betrifft, haben wir bereits einige Beispiele für das gleiche Phänomen unter dem – allerdings mehrdeutigen – Begriff »Prinzip des Grundes« zitiert. Kann ein Kind eine ihm gestellte Nachdenken erfordernde Frage nicht beantworten, dann schweigt es nicht etwa, sondern erfindet in jedem Falle und um jeden Preis eine Antwort, die eben dieses Bedürfnis bezeugt, die heterogensten Dinge miteinander in Verbindung zu bringen. Ein Kind bekommt zum Beispiel im Laufe eines Denktests den Auftrag, in eine Dose einen blauen Zettel hineinzulegen, wenn es darin ein Geldstück vorfindet, einen weißen Zettel, wenn es zwei Geldstücke findet usw. Aufs Geratewohl legt das Kind den weißen Zettel hinein. »Warum muß man den weißen Zettel hineinlegen? – *Weil der Weiße die Farbe des Geldstückes hat«* oder *»weil diese Farbe genau wie Nickel* *glänzt«* usw.[12] An diesem Beispiel sieht man, daß das Willkürliche an diesen Aufträgen für das Kind unbefriedigend ist; daher erfindet es eine Begründung für alles, was von uns einfach als »gegeben«, ohne Grund, angesehen wird, für alles, was lediglich als Aufgabe »übernommen« wird.

Diese Tatsachen, auf die wir hingewiesen hatten, ohne sie zu erklären, fanden wir im Zusammenhang mit den Sprichwörtern sehr häufig wieder: die unwahrscheinlichsten Vergleiche werden vom Kind stets begründet. Hier einige Beispiele, in denen der Synkretismus zu solchen Begründungen um jeden Preis führt:

Witt (10 Jahre): »Wer sich entschuldigt, bekennt sich schuldig« = »Wenn jemand zu gut ist, dann bekommt er am Ende alles abgenommen« – *»weil der andere etwas weggenommen hat; dann entschuldigt sich derjenige, der es genommen hat«*.

And (9;6): Das gleiche Sprichwort entspreche »Wer spät einschläft, wacht auch spät auf« – *»weil er sich entschuldigt, weil er spät aufwacht«* (= spät aufzuwachen).

Dut (8;10): »Wer einmal getrunken hat, trinkt auch weiter« = »Wenn man dem einen gefällt, mißfällt man den anderen« – *»weil, wenn einer trinkt, dann stört man ihn.«*

Hane (9;3): »Aus einem Kohlensack kommt kein weißer Staub« = »Um zu leben, muß man arbeiten« – *»weil man Geld braucht, um Kohlen zu kaufen.«*

Ec (9;1): »Übung macht den Meister« = »Man soll die Menschen belohnen oder bestrafen, je nach ihren Taten« – *»weil, wenn man sein Handwerk gut gelernt hat, wird man belohnt, wenn man es nicht gut gelernt hat, wird man bestraft.«* – »Ein Schaf wird man immer wieder scheren« = »Wenn man etwas lange übt, bekommt man dafür Geschick« – weil, *»wenn man lange übt, um ein Schaf zu scheren, dann wird man immer geschickter, die anderen zu scheren, wenn man andere hat.«*

Nochmals Ec: »Die Fliegen, die um die Pferde herumschwirren, lassen die Kutsche nicht schneller fahren« = »Es ist schwer, sich zu bessern, wenn der Fehler zur Gewohnheit geworden ist« – *»weil die Fliegen immer wieder auf die Pferde kommen, und nach und nach gewöhnen sie sich daran, und danach ist es schwer, sich zu bessern.«* – »Jedem nach seinen Werken« = »Wer spät einschläft, wacht auch spät auf« – *»weil man spät ins Bett geht, wenn man etwas zu lernen hat. Seine Werke,*

[12] Journal de psychologie, Bd. 19, S. 249.

das sind die von uns, dann wird man spät wach. Unsere Werke, das sind unsere Sachen, die wir zu tun haben, man hat etwas zu tun, man muß spät ins Bett gehen, um sie zu wissen.« In diesem letzten Beispiel erscheint das Gesamtschema deutlicher als in den vorigen Beispielen.

Xy (12;11): »Jeder Vogel findet sein Nest schön« = »Unbedeutende Ursachen haben manchmal furchtbare Folgen« – weil *»ein Vogel sein Nest sorgfältig macht, während, wenn man etwas schlecht macht, es furchtbare Folgen haben kann.«* – »Während man bummelt, brennt der Braten an« = »Wer sich am meisten darum kümmert, die Fehler der anderen zu bessern, ist nicht immer der Beste« – weil *»wenn man sich zu viel darum kümmert, die Fehler der anderen zu bessern, dann läßt man den Braten anbrennen.«*

Man sieht den Mechanismus dieser Begründungen. Es sind Fälle von Synkretismus, in denen das Gesamtschema auf ein Minimum reduziert ist und auf das hinausläuft, was Cousinet die »unmittelbare Analogie« genannt hat.

Die Fähigkeit zur Begründung um jeden Preis, die bei den Kindern zum Ausdruck kommt, ist also die Frage des Synkretismus: Der Synkretismus – die Negation der Analyse – bewirkt, daß jede neue Wahrnehmung oder jeder neue Gedanke unbedingt nach einer Verbindung mit dem sucht, was unmittelbar vorausgeht. Manchmal ist diese Verbindung komplex und erscheint in der Form eines Gesamtschemas, das Glied für Glied das Neue mit dem Alten zusammenfügt; manchmal ist es eine einfachere und sehr unmittelbare Verbindung, und dann ergeben sich solche Fälle von Begründungen um jeden Preis. Kann man sagen, daß der Begriff der unmittelbaren Analogie diese Begründungen ausreichend zu erklären vermag, ohne daß man den Begriff des Synkretismus zu Hilfe nimmt? Wir sind im Gegenteil der Meinung, man würde diesen Wildwuchs von willkürlichen Begründungen nicht finden, wenn es die durch den Synkretismus geschaffenen Denkgewohnheiten nicht gäbe oder wenn das Kind nicht nur diese Gesamtschemata wahrnähme, aus denen es ständig die Überzeugung gewinnt, alles hänge mit allem zusammen. Im übrigen sieht man an den eben zitierten Beispielen, daß es zwischen dem Synkretismus im eigentlichen Sinne und den anderen Fällen alle möglichen Zwischenformen gibt: Auch hier nimmt die Analogie von Einzelheiten durch das sich bildende Gesamtschema Konsistenz an.

Die kindliche Phantasie besitzt also eine erstaunliche Fähigkeit, auf alle Fragen mit einer unerwarteten Hypothese oder mit einem Grund zu antworten, der alle Schwierigkeiten beseitigt. Das Kind kennt kein

»warum«, auf das keine Antwort passen würde. Wohl mag ein Kind sagen »ich weiß nicht«, um den fragenden Erwachsenen loszuwerden; erst viel später aber (mit etwa 11 oder 12 Jahren) wird es sagen: »Das kann man nicht wissen.« Gibt das Kind diese Begründungen vielleicht, um sich nicht in die Enge treiben zu lassen, oder aus Eigenliebe usw.? Damit hat man aber die Mannigfaltigkeit und das Unerwartete der Hypothesen noch nicht erklärt, die viel mehr an die Überschwenglichkeit der mystischen Symbolisten oder die pathologischer Interpretationen erinnern als an die Ausreden verlegener Erwachsener, z. B. von ertappten Abiturienten. Wer bestreiten möchte, daß ein solches Bedürfnis nach Begründung um jeden Preis existiert, müßte zunächst diese Verwandtschaft der kindlichen Begründungen mit denen der Interpreten im Anfangsstadium ihres Deliriums erklären. Die soeben zitierten Fakten gleichen nämlich allen Merkmalen, die G. Dromard den Interpreten zuschreibt:[13] der *phantastische Denkprozeß*, bei dem alle Möglichkeiten zu Wahrscheinlichkeiten oder Gewißheiten werden, die *Verworrenheit* der Interpretation, d. h. die »Verkettung, bei der eine Interpretation meistens aus einer früheren hervorgeht und sich selbst wiederum auf eine spätere stützt« (»ich pfropfe das eine auf das andere, daß ich nach und nach ein Ganzes aufbaue«, Patient G.); *das Ausstrahlen*, d. h. »das zufällige und unerwartete Hervorbringen von zahlreichen Interpretationen, die von ferne um den Leitgedanken kreisen, der das Zentrum darstellt und sozusagen der Sammelpunkt aller Teile des Systems ist«; und *der Symbolismus* oder die Tendenz, in jedem Phänomen, in jedem Satz einen verborgenen Sinn zu finden, der tiefer liegt als der Sichtbare usw. Mit Recht schließt Dromard daraus, daß »die Denkweise der Interpreten, mit einem Wort, die Art, wie sie wahrnehmen und denken, an manche wesentliche Züge des primitiven und des kindlichen Denkens erinnert«.[14]

Ist diese Überschwenglichkeit der kindlichen Interpretationen einem einfachen Fabulieren zuzuschreiben? Wir werden gleich sehen, was man von dieser Ausnahme halten muß, die sich im Zusammenhang mit allen in diesem Kapitel berichteten Tatsachen aufdrängt. Außerdem gilt es auch, einen Einwand zu beseitigen, wonach die kindlichen Begründungen diesen Charakter einer Interpretation hätten, weil wir mit Hilfe von Sprichwörtern gearbeitet haben. Alle Phänomene, von denen wir hier sprechen, finden sich bei der alltäglichen Beobachtung

[13] G. Dromard, Le délire d'interprétation, in: Journal de psychologie, Bd. 8, 1911, S. 290 und 406.
[14] Ebd., S. 416.

der kindlichen Reflexion wieder. Wie oft hat man z. B. die spontane Etymologie, der sich die Kinder überlassen, untersucht oder ihre erstaunliche Neigung zum Verbalismus, d. h. zur phantasievollen Interpretation von schlecht verstandenen Wörtern: Diese beiden Phänomene zeigen, wie leicht das Kind seinen Geist mit willkürlichen Begründungen zufrieden stellt. Dazu kommt, was wir immer wieder betont haben, daß das Kind zu Beginn unseres Experimentes nicht weiß, daß ein Sprichwort einen verborgenen moralischen Sinn hat. Wir sagen ihm lediglich, ein Sprichwort sei »ein Satz, der etwas bedeutet«, und wir bitten es, einen Satz zu finden, der »dasselbe bedeutet«. Die Aufgaben, die wir den Kindern während unserer Experimente geben, würden sie in keinem Fall zu den geschilderten Ergebnissen führen, wenn die Kinder nicht spontan zur Begründung um jeden Preis und zum interpretierenden Symbolismus neigten.

Wir dürfen also schließen, daß das Bedürfnis nach Begründung um jeden Preis ein allgemeines Gesetz der verbalen Intelligenz des Kindes ist, und daß dieses Gesetz auf den Synkretismus des kindlichen Denkprozesses zurückgeht. Weil für den Synkretismus alles miteinander verbunden ist, alles mit allem zusammenhängt, alles durch Gesamtschemata wahrgenommen wird, die durch Bilder, durch Analogien von Einzelheiten, durch die zufälligen Umstände hergestellt werden, existiert selbstverständlich die Idee des Zufalls oder der Willkür für die synkretistische Mentalität überhaupt nicht, und daher läßt sich für alles ein Grund finden. Andererseits ist der Synkretismus ein Produkt des kindlichen Egozentrismus; denn gerade die egozentrischen Denkgewohnheiten verleiten dazu, die Analyse zu meiden und sich mit individuellen und willkürlichen Gesamtschemata zufriedenzugeben. Daher versteht man, warum die kindlichen Begründungen, die vom Synkretismus herrühren, denselben Charakter subjektiver Interpretationen haben, die auf einem Rückfall in primitive Denkweisen beruhen.

§ 4. Der Synkretismus des Verstehens

Bis jetzt hatten wir nur mit Kindern zu tun, die jeden der beiden verglichenen Sätze ungefähr verstanden. Was die korrespondierenden Sätze betrifft, besteht gar kein Zweifel. Was die Sprichwörter selbst betrifft, kann man sagen, daß sie verbal verstanden wurden, d. h. daß das Kind sich deren Sinn, während es sie las, konkret vorstellen konnte, allerdings deren moralischen Sinn nicht begriff. Alle Kinder fühlten jedoch, daß man dem Sprichwort einen symbolischen Sinn geben mußte, ohne daß wir jemals diesen Punkt betont hätten. Dieses Verstehen dürfte ausreichen, um die Meinung zu vertreten, die soeben beschriebenen Phänomene hingen mit dem Synkretismus des Verstehens zusammen.

Worauf soll man dieses Phänomen des Synkretismus zurückführen? Bis jetzt haben wir die Fähigkeit, Gesamtschemata herzustellen, als gegeben und als aus den nicht analytischen, aus dem Egozentrismus stammenden Denkgewohnheiten hervorgegangen angesehen. Jetzt ist es an der Zeit, den Mechanismus näher zu betrachten, indem wir den Synkretismus des Verstehens untersuchen. Aufgrund der Phänomene, die wir in den ersten Kapiteln untersucht haben, darf man annehmen, daß ein Kind aus seinem Egozentrismus heraus, wenn es einem anderen zuhört, glaubt, es verstehe alles, und nicht daran denkt, die Wörter oder Sätze seines Gesprächspartners Stück für Stück zu erörtern. Anstatt die Einzelheiten dessen, was man ihm sagt, zu analysieren, denkt es also über das Ganze nach. Es versucht also nicht, sich dem Gesprächspartner anzupassen, und wegen dieser Nichtanpassung denkt es in Gesamtschemata. In diesem Sinne kann man sagen, daß der Egozentrismus sich der Analyse widersetzt. Nun verfügen wir über ein gutes Mittel, um den Mechanismus zu untersuchen, wie solche synkretistischen Schemata entstehen: Wir müssen beobachten, was im Laufe unserer Experimente geschieht, wenn das Kind eins der Wörter im Sprichwort oder im korrespondierenden Satz nicht kennt. Wird es sein Interesse diesem Wort zuwenden, wie es ein nicht-egozentrischer Geist tun würde, der bemüht ist, sich dem Standpunkt des Gesprächspartners anzupassen, und wird es, bevor es weiter denkt, versuchen, dies Wort zu analysieren, oder wird es im Gegenteil das Wort als bekannt hinnehmen und einfach weiterdenken, als ob keine Schwierigkeit bestünde? Wie wir sehen werden, sind die egozentrischen Denkgewohnheiten stärker, und das Kind führt seinen Denkprozeß durch, als ob es dem Gesprächspartner nicht zuhören würde und als ob es alles verstünde. Das unbekannte Wort wird folglich in Abhängigkeit vom umfassenden Schema des Satzes oder der beiden Sätze assimiliert. Der Synkretismus des Verstehens besteht gerade darin, daß das Verstehen des Ganzen der Analyse der Einzelheiten vorangeht, und daß die Einzelheiten – ob richtig oder falsch – nur in Abhängigkeit vom Schema des Ganzen verstanden werden. Der Synkretismus des Verstehens ist also das eigentliche Bindeglied zwischen den egozentrischen Denkgewohnheiten, die wir aus den ersten vier Kapiteln bereits kennen, und dem Synkretismus, der sich daraus ergibt.

Wenn wir uns vorstellen wollen, was der Synkretismus des Verstehens

beim Kind ist, brauchen wir nur an die Art zu denken, wie ein intuitiv-begabter Mensch eine Fremdsprache übersetzt, die er nicht gut beherrscht, oder wie er schwierige Sätze in seiner Muttersprache versteht. Es kommt vor, daß er einen Satz in einer Fremdsprache oder einen philosophischen Text im Ganzen versteht, ohne jedoch alle Wörter oder alle Einzelheiten der Beweisführung zu begreifen. Er hat ein Gesamtschema gebildet, das ziemlich richtig ist (wie das in der Folge erreichte Verstehen des Ganzen zeigt), das aber nur auf einigen Punkten beruht, die spontan in Verbindung gebracht wurden. In diesen Fällen geht ein solches Gesamtschema dem analytischen Verstehen voraus.
Genau so geht auch das Kind vor. In einem gegebenen Satz übersieht es zunächst alle schwierigen Wörter, dann verbindet es die verstandenen Wörter miteinander, bis daraus ein Gesamtschema entsteht, das nachträglich die Interpretation der nicht verstandenen Wörter erlaubt. Selbstverständlich kann dieses synkretistische Verfahren Anlaß zu schwerwiegenden Irrtümern geben – einige davon werden wir gleich sehen –, wir meinen aber, daß es das ökonomischste Verfahren ist, bei dem das Kind, selbstverständlich durch eine Folge von Annäherungen und sukzessiven Selektionen, zum genauen Verstehen gelangt.
Hier ein Beispiel für dieses Verfahren im Fall unserer Sprichwörter:
Vau (10;0) identifiziert »Jedem nach seinen Werken«* mit »Manche Menschen treiben viel, aber tun nichts«. Er kennt das Wort »selon« (nach, gemäß) nicht. Er glaubt aber, daß er es auf Anhieb versteht, und zwar so: Er hat beide Sätze miteinander verbunden, *»weil es ungefähr dasselbe ist«:* der eine heißt: *»Jeder macht seine Werke, jeder hat sein Werk«*, und der andere: *»Jeder will etwas machen, aber tut nichts.«* Bis auf eine Antithese ist das Schema in beiden Sätzen das gleiche. Was heißt nun »selon«? »Was heißt es? – *Kommen. Jeder komme ans Werk.«* Eine halbe Stunde später bitten wir Vau, uns die beiden Sätze auswendig zu wiederholen. Er gibt den ersten wie folgt wieder. *»Chacun selon à l'œuvre.« [Jeder gemäß ans Werk.]* Das Wort »selon« hat also den Sinn »kommen« angenommen. Denn Vau wiederholt den zweiten Satz wie folgt: »*Certaines personnes vont pour rien. [Manche Menschen kommen für nichts.]* – Warum bedeuten sie dasselbe? – *Weil manche Menschen gingen, aber nichts taten.·Und oben* (bei dem Sprichwort) *gingen sie, aber sie taten etwas.«*
Dieser ganz klare Fall zeigt uns also ein Kind, das ein Wort nicht kennt, sich dieser Unkenntnis aber nicht bewußt wird. Daher wird das

* Im Original: »A chacun selon ses œuvres.« (Anm. d. Red.)

unbekannte Wort in Abhängigkeit vom Gesamtschema der beiden verglichenen Sätze interpretiert. Vau hat also überhaupt nicht versucht, die Einzelheiten der Sätze, die er nicht verstanden hatte, zu analysieren. Er hat entschieden, daß beide dasselbe bedeuten, dann hat er die Wörter in Abhängigkeit von diesem umfassenden Schema interpretiert, das sich unabhängig von dem unbekannten Wort gebildet hat. Wenn wir diesen Mechanismus des Verstehens einzelner Wörter in Zusammenhang mit dem Synkretismus bringen, dann deshalb, weil dieses Verstehen sich vom Ganzen zum Teil hin vollzieht, genau wie die primitive Wahrnehmung. – Hier noch weitere Beispiele:

Kauf (8;8 F) assimiliert »Ein Schaf wird immer wieder geschoren«* mit folgendem Satz »Kleine Leute können große Verdienste haben«**, ohne das Wort »mérite« zu kennen, und sie folgert, daß dies letztere bedeutet: *»Das heißt, daß sie später dick werden können.«* Auch hier wird das unbekannte Wort also in Abhängigkeit vom umfassenden Schema interpretiert. Denn, wie Kauf uns sagt, das Schaf wird immer wieder geschoren, weil es dicker wird, wenn es älter wird. Daher bedeuten die beiden Sätze dasselbe, und zwar, *»weil die Schafe dicker werden können, wenn sie älter werden; die Schafe sind von kleiner Gestalt* [taille], *wenn sie klein sind, die Leute sind von kleiner Gestalt* [taille], *wenn sie klein sind, und wenn sie älter werden, werden sie dicker«* (= sie haben große Verdienste, in dem Sinne, den man soeben gesehen hat).

Der gleiche korrespondierende Satz wird von Don (9 Jahre) mit dem Sprichwort assimiliert: »Die Fliegen, die um die Pferde herumschwirren, lassen die Kutsche nicht schneller fahren.« Daraus schließt Don, daß »Verdienst« *»etwas Großes«* oder *»eine große Zahl von Fliegen«* bedeutet. Auch hier gibt das Schema dem unbekannten Wort seinen Sinn.

Wir wollen uns nicht länger bei diesen Erscheinungen aufhalten, man kann sie ständig beobachten. Sie erklären das Phänomen des Verbalismus. Wenn die Kinder in der Lage sind, unbekümmert ein ihnen unbekanntes Wort zu gebrauchen, ohne zu merken, daß sie es nicht verstehen, dann nicht aus dem Grunde, weil sie glauben, sie könnten es definieren. Wenn das Wort einmal aus seinem Kontext gerissen ist, bedeutet es nämlich für sie überhaupt nichts mehr. Wenn sie es aber zum ersten Mal gehört haben, hat der Gesamtzusammenhang diesem Wort auf-

* Im Original: »Le mouton sera toujours tondu.« (Anm. d. Red.)

** Im Original: »Les gens d'une petite taille peuvent être d'un grand mérite.« (Anm. d. Red.)

grund der synkretistischen Verbindung aller Teile dieses Kontextes und der immer verfügbaren pseudologischen Begründungen einen vollständig ausreichenden Sinn verliehen.

Man erkennt gleichzeitig, wie der Synkretismus des Verstehens den des Denkprozesses erklärt und wie er eine Brücke zwischen dem egozentrischen Denken und den Phänomenen baut, die wir in den letzten Paragraphen beschrieben haben. Die Dinge verlaufen ungefähr so: Wenn das Kind zuhört, was gesprochen wird, bemüht es sich nicht etwa, sich anzupassen oder sich in das Denken des anderen hineinzuversetzen, sondern es versucht, alles, was gesagt wird, seinem eigenen Standpunkt und allem, was es bereits erworben hat, zu assimilieren. Daher erscheint ihm ein unbekanntes Wort nicht im gleichen Maße unbekannt, als wenn es sich bemühen würde, sich dem anderen wirklich anzupassen. Dieses Wort ist im Gegenteil mit dem unmittelbaren Kontext verschmolzen, den das Kind für hinlänglich verstanden hält. Die allzu neuen Wörter werden niemals analysiert. Die Wahrnehmung oder das Verstehen sind also synkretistisch, weil nicht analysiert, und nicht analysiert, weil nicht angepaßt. Nur ein Schritt, ein einfaches Bewußtwerden, trennt diesen Synkretismus der sogenannten »Rezeption« (der Wahrnehmung oder des Verstehens) vom Synkretismus des Denkprozesses. Anstatt passiv zu registrieren, daß ein bestimmter Satz zu einem bestimmten anderen »paßt« (Gefühl des Einklangs) oder daß die Tatsache, daß der Mond nicht herunterfällt, zu der Tatsache, daß der Mond sehr hoch steht, »paßt«, kann das Kind sich fragen, »warum« es so ist, oder man kann ihm auch die entsprechende Frage stellen: Es schafft dann Implikationen, oder es entdeckt verschiedene Begründungen, die einfach dieses Gefühl des »Einklangs« ausdrücken, das es in allem empfunden hat. Die Alogik der kindlichen »weil« oder das Fehlen des Zufallsbegriffs, das sich in den primitiven »warum« bezeugt, gehen auf den Synkretismus des Verstehens und der Wahrnehmung selbst zurück, und dieser Synkretismus wiederum beruht auf der Nichtanpassung, einer Folge des Egozentrismus.

Wir können also das im § 2 erörterte Problem kurz neu formulieren: Entstehen die synkretistischen Verbindungen von Sätzen aus den Analogien der Einzelheiten oder umgekehrt? Diese Frage haben wir bereits beantwortet als wir sagten, daß zwischen den Analogien der Einzelheiten und der Implikation der Gesamtschemata eine wechselseitige Abhängigkeit besteht; man kann sie noch einmal im Zusammenhang mit dem Synkretismus des Verstehens und dem der Wahrnehmung aufwerfen: Versteht das Kind den Satz aufgrund der Wörter oder, umgekehrt, nimmt es ein Ganzes aufgrund der Einzelheiten wahr? Das sind müßige Probleme, wenn es um leichte Sätze oder alltägliche Gegenstände geht, sie werden aber interessant, sobald es sich um Anpassung an neue Gegenstände handelt.

Was die Wahrnehmung betrifft, muß die Frage neu gestellt werden, aber schon jetzt scheint es uns möglich, folgendes zu schließen: In dem von Claparède zitierten Fall z. B. kann man sich fragen, ob das Kind, das eine bestimmte Notenseite unter vielen anderen zu erkennen vermochte, von dem Gesamtbild der Seite geleitet wurde, wie es die Synkretismus-Hypothese will, oder von irgendeiner besonderen Einzelheit (dem Ende einer Zeile oder einem aus vielen zusammengesetzten Noten entstandenen Teilbild). Nun sind aber das Vorhandensein eines Gesamtbildes und das der einzelnen Details voneinander abhängig. Ein Gesamtbild entsteht, weil einige Details über die undeutliche Masse hinaus, die den Hintergrund bildet, zufällig ausgewählt und besonders beachtet werden. Aufgrund dieser hervorstechenden Details entsteht ein Ganzes, und umgekehrt. Hier liegt weder ein Trugschluß noch ein Gemeinplatz vor – ein Beweis dafür ist, daß wir Erwachsene daran gewöhnt sind, jede Notengruppe und jedes Wort zu analysieren, und wir erfassen eben nicht mehr das Gesamtbild noch diese dominierenden Details. Wenn es für uns keine hervorstechenden Details mehr gibt, dann deshalb, weil es für uns kein Gesamtbild mehr gibt, und umgekehrt. Wir brauchen dagegen nur mit den Augen zu blinzeln, um bestimmte hervortretende Notengruppen und Wörter zu sehen, und manchmal gewinnt die Seite für die Augen ein Gesamtgepräge, manchmal ist es umgekehrt, in einem fortdauernden Rhythmus. Bei der kindlichen Zeichnung sind die hervorstechenden Details und das Gesamtbild ebenfalls voneinander abhängig. Aus diesem Grunde beschränkt sich das Kind, das eine menschliche Gestalt darstellen will, darauf, einige unbedeutende oder wesentliche Einzelheiten aneinanderzureihen (einen Kopf, Beine, einen Knopf, einen Nabel usw. ganz zufällig), die wir in einer ganz anderen Weise ausgewählt hätten, da unsere Wahrnehmung nicht mehr im gleichen Grad synkretistisch ist. Es ist also kein Gemeinplatz zu sagen, daß das Schema des Ganzen und die hervorstechenden Details voneinander abhängig sind: Tatsächlich haben wir zwei verschiedene Elemente; das eine hat das andere zur Folge und umgekehrt, in einem Rhythmus, der sich leicht beobachten läßt. Genau dasselbe gilt für den Synkretismus des Verstehens. In manchen Fällen scheint allein das Schema wichtig zu sein und das Verstehen der Wörter erst später aufzutreten. So in diesem Beispiel:

Peril (10;6) identifiziert »Wer einmal getrunken hat, trinkt auch weiter« mit »Wer spät einschläft, wacht auch spät auf« – *»weil vor dem Komma auch dieselben Wörter im Satz stehen, die wiederholten Wörter haben denselben Platz, in den beiden Sätzen wiederholt sich ein Wort.«* Es scheint also, daß Peril sich lediglich auf die schematisierte Gesamtgestalt gestützt hat. Aber daraus schließt er auf eine identische Bedeutung der Wörter: *»Weil derjenige, der getrunken hat, noch mehr trinken will, und derjenige, der spät einschläft, auch spät wach wird.«*
In anderen Fällen scheint das Kind nur nach Wörtern zu suchen, die dem Sinn oder dem Klang nach ähnlich sind: »petit« und »petites«, »habit« und »habitude« usw., mit anderen Worten, es scheint vom Verstehen einzelner Wörter auszugehen; aber auch hier wird danach das Gesamtschema genauso deutlich hergestellt. Kurz, im Synkretismus des Verstehens wie in dem der Wahrnehmung sind das Gesamtschema und das Detail voneinander abhängig. Wohl kann das eine dem anderen vorausgehen, ist also von ihm unabhängig, aber es zieht das andere nach sich und umgekehrt, in einem unbegrenzten Hin und Her. Durch diesen Rhythmus wird also das Detail immer mehr analysiert und das Ganze immer mehr synthetisiert. Daher werden zunächst nur sehr grobe oder sehr hervorstechende Details wahrgenommen und nur ganz grobe Gesamtschemata hergestellt. Am Anfang verschwimmen also die hervorstechenden Details und das Gesamtbild mehr oder weniger ineinander, dann entwickeln sich gleichzeitig die Analyse und die Synthese auf Kosten dieses anfänglichen Synkretismus.
Man sieht also, warum im synkretistischen Denkprozeß die Beziehungen zwischen dem Denkprozeß in expliziten Analogien und dem Denkprozeß, der umfassende Schemata einbezieht, so eng sind: Auch dieser Tatbestand geht darauf zurück, daß der Synkretismus des Denkprozesses über eine Reihe von sukzessiven Bewußtseinsakten aus dem Synkretismus des Verstehens und der Wahrnehmung hervorgeht.

§ 5. Schluß

Wenn man unsere Ergebnisse liest, so glaubt man vielleicht, daß das egozentrische Denken, das diese Phänomene von Synkretismus hervorbringt, eher dem autentischen Denken und dem Traum näher stehe als dem logischen Denken. Die Tatsachen, die wir hier beschrieben haben, zeigen tatsächlich mehrere Aspekte, die sie mit dem Traum oder mit der Träumerei verbinden: die verbalen Gleichsetzungen, sogar kalauerhafte, und vor allem die Art, wie die Gedanken den freien Assoziationen folgen und sich treiben lassen, bis sich eine Gleichsetzung zwischen zwei Sätzen ergibt, die auf den ersten Blick nichts gemeinsam haben.

Wir möchten hier den Vergleich zwischen dem Synkretismus und der autistischen Phantasie nicht gründlich untersuchen. Im übrigen haben wir schon auf die Verwandtschaft hingewiesen, die zwischen der pathologischen Interpretation und den kindlichen Begründungen um jeden Preis besteht. Dennoch kann es nützlich sein, schon jetzt zu vermerken, daß alles uns dazu bringt, den Mechanismus des synkretistischen Denkens als eine Zwischenstufe aufzufassen zwischen dem des logischen Denkens und dem Mechanismus dessen, was die Psychoanalytiker mit einem kühnen Wort »Symbolismus« der Träume genannt haben. Wie arbeitet nun die autistische Phantasie in den Träumen? S. Freud hat gezeigt, daß die Entwicklung von Bildern oder Pseudobegriffen im Traum und im Wachtraum von zwei wesentlichen Funktionen geleitet wird: einerseits von der *Verdichtung*, die mehrere unzusammenhängende Bilder in einem einzigen Bild verschmelzen läßt (ebenso mehrere Personen in einer), andererseits von der *Übertragung*, die die Merkmale eines Objektes auf ein anderes überträgt, die dem ersten zukamen (z. B. irgendeine Person, die wegen ihrer Ähnlichkeit mit der Mutter des Schülers als die eigene Mutter angesehen wird). Wie wir schon früher vermutet haben,[15] muß es zwischen diesen beiden Funktionen und der Funktion der Verallgemeinerung (die eine Art der Verdichtung darstellt) und der Abstraktion (die eine Art der Übertragung darstellt) alle möglichen Zwischenglieder geben. Der Synkretismus ist genau das wichtigste dieser Glieder. Er »verdichtet« wie der Traum objektiv unzusammenhängende Elemente zu einem Ganzen. Er »überträgt« wie der Traum je nach den Gedankenassoziationen, den rein äußeren Ähnlichkeiten oder den Assonanzen, die auf Wortspielen beruhen (habit – habitude), die Merkmale, die sich anscheinend nur auf ein bestimmtes Objekt beziehen. Aber andererseits sind diese Verdichtung und diese Übertragung auch nicht so absurd wie in Traum (und auch nicht so gefühlsgeladen) oder wie bei der autistischen Phantasie: Sie nähern sich schon dem logischen Vergleich selbst. Man darf also annehmen, daß sie den Übergang zwischen den vorlogischen Denkmechanismen und den logischen Mechanismen bilden.[16]

[15] J. Piaget, La psychoanalyse dans ses rapports avec la psychologie de l'enfant, in: Bulletin de la Société Alfred Binet, Nr. 131–133, S. 56–57.

[16] Die gute Arbeit von H. Larsson, La logique de la poésie, übersetzt von Philipot, Paris (Leroux) 1919, bringt einen weiteren Beweis für die Analogien zwischen dem

Man sollte in der Tat das Denken in synkretistischen Schemata nicht unterschätzen, das das Kind, wenn auch, wie wir gesehen haben, durch allerlei Abenteuer hindurch, zu einer progressiven Anpassung führt. Diese Schemata sind in keiner Weise unvernünftig, sie sind nur zu einfallsreich, zu unbekümmert, als daß man von ihnen einen präzisen Gebrauch machen könnte. Früher oder später werden sie aber einer strengen Auswahl und einer gegenseitigen Einschränkung unterworfen, die sie schärfen und aus ihnen ein ausgezeichnetes Werkzeug des erfinderischen Denkens in den Bereichen machen, wo Hypothesen nützlich sind. Nur in dem Alter, in dem wir unsere Versuchskinder beobachtet haben, stört diese Überschwenglichkeit die Anpassung, weil sie der autistischen Phantasie noch zu nahe steht.

Diese Analogien zwischen dem Synkretismus und der autistischen Phantasie erklären andererseits, warum die kindlichen Antworten, die wir erhalten haben, dem Fabulieren so stark gleichen. Sicher entstand oft der Eindruck, daß die von uns befragten Kinder sich über uns oder über den Test selbst lustig machten und daß sie die zahlreichen Lösungen, die sie nach Belieben erfanden, ebensogut gegen irgendwelche anderen hätten austauschen können, ohne sich irgendwie verlegen zu fühlen. In diesem Fall wären die beobachteten Phänomene natürlich bei weitem nicht so wertvoll. Es ist immer schwer, einen solchen Einwand zu widerlegen; denn kein Kriterium erlaubt mit Sicherheit zu sagen, ob ein Kind, dem man Fragen stellt, fabuliert oder ob es glaubt, was es sagt. In Untersuchungen wie den unsrigen schlagen wir die Anwendung von drei Kriterien vor, die es – wenn sie gleichzeitig angewendet werden – gestatten, zwischen Fabulieren und Glauben zu unterscheiden. Im Falle der oben beschriebenen Phänomene meinen wir nun, daß die Kinder nicht fabuliert haben und daß die Ähnlichkeit zwischen den erhaltenen Antworten und dem Fabulieren sich genau aus den Analogien zwischen dem Synkretismus und der Phantasie herleitet, zumal das Fabulieren eine Form der kindlichen Phantasie darstellt.

Nachstehend nun die drei Kriterien, auf die wir uns in unseren Schlußfolgerungen berufen, damit unseren Ergebnissen nicht jeder Wert abgesprochen werden kann.

Erstes Kriterium: die *Gleichförmigkeit* oder die *numerische Konstanz*

Synkretismus und der Phantasie. H. Larsson hat gezeigt, daß die Phantasie der Künstler (die eine Form des Autismus darstellt) vor allem darin besteht, die Objekte nicht analytisch zu erfassen, wie die Intelligenz es tut, sondern synkretisch, d. h. durch Gesamtwahrnehmung: die Kunst hebt die *Gestaltqualitäten* der Dinge hervor, und durch das Bemühen des Künstlers um Intropathie lebt diese ursprüngliche und totale Wahrnehmung wieder auf.

der Antworten. Wiederholt man bei vielen Kindern das gleiche Experiment, erhält man Antworten, die entweder alle einander gleichen oder die weit auseinander gehen und nicht klassifizierbar sind. Im ersten Fall besteht viel weniger Wahrscheinlichkeit, daß Fabulieren vorliegt, als im zweiten: Die Antworten, die ein Kind nach seinem Gutdünken und einfach aus Spaß gibt, können natürlich auch, ebenso wie die anderen, einem Gesetz folgen, sowohl was ihren Inhalt als auch ihre Form betrifft; es ist aber ziemlich unwahrscheinlich, daß dieselbe Frage, die vierzig oder fünfzig Kindern gestellt wurde, *immer* Fabulieren hervorruft, statt einmal eine angepaßte und einmal eine fabulierte Antwort hervorzurufen. Was unsere Sprichwörter betrifft, gleichen sich nun alle Antworten sowohl in ihrem Inhalt als in ihrer Form.
Zweites Kriterium: Der *Altersunterschied* der Kinder. Manche Fragen veranlassen Versuchskinder einer bestimmten Altersstufe (z. B. 5 bis 6 Jahre) zum Fabulieren, weil sie nicht verstanden werden und so Anlaß zum Spiel werden. Bei 7- bis 8jährigen Kindern werden die gleichen Fragen verstanden und folglich ernst genommen. Wenn alle Kinder einer gleichen Altersstufe auf dieselbe Weise antworten, kann man sich immer noch fragen, ob etwa sie alle die Fragen verstanden und daher fabuliert haben. Sind aber die Antworten gleich oder fast gleich, und das für mehrere Jahrgänge, dann erscheint es unwahrscheinlich, daß die Kinder fabuliert haben. Das ist nun der Fall bei unseren Sprichwörtern. Bei Kindern von 9 bis 11 Jahren haben wir die gleichen Ergebnisse erhalten, und andere beobachtete Kinder außerhalb dieser Altersstufe gaben auch ähnliche Antworten. Man beobachtet lediglich einen mehr oder weniger wahrnehmbaren Rückgang des Synkretismus im Laufe der Jahre.
Drittes Kriterium: *Das Erreichen einer richtigen Antwort.* In dem Augenblick, wo das Kind zu einer richtigen Antwort gelangt, läßt sich gut feststellen, ob es sein Verfahren ändert, oder ob es auf einmal leugnet, was es bis jetzt zu glauben schien. In diesem Fall liegt wahrscheinlich Fabulieren vor. Wenn dagegen die Verfahren, die zum Irrtum verführen, und die, die zu richtigen Lösungen führen, Kontinuität aufweisen, wenn es nicht-wahrnehmbare Entwicklungsstufen gibt, dann ist die Wahrscheinlichkeit groß, daß kein Fabulieren vorliegt. Im Falle unserer Sprichwörter nun findet man bei jedem Kind sowohl richtige als auch falsche Antworten, und die richtigen Antworten schließen nicht aus, daß die Korrespondenz zwischen dem Sprichwort und dem Satz auf synkretistische Weise gefunden wurde.

Wir dürfen also daraus schließen, daß die von uns erhaltenen Antworten der Kinder nicht auf Fabulieren zurückgehen. Man kann jedoch nie ganz sicher sein, daß nicht in einigen Einzelfällen die Antworten fabuliert waren. Bei ein oder zwei Beispielen, die sich durch ihre Willkür von den anderen unterscheiden, konnten wir uns im Gegenteil sogar vergewissern, daß Fabulieren vorlag. Aber in den anderen Fällen geht dieser Anschein des Fabulierens, den unser Material zeigt, auf den Umstand zurück, daß der Synkretismus wegen seines Mechanismus eine Zwischenform zwischen dem autistischen Denken und dem logischen Denken darstellt, ähnlich allen anderen Erscheinungen des egozentrischen Denkens, wie wir noch sehen werden.[17]

[17] Weitere Ausführungen zum Parallelismus zwischen dem Autismus und dem kindlichen Denken finden sich in unserem Artikel: La pensée symbolique et la pensée de l'enfant, in: Archives de psychologie, Bd. XVIII, 1923, S. 273.

VI. Kapitel

DIE FRAGEN EINES 6JÄHRIGEN KINDES[1]

Nichts könnte besser in die Logik des Kindes einführen als die Untersuchung der spontanen Fragen. Bei der Analyse der Sprache zweier Kinder (Kapitel I) haben wir bereits andeutungsweise von einer Klassifizierung der Kinderfragen gesprochen, die uns erlauben würde, einen Einblick in die Interessen jeder Altersstufe für bestimmte intellektuelle Operationen (kausale Erklärung, logische Begründung, Klassifizierung usw.) zu gewinnen; wir haben diese Klassifizierung vorweggenommen und auf die Fragen von Lev und Pie angewandt (Kapitel I, § 9). Jetzt ist es an der Zeit, das Problem systematisch anzugehen; die Erörterung dieses Problems soll den Übergang zwischen der funktionalen Untersuchung der verbalen Intelligenz des Kindes (Kapitel I–VI) und der Analyse der Eigenheiten der kindlichen Logik (Band 2) bilden.

Das Problem, das wir also lösen möchten, kann man so formulieren: Welche intellektuellen Interessen oder, wenn man will, welche *logischen Funktionen* bezeugen die Fragen eines bestimmten Kindes und wie sind diese Interessen zu klassifizieren? Um dieses Problem zu lösen, braucht man nur während einer gewissen Zeit vielleicht nicht alle Fragen, die ein Kind stellt, aber wenigstens alle Fragen, die es an die gleiche Person richtet, festzuhalten und diese Fragen, je nach den Antworten, die es darauf erwartet, zu klassifizieren. Aber diese Klassifizierung ist schwieriger, als es scheint, so daß wir uns vor allem um die Entwicklung eines Untersuchungsinstrumentes bemühen wollen und erst in zweiter Linie um ihre praktische Anwendung.

Das Material, das unsere Arbeitsgrundlage sein soll, besteht aus 1125 spontanen Fragen, die von Del, einem 6- bis 7jährigen Jungen (6;3 bis 7;1), in zehn Monaten an Frau Veihl gerichtet wurden. Diese Fragen

[1] In Zusammenarbeit mit Liliane Veihl.

wurden während täglicher, zweistündiger Unterhaltungen aufgezeichnet; es war praktisch ein Konversationsunterricht; das Kind fühlte sich aber in diesen Stunden völlig frei und konnte sagen, was es wollte. Da diese Gespräche bereits begonnen hatten, als man anfing, die Fragen festzuhalten, befand sich das Kind gleich zu Anfang der Arbeit in einer vollkommen natürlichen Atmosphäre. Im übrigen – was sehr wichtig ist – hat es nie geahnt, daß man seine Fragen aufschrieb. Frau Veihl besaß sein volles Vertrauen und gehörte zu den Menschen, bei denen das Kind am liebsten seinen Wissensdurst stillte. Der Unterrichtsstoff (Lesen, Rechtschreiben, Naturkunde usw.) beeinflußte ohne Zweifel die Art der gestellten Fragen, aber das läßt sich nicht vermeiden. Zufälle auf Spaziergängen und bei Spielen – die bei den Aufzeichnungen übrigens eine gewisse Rolle gespielt haben – beeinflussen ebenso die Interessenrichtung des Kindes. Das einzige Mittel, um das Gelegentliche in der Wißbegier des Kindes von dem Dauerhaften zu unterscheiden, ist eben, so viele Fragen wie möglich unter möglichst gleichen Bedingungen aufzuzeichnen. So haben wir es auch gemacht. Schließlich versteht es sich von selbst, daß wir sorgfältig vermieden haben, die Fragen zu provozieren, und ebenso, unter den gestellten Fragen eine Auswahl zu treffen.

Da unsere Arbeit jedoch ursprünglich den Zweck hatte, nur die »warum« zu untersuchen, wurden während der ersten Arbeitssitzungen mit der Beobachterin nur diese vollständig aufgezeichnet. Einige Wochen lang wurden die anderen Fragen zeitweise notiert. (An manchen Tagen wurden alle Fragen festgehalten, und dann selbstverständlich ohne Ausnahme, an anderen wurden nur die »warum« berücksichtigt.) Die Fragen 201 bis 450, 481 bis 730 und 744 bis 933 stellen dagegen die vollständige Liste aller Fragen dar, die in der entsprechenden Zeit gestellt wurden. In den statistischen Erörterungen werden wir also entweder nur diese drei Gruppen zu 250 Fragen oder nur die »warum« berücksichtigen.

I. Die »warum«

Bevor wir das umfassende Problem der Typen von Fragen bei Del allgemein angehen, wollen wir versuchen, ein spezielles Problem zu lösen, das begrenzbar ist und das uns zugleich als Einleitung dienen wird, nämlich die verschiedenen Typen des »warum«.

Die Frage der kindlichen »warum« ist komplexer, als sie auf den ersten

Blick aussieht. Wie man weiß, erscheinen die »warum« ungefähr im Alter von 3 Jahren (Stern notiert sie bei 2;10, 3;1 usw., Scupin bei 2;9, Rasmussen zwischen 2 und 3 Jahren usw.) und sind zwischen diesem Alter und 7 Jahren extrem häufig; sie sind charakteristisch für das, was man das zweite Fragealter des Kindes genannt hat. Das erste Fragealter wird durch Fragen charakterisiert, die Ort und Benennung betreffen, das zweite durch Fragen über Ursache und Zeit. Aber gerade die Fülle der »warum« führt uns zu der Annahme, daß sie eine Art Frage für alles, eine undifferenzierte Frage darstellen, die in Wirklichkeit mehrere verschiedenartige Bedeutungen hat. Stern hat bemerkt, daß die ersten »warum« mehr affektiv als intellektuell sind, d. h. daß sie weniger eine echte Wißbegier manifestieren als die Enttäuschung bezeugen, die durch das Fehlen eines gewünschten Gegenstandes oder das Nichteintreten eines erwarteten Ereignisses hervorrufen wird. Es bleibt aber noch die Frage, wie das Kind von dieser affektiven Wißbegier sozusagen zur allgemeiner Wißbegier und zu den anspruchsvolleren Formen intellektuellen Interesses wie z. B. zur Untersuchung der Ursachen gelangt. Zwischen diesen beiden Extremen gibt es sicher eine Reihe von Nuancen, die man klassifizieren müßte.

Oberflächlich betrachtet sieht es so aus, als verlange eine gewisse Kategorie von »warum« der Kinder als Antwort eine kausale Erklärung. Betrachten wir z. B. folgende Frage, eine der ersten eines 3jährigen Jungen: *»Warum haben die Bäume Blätter?«* Würde diese Frage von einem gebildeten oder ungebildeten Erwachsenen gestellt, wären mindestens zwei verschiedene Antwortgruppen möglich, die einen wären finalistisch und würden mit »um« oder »damit« (»pour«) anfangen (»um sie warm zu halten«, »damit sie atmen können« usw.), die anderen wären kausale oder logische Antworten und würden mit »weil« (»parce que«) beginnen (»weil sie von Pflanzen stammen, die Blätter haben«, oder »weil alle Pflanzen Blätter haben«). Es ist also unmöglich, auf Anhieb zu erkennen, welche der beiden Nuancen in der Frage des Kindes dominiert. Ja vielleicht verbirgt eine solche Frage eine Menge anderer Bedeutungen, die sich unserem Verstehen entziehen. Die Frage ist vielleicht rein verbal und manifestiert bloßes Erstaunen, ohne eine Antwort zu erwarten. Das ist tatsächlich oft der Fall bei den Kinderfragen, die an niemanden gerichtet und eigentlich nur eine Art sind, auf Umwegen etwas zu behaupten, ohne Widerspruch befürchten zu müssen. Es kommt sehr oft vor, daß das Kind, wenn man mit der Antwort zögert, nicht abwartet und die Antwort selbst gibt. Wir haben schon mehrere dieser egozentrischen Fragen gesehen (Kapitel I), die

genau genommen Pseudofragen sind. Wir werden diese Tatsache aber in der nachstehenden Klassifikation trotzdem nicht berücksichtigen. So egozentrisch eine Frage auch sein mag: Die Tatsache, daß sie in der Form einer Frage gestellt wird, ist schon für sich interessant; und der Typ logischer Beziehungen, die sie voraussetzt, ist immer der gleiche, der auch dann diese Frage charakterisieren würde, wenn sie an jemanden gerichtet wäre (Kausalität, Finalität usw.). In dieser Hinsicht kann die betreffende Frage, vom Kinde gestellt, eine größere Anzahl von Bedeutungen enthalten als beim Erwachsenen. Vielleicht wollte das Kind, ohne sich eigentlich für den Baum zu interessieren, aus einem anthropomorphen Impuls heraus wissen, »wer die Blätter an die Bäume gemacht hat«. (Warum haben die Bäume Blätter? – Weil der liebe Gott sie gemacht hat.) Es mag sich auch mit Fragen nach Zweck und Verwendbarkeit im Hinblick auf die Menschen beschäftigen (Warum ... usw.? – Damit es schön aussieht. Damit man darunter im Schatten stehen kann usw.) oder im Hinblick auf den Baum selber, welchem das Kind mehr oder weniger explizit Intentionen zuschreiben kann (weil er ... lieber hat usw.). Kurz, wenn man ein »warum« eines Kindes aus seinem Zusamenhang reißt, sind immer viele Auslegungen möglich.
Gerade weil sie Vergleiche gestatten, kann man eine Sammlung von »warum« eines bestimmten Kindes wie die, über welche wir gleich sprechen, zur Lösung der beiden folgenden Probleme benutzen, Probleme, die ohne diese Technik unlösbar wären: 1. Welches sind die möglichen Typen von »warum«, geordnet nach dem logischen Typ der Antworten, die das Kind erwartet, oder die es sich selbst gibt? 2. Wie entwickeln sich diese Typen auseinander?

§ 1. Die wichtigsten Typen des »warum«

Die kindlichen »warum« lassen sich in drei große Gruppen einteilen, in die »Warum der *kausalen Erklärung* (einschließlich der *finalen* Erklärung), der *Motivation* und der *Begründung*«; innerhalb dieser Gruppen lassen sich noch bestimmte Nuancen unterscheiden. Von einer gewissen Altersstufe ab (7 bis 8 Jahre und darüber) unterscheidet man auch die »Warum der *logischen Begründung*«, die aber im Alter von Del kaum von Interesse für uns sind, so daß wir sie den »Warum der Begründung« im allgemeinen zuordnen.
Das Wort *Erklärung* (explication) fassen wir in einem engen Sinne auf, im Sinne der kausalen oder finalen Erklärung. Das Wort »erklären« hat nämlich zwei Bedeutungen. In manchen Fällen bedeutet es: Eine

»logische« Erklärung abgeben, d. h. das Unbekannte auf das Bekannte zurückführen, systematisch darlegen (eine Lektion, ein Theorem erklären). Die »warum«, die sich auf die logische Erklärung beziehen (»Warum ist 4,5 die Hälfte von 9?«), müssen in die Kategorie der »logischen Begründung« eingeordnet werden. In anderen Fällen dagegen bedeutet das Wort »erklären«, die Ursachen eines Phänomens im Denken zu ergründen, handele es sich nun um bewirkende oder finale Ursachen, je nach dem, ob sie durch Naturerscheinungen oder durch Maschinen bedingt sind. Wir nehmen das Wort »Erklärung« allein in diesem zweiten Sinne. Die »Warum der kausalen Erklärung« werden wir also daran erkennen, daß sie eine Antwort erwarten, die den Begriff der Kausalität oder Zweckkausalität impliziert. Hier einige Beispiele, die wir bei Del aufgezeichnet haben: *»Warum fällt das immer* (die Gegenstände)*?« – »Der Blitz ... Papa sagt, der entsteht ganz allein im Himmel. Warum* (geschieht es so)*?« – »Warum haben sie* (die jungen Ziegen) *denn keine* (Milch)*?« – »Warum ist es denn so schwer* (ein Zwei-Franc-Stück)*?«*

Wir nennen *Motivation* die Form der Erklärung, die kein materielles Phänomen wie in der vorigen Kategorie erklärt, sondern eine Handlung oder einen psychologischen Zustand. Das Kind sucht hier keine eigentlich materielle Ursache, sondern die Absicht, das Motiv, das die Handlung gelenkt hat, manchmal auch die psychologische Ursache. Es gibt unzählige »Warum der Motivation«, und sie sind leicht zu klassifizieren: *»Gehen Sie weg? Warum?« – »Warum fängt man immer mit dem Lesen an?« – »Warum weiß Papa es nicht* (das Datum)? *Er ist doch ein großer Mann.«*

Schließlich wollen wir »Warum der *Begründung«* jene »warum« nennen, die sich auf ein Motiv besonderer Art beziehen, nämlich nicht mehr auf das Motiv irgendeiner Handlung, sondern einer Regel: »Warum muß man ... usw.?« Diese »warum« kommen bei Del so häufig vor, daß eine eigens dafür eingerichtete Kategorie gerechtfertigt ist. Die Wißbegier des Kindes erstreckt sich nämlich nicht nur auf die materiellen Gegenstände und auf die Handlungen der Menschen, sie betrifft auch systematisch die Gesamtheit der Regeln, die zu beachten sind, Regeln der Sprache, der Rechtschreibung, manchmal auch des Benehmens, die das Kind erstaunen lassen und von denen es das Warum wissen möchte. Manchmal möchte es wissen, woher sie kommen, d. h. es möchte die Absicht der »Leute« kennenlernen, die bestimmt haben, daß es so sein müsse; in anderen Fällen denkt es über ihren Zweck nach. Dieselbe Frage »warum ...?« verwirrt die zwei verschiedenen Bedeutungen. Hier liegt eine Gruppe von Interessen vor, die man unter dem Wort »Begründung« zusammenfassen kann; diese Gruppe unterscheidet sich vom Interesse an der einfachen psychologischen Motivation. Hier einige Beispiele dafür, die nicht alle gleich deutlich sind: *»Warum nicht mit ›an‹* (bezieht sich auf die Rechtschreibung eines Wortes)*? Man kann ja nie wissen, wann man ›an‹ und wann man ›en‹ schreiben muß.«* – *»Warum nicht mit ›in‹* (bei ›Alain‹)? *Wer hat es verboten, die Leute in Paris?« – »Warum sagt man ›verlegt‹, heißt das ›verloren‹?« – »Schwarzer Kaffee, warum schwarz? Der Kaffee ist immer schwarz . . .«*

Das sind also die drei Hauptgruppen von »warum«, was unmittelbar festgestellt werden kann. Aber selbstverständlich handelt es sich hier um »statistische« Typen, d. h. zwischen ihnen existieren alle möglichen Zwischenformen. Wenn es möglich wäre, alle wirklichen Nuancen durch Ziffern zu skalieren, dann würden diese drei Typen lediglich die drei Gipfel einer Häufigkeitskurve darstellen: Zwischen diesen Gipfeln würden die Unbestimmtheitszonen liegen. In der Psychologie wie in der Zoologie muß man eben Klassifikationen nach Arten und Unterarten vornehmen, obwohl sie nur eine rein statistische Bedeutung haben, und obwohl ein aufs Geratewohl herausgegriffenes individuelles Exemplar nicht mit Sicherheit eingeordnet werden kann, ohne daß man vorher durch Experimente die genaue Abstammung und die wirkliche Beschaffenheit analysiert.

Es versteht sich z. B., daß zwischen der »kausalen Erklärung« materieller Gegenstände, die zum »warum« der ersten Gruppe herausfordern, und der psychologischen »Motivation« zweierlei Zwischenformen liegen. Neben den Erklärungen, die vom Kind selbst als physikalische aufgefaßt werden (die Wolke zieht, weil der Wind sie treibt), findet man diejenigen, in die das Kind Motivation hineinlegt (der Fluß fließt schnell, weil die Menschen oder Gott es so gewollt haben), und diejenigen, die wir selbst als gemischte ansehen (das Zwei-Franc-Stück ist schwer, weil es aus Silber ist oder weil man gewollt hat, daß es schwerer als das Ein-Franc Stück ist usw.). Oft grenzt also die kausale Erklärung an die Motivation. Umgekehrt findet man aber auch neben den »Warum der Motivation«, die sich auf momentane Absichten beziehen (warum gehen Sie weg?), solche, die mehr psychologische Erklärungen verlangen, die nicht mehr auf eine Absicht, sondern auf eine eigentliche Ursache zielen (warum weiß Papa das Datum nicht?); damit kommen wir zum ersten Typ von Fragen zurück. Daher kann man kein formales Kriterium anwenden, um zwischen kausaler Erklärung und Motivation streng zu unterscheiden. In jedem Falle zu entscheiden, ob das Kind eine kausale Erklärung oder eine Motivation als Antwort gewünscht hat, wäre allzu willkürlich. Ein solches Kriterium kann nur materiell sein und muß sich auf den Inhalt der Frage selbst beziehen: Betrifft die Frage physische Objekte (Naturerscheinungen, Maschinen, hergestellte Gegenstände usw.), dann sagen wir, sie gehört zu den »Warum der kausalen Erklärung«; betrifft die Frage menschliche Handlungen, dann sagen wir, daß sie zu den »Warum der Motivation« gehört. Diese vorgeschlagene Klassifizierung ist in gewisser Hinsicht willkürlich, aber die Übereinkunft ist leicht zu befolgen. Wollte man sich zu eng an den Beweggrund des Kindes selbst halten, dann wäre die Klassifizierung unserer Meinung nach noch willkürlicher; denn man würde auf eine feste Übereinkunft, von der man jedoch weiß, daß sie willkürlich ist, zugunsten des völlig subjektiven Ermessens jedes einzelnen Psychologen verzichten.

Auf der anderen Seite läßt sich die Unterscheidung zwischen der Motivation und der Begründung noch schwerer präzisieren. In großen Zügen implizieren die »Warum der Begründung« schon den Begriff einer Regel, aber dieser Begriff ist für das Kind offensichtlich viel weniger bestimmt als für uns, so daß wir auch hier auf ein Kriterium zurückgreifen müssen, das sich mehr auf den Inhalt der Frage als auf ihre Form bezieht. Die Begründung einer Regel grenzt nämlich an die Motivation, an die Ermittlung der Absichten desjenigen, der die Regel befolgt oder aufstellt. Wir wollen daher von »Warum der Begründung« sprechen, wenn das »warum« sich nicht direkt auf eine menschliche Handlung bezieht, sondern auf die Sprache, die Rechtschreibung und in manchen Fällen, die noch näher bestimmt werden müssen, auf die sozialen Konventionen (Verstöße gegen die Höflichkeit, Verbote usw.).

Wegen der folgenden Umstände halten wir an dieser dritten Klasse von »warum« fest: Wie wir in den drei vorhergegangenen Kapiteln gesehen haben, interessiert sich das Kind vor dem 7. oder 8. Lebensjahr nicht für die logische Begründung. Es stellt Behauptungen auf, die es nicht beweist. Besonders die Diskussionen der Kinder bestehen aus einem einfachen Aufeinandertreffen entgegengesetzter Behauptungen ohne Standpunkte. Daher gebraucht das Kind kaum das Wort »weil«, das der logischen Beweisführung entspräche (ein »weil«, das zwei Gedanken miteinander verbindet, von denen der eine der Grund des anderen ist); und wir werden im folgenden Band sogar sehen, daß dieses Wort von Kindern schlecht verstanden wird, kurz, daß es den Denkgewohnheiten des Kindes vor dem 7. oder 8. Lebensjahr fremd ist. Nun entspricht dieser Gruppe logischer Beziehungen, also den »weil«, die zwei

Gedanken miteinander verbinden, offensichtlich eine Gruppe von »Warum der *logischen Begründung«*, deren Funktion in der Suche nach dem logischen Grund einer Behauptung besteht, mit anderen Worten darin, eine Definition zu beweisen oder zu begründen. Zum Beispiel: »Warum ist 4,5 die Hälfte von 9?« Es handelt sich hier weder um eine kausale Erklärung noch um eine psychologische Motivation, sondern ganz klar um einen logischen Grund. Wenn unsere Beobachtungen in den letzten Kapiteln zutreffen, dann dürften diese »warum« vor der Altersstufe von 7 bis 8 Jahren äußerst selten sein und keine eindeutige Klasse bilden (was auch so ist, wie wir sehen werden). Wir möchten trotzdem diese »Warum der Begründung« in eine besondere Kategorie einordnen, und zwar darum, weil es für das Kind nur ein Schritt von der Begründung einer orthographischen oder grammatischen Regel, der Definition eines Wortes usw. zum echten »logischen Grund« ist. Jeder weiß, daß die kindliche Grammatik logischer als unsere und die Etymologien, die die Kinder spontan betreiben, Meisterwerke der Logik sind. Die »Begründung« in unserem Sinne ist also eine Zwischenform zwischen der einfachen Motivation und der logischen Begründung. So geht in den zitierten Beispielen die Frage *»Warum sagt man ›verlegt‹?«* (anstatt verloren) auf die »Warum der Begründung« zu, während die Frage *»Warum schwarzer Kaffee? Der Kaffee ist immer schwarz«* sich auf einen logischen Grund zu beziehen scheint (der einen Grund mit einer Schlußfolgerung verbindet); und die zwei anderen Beispiele dürften Zwischenformen des »warum« sein, die die Nützlichkeit einer bestimmten orthographischen Form betreffen.

Wir wollen zusammenfassen: Die Klasse der »Warum der Begründung« ist vor dem 7. oder 8. Lebensjahr noch undifferenziert und wird wahrscheinlich jenseits dieser Altersstufe – das ist wenigstens unsere Hypothese – durch zwei Klassen ersetzt; eine davon wäre die »logische Begründung« oder der »logische Grund«, die man der kausalen Erklärung und der Motivation gegenüberstellen könnte; die andere wäre die »Begründung der Regeln und Gebräuche«, die als eine Zwischenstufe zwischen der logischen Begründung und der »Motivation« anzusehen wäre. Vor der Altersstufe von 7 bis 8 Jahren lassen sich also diese beiden Klassen als eine behandeln.

Auf diese Weise erhalten wir folgendes Schema (siehe S. 199).

Außerdem ist zu bemerken, daß diese Klassen von »warum« jeweils einer bestimmten Anzahl Klassen von Fragen entsprechen, die mit Worten wie etwa »wie«, »was«, »woher« usw. beginnen. Diese Tatsache wird uns eine nützliche Gegenprobe gestatten.

Form der Frage		*Inhalt der Frage*
Erklärung (kausale)	Ursache	materielle Objekte
	Zweck	
Motivation	Motiv	psychologische Handlungen
Begründung	Begründung im eigentlichen Sinne	Gebräuche und Regeln
	logischer Grund	Klassifikation und Zusammenhang der Gedanken

§ 2. Die »Warum der kausalen Erklärung«. Einleitung und Klassifizierung nach den Inhalten

Wir haben keineswegs die Absicht, in diesem Buch an irgendeiner Stelle die umfangreiche Frage nach der Kausalität beim Kinde direkt anzuschneiden. Wir beschränken im Gegenteil unsere Untersuchungen auf das Problem der formalen Struktur des kindlichen Denkprozesses. Da die Untersuchung der Kausalität beim Kinde sich schwer von der der kindlichen Vorstellungen trennen läßt, liegt sie also außerhalb unseres Themas. Zweierlei Gründe zwingen uns jedoch, hier darüber zu sprechen. Eines der Ziele dieses Kapitels ist es, zu zeigen, daß Del sehr wenige »Warum der logischen Begründung« stellt: Wenn wir die Abwesenheit solcher Fragen demonstrieren wollen, sind wir also gezwungen, alle aufgezeichneten Fragen zu analysieren. Andererseits ist es teilweise möglich, die Kausalität von der Struktur des Denkprozesses, insbesondere vom Einfluß des Egozentrismus her zu untersuchen, ohne zu weit in den Bereich der Vorstellungen selbst vorzudringen. Wir wollen trotzdem kurz von den Vorstellungen sprechen, damit wir im nächsten Paragraphen über die Struktur der gestellten Fragen Schlüsse ziehen können.

Die »Warum der kausalen Erklärung« werfen zahlreiche Probleme auf, die für die Untersuchung der Intelligenz des Kindes äußerst bedeutsam sind. Man kann sich in der Tat fragen, ob das Kind das Bedürfnis nach einer kausalen Erklärung im eigentlichen Sinne (bewirkende Ursachen im Gegensatz zum Finalismus) im gleichen Maße wie wir empfindet. Wir müssen also die möglichen Typen von Kausalität untersuchen, die die Kausalität im eigentlichen Sinne verdrängen könnten. Stanley Hall hat zwar festgestellt, daß von mehreren hundert Fragen, die die Natur und die Ursprünge des Lebens (Geburt) betreffen, 75% kausale Fragen sind. Er hat aber seine Kriterien nicht angegeben. Er hat lediglich darauf hingewiesen, daß es unter diesen kausalen Fragen zahlreiche animistische, artifizialistische Fragen usw. gibt.[2] Das Problem ist also nicht gelöst, und wir müssen versuchen, diese Typen von Erklärungen zu klassifizieren und zu ergründen, wie sie miteinander verbunden sind.

In zwei vorhergehenden Kapiteln (I und IV) haben wir bereits gesehen, daß das 6- bis 8jährige Kind sich kaum für das »wie« der Phänomene interessiert. Sein Wissensdurst erstreckt sich sozusagen nur auf die Gesamtursache, im Gegensatz zu den einzelnen Verbindungen und zur kausalen Verkettung. Das spricht unbedingt dafür, daß die »Warum der Erklärung« beim Kind einen Charakter sui generis haben. Wir wollen also versuchen, diejenigen von Del zunächst nach ihrem Inhalt zu klassifizieren, ohne uns mit ihrer Form zu beschäftigen.

Die »warum« nach ihrem Inhalt zu klassifizieren, bedeutet, sie nach dem Objekt, auf das sich die Frage bezieht, in Gruppen einzuteilen.

Danach[3] stellen wir fest, daß von 103 »Warum der kausalen Erklärung« 81 die Natur und 22 Maschinen oder hergestellte Gegenstände betreffen. Die 81 »warum«, die die Natur betreffen, verteilen sich wiederum wie folgt: 26 Fragen über Gegenstände (unbelebt für den Erwachsenen), 10 über Pflanzen, 29 über Tiere und 16 über den menschlichen Körper.

An diesen Ergebnissen ist am bemerkenswertesten die Wißbegier für unbelebte materielle Gegenstände. Aus dieser Tatsache ersehen wir gleich, daß wir uns vor der Hypothese in acht nehmen müssen, Dels »warum« bezögen sich im gleichen Sinne auf die Kausalität wie unsere. Einige Besonderheiten dieser »warum«, die die physische Welt betreffen, versetzen uns in die Lage, dieses Problem zu präzisieren.

Zunächst bezeugen einige der von Del gestellten Fragen jenen bei Kindern wohlbekannten Anthropomorphismus, oder sagen wir lieber: den *Artifizialismus*, dessen Ursprung und Dauer aber noch nicht klar sind. Zum Beispiel: »*Warum* (entwickelt sich der Blitz von selbst)? *Stimmt das? Aber im Himmel gibt es nicht alles, was man braucht, um Feuer*

[2] Stanley Hall, Curiosity and Interest, in: Pédagog. Sem., Bd. X (1930). Siehe auch zahlreiche, in den Pédagog. Sem. erschienene Artikel.

[3] Von 360 »warum«, die wir innerhalb von zehn Monaten aufgezeichnet haben, waren 103 »Warum der kausalen Erklärung«, also 28%.

zu machen?« Es ist klar, daß solche artifizialistischen Fragen, die im übrigen selten in reiner Form vorkommen, keine bewirkende oder mechanische Kausalität wie bei Erwachsenen voraussetzen. Andere, noch interessantere »warum« werfen das Problem des *Zufalls* im Denken des Kindes auf. Fragen wie diese: Bis jetzt glaubte Del, daß die Stadt Bern am Seeufer läge. »Der See geht aber nicht bis Bern. – *Warum?«* oder: *»Warum gibt es keine Quelle in unserem Garten?«* usw. Frau Veihl findet einen Stock und hebt ihn auf: *»Warum ist der Stock größer als Sie?« – »Gibt es ein kleines Matterhorn und ein großes Matterhorn?* – Nein – *Warum gibt es einen Petit Salève und einen Grand Salève?«* Wir werden noch viele Beispiele für diese Art von Fragen sehen, sie kommen bei den Kindern sehr häufig vor und überraschen uns immer wieder. Wenn wir Phänomene erklären, sind wir nämlich daran gewöhnt, dem Zufall und der Kontingenz einen weiten Spielraum zu geben. Die gesamte »statistische Kausalität«, die für uns nur eine Art der mechanischen Kausalität ist, beruht auf dieser Idee des Zufalls, d. h. des Zusammentreffens zweier Kausalreihen, die voneinander unabhängig sind. Wenn es in einem Garten keine Quelle gibt, weil die Reihe von Motiven, die zur Auswahl gerade dieses Geländes führte, unabhängig von der Reihe der Ursachen ist, die in der Nähe eine Quelle entstehen ließ, und hätten sich diese beiden Reihen gekreuzt, wäre es nur Zufall gewesen, da kaum Chancen bestehen, daß sie sich kreuzen. Aber es ist klar, daß diese Idee vom Zufall immer abgeleitet ist: Unsere Unfähigkeit, eine Erklärung zu geben, zwingt uns zu dieser Schlußfolgerung. Daher kommt das Kind erst später zu dieser Art von Agnostizismus des alltäglichen Lebens. Weil es keine klare Idee vom Zufall hat, sucht es immer wieder nach dem Warum für alle die zufälligen Konstellationen, die es erfährt, daher rührt diese Gruppe von Fragen. Weisen diese Fragen nun auf ein Bedürfnis nach kausaler Erklärung hin? Im gewissen Sinne ja, da sie eine Erklärung verlangen, wo wir keine geben. In einem anderen Sinne nicht, denn eine Welt, in der es keinen Zufall gibt, ist offensichtlich eine weniger mechanische, und viel mehr anthromorphe Welt als die unsrige. Im Zusammenhang mit anderen Arten von »warum« werden wir dieses Problem der statistischen Kausalität übrigens wiederfinden.

Folgende Fragen scheinen dagegen zur wirklich physischen Kausalität zu gehören:

(1) *»Warum fällt das* (die Gegenstände) *immer?«* (2) *»Es* (das Wasser) *kann abfließen, warum dann* (bleibt noch Wasser in den Flüssen)*?«* (3) »Das Wasser kommt bis zum Meer. – *Warum?«* (4) *»Es gibt Wellen*

nur am Rande (des Sees). *Warum?«* (5) *»Warum, wenn etwas da liegt* (gefallene Blätter), *macht das immer dann so was* (feuchte Stellen)?« (6) »*Bleibt das immer* (Wasser, das ein Loch im Gestein füllt)? – Nein, dieser Stein trinkt viel. – *Warum? Macht es da ein Loch?* – Nein. – *Schmilzt das denn?*« (7) *»Warum wird es immer kälter, wenn man hinaufgeht* (wenn man nach Norden geht)*?«* (8) *»Warum sieht man den Blitz nachts besser?«*

Es sei bemerkt, daß man bei diesen Fragen nur schwer unterscheiden kann, was auf Finalität und was auf mechanische Kausalität zielt. Die »warum« 3, 7 und 8 ließen sich auch leicht als Fragen nach dem Zweck interpretieren: Man sieht den Blitz besser, um ... usw. Praktisch nur bei den Fragen 1, 4, 5 und 6 besteht mit Sicherheit ein Bedürfnis nach kausaler Erklärung, weil es sich um abgegrenzte Gegenstände handelt, die offensichtlich unabhängig von jeder menschlichen oder göttlichen Einwirkung sind. Der Blitz dagegen wird, wie wir eben gesehen haben, spontan als im Himmel hergestellt verstanden, und wir werden sehen, daß die Flüsse als vom Menschen gelenkt aufgefaßt werden.

Kurz, wie man sieht, sind diese Fragen über die physische Welt bei weitem keine eindeutig kausalen Fragen. Die Fragen nach den Pflanzen lassen sich in dieser Hinsicht kaum klarer sehen. Manche zeigen irgendein Interesse für den Standort: *»Warum gibt es denn keine* (Glockenblumen) *in unserem Garten?«* Andere sind interessanter und beziehen sich auf das Leben und den Tod der Pflanzen: *»Hat es diese Nacht geregnet?* – Nein. – *Warum wächst es* (das Unkraut) *denn?«* – *Warum sieht man diese Blumen nicht mehr* (Ende des Sommers)*?«* – *»Sie sind alle verwelkt* (die Rosen an einem Rosenstrauch), *warum? Sie können doch nicht sterben, weil sie noch an dem Strauch sind.«* – *»Warum fällt er so leicht um* (ein verfaulter Pilz)*?«* Diese Wißbegier über den »Tod« werden wir im Zusammenhang mit anderen Fragen wiederfinden, die uns zeigen, daß dieses Interesse unter dem Gesichtspunkt der Vorstellung vom Zufall wesentlich zu sein scheint. Die ersten der soeben aufgeführten Fragen werfen die gleichen Probleme auf wie vorhin: Das Kind ist weit davon entfernt, in der Verflechtung der Tatsachen dem Zufall Rechnung zu tragen, und sucht im Gegenteil für alles nach einem Grund. Ist aber dieser Grund kausal oder bezeugt er einen latenten Finalismus?

Die Fragen nach den Tieren sind in dieser Hinsicht natürlich klar. Ungefähr die Hälfte bezieht sich auf die Absichten, die das Kind den Tieren zuschreibt. *»Macht der Schmetterling denn Honig?* – Nein. – *Aber warum fliegen sie denn auf die Blumen?«* – *»Warum fliegen sie*

nicht ins Ohr (die Fliegen)*?«* usw. Diese »warum« gehören eigentlich in die Klasse der »Warum der Motivation«, aber wir wollen diese letzte Gruppe den menschlichen Handlungen vorbehalten, denn wenn man sie auf die Tiere ausdehnen wollte, dann müßte man sie auch auf alle Wesen ausdehnen, die das Kind mit 6 oder 7 Jahren noch explizit als lebende Wesen ansieht (die Sterne, das Feuer, die Flüsse, den Wind usw., – nach dem augenblicklichen Stand der Forschungen über die Vorstellungen der Kinder im Institut J. J. Rousseau). Unter den übrigen Fragen finden wir nur vier kausale »warum«, die sich interessanterweise wiederum auf den Tod beziehen:
»Sie gehen schnell tot (die Schmetterlinge), *warum?«* – *»Gibt es später noch Bienen, wenn ich groß bin?* – Ja, die Bienen, die du hier siehst, werden tot sein, aber dann gibt es andere. – *Warum?«* – *»Warum macht es ihnen nichts aus* (den Tieren, schmutziges Wasser zu trinken)*?«* – *»Sie* (eine Fliege) *ist tot, warum?«*
Die übrigen Fragen nach den Tieren betreffen entweder die Finalität oder sind »warum« zufälliger Umstände und Anomalien, für die das Kind einen Grund finden möchte:
»Warum ist sie (eine Taube) *wie ein Adler, warum?«* – *»Wenn sie nicht gefährlich sind* (Ringelnattern), *warum haben sie das* (Giftzähne)*?«* – *»Warum hat der Maikäfer immer so was* (Fühler)*?«* – *»Das klebt* (ein Insekt), *warum?«* – (Betrachtet eine Ameise:) *»Man sieht Rot und Grün, warum?«* – *»Er kann nicht bis zur Sonne fliegen* (ein Maikäfer), *warum?«* – (Del malt einen Wal, wobei die Knochen durch die Haut durchstechen:) »Man sieht doch die Knochen nicht, sie treten nicht hervor. – *Warum? Würde er sterben?«*
Man sieht, daß manche dieser Fragen einen Sinn haben, andere sind sinnlos (die Frage nach der Taube, der Ameise usw.). Im zweiten Fall schalten wir bei jeder Erklärung den Zufall ein. Wenn es stimmt, daß unsere Vorstellung vom Zufall aus der Unfähigkeit, etwas zu erklären, entsteht, dann ist ohne Zweifel eine solche Entscheidung nicht *a priori* möglich. Das Kind kann diese Nuancen also nicht im voraus kennen. Aus diesem Grund fragt es aufs Geratewohl. Kann man mit Groos sagen, daß die Neugier ein Aufmerksamkeitsspiel sei, so daß all diese Fragen lediglich ein Produkt des Fabulierens wären? Damit hätte man aber deren Inhalt nicht erklärt. Für das Kind läßt sich *a priori* alles mit allem verbinden, deshalb kommen uns die kindlichen Fragen oft sonderbar vor. Ohne den Begriff des Zufälligen, der ein abgeleiteter Begriff ist, gibt es keinen Grund, unter den Fragen auszuwählen. Man kann noch weiter gehen: Wenn alles mit allem zusammenhängt, dann

hat sehr wahrscheinlich alles einen Zweck, und zwar einen anthromorphen Zweck. Folglich gibt es keine in sich sinnlose Frage.

Die Fragen nach dem menschlichen Körper helfen uns, diese Beziehung des Finalismus mit dem das Zufällige verneinenden »warum« besser zu verstehen. Hier z. B. ein »warum«, das ganz klar finalistisch ist – in einem Fall, wo wir ein »Warum der reinen Kausalität« erwartet hätten. Del fragt im Blick auf die Neger: *»Wenn ich nur einen Tag dort unten bleibe, werde ich dann auch ganz schwarz?«* (Diese Frage beginnt zwar nicht mit einem »warum«, scheint aber eindeutig eine kausale Frage zu sein. Es zeigt sich jedoch sofort, daß es nicht der Fall ist.) – »Nein. – *Warum läßt man sie so leben?«* Man darf den Ausdruck »man läßt sie« zweifellos nicht zu eng nehmen, aber er bezeugt doch offensichtlich einen latenten Finalismus.

Sehr wahrscheinlich sind demnach die folgenden Fragen genau von der gleichen Art:

»Warum sind sie (die Ohren) *bei Ihnen klein und bei mir, wo ich noch klein bin, so groß?«* und *»Warum ist Papa größer als Sie, und er ist jung?« – »Warum wächst bei den Frauen kein Bart?« – »Warum habe ich da eine Beule* (am Handgelenk)*?« – »Warum bin ich nicht so geboren* (stumm)*?« – »Die Raupen werden Schmetterlinge. Werde ich auch ein kleines Mädchen?* – Nein. – *Warum?« – »Warum wird sie* (eine tote Raupe) *so klein? Wenn ich tot bin, werde ich dann auch so klein?«*[4]

Auch hier werden die Fragen so gestellt, als ob das Kind unfähig wäre, sich selbst zu antworten: »Durch Zufall«. In diesem Stadium gibt es also keinen Begriff des Zufälligen: die Kausalität setzt einen »Macher« (»fabricateur«) voraus, Gott, die Eltern usw., und die Fragen beziehen sich auf die Absichten dieses »Machers«. Selbst diejenigen unter den letztbehandelten Fragen, die der Kausalität am nächsten kommen, setzen mehr oder weniger deutlich einen Finalismus voraus. Das Kind sieht das organische Leben als eine Art Geschichte, die nach den Wünschen und Absichten des Erfinders wohl geordnet abläuft.

Man versteht daher, welche Rolle die Fragen nach dem Tod und den Zufallsereignissen spielen. Bei einer solchen Auffassung läßt sich der Tod überhaupt nicht erklären, genau deshalb möchte das Kind in diesem Stadium so viel über das Problem des Todes wissen. Ohne theologische Vorstellungen, die das 6- bis 7jährige Kind noch nicht in seine Mentalität eingefügt hat, ist ja der Tod das zufällige und geheimnis-

[4] Die beiden letzten Fragen entsprechen zwei spontanen kindlichen Vorstellungen, die den Psychoanalytikern wohlbekannt sind: es ist möglich, das Geschlecht zu wechseln, und nach dem Tod wird man wieder Kind.

volle Phänomen par excellence. Aus diesem Grund werden unter den Fragen nach Pflanzen, Tieren und dem menschlichen Körper gerade diejenigen, die den Tod betreffen, das Kind über das Stadium des reinen Finalismus hinausführen und ihm helfen, den Begriff einer statistischen Kausalität oder des Zufalls zu erwerben.

Wenn man jeden einzelnen Fall betrachtet, ist diese Unterscheidung zwischen kausaler und finaler Ordnung sicherlich subtil, aber wir sind der Meinung, daß unsere Schlußfolgerungen im großen und ganzen stimmen. Daher erklärt sich diese deutliche Tendenz des Kindes, ohne Unterschied über alles Fragen zu stellen, weil es der Meinung zuneigt, daß alles einen Zweck hat; daher entzieht sich ihm der Begriff des Zufälligen, aber gerade weil dieser Begriff ihm entgeht, fragt es besonders nach zufälligen oder unerklärlichen Phänomenen, weil das Zufällige für das Kind mehr als für uns ein Problem darstellt. Entweder versucht es, das Zufällige als solches zu erklären, indem es bemüht ist, es durch einen Zweck zu begründen, oder aber, wenn ihm diese Begründung nicht gelingt, erfaßt es das Zufällige eben als solches und versucht, es kausal zu erklären. Angesichts einer Frage des Kindes, die kausal erscheint, sollte man also nicht zu schnell einen Schluß ziehen und vielmehr erst sorgfältig untersuchen, ob eine finalistische Interpretation ausgeschlossen ist. Es ist nicht immer möglich, zu einem Schluß zu kommen, z. B. bei den 81 »warum«, die sich auf die Natur beziehen, fanden wir nur etwa ein Zehntel eindeutig kausaler Fragen. Wie man sieht, ist das wenig. Die Klassifizierung nach dem Inhalt der Fragen kann also einer formalen Klassifizierung in keiner Weise genau entsprechen: Das Interesse der Kinder an den Objekten aus dem Bereich der Natur beweist nicht direkt ein Interesse für die mechanische oder die physische Kausalität.

Bevor wir uns näher mit der kindlichen Kausalität befassen, wollen wir noch die »warum« untersuchen, die sich auf die *menschliche Technik*, die Maschinen oder die hergestellten Gegenstände beziehen. Zwei Drittel dieser 22 Fragen befassen sich einfach mit den Absichten des Herstellers: *»Warum sind die Schornsteine* (eines Schiffes) *schief?« – »Warum hat man in diese Pfeife zwei Löcher gemacht?«* Diese Fragen bilden den Übergang zu den »Warum der Motivation«. Man unterscheidet sie aber leicht von ihnen, da sie sich direkt auf den hergestellten Gegenstand beziehen. Nur in einigen Fällen ist die Nuance zweifelhaft. Zum Beispiel steht Del vor einem Bild, das eine Frau darstellt, die einem Mädchen einen Kohlkopf reicht: *»Warum bleibt das immer so?«* Möchte Del nun die psychologische Absicht des Malers kennen oder die der

Frau, oder fragt er, warum das Bild eine Bewegung durch die Unbeweglichkeit einer Stellung darstellt?
Die anderen »warum« sind interessanter: Sie beziehen sich direkt auf den Mechanismus der Maschinen oder auf die Eigenschaften der verwendeten Rohstoffe:
»Warum sind da Räder (an einem Kran)*?« – »Bei uns gibt es Lampen auf dem Speicher. Wenn es ein Gewitter gibt, kann man das Licht nicht reparieren. Warum?«* – (Nachdem Del mit seinem Bleistift zu fest auf ein Blatt Papier gedrückt hat:) *»Warum geht es mit diesem und mit dem andern nicht?«* – (Auf ein Holzgewehr war sein Name geschrieben worden. Am Tage darauf sah man ihn nicht mehr:) *»Warum radieren Holz und Eisen den Bleistift aus?«* – (Beim Malen:) *»Wenn man Rot und Orange mischt, gibt das Braun, warum?«*
Mehrere dieser Fragen scheinen eine kausale Erklärung zu verlangen. Hier aber, wie bei den Fragen nach der Natur, beziehen sich die rein kausalen Fragen nur auf das zufällige Phänomen, während sich diejenigen, die ein häufig vorkommendes Phänomen betreffen (die nach dem Kran oder die nach den Farben), wie es scheint, ebensosehr auf die Nützlichkeit oder das Motiv wie auf die Ursache beziehen. Wenigstens haben wir unter den Fragen nach dem Mechanismus der Maschine keine eindeutig kausale Frage gefunden. In dieser Hinsicht bestätigen die Fragen dieser Gruppe unsere früheren Ergebnisse.

§ 3. Die Struktur der »Warum der Erklärung«

Wir sehen also, wie vielschichtig das Problem der Kausalität beim Kind ist und wie sehr eine Klassifizierung, die auf dem Inhalt der Fragen beruht, sich von einer formalen Klassifizierung unterscheidet, d. h. von einer Klassifizierung nach der Struktur der »warum« und nach Typen der Kausalität. Wir würden jetzt gern eine solche formale Klassifizierung bringen, die einzige Form, die zu unseren übrigen Klassifikationen passen würde. Beim heutigen Stand der Kenntnisse ist uns das leider nicht möglich. Um das zu erreichen, hätten wir Del ausführlich über alle natürlichen Phänomene ausfragen müssen, die Gegenstand seiner Fragen waren, und so eine Parallele zwischen seinen Fragen und seinen Typen von Erklärungen herstellen müssen. Durch eine gegenwärtig laufende Untersuchung in Zusammenarbeit mit Frau Guex werden wir dies Ergebnis vielleicht bekommen. Solange wir nicht im Besitz von formalen Typen des »Warum der Erklärung« sind, wollen wir uns also darauf beschränken, unsere bisherigen Überlegungen zu systematisieren, und versuchen, die allgemeine Struktur der »Warum der Erklärung« bei Del herauszuarbeiten.

Beim Erwachsenen kann man fünf grundlegende Typen der Erklärung unterscheiden. Zunächst gibt es die *kausale Erklärung* im eigentlichen Sinne oder die *mechanische Erklärung:* »Die Kette eines Fahrrads dreht sich, weil die Pedale das Zahnrad bewegen.« Diese Kausalität beruht auf räumlichem Kontakt. Danach gibt es die *statistische Erklärung,* in gewissem Sinne ein besonderer Fall der ersten, die aber auf der Gesamtheit der Phänomene beruht, die mehr oder weniger streng den Gesetzen des Zufalls unterworfen sind. Die *finalistische Erklärung* wird vom gesunden Menschenverstand auf die Phänomene des Alltagslebens angewandt: »Die Tiere haben Beine, damit sie laufen können.« Die *psychologische Erklärung* oder Erklärung durch das Motiv erhellt die intentionalen Handlungen: »Ich habe dieses Buch gelesen, weil ich den Autor gerne kennenlernen wollte.« Die *logische Erklärung* oder *Begründung* schließlich gibt den Grund für eine Behauptung an: »X_1 ist größer als Y_1, weil alle X größer als alle Y sind.« Diese verschiedenen Typen greifen natürlich in verschiedenen Graden ineinander über; aber im großen und ganzen werden sie im Denken der Erwachsenen, auch im gesunden Menschenverstand einfacher Leute auseinandergehalten.

Wir wollen nun zu zeigen versuchen, daß diese Typen der Erklärung beim Kind vor dem 7. oder 8. Lebensjahr vielleicht nicht ganz undifferenziert sind, aber doch viel näher beieinander liegen als bei uns Erwachsenen. Besonders die kausale Erklärung und die logische Begründung verwirren sich mit der Motivation, da einerseits die Kausalität beim Kind finalistisch geprägt ist und der psychologischen Motivation zuneigt und viel weniger den räumlichen Kontakt akzentuiert, und da andererseits die logische Begründung praktisch niemals in ihrer reinen Form vorkommt, sondern immer auf die psychologische Motivation hinausläuft. Diese ursprüngliche Verbindung, in der die Kausalität noch als fast psychologische Motivation auftritt, wollen wir *Vorkausalität* nennen. Die anthropomorphe Erklärung stellt eine Form dieser Vorkausalität dar: Hier geben die Ursache der Phänomene und die Absicht des Schöpfers oder die Absicht der Menschen, die Berge oder Flüsse hergestellt gaben, ineinander über. Aber auch dann, wenn keine »Absicht« in dieser anthropomorphen Form erscheint, gleicht der »Grund«, den das Kind den Phänomenen zu geben sucht, einem Nützlichkeitsgrund oder eher einem Motiv als einem räumlichen Kontakt.

Zum besseren Verständnis des Wesens dieser Vorkausalität wollen wir anhand eines der wichtigsten Phänomene im Denken des 3- bis 7jährigen Kindes erklären, das Fachleute für Kinderzeichnungen entdeckt haben. Lucquet scheint uns dieses Phänomen am besten gekennzeichnet zu haben, als er vom »logischen Realismus« sprach oder, wie er sich heute ausdrückt, vom »intellektuellen Realismus«. Wie man weiß, zeichnet das Kind zunächst nur etwas aus seiner Umgebung: Menschen, Häuser usw. In diesem Sinne ist es realistisch. Das Kind zeichnet aber die Objekte nicht so, wie es sie sieht, sondern ergänzt sie in seinen Gedanken, führt sie auf einem einzigen schematischen Typus zurück, d. h. es zeichnet sie so, wie es sie kennt: In diesem Sinne ist sein Realismus nicht visuell, sondern intellektuell. Diese Logik des primitiven Zeichnens ist kindlich, aber sehr rational, sie besteht z. B. darin, dem Profil eines Menschen ein zweites Auge oder einem von außen dargestellten Haus das Innere hinzuzufügen. - Wie wir kürzlich dargelegt haben,[5] geht die Bedeutung dieses intellektuellen Realismus weit über den Bereich des Zeichnens hinaus: Das Kind denkt und betrachtet nämlich so, wie es zeichnet. Sein Denken haftet immer an den Dingen, am Inhalt mehr als an ihrer Form. Bei einem deduktiven Denkprozeß untersucht das Kind einzig und allein die tatsächliche Bedeutung der Prämissen und vermag nicht wie wir, *vi formae* über irgendwelche »Gegebenheiten« zu denken. Das Kind versetzt sich nicht auf den Standpunkt des Gesprächspartners (siehe darüber Band 2, in dem wir wiederum auf diese Unfähigkeit des Kindes zum formalen Denken stoßen). Eher widerspricht es sich, als von der Wirklichkeit abzugehen. In diesem Sinne ist es realistisch. Auf der anderen Seite aber wird diese Wirklichkeit, an der es beständig haftet, viel stärker von seinem Geiste konstruiert, als von der reinen Beobachtung geliefert. Das Kind sieht nur, was es weiß oder ahnt. Wenn es ein guter Beobachter zu sein scheint, liegt das daran, daß seine Reflexion einen ganz anderen Weg als unsere geht und es Dinge sehen läßt, die uns nicht interessieren: Daher wundert es uns, daß es sie bemerkt hat. Aber wenn man das Kind näher beobachtet, stellt man bestürzt fest, wie sehr seine Vorstellungen seine Sicht entstellen. Glaubt das 7- bis 8jährige Kind, daß die Flüsse aufwärts fließen, dann sieht es die Rhône oder die Seine stromaufwärts fließen; glaubt es, daß die Sonne lebendig ist, dann sieht es, wie sie am Himmel spazieren geht; glaubt es, daß sie unbeweglich ist, dann sieht es sie immer still stehen usw. Kurz, das Kind sieht und denkt, wie es zeichnet:

[5] Journal de psychologie, 1922, S. 223, 256–257 usw.

Sein Denken ist realistisch, aber von einer Art eines intellektuellen Realismus.

Daran wird uns die Struktur der Vorkausalität beim Kind klar. Die »warum« der Kinder sind realistisch in dem Sinne, daß es – wie wir in § 4 sehen werden – in der Sprache von Del kaum ein »Warum der logischen Begründung« gibt: Die Wißbegier erstreckt sich also immer auf die Ursache der Phänomene (oder der Handlungen) und nicht auf die logische Deduktion. Aber diese Kausalität ist nicht visuell oder mechanisch in dem Sinne, daß der räumliche Kontakt nur eine geringe Rolle spielt. Alles vollzieht sich so, als ob die Natur das Produkt oder, genauer, die Dublette eines Denkens wäre, dessen Gründe und Absichten das Kind unablässig sucht.

Damit wollen wir nicht sagen, daß das Kind die ganze Natur als ein Produkt eines Gottes oder der Menschen ansieht. Jene Absichten und Gründe werden hier ebenso wenig wie in der vorlogischen Mentalität der »Primitiven« auf ein einziges Denken zurückgeführt. Wir meinen aber folgendes: Anstatt die Erklärung im räumlichen Kontakt (visueller Realismus) oder in der logischen Deduktion von Gesetzen oder Begriffen (Intellektualismus) zu suchen, denkt das Kind, wie es zeichnet, nach einer Art von »innerem Modell«; dieses Modell ist der Natur ähnlich, wird aber von der Intelligenz rekonstruiert, und daher stellt es sich das Kind so vor, daß alles darin eine psychologische Erklärung findet und daß alles sich begründen läßt (intellektueller Realismus). Das Kind gibt als Ursache der Phänomene also entweder Motive und Intentionen (Finalismus) oder pseudologische Gründe an, die etwas von der moralischen Notwendigkeit haben, die es allen Dingen verleiht (»es muß so sein«); daher zeugen die kindlichen Erklärungen von intellektuellem Realismus und sind weder kausal (räumlicher Kontakt) noch logisch (Deduktion), sondern vorkausal. Eine Tatsache, die eine andere Tatsache nach sich zieht, ein Motiv, das eine Handlung nach sich zieht, und eine Vorstellung, die eine andere Vorstellung nach sich zieht, sind für das Kind noch ein und dasselbe, oder, wenn man will, die physische und die intellektuelle oder psychische Welt sind noch vereinigt. Wir werden im Laufe unserer Untersuchungen noch öfters zu diesem Ergebnis kommen.

Drei voneinander unabhängige Tatsachengruppen scheinen diese Analyse der kindlichen Vorkausalität zu bestätigen. Die erste ist die Seltenheit der »Warum der reinen Kausalität« und die Seltenheit der »Warum der logischen Begründung« im eigentlichen Sinne oder des logischen Grundes. Im vorhergehenden Paragraphen haben wir darzulegen versucht, daß von 103 »Warum der kausalen Erklärung« nur 13, also ungefähr ein Achtel, als »Warum der eigentlichen Kausalität« oder der mechanischen interpretiert werden dürfen. Andererseits werden wir in § 4 feststellen, daß die »Warum des logischen Grundes« noch viel seltener sind. Das kindliche Denken kennt also weder die mechanische Kausalität noch die logische Begründung: Es muß also zwischen diesen beiden Formen im Bereich der einfachen Motivation schwanken, daher der Begriff der Vorkausalität.

Zweitens: Was wir über den Begriff des Zufalls und des Zufälligen ermittelt haben, spricht gleichfalls für die Hypothese der Vorkausalität. Das Kind fragt nämlich, als sei eine Antwort immer möglich, als seien die Phänomene vom Zufall vollkommen unabhängig. Der Begriff des »Gegebenen« entgeht dem Kind völlig. Es weigert sich zuzugeben, daß es nach der Erfahrung zufällige Zusammentreffen gibt, die einfach »gegeben«, aber nicht begründet sind. Beim Kind finden wir also eine Tendenz nach Begründung um jeden Preis, einen spontanen Glauben, alles hänge mit allem zusammen, und es sei möglich, alles durch alles zu erklären. Eine solche Mentalität setzt notwendigerweise die Anwendung einer anderen Kausalität voraus, als es die mechanische Kausalität ist und die sowohl zur Begründung als auch zur Erklärung tendiert; daher der Begriff der Vorkausalität.

Erinnern wir uns daran, daß diese Tendenz zur Begründung zwar ein wesentlicher Faktor der vorkausalen Erklärung ist, selbst aber mit dem noch allgemeineren Phänomen zusammenhängt, das wir im vorigen Kapitel unter dem Namen »Synkretismus« untersucht haben. Die Unfähigkeit, das Zufällige als solches oder das »Gegebene« in der Erfahrung zu verstehen, findet nämlich in der verbalen Intelligenz des Kindes eine Parallele: Wir haben früher gezeigt,[6] daß das Kind ungefähr bis zum 11. Lebensjahr nicht in der Lage ist, einen formalen Denkprozeß, d. h. eine Deduktion, die auf gegebenen Prämissen beruht, durchzuführen, und zwar weil es diese Prämissen nicht als »gegeben« ansieht. Das Kind will sie um jeden Preis begründen und gelingt es ihm nicht, dann weigert es sich, seinen Denkprozeß fortzusetzen, sich auf den Standpunkt des Gesprächspartners zu versetzen. Sobald es dann denkt, hält es sich nicht an die »Gegebenheiten«, sondern verbindet die verschiedenartigsten Behauptungen miteinander, wobei es immer einen Weg findet, um irgendeine Zusammenstellung zu begründen. Kurz, sowohl in der verbalen Intelligenz wie in der Wahrnehmungsintelli-

[6] Journal de psychologie, 1922, S. 249 ff. und passim.

genz neigt das Kind dazu – und bei der ersten dieser Denkformen hält diese Tendenz sogar viel länger an als bei der zweiten –, um jeden Preis eine Begründung für alles zu suchen, was ein zufälliges Zusammentreffen oder einfach eine »Gegebenheit« ist. Im Falle der verbalen Intelligenz hängt diese Tendenz zur Begründung um jeden Preis mit der Tatsache zusammen, daß das Kind in persönlichen, vagen, nicht analysierten Schemata denkt (Synkretismus). Anstatt sich an die Details der Sätze anzupassen, hält es nur mehr oder weniger adäquate Gesamtbilder fest. Je vager und folglich formbarer diese Schemata sind, desto leichter lassen sie sich miteinander verbinden. Daher impliziert der Synkretismus des verbalen Denkens eine Tendenz, alles miteinander zu verbinden und alles zu begründen. Genau dasselbe gilt für die Wahrnehmungsintelligenz. Weil die Wahrnehmungsintelligenz wenigstens vor dem 7. oder 8. Lebensjahr synkretistisch ist, zeigt sich in den vorkausalen Kinderfragen eine Tendenz, alles zu begründen und alles mit allem zu verbinden. In dieser Hinsicht kann man den intellektuellen Realismus sogar als notwendigerweise in gegenseitiger Abhängigkeit mit dem Synkretismus verbunden auffassen. Wie wir gesehen haben, ist der Synkretismus tatsächlich der Charakter dieser noch konfusen Wahrnehmungen, die die Objekte im ganzen erfassen, ohne sie zu analysieren, und sie anhäufen, ohne sie zu ordnen. Da die wahrgenommenen Objekte ein Ganzes sind und Gesamtschemata bilden, also nicht einzeln und unzusammenhängend erfaßt werden, kann der kindliche Realismus nur intellektuell sein und nicht visuell: Da die Details, besonders die räumlichen und mechanischen Kontakte nicht genügend gesehen werden, kann die synkretistische Wahrnehmung das Kind nur dazu bringen, die Dinge allein im Denken miteinander zu verbinden. Oder man kann umgekehrt behaupten, daß die kindliche Wahrnehmung synkretistisch ist, weil der kindliche Realismus intellektuell und nicht visuell ist. Wie dem auch sei, Synkretismus und intellektueller Realismus treten immer zusammen auf, und man sieht, wie tief verwurzelt die Tendenz des Kindes zur vorkausalen Erklärung und zur Verneinung des Zufälligen oder des »Gegebenen« ist.[7]

Schließlich zwingt uns eine dritte Tatsachengruppe zur Annahme der Hypothese einer Vorkausalität. Bei Del scheinen viele »Warum der kausalen Erklärung« lediglich eine Begründung der Behauptungen des Gesprächspartners zu erwarten. Wenn Del z. B. fragt: *»Papa sagt, daß das* (der Blitz) *ganz von allein am Himmel entsteht. Warum?«,* so

[7] Claparède, Psychologie de l'enfant, Genf, 7. Aufl. (1916), S. 522.

scheint er fragen zu wollen: »Warum sagt Papa das?« Oder wenn er fragt, warum der See nicht bis zur Stadt Bern reicht, hat es den Anschein, als würde Del einfach überlegen, aus welchen Gründen man das behaupten kann. In Wirklichkeit ist das aber nicht der Fall. Del kümmert sich wenig darum, daß Aussagen auch bewiesen werden. Er will etwas anderes wissen. Wenn er nämlich fragt: *»Warum ist das* (die Taube) *wie ein Adler?«* oder: *»Warum sieht man* (beim Insekt) *Rot und Grün?«*, haben die beiden Fragen wohl die gleiche Form, können aber keinesfalls gleich interpretiert werden. Sully und seine Kommentatoren können uns helfen zu verstehen, worum es sich in solchen Fällen handelt. Dieser Autor hat sehr richtig bemerkt: Wenn die Kinderfragen sich auf neue und unerwartete Dinge beziehen, dann geschieht das oft, weil das Kind das Bedürfnis hat, zu wissen, ob die Dinge immer so sind, wie es sie sieht, ob das Neue sich in schon vorhandene Rahmen einordnen läßt, ob es eine »Regel« gibt.[8] Wichtig ist jedoch zu bemerken, daß dies keine feststellende Regel ist, wie man zu sagen scheint: Ihr haftet eine Art moralischer Notwendigkeit an. Bei jeder seiner Feststellungen hat das Kind den Eindruck, daß »es so sein muß«, auch wenn es keine genaue Begründung dafür finden kann. In einem bestimmten Stadium (5 bis 6 Jahre) kümmern sich Jungen, die den Mechanismus eines Fahrrades erklären, noch keineswegs um die Verbindung der Teile miteinander; sie halten sie alle für notwendig, und zwar für im gleichen Maße notwendig. Das Kind sagt sich also ungefähr folgendes: »Es ist notwendig, weil es da ist.« Das Gefühl einer Notwendigkeit geht hier der Erklärung voraus.[9] Das Kind hat also ein ebenso finales wie kausales, ein ebenso moralisches wie logisches Empfinden. Im allgemeinen verwechselt das Kind übrigens die menschliche Notwendigkeit (die moralische, soziale, den »decus«) und die physische Notwendigkeit (der Begriff eines Gesetzes zeigte übrigens lange Zeit Spuren dieses vielschichtigen Ursprungs). Daher beschränken sich viele »warum« der Kinder darauf, dieses Gefühl einer Notwendigkeit zu befriedigen. Wahrscheinlich soll die Antwort auf die »warum«, die wir zuletzt zitiert haben, nicht nur heißen »weil es immer so ist«, sondern sogar »weil es notwendig ist, weil es so sein muß«. Man versteht also, inwiefern dieser Erklärungstyp an die Vorkausalität gebunden ist, da letztere genau aus einer Verwechslung der psychischen oder intellektuellen Welt oder auch der Welt der moralischen und logischen Not-

[8] Vgl. z. B. K. Bühler, Die geistige Entwicklung des Kindes, Jena 1921, 2. Aufl., S. 388 ff.
[9] J. Piaget, La causalité physique chez l'enfant, sect. IV.

wendigkeit mit der physischen Welt oder Welt der mechanischen Notwendigkeit hervorgeht.

§ 4. Die »Warum der Motivation«

Wie wir gesehen haben, beziehen sich mehrere unter den »warum« auf die Natur und auf hergestellte Gegenstände, darunter keine »Warum der kausalen Erklärung« im eigentlichen Sinne, sondern Fragen, die mehr oder weniger deutlich die Motive betreffen und uns somit in die Nähe der jetzt zu besprechenden Kategorie bringen. Diese Kategorie muß in der Gesamtheit der »warum« bei Del eine entscheidende Rolle spielen. Sie umfaßt nämlich 183 von insgesamt 360 »warum«.

Mehrere dieser Fragen suchen lediglich nach dem Motiv einer ganz zufälligen Handlung oder irgendeiner Äußerung. Sie sind also nicht von besonderem Interesse. Hier einige Beispiele:

»Essen Sie hier? – Nein, heute kann ich nicht. – *Warum?«* – *»Beißt eine Raupe?* – Nein. – *Warum hat Anita mir das gesagt? Ist die böse!«* – »Was soll deine Zeichnung denn darstellen? – *Sie wollen alles wissen, Sie sind ein Nimmersatt. Fräulein, warum wollen Sie alles wissen, glauben Sie, das sind Dummheiten?«* – *»Warum hat sie Angst?«*

In dieser Kategorie erscheinen auch die ersten indirekten »warum«-Fragen: *»Wissen Sie, warum ich möchte, daß Sie heute nachmittag kommen?«*

Andere »Warum der Motivation« betreffen weniger augenblickliche Intentionen als die psychologische Erklärung im eigentlichen Sinne. In diesen Fällen gewinnt der Ausdruck »Motiv« seinen vollen Sinn, einen zugleich kausalen und finalen Sinn: Eine psychologische Handlung erklären, heißt nämlich, das Motiv dieser Handlung zugleich als ihre Ursache und als ihren Zweck anzusehen. Im weiteren Sinne ordnen wir auch jede Frage nach der Ursache einer Handlung oder einer nicht intentionalen psychologischen Tatsache den »Warum der Motivation« zu, z. B.: *»Warum irren Sie sich niemals?«* Zwischen der Ursache einer psychologischen Handlung und einem Motiv gibt es nämlich alle möglichen Zwischenformen: Man kann sowohl vom Motiv wie von der Ursache einer Angst sprechen; man kann zwar kein Motiv für einen unfreiwilligen Irrtum nennen, wohl aber für einen halb beabsichtigten Irrtum. Kurz, wir werden alle Fragen, die eine psychologische Erklärung, auch eine kausale, betreffen, in die Kategorie der »Warum der Motivation« einordnen, da sie doch nicht deutlich zu trennen sind. Hier einige Beispiele:

»Warum bringen Sie mir das Zählen bei?« – »Warum weiß Papa es nicht (das Datum), *er ist doch ein großer Mann?« – »Und Mama* (ob sie auch das Jesuskind gern hat)? – Ich denke ja. – *Warum sind Sie nicht sicher?« – »Warum kann ich Sie trotzdem verteidigen, wenn ich sie* (eine Eisenstange) *nicht nehme? Weil ich ein Junge bin?« – »Warum sind die Engel immer lieb, und die Leute nicht? Weil die Engel nicht lesen lernen müssen, und weil sie nicht so langweilige Sachen tun müssen? Gibt es Leute, die böse sind, weil sie Hunger haben?« – »Warum mache ich es schnell und gut, und vorher habe ich es schnell gemacht und nicht gut?«*

Wie man sieht, ist es in all diesen Fällen die Ursache der Handlungen, auf die sich das »warum« bezieht, mit deren Zweck und mit der Intention, die diese Handlungen leitet, unlösbar verbunden. Es ist das gleiche Phänomen wie bei den »warum«, die sich auf die Natur beziehen, hier ist es jedoch begründet, weil diese »warum« sich auf menschliche Handlungen beziehen. Man kann also sagen, daß von allen Kinderfragen die »Warum der Motivation« am genauesten zum Ausdruck gebracht werden, und daß diese Fragen unserer Art, die Dinge aufzufassen, am nächsten stehen.

Selbstverständlich findet man zwischen diesen letzten »warum« und denjenigen, die augenblickliche Intentionen betreffen, alle möglichen Zwischenformen. Zum Beispiel: »Ich habe gern, wenn Menschen so schwimmen? – *Warum?« – »Warum sind Sie nicht zufrieden, daß ich sie getötet habe?«* Es ist einfach unmöglich, im Falle der »Warum der Motivation« zwei Unterkategorien aufzustellen, eine für Fragen nach den augenblicklichen Intentionen, die andere für Fragen nach den dauerhaften psychologischen Zuständen. Das wäre im übrigen auch uninteressant. Wichtiger wäre es aber, die Beziehungen zwischen den »Warum der Motivation« und den »Warum der logischen Begründung« präzisieren zu können. In dieser Hinsicht scheint manchmal die Erklärung, die das Kind als Antwort auf sein »warum« erwartet, eine Zwischenstufe zwischen der logischen Erklärung (ein Gedanke zieht einen anderen nach sich) und der psychologischen Erklärung (ein Motiv zieht eine Handlung nach sich) einzunehmen. Zum Beispiel: *»Was haben Sie lieber, die Mäuse oder die Ratten?* – Warum? – *Weil sie nicht so böse sind, und weil Sie schwach sind?«* Diese Fälle helfen uns verstehen, wie die »Warum der logischen Begründung«, die wir gleich untersuchen werden, sich allmählich von den »Warum der Motivation« lösen.

Mit dem »Warum der Motivation« muß man noch eine nicht unbedeutende Gruppe von »warum« (34 von 183) verbinden: Es sind die, die das Kind äußert, einfach um einer Behauptung oder einem Befehl zu widersprechen, die ihm mißfallen. Wollte man diese Fragen buchstäblich und ernst nehmen, so würde man meinen, daß sie »Warum der Motivation« im eigentlichen Sinne und manchmal sogar echte »Warum der logischen Begründung« in dem Sinne darstellen, den wir eben gesehen haben. In der Tat handelt es sich hier aber nicht um echte Fragen wie vorher, sondern um verkleidete Behauptungen oder vielmehr Ablehnungen, die nur aus Höflichkeit in der Form von Fragen ausgesprochen werden. Ein Beweis dafür ist, daß das Kind keine Antwort erwartet. Hier einige Beispiele: *»Anita wollte nicht, und ich habe sie gehauen.* – Man schlägt aber niemals eine Frau. – *Warum? Sie ist keine Frau ...«* usw. – »Bis hierhin. – *Warum?«* – »Zeichne eine Uhr. – *Warum nicht Kanonen?«* usw. Dem Anschein nach fragt das Kind: »Warum sagen Sie das?« oder: »Warum wollen Sie das?« usw. In Wirklichkeit meint die Frage einfach: »Das stimmt nicht« oder »Ich will nicht«. Selbstverständlich gibt es auch zwischen diesen widersprechenden »warum« und den Fragen bezüglich Intentionen alle Zwischenformen.

Schließlich müssen wir eine Klasse von »warum« erwähnen (6 von 183), die sowohl zum »Warum der Motivation« als zum »Warum der kausalen Erklärung« gehören, und die man *»Warum des Fabulierens«* nennen könnte: Das Kind erzählt Geschichten oder personifiziert im Spiel die Gegenstände aus seiner Umgebung, und im Zusammenhang mit diesem Fabulieren stellt es Fragen, auf die im übrigen keine Antwort möglich ist: *»Warum tust du das* (mit dem Radiergummi reiben) *dem armen Tischchen an, es ist doch so alt?« – »Weißt du, warum ich dich nicht töte? Weil ich dir nichts antun will.«*

§ 5. Die »Warum der Begründung«

Die »Warum der Begründung« sind in verschiedener Hinsicht interessant. Sie zeugen von der Neugier des Kindes für einen Komplex von Gewohnheiten und Regeln, die ihm von außen, ohne Motiv, vorgeschrieben werden und für die es eine Begründung haben möchte. Diese Begründung ist keine kausale und auch keine eigentlich finale Erklärung, sie grenzt an die Motivation der vorhergehenden Kategorie, unterscheidet sich von ihr aber tendenziell durch folgendes Kennzeichen: Das Kind sucht hinter den Regeln nicht so sehr ein psychologisches Motiv, sondern einen für die Intelligenz befriedigenden Grund. Wir ordnen die »warum« dieser Kategorie darum in eine besondere Gruppe

ein, weil sie den Kern bilden, aus dem nach dem 7. oder 8. Lebensjahr die »Warum des logischen Grundes« hervorgehen. Eine solche allmähliche Herausbildung können wir übrigens bei Del schon feststellen.
Die »Warum der Begründung« verteilen sich bei Del auf drei Untergruppen, die leicht auseinanderzuhalten sind, 1.) die Warum-Fragen nach Regeln und sozialen Gewohnheiten, 2.) die Warum-Fragen nach Regeln aus dem Schulbereich (Sprache, Rechtschreibung), und 3.) die Warum-Fragen nach Definitionen. Nur die dritte dieser Untergruppen besteht also aus »Warum des logischen Grundes«. Die erste steht der psychologischen Motivation noch sehr nahe. Die zweite bildet eine Zwischengruppe.
Von 74 »Warum der Begründung« betreffen 14 die sozialen Gewohnheiten. Darunter bezeugen einige lediglich eine psychologische Neugier und könnten ebenso gut den »Warum der Motivation« zugeordnet werden. Zum Beispiel: *»Warum gibt es in einer Kirche schwarze Kleider und* (in) *den anderen bunte Kleider?«* Andere stehen dem Begriff einer Regel näher: *»Warum ist das verboten* (Briefe zu öffnen)*? Kommt er ins Gefängnis* (der Briefträger)?«.
Wie man sieht, hat diese erste Gruppe unter den »Warum der Begründung« kaum ihren Platz. Wir haben sie hier lediglich deshalb eingeordnet, weil sie durch alle möglichen Zwischenformen mit den »warum« nach den Regeln aus dem Schulbereich verbunden ist. Hier einer dieser Übergangsfälle: *»Warum nicht ›in‹* (bei Alain)*?«*, oder (hinsichtlich der Schreibung von *quatre*): *»›k‹?* – Nein. – *Wer hat das verboten, sind das die Herren in Paris?«* »Die Herren«, die die Regeln für die Rechtschreibung festsetzen, werden also ungefähr auf derselben Ebene eingestuft wie diejenigen, die für Ordnung sorgen und die Briefträger ins Gefängnis stecken.
Was die echten »warum« betrifft, die sich auf Schulregeln beziehen (55 von 74), so unterscheiden sie sich viel deutlicher von den »warum« einer psychologischen Motivation. Hier einige Beispiele:
»Warum (werden Eigennamen groß geschrieben)? *Das möchte ich gern wissen.«* – »›Grand‹ wird immer mit ›d‹ am Ende geschrieben. – *Warum, was passiert, wenn man es ohne ›d‹ schreibt?«* – »(›Bonsoir‹:) *Warum wird es nicht mit ›c‹ geschrieben, das gibt ›coi‹?«* – »Auf ein großes I braucht man keinen Punkt zu setzen. – *Warum?«* – *»Warum setzt man hier Punkte* (hinter die Sätze) *und hier nicht* (hinter ein Wort)? *Das ist komisch!«*
Jeder weiß, daß die Kinder in der Rechtschreibung und Grammatik logischer als wir Erwachsenen sind. Die zahlreichen »Warum der Be-

gründung« beweisen es überdies. Sie entsprechen genau den »Warum der kausalen Erklärung«, die wir untersucht haben. Ebenso wie die Natur wimmeln die grammatischen Regeln und die Sprache von Zufälligkeiten und zufälligen Seltsamkeiten, die nur durch eine Erklärung *sui generis,* die die Zufälle jeder historischen Entwicklung berücksichtigt, zu verstehen sind. Das Kind verfügt nun überhaupt nicht über diese Begriffe der Zufälligkeit und der historischen Entwicklung und möchte alles unmittelbar begründen, oder aber es wundert sich, daß es ihm nicht gelingt.

Wir insistieren nochmals auf dieser banalen Wahrheit, weil bei der großen Zahl dieser »Warum der Begründung« und der »Warum der kausalen Erklärung«, die ebenfalls diese Tendenz des Kindes nach einer Begründung um jeden Preis aufzeigen, die ganz geringe Zahl von Warum-Fragen nach dem logischen Grund bei Del umso ungewöhnlicher ist. Da Del wie andere gleichaltrige Kinder alles begründen möchte, sollte man meinen, daß seine Sprache von deduktiven Denkprozessen, von »weil« und »warum« geradezu wimmeln müßte, um Gedanken mit Gedanken und nicht Gedanken mit Tatsachen oder Tatsachen mit Tatsachen zu verbinden. In Wirklichkeit ist es nicht so. Von 75 »Warum der Begründung« sind nur 5 »Warum der Begründung oder des logischen Grundes«. Den Grund für diesen Widerspruch kennen wir schon: Das Kind ist kein Intellektueller, sondern ein »intellektueller Realist«.

Wir wollen versuchen, diese »logische Begründung« zu analysieren und zu überlegen, wie sie sich aus den vorhergehenden »warum« entwickelt. Die »warum« bezüglich der Sprache liefern uns nämlich mehrere Übergangsfälle, die uns zu den logischen »warum« bringen. Das sind die »Warum der Etymologie«: *»Warum sagt man ›verlegt‹, heißt das ›verloren‹?« – »Warum gibt es viele Wörter, die mehrere Namen haben, ›lac de Genève‹, ›lac Léman‹*?« – Warum ›schwarzer Kaffee‹? Kaffee ist immer schwarz.«* – Auf den ersten Blick könnte man meinen, das seien reine »Warum der logischen Begründung«, die eine Definition mit einem Gedanken verbinden, der sie begründet. Das ist bei der letzten Frage der Fall, die wir also mit den vier folgenden in die Kategorie der logischen Begründung einordnen. Die übrigen Fragen aber zielen vor allem auf die psychologische Intention. Außerdem sind sie noch von intellektuellem Realismus geprägt: Wie man weiß, ist das Wort für das Kind noch an Dinge gebunden. Eine Etymologie finden heißt also, das Ding selbst erklären. Der Lapsus, den Del begeht »Wör-

* Beides bezeichnet den Genfer See. (Anm. d. Red.)

ter, die mehrere Namen haben« statt »Dinge, die mehrere Namen haben«, ist in dieser Hinsicht bezeichnend.[10] Man kann also auch nicht sagen, hier wäre ein Gedanke mit einem anderen verbunden: Die Gedanken werden mit den Dingen selbst verbunden.

Die einzigen Fälle, in denen man von logischer Begründung sprechen darf, sind also die der reinen Definition und die der Demonstration, in denen die Intelligenz Beweise zu erbringen versucht, um streng logische Deduktionen zu ermöglichen.

Bei der Definition hält sich die Frage an das folgende Schema: »Wenn Sie Gegenstände, die derartige Kennzeichen haben, X nennen, warum nennen Sie dann diesen Gegenstand ein X?« Hier besteht tatsächlich eine Verbindung zwischen zwei Gedanken oder, genauer gesagt, zwischen einem als solches erkannten Urteil (ein X ist . . . usw.) und einem anderen Gegenstand (diesen Gegenstand nenne ich X), also nicht zwischen einem Ding und einem anderen. Diese Unterscheidung mag subtil sein, sie ist aber vom Standpunkt der genetischen Psychologie aus wesentlich. Bis zu dieser Altersstufe war das Denken einzig und allein auf die Dinge und deren Beziehungen gerichtet, ohne sich selbst bewußt zu sein, vor allem ohne sich des Deduzierens bewußt zu sein. Bei der logischen Begründung wird das Denken seiner Selbständigkeit, seiner eventuellen Irrtümer, seiner Konventionen bewußt: Es versucht dann nicht mehr, die Dinge selbst zu begründen, sondern seine eigenen Urteile. Eine solche Operation tritt in der psychologischen Entwicklung spät auf. Die vorhergehenden Kapitel haben uns vermuten lassen, daß sie nicht vor dem 7. oder 8. Lebensjahr erscheint. Die geringe Zahl von »Warum des logischen Grundes« bei Del bestätigt diese Auffassung.

Bei jeder Beweisführung betrifft die zwischen den »weil« und den »warum« aufgestellte Beziehung ebenfalls die Urteile und nicht die Dinge. Im folgenden Beispiel »Warum fließt das Wasser der Rhône nicht aufwärts?« muß die Antwort, wenn sie als eine Erklärung ausfallen soll, lauten: »Weil das Gewicht des Wassers es in Richtung des Gefälles zieht«; wird aber eine Beweisführung erwartet, muß man antworten: »Weil die Erfahrung es zeigt« oder: »Weil alle Flüsse abwärts fließen.« Im ersten Fall vereinigt die Beziehung die Richtung des Wassers mit dem Gefälle, sie betrifft also die Dinge selbst und ist kausal. Im

[10] Wir haben ein Kind gefragt: »Haben die Wörter denn Kraft«; es antwortete uns, daß sie welche haben, wenn sie Dinge bezeichnen, die Kraft haben, sonst nicht. Wir haben das Kind um ein Beispiel gebeten. Es nannte uns das Wort »Boxen«. »Warum hat denn das Wort Kraft – *Ach nein! ich habe mich vertan,* sagte es, *ich hatte geglaubt, das Wort würde hauen!«*

zweiten Fall betrifft die Beziehung die Urteile als solche und ist logisch. Alle »Warum der Beweisführung« sind also »logische warum«. Die Operation der Beweisführung kommt aber selten vor dem 7. oder 8. Lebensjahr vor. In beiden ersten Kapiteln haben wir gesehen, daß gerade jede Bemühung um Kontrolle oder Beweisführung in den Diskusionen unter Kindern fehlt. Kurz, die »logischen warum« können sich praktisch auf alles beziehen, weil sie alle »warum« umfassen, die eine Definition oder eine Beweisführung betreffen. Tatsächlich finden wir bei Del nur einige Fragen (außer der Frage über den »schwarzen Kaffee«, die wir eben erwähnt haben), die man als dieser Gruppe angehörig ansehen kann:

»Warum (sagen Sie ›Katze‹)? *Eine Katze ist eine Mama-Katze. Ein Kätzchen, das ist die Baby-Katze ... Ich will ›eine Papa-Katze‹ schreiben.«* – »Das sind Bergbäche. – *Warum nicht Flüsse?«* – »Das ist kein Knochen, das ist eine Beule. – *Warum? Wenn man mich tötet, würde das platzen?«* – *»Das da, ist das Schnee?* (Klassifizierungsfrage). – Nein, es sind Felsen. – *Warum ist es dann weiß?«*

Über das letzte »warum« kann man streiten, aber ohne Zweifel ist es eine elliptische Form und bedeutet, »Warum sagen Sie, daß es Felsen sind, wo es doch weiß ist?« Trotzdem ist es nicht ausgeschlossen, daß ein einfaches »Warum der kausalen Erklärung« vorliegt. Wir haben also nur vier authentische »Warum des logischen Grundes«. Man erkennt sie daran, daß man aus dem Frage-Wort selbst den Satz: »Warum behaupten Sie, daß ...?« heraushören kann, was in den anderen Kategorien niemals möglich ist. Kurz, die *»Warum der logischen Begründung« suchen nach dem Grund für ein als solches erkanntes Urteil und nicht nach dem Grund für die Sache, auf die sich dies Urteil bezieht.* Solche »warum« also sind vor dem 7. oder 8. Lebensjahr sehr selten. Das Kind versucht zwar alles zu begründen, läßt aber gerade die einzige legitime Begründung außer acht, die der Meinungen und Urteile als solcher. Nach dem 7. oder 8. Lebensjahr dagegen kommen diese Fragen wahrscheinlich häufiger vor. Wir haben auf das 11. bis 12. Lebensjahr den Zeitpunkt festgesetzt, an dem das formale Denken auftritt, d. h. das Denken, das sich auf Hypothesen bezieht, die als solche aufgefaßt werden, und sich darauf beschränkt, allein vom Standpunkt der Deduktion aus und ohne Rekurs auf die Wirklichkeit zu überlegen, ob die Schlußfolgerungen, die aus diesen Hypothesen gezogen werden, begründet sind oder nicht.[11] Zwischen der Altersstufe des reinen intellek-

[11] J. Piaget, Essai sur la multiplication logique et les débuts de la pensée formelle chez l'enfant, in: Journal de psychologie, 1922, S. 222–261.

tuellen Realismus (bis zum 7. oder 8. Lebensjahr) und dem Beginn des formalen Denkens gibt es ohne Zweifel ein Zwischenstadium, während dessen die Kinder versuchen, die Urteile als solche zu begründen, ohne sich aber auf den Standpunkt der Gesprächspartner stellen zu können und folglich ohne mit der formalen Deduktion umgehen zu können. Das Auftreten der »Warum der logischen Begründung« entspricht wahrscheinlich diesem Zwischenstadium.

Abschließend können wir sagen, daß die Ergebnisse dieses Paragraphen die Ergebnisse bestätigen, zu denen wir bei der Untersuchung des »Warum der kausalen Erklärung« gekommen waren. Bei Del finden wir ebensowenig »Warum des logischen Grundes« wie »Warum der reinen Kausalität«. Dels Denken muß also Interessen haben, die zwischen dem Interesse für die mechanische Erklärung und dem für die logische Deduktion liegen: Der kausale und der logische Gesichtspunkt werden nicht getrennt, und beide sind noch vermengt mit dem Gesichtspunkt der Intention oder des psychologischen Motivs, in dieser fehlenden Unterscheidung besteht das Hauptkennzeichen der kindlichen Vorkausalität.

Schließlich könnte es interessant sein, hier auf ein seltsames Phänomen hinzuweisen, das diese Hypothese bestätigt, nach der das Kind für uns klar unterschiedene Begriffe noch oft vermengt: die Tatsache, daß Del manchmal das Wort »warum« im Sinne von »weil« gebraucht und sich also des gleichen Wortes bedient, um die Beziehung vom Grund zur Folge und die von der Folge zum Grund auszudrücken. Hier ein Beispiel, das genau ein »weil« oder ein logisches »warum« betrifft: »Das Wasser aus dem Himmel ist gut. – *Kommt das daher, warum* (= weil) *es eine Quelle ist?«* Dieses Phänomen haben wir schon im Zusammenhang mit den Erklärungen unter Kindern (Kapitel IV, § 5) gesehen und werden es bei der Untersuchung der kausalen Konjunktionen wiederfinden (Band 2). Man kann es auch öfter bei 3- bis 6jährigen Kindern im alltäglichen Leben beobachten. Wir haben einen 5jährigen Griechen erlebt, der die französische Sprache gut beherrschte, aber systematisch das Wort »warum« an Stelle des Wortes »weil« gebrauchte; das Wort »weil« fehlte in seinem Wortschatz völlig: »Warum schwimmt ein Boot auf dem Wasser? – *Warum* (= weil) *es leicht ist.«* usw. In der Tat liegt bei diesem Phänomen lediglich eine Verwechslung von Wörtern vor. Aber diese Verwechslung zeigt, wie schwer es für das Kind ist, Beziehungen zu unterscheiden, die die Sprache differenziert hat.

Man sieht die Komplexität der »warum« bei Del und die Notwendigkeit, sie zum Teil nach Inhalten zu klassifizieren, weil man nicht auf Anhieb erkennen kann, welche Typen von Beziehung (streng kausale, finale, logische Erklärungen usw.) sie erfordern. Wir haben die festgestellte Häufigkeit für die 360 »warum« in der nachstehenden Tabelle zusammengefaßt:

		Anzahl		Prozent
»Warum der kausalen Erklärung« (im weiteren Sinne)	Physische Gegenstände	26		
	Pflanzen	10		
	Tiere	29		
	Menschlicher Körper	16		
	Natürliche Gegenstände		81	22%
	Hergestellte Gegenstände		22	6%
	Insgesamt		103	29%
»Warum der psychologischen Motivation«	Im eigentlichen Sinne	143		
	Widerspruch	34		
	Fabulieren	6		
	Insgesamt		183	50%
»Warum der Begründung«	Soziale Regeln	14		
	Schulische Regeln	55		
	Regeln		69	19%
	Begründung oder logischer Grund		5	1%
	Insgesamt		74	21%

Die »Warum der Motivation« überwiegen also stark in der Gesamtzahl. Zeigt dieses Übergewicht an, daß die anderen Typen von »warum« sich um diese Gruppe wie um einen Mittelpunkt sammeln? Es scheint der Fall zu sein. Die »Warum der kausalen Erklärung« hängen nämlich mit der Motivation zusammen, und zwar durch all die anthropomorphen und finalistischen »warum«, ebenso wie durch die »warum«, die zur Vorkausalität selbst gehören. Andererseits hängen die »Warum der Begründung« mit denen der Motivation durch die Reihe der »warum« zusammen, die die sozialen Gebräuche und die aufgrund psychologischer Motive aufgestellten Regeln betreffen. Die Beziehungen zwischen den Gruppen der kausalen Erklärung und der Begründung sind allerdings nicht so eng. Der Begriff der Vorkausalität setzt wohl eine Verwechslung der kausalen Erklärung mit der logischen Begründung voraus, aber diese Verwechslung ist eben nur deshalb möglich, weil beide noch kaum von der psychologischen Motivation unterschieden sind. Kurz, die Quelle der »warum« bei Del ist, wie es scheint, die Motivation, die Suche nach der »Intention«, die hinter den Handlungen und hinter den Ereignissen steht. Dieser Quelle würden zwei verschiedene Strömungen entspringen, die eine bilden die »warum«, die die Natur auf intentionale Weise zu interpretieren suchen, die andere bilden die »warum«, die sich auf die Gebräuche und die daraus hervorgehenden Regeln beziehen. Zwischen diesen finalistischen »warum« und den »Warum der Begründung« bleibt selbstverständlich eine Wechselwirkung möglich. Aus den »warum« der Vorkausalität würde schließlich die Kausalität im eigentlichen Sinne hervorgehen, ebenso wie aus den »Warum der Begründung« die logische Begründung im eigentlichen Sinne hervorgehen würde. So dürfte ungefähr die Genealogie der »warum« bei Del sein. Wir wollen versuchen, sie in einem Schema zusammenzufassen:

Genetisches Schema der »warum« bei Del

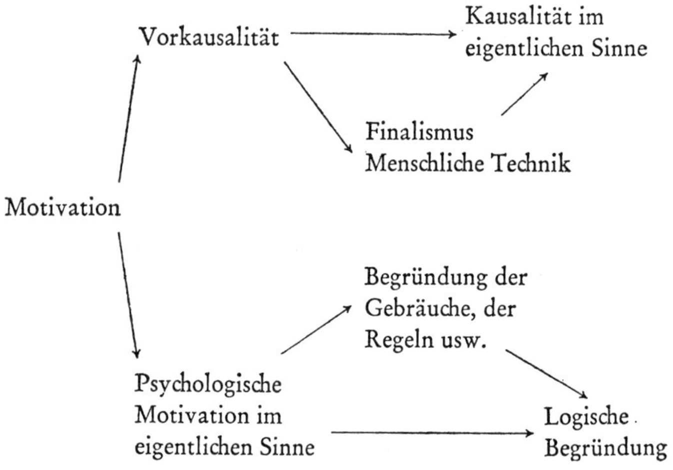

Ist eine solche Systematisierung das Produkt einer Mentalität, die einem Individuum eigen ist, ist sie Produkt eines einzelnen Typs oder konstituiert sie den allgemeinen Charakter des Denkens von Kindern vor dem 7. bis 8. Lebensjahr? Weitere Monographien müssen diese

Frage beantworten. Was wir durch andere Untersuchungen wissen, läßt uns annehmen, daß es sich hier um ein ganz allgemeines Schema handelt; aber diese Annahme soll uns im Augenblick lediglich als Arbeitshypothese dienen.

II. Die Fragen, die nicht in der Form von »warum« auftreten

Wir wollen jetzt das Problem der Fragen bei Del als Ganzes betrachten. Die »warum« haben uns als Einleitung gedient. Sie bilden nämlich eine fest umrissene, zum Teil homogene Gruppe, die uns zu einem Klassifikations-Schema verholfen hat: Wir wollen dieses Schema nun verifizieren und durch die Einsichten ergänzen, die uns Dels andere Fragen liefern können.

§ 7. Klassifizierung der Fragen Dels, die nicht in der Form von »warum« auftreten

Hier ist es noch schwieriger als vorher, die Fragen Dels einfach nach dem Gegenstand zu klassifizieren, auf den sich die Wißbegier des Kindes erstreckt. Dasselbe Objekt, z. B. ein physisches Phänomen, kann nämlich Anlaß zu völlig voneinander verschiedenen Fragen sein: »Wann ist es geschehen«, »wie«, »ist es wahr, daß ...«, »was ist das ...« usw. Aus diesem Grunde müssen wir eine gemischte Klassifizierung anwenden. Sie wird sich größtenteils mit der Klassifizierung decken, die wir bei den »warum« angewandt haben, selbstverständlich aber auch darüber hinausgehen. Man darf nämlich nicht vergessen, daß jedem »warum« eine Frage entsprechen kann, die zwar eine andere Form, aber den gleichen Sinn hat, daß dies aber umgekehrt nicht möglich ist.

Eine erste Gruppe besteht aus den *Fragen nach kausaler Erklärung*, wobei wir diese Wörter genau im gleichen Sinn wie zuvor verstehen. Hier einige Beispiele: (Del spricht von einer Murmel, die eine abschüssige Terrasse hinunterrollt:) *»Was läßt sie rollen?« – »Was läßt den See fließen?« – »Braucht man Feuer, um Radiergummis zu machen?«* Wahrscheinlich muß man dieser Gruppe die Fragen mit folgender Form zuordnen: *»Wozu braucht man ihn* (einen Windhund)*?«*, da Finalismus und kausale Erklärung beim Kind kaum zu trennen sind. Einige dieser Fragen sind den »warum« ganz gleich, andere werden von verschie-

denen Gesichtspunkten aus gestellt, beziehen sich aber immer auf die kausale, vorkausale oder finalistische Erklärung.
Eine zweite, ebenfalls wichtige Gruppe erscheint noch vor der ersten (wenigstens was die Fragen nach dem Ort betrifft) und besteht aus *Fragen nach Wirklichkeit und Geschichte,* wie wir sie nennen wollen. Diese Fragen beziehen sich nicht auf die Erklärung einer Tatsache oder eines Ereignisses, sondern auf ihre Wirklichkeit oder auf die örtlichen oder zeitlichen Umstände ihres Eintretens, unabhängig von ihrer Erklärung, also nicht: »Was ist die Ursache von X?«, sondern: »Hat X stattgefunden oder wird es stattfinden?«, oder: »Wann hat X stattgefunden oder wird es stattfinden?«, oder auch: »Wo hat X stattgefunden?« usw. Eine solche Klasse von Fragen findet selbstverständlich keine Entsprechung bei den »warum«, da letztere immer die Funktion haben, nach Ursache oder Grund oder Motiv der Tatsachen und Ereignisse zu fragen, und niemals nur deren Geschichte oder Vorhandensein betreffen. Hier einige Beispiele: *»Findet er seine Nahrung* (der Fisch) *?«* – *»Gibt es das manchmal* (Menschen, die Kinder in Stücke schneiden)*?«* – *»Wie lange ist es bis Weihnachten?«* – *»Liegt Schaffhausen in der Schweiz?«* Wie man sieht, sind bei diesen Fragen viele Nuancen möglich: Geschichte, Zeit, Ort, Existenz; aber die zentrale Funktion des Ganzen ist klar. Um zu erkennen, ob eine Frage zu dieser Gruppe gehört, muß man nach folgendem Kriterium vorgehen: Jedesmal wenn eine Frage sich auf einen Gegenstand, eine Tatsache oder ein Ereignis bezieht – und nicht auf einen Menschen oder eine menschliche Handlung – und wenn das Kind nicht nach der Ursache, der Klasse oder dem Namen dieses Gegenstandes, der Tatsache oder des Ergebnisses fragt, gehört die Frage der jetzigen Kategorie an.
Eine dritte Gruppe gehört der Form nach zu den beiden vorhergehenden und stellt wahrscheinlich ihren gemeinsamen Ursprung dar: Wir meinen alle Fragen nach den personalen Handlungen und nach den Personen selbst, außer den Fragen nach ihrem Namen und nach sozialen oder schulischen Regeln. Das sind die *Fragen nach den menschlichen Handlungen und Intentionen.* Auf den ersten Blick könnte man meinen, diese Gruppe ließe sich in zwei Untergruppen einteilen; die eine enthielte die Frage nach der Ursache der Handlungen und entspräche dem »Warum der Motivation«; die andere enthielte die Fragen nach den Handlungen selbst – unabhängig von Ihrer Ursache – und entspräche der letzten Gruppe von Fragen (Wirklichkeit und Geschichte). Zwischen diesen beiden Gesichtspunkten sind aber alle Übergänge möglich, und sie lassen sich nicht so klar trennen. Andererseits

sollte man alles, was die menschlichen Handlungen betrifft, gesondert einordnen und so die jetzigen Fragen von der vorhergehenden Gruppe trennen. Hier einige Beispiele: *»Wollen Sie sich heute morgen hierhin setzen?* – Ja. – *Weil das Wetter nicht schön ist?«* – *»Werden Sie kommen?* – Vielleicht.« – *»Darf ich diese Birne essen?«* – *»Was möchten Sie lieber haben, ein häßliches Gesicht oder ein hübsches?«*
Wie man sieht, entsprechen die ersten dieser Fragen einem »Warum der Motivation«, die anderen haben weniger mit der psychologischen Erklärung zu tun und nähern sich den Fragen über Tatsachen, ohne nach deren Ursache zu fragen. Diese Gruppe ist jedoch durchaus homogen.

Eine vierte Gruppe entspricht manchen »Warum der Begründung«, nämlich alle *Fragen nach Regeln und Gebräuchen: »Wie schreibt man* (einen Namen)*?«* usw.

Man kann auch eine Kategorie von *Rechenfragen* unterscheiden; aber die Zahl dieser Fragen ist sehr gering. Ihre Form ist z. B. diese: *»Neun und Neun, wieviel ist das?«*

Schließlich gibt es eine ganze Gruppe von *Fragen nach Klassifikation und Bewertung*, die die Namen, die Klassen, Vergleiche und den Wert der Gegenstände betreffen. In dieser Gruppe ordnen wir die Fragen ein, die Werturteile (Evaluation) implizieren; denn zwischen der Klasse (»Ist das groß?«) und dem Wert (»Ist es schön?«) gibt es alle möglichen Übergangsstufen. Hier einige Beispiele: *»Ist das eine Biene?«* – *»Sind das Berge?«* – *»Was sind diese Kugeln mit einer Eins* (Achtelnoten)*?«* – *»Was ist eine Tasse?«* – *»Das ist schön, nicht wahr?«* usw. Diese Gruppe von Fragen wirft eine Reihe Abgrenzungsprobleme auf. Es ist z. B. nicht immer leicht zu entscheiden, ob eine Frage zu dieser Gruppe oder zu der von Fragen nach Wirklichkeit oder Geschichte gehört, obwohl die Kriterien grundsätzlich klar sind. Andererseits gibt es zwischen den Regeln, die den Namen der Dinge betreffen, und der Klassifikation gleichfalls viele Übergänge, die eine klare Trennung dieser Gruppe von der vorhergehenden manchmal erschweren.

Im großen und ganzen entsprechen diese Gruppen jedoch verschiedenen und wesentlichen Funktionen der Intelligenz, und wir werden im einzelnen sehen, daß für jede Gruppe sehr wohl sichere Kriterien zu finden sind.

§ 8. Die Fragen nach kausaler Erklärung

Wir wollen anhand dieser Fragen versuchen, die Ergebnisse zu verifizieren, die wir bei den entsprechenden »warum« erhalten haben: Artifizialismus und Finalismus der Fragen nach Gegenständen aus der Natur, Fehlen von rein kausalen Beziehungen usw.

Unter den Fragen nach physischen Gegenständen bringen wir hier diejenigen, die wir für die deutlichsten halten: (Del sieht eine Murmel einen Abhang hinunterrollen:) »*Was läßt sie rollen?* – Das kommt daher, daß der Boden nicht flach ist, sondern ein Gefälle hat, es geht abwärts. – (Kurz danach:) *Weiß sie* (die Murmel, die auf Frau Veihl zurollt), *daß Sie da sind?* – (Einige Sekunden später:) *Das geht hinunter, nicht wahr?*« (Die letzte Frage müßte man eigentlich den Fragen nach Wirklichkeit zuordnen, wäre ihr kausaler Sinn nicht so deutlich.)

»*Wer läßt die Rhône so schnell fließen?*« – »*Aber was läßt den See fließen?*« – (Einige Monate danach:) »*Das ist komisch, der Boden ist* (hier) *ganz flach, und wie kann das* (das Wasser) hinunterfließen?«

»*Wie wird das gebaut* (eine Quelle)*?*« – »*Braucht man auch eine Schaufel, um eine Quelle zu machen?*« – »*Aber wie entsteht der Regen im Himmel? Gibt es da Rohre oder fließende Bergbäche? – (Nachdem* man es ihm erklärt hat:) *Dann macht er sich los? Wenn er fällt, dann ist es Regen?*« – »*Dann wird er* (der Fluß) *nachher ein Gletscher?*« – »*Aber er* (der Gletscher) *schmilzt, auf einmal sieht man ihn nicht mehr?*« – »*Dann fallen also oft Wolken* (auf die Berge)*?*« (Er spricht von einem Magneten:) »*Ich möchte gern wissen, wie das geht?*« – »*Sehen Sie, er wird angezogen* (ein Schlüssel). *Durch was bewegt er sich denn?*« – »*Aber wie macht der Schnee das, wenn man rodelt, schmilzt er nicht, er bleibt doch ganz glatt?*«

Wie man sieht, beziehen sich die einzelnen Fragen nach der Kausalität im eigentlichen Sinne auf Phänomene, die man Del mit Hilfe der Mechanik erklärt hat (Bedeutung des Abhangs usw.) Nun hat Del diese Phänomene ursprünglich ganz anders interpretiert, wie die Fragen zeigen, die er vor der Erklärung stellte. Die zwei letzten Fragen kann man auch mit der mechanischen Kausalität in Zusammenhang bringen, allerdings unter folgendem Vorbehalt: Man bemerkt zunächst die verbale Form »machen« (wie macht der Schnee usw.), die den Psychologen so oft aufgefallen ist. K. Bühler z. B. hat die Häufigkeit dieses Verbs »machen« in Zusammenhang mit Dingen richtig interpretiert und schließt daraus, daß das Kind den Gegenständen eine anthropomorphe Aktivität zuschreibt.[12] Vielleicht liegt hier lediglich ein Restbestand aus früheren Stadien vor, da die verbalen Formen sich immer langsamer entwickeln als das Verstehen selbst. Merkwürdiger scheint, daß in den

[12] K. Bühler, Die geistige Entwicklung des Kindes, Jena 1921, 2. Aufl., S. 389.

beiden Fällen (Fragen nach dem Magneten und nach dem Schnee) das Kind die Erklärung anscheinend in einer inneren Kraft des Gegenstandes und nicht einem mechanischen Kontakt sucht. Del sagt zwar, der Magnet ziehe den Schlüssel an, diese Erklärung befriedigt ihn aber nicht.

Ebenfalls hat er sicherlich die latente Vorstellung einer Kraft bei der Tatsache, daß der Schnee nicht schmilzt. Diese Erklärungen mögen kausal sein, man sieht aber, daß es eher eine dynamische als eine mechanische (durch Kontakt bewirkte) Kausalität ist.

In der Frage nach der Murmel kommt dieser Dynamismus in verblüffender Weise zum Ausdruck: »Weiß sie, daß Sie dort sind?« Die minimale Hypothese sozusagen wäre, daß wir hier eine fabulierte Frage haben: Del personifiziert die Murmel im Spiel, genau wie er einen Stein oder ein Stück Holz beim Spielen beleben würde. Mit dem Wort »fabulieren« hat man aber noch lange nicht alles gesagt: Die Frage ist ohne Zweifel berechtigt, ob bei einem solchen Problem das Kind nicht etwas anderes tun könnte als fabulieren. So kommen wir zur maximalen Hypothese: Schreibt Del der Murmel eine Kraft zu, analog der eines lebenden Wesens? Wir werden gleich einer recht merkwürdigen Frage nach abgefallenen Blättern begegnen, die uns zeigt, wie sehr Leben und spontane Bewegung für Del noch zusammengehören.[13] Daher wundert es nicht, wenn im Zusammenhang mit einer Murmel, bei der Del das »warum« der Bewegung nicht versteht, das Problem ebenfalls aufgeworfen wird. Auch wenn Del in bezug auf die Murmel selbst fabulierte, bleibt die Tatsache, daß die Frage in dieser Form und mit solchem Ernst gestellt wird, ein Zeichen dafür, daß die mechanische Kausalität das Kind nicht interesssiert und nicht befriedigt. Der Ursprung der vorkausalen Erklärung ist in einem solchen Fall leicht zu fassen: Die treibende Ursache und das Motiv werden vom Kind verwechselt, weil die Phänomene entweder mit Leben im eigentlichen Sinne oder mit einer aus dem Leben entstandenen Dynamik beseelt sind.

Andere Fragen schreiben Menschen oder Göttern die Macht zu, mit ganz menschlichen Mitteln Quellen, Regen usw. zu machen. Entsteht dieser »Artifizialismus«, wie Brunschvicg sagt, nun vor oder nach dem vorigen Typ von Vorkausalität? Diese Frage, die im übrigen nicht zum Thema gehört, möchten wir hier nicht lösen. Wir wollen nur bemerken,

[13] Eine Untersuchung, die erst vor kurzer Zeit stattgefunden hat, und deren Ergebnisse wir hier noch nicht veröffentlichen können, hat uns gezeigt, daß für Genfer Jungen von 7 bis 8 Jahren und darüber die Sterne, das Feuer, der Wind, vielleicht auch das Wasser usw. lebendig sind und ein Bewußtsein haben, weil sie sich selbsttätig bewegen.

daß Del im allgemeinen nicht zu präzisieren sucht, wer der *fabricator* eines Phänomens ist (die Fragen nach der Quelle und nach der Rhône sind eine Ausnahme). Man muß also die meisten entsprechenden »warum« so interpretieren, daß sie einfach eine Absicht in den Phänomenen suchen, diese Absicht aber keinem expliziten Wesen zuschreiben. Daher auch hier die vorkausale Erklärung, die Motiv und mechanische Ursache verwechselt. Von diesem Standpunkt aus gesehen, ist es möglich, daß beim Kind wie in der Gattung Mensch der Animismus dem Artifizialismus vorangeht.

Kurz, diese Fragen nach physischen Gegenständen, von denen sich nur eine geringe Zahl als eigentlich kausale Fragen interpretieren läßt, bestätigen und präzisieren unsere Hypothese von der Vorkausalität, indem sie den Zusammenhang dieses Begriffes mit dem wohlbekannten Animismus der Kleinkinder aufweisen. Man mag zweifellos den Eindruck haben, daß wir über diese Verbindungen und die verschiedenen Erklärungstypen bei Kindern sehr rasch hinweggehen, die eigentlich gründlicher analysiert und mit Material, das aus anderen Quellen stammt, verglichen werden müßten. Wie wir aber bereits gesagt haben, haben wir hier nicht vor, die Kausalität beim Kind zu analysieren, sondern die kindliche Logik zu untersuchen, und von diesem Standpunkt aus genügt es uns zu wissen, daß logische Implikation und physische Kausalität sich noch nicht von der einfachen Motivation unterscheiden, und so kommen wir zu dem Begriff von »Vorkausalität«.

Diese kindliche Auffassung, nach der die beweglichen Gegenstände sich selbsttätig bewegen, gibt Dels Fragen nach Leben und Tod eine besondere Bedeutung. Man möge sich an das Ergebnis erinnern, zu dem uns die Untersuchung der »warum«, die Tiere und Pflanzen betreffen, geführt hat: Da es für das Kind keinen Zufall gibt und alle Phänomene ihm nach einer Ordnung und dem *decus* geregelt scheinen, ist das Leben ein ganz normales Phänomen, worüber das Kind sich nicht wundert – bis zu dem Zeitpunkt, wo ihm der Unterschied zwischen Leben und Tod bewußt wird. Von diesem Augenblick an löst der Tod die kindliche Wißbegier aus, weil gerade er eine besondere Erklärung verlangt, wenn jede Ursache von einem Motiv begleitet wird. Das Kind sucht also die Kriterien, um zwischen Leben und Tod unterscheiden zu können; und im Laufe dieser Überlegung ersetzt es zum Teil die vorkausale Erklärung und die Suche nach Motiven durch die kausale Erklärung und manchmal sogar durch das Bewußtsein des Zufälligen. Hier einige Beispiele:

»*Sind sie tot* (Blätter) *?* – Ja. – *Aber sie bewegen sich mit dem Wind.*«

– *»Lebt es* (ein Blatt, das Del soeben abgeschnitten hat) *jetzt noch?* ... – (Er legt es wieder auf den Ast:) *Lebt es jetzt?«* – *»Wenn man es ins Wasser legt?* – Dann bleibt es länger erhalten. – *Noch einen Tag und dann?* – Dann vertrocknet es. – *Stirbt es dann?* – Ja. – *Armes kleines Blatt!«* – *»Wenn man das* (ein Blatt) *ins Blut pflanzt, stirbt es* (auch)*?«* *»Hat jemand das gepflanzt* (einen Baum) *oder wächst das allein?«* – *»Was läßt im Sommer die Blumen wachsen?«* – *»Papa hat mir gesagt, die Glyzinie blüht in zwei Jahreszeiten, im Frühling und im Sommer. Wächst sie denn zweimal?«*

Man sieht an der ersten dieser Fragen die Verwechslung von Bewegung und Leben, eine Verwechslung, die für die Intelligenz der Vorkausalität von großer Bedeutung ist; denn sie zeigt uns, wie für das Kind jede Aktivität mit der des Lebens vergleichbar ist. Sich auf eine bewegende Ursache berufen, bedeutet daher zugleich, sich auf eine lebende Ursache berufen, d. h. die nach einem Modell ausgedacht ist, das mit Spontaneität, wenn nicht mit Intentionen versehen ist. Man versteht also, wie die Neugier für den Tod, da der Tod dieser Denkweise im Wege steht, und schließlich auch die Neugier für die Ursachen des Lebens (letzte Fragen) indirekt entstehen, da das Leben vom Tod gestört werden kann.

Die Fragen nach den Tieren bezeugen die gleichen Interessen, ebenso wie für die Absichten und Fähigkeiten eines jeden:

»Wenn man sie an diesen kleinen Flügeln totmacht (die Taube), *stirbt sie?«* – *»Weiß sie* (die Raupe), *daß sie bald sterben muß, wenn sie ein Schmetterling wird?«* (Vgl.: *»Weiß sie nicht* (auch die Raupe), *daß sie sehr bald sterben muß?«)* usw.

(Rentiere ziehen die Schlitten:) *»Diese Tiere sind doch Menschen, so daß sie hören, was man ihnen sagt?«* – (Kurz danach:) *»Wie führt man die Pferde?«* – *Wofür braucht man den Windhund?«* usw.

Der menschliche Körper ist Anlaß zu ähnlichen Fragen:[14]

»Stirbt man (wenn man eine Kastanie ißt)*?«* – *»Stirbt man, wenn man Gift einatmet?«* usw. – *»Wie werden die Punkte gemacht* (Sommersprossen am Arm)*?«*

Diese Beispiele genügen. All die Fragen zeigen, daß die Form der Kausalität, die das Kind voraussetzt, wenig mechanisch, sondern anthropomorph oder finalistisch ist.

Wir wollen hier schließlich eine Gruppe von Fragen einordnen, die

[14] Vgl. *»Ist er tot* (eine Statue in Genf, Carteret)? – Ja – *Werde ich auch tot sein?«* usw.

hergestellte Gegenstände betreffen und der entsprechenden Gruppe von »warum« gleichen:
»Wofür sind denn die Schienen?« – *»Ist diese Maschine da* (die den Sand siebt) *nicht für die da* (ein Kran)*?«* – *»Wenn ich ein Schiff habe, und man tut es ins Wasser, und wenn man es in die Sonne stellt, klebt das dann wieder fest?«* – *»Wenn man mit einer Kanone auf ein Feuerwerk schießt ... dann kommt die Granate an das Feuer und explodiert, nicht wahr?«*
Abschließend können wir sagen, daß dieser Paragraph die Hypothesen bestätigt, die wir im bezug auf die »Warum der kausalen Erklärung« angenommen haben, besonders was die Seltenheit der streng kausalen Fragen betrifft.

§ 9. Die Fragen nach Wirklichkeit und Geschichte

Nach der gegebenen Definition beziehen sich die Fragen dieser Kategorie auf Tatsachen und Ereignisse, betreffen aber weder deren Ursache noch deren kausale Struktur. In der Praxis läßt sich dieses Kriterium nicht so leicht anwenden, und es existieren zwischen den Fragen der letzten und denen dieser Gruppe alle möglichen Zwischenformen. Das ist im übrigen nicht erstaunlich, weil der Begriff der Wirklichkeit für die Intelligenz nur aufgrund der kausalen Beziehungen entsteht, mittels derer sie die Tatsachen verknüpft. Wir brauchen jedoch klare Klassifizierungen, damit man sich untereinander verständigen kann, und wir müssen deshalb ein Kriterium haben, das sicherlich willkürlich, aber festgelegt ist.
Läßt die gestellte Frage eine kausale Antwort zu (eine Antwort, die mit einem kausalen »weil« beginnt oder lautet: »Gott hat es gemacht« oder »der Mensch ...« usw.), dann liegt ohne Zweifel eine kausale Frage vor. In die Gruppe der Fragen nach kausaler Erklärung haben wir aber solche Fragen eingeordnet wie »Stirbt man, wenn man Gift einatmet?« oder »Weiß die Murmel denn, daß Sie dort sind?«, die wie Fragen nach Tatsachen aussehen. In diesen Fällen ist das Kriterium subtiler. Diese Fragen hängen sicherlich mit der Kausalität zusammen, denn man könnte sie anders formulieren und fragen, ob Gift tödlich ist oder nicht, ob die Murmel in eine bestimmte Richtung rollt, weil sie Bewußtsein hat oder aus einem anderen Grund usw. Bei einer reinen Frage nach Tatsachen dagegen, wie »Gibt es auch kleine Fische am Ufer?«, wird die kausale Beziehung weder gesucht noch verwendet.

Wir wollen uns also, mangels einer besseren Lösung, an folgende Konvention halten: Wenn die Beziehung zwischen den Punkten, auf welche die Frage sich bezieht, eine Bewegung, eine Aktivität oder eine Intention vorausgesetzt, dann liegt eine kausale Frage vor; ist es eine rein statistische (Existenz, Beschreibung und Ort) oder einfach temporale Beziehung, dann liegt keine kausale Frage vor.

Allein die Praxis kann uns zeigen, ob diese willkürlichen Unterscheidungen von Nutzen sind. Sollten wir z. B., indem wir sie auf mehrere Kinder verschiedenen Alters anwenden, ein Entwicklungsgesetz entdecken oder ein Mittel finden, um verschiedene Typen fragender Kinder zu unterscheiden, dann würde es sich bestimmt lohnen, dieses Schema beizubehalten; sonst wird es eben das gleiche Schicksal erleiden, wie die Klassifikationen der Grammatiker oder der alten Logiker! Für die Probleme, die uns hier beschäftigen und die Probleme der allgemeinen und nicht der individuellen Psychologie sind, ist das jetzige Schema völlig unwichtig.

Im übrigen müssen wir die Fragen nach Wirklichkeit und Geschichte in verschiedene Kategorien einteilen, von denen sich nur die erste schwer von den Fragen nach kausaler Erklärung unterscheiden läßt. Wir meinen die Fragen nach Tatsachen und Ereignissen:

»*Ist er sehr tief* (dieser Teich)?« – »*Ich sehe mich in Ihren Augen, und Sie?*« – »*Gibt es auch kleine Fische am Ufer?*« – »*Geht das bis zum Himmel* (die Raketen)?« (Diese Frage könnte man auch den Ortsfragen zuordnen.) – »*Sind sie viel höher als unser Dach* (die Wolken)? – Ja. – *Das kann ich nicht glauben.*« – (Desgleichen:) »*Was ist denn da drin* (in einer Vase)?« – »*Gibt es Walfische* (im See)?« – (Vor einer Landkarte stehend, betrachtet er den Zuger See, den er für ein Loch hält:) »*Sind da Löcher?*« – »*Sind ihre Hörner draußen* (bei einer Schnecke)?« – »*Gibt es blaue und grüne Fliegen?*« usw.

Viele Zwischenformen verbinden diese erste Gruppe mit einer zweiten, die sich besonders auf den Ort bezieht:

»*Wo legen die großen Dampfer an?*« – »*Wo liegt die deutsche Schweiz?*« – »*Wo ist der Sankt Bernhard?*« – »*Ist Zermatt denn nicht in der Schweiz?*« usw.

Eine dritte Kategorie enthält Fragen nach der Zeit:

»*Wie lange ist es bis Weihnachten?*« – »*Habe ich an einem Montag Namenstag? Ich glaube, daß es ein Montag ist, stimmt das?* – Ich weiß nicht. – *Ich dachte, daß die Großen daran denken können?*« (Hier wird der Begriff »an etwas denken« mit dem Begriff »wissen« verwechselt, bei Kindern keine ungewöhnliche Verwechslung.)

Eine vierte Gruppe wird aus Modalfragen gebildet, d. h. nicht aus Fragen nach den Tatsachen oder Ereignissen selbst, sondern aus Fragen nach deren Wirklichkeitsgrad. Selbstverständlich gibt es zwischen dieser und den vorhergehenden Gruppen alle Übergänge, aber es mag interessant sein, sie gesondert zu betrachten:
»*Gibt es das manchmal* (Menschen, die Kinder in Stücke schneiden)?« – »*Ist das wahr* (daß es Gift ist)?« – »*Ist das keine Geschichte?*« usw.
Folgende Behauptung von Del, die sicherlich auf Fabulieren zurückgeht, jedoch vielsagend ist, könnte man in Zusammenhang mit diesen Modalfragen bringen: »*Jean* (ein Freund) *gibt es gar nicht, weil ich ihn nicht mag!*«
Schließlich kann man hier die ganze Gruppe von Fragen einordnen, die auf Phantasie und Fabulieren zurückgehen und Tatsachen und Ereignisse betreffen, von denen Del weiß, daß sie nicht wahr sind:
»*Hat sie jetzt das kleine Mädchen verbrannt?*« – »*Der Herr J* (der große Buchstabe J) *hat aber viel gegessen, nicht?*« – »*Sind die Wellen böse auf dem See?*« (Fabuliert Del oder meint er: »Sind sie gefährlich«?)
Das sind die fünf Kategorien, in die man die Fragen von Del nach Wirklichkeit und Geschichte einteilen kann. Als solche zeigen uns diese Fragen nicht viel, was wir nicht schon wüßten. In einem Punkt sind sie allerdings für uns interessant: Sie erlauben uns zum Teil, das Wesen der kindlichen Annahmen (assomptions) zu analysieren. Wie man weiß, hat A. Meinong* mit »Annahmen« die Behauptungen bezeichnet, über die ein Subjekt nachdenkt, ohne daran zu glauben. Ursprünglich, so sagt Meinong, ist die Annahme das »wenn« des Kinderspiels, die Behauptung, auf der das Kind mit Vorliebe eine imaginäre Deduktion aufbaut.
Ein schwieriges Problem erhebt sich im Zusammenhang mit diesen Annahmen: Welchen Wirklichkeitsgrad schreibt ihnen das Kind zu? Der Erwachsene verfügt unter anderem über zweierlei Annahmen, die physische und die logische. Die physische Annahme übernimmt eine Tatsache als solche und leitet daraus eine Beziehung von Tatsache zu Tatsache ab. »Wenn die Sonne verschwände, dann würde man nichts mehr sehen« bedeutet z. B., daß zwischen der sicheren Tatsache (dem Verschwinden der Sonne) und einer anderen Tatsache (der Nacht) eine kausale Beziehung besteht. Die logische Annahme dagegen erkennt einfach ein Urteil als solches an und leitet davon ein zweites ab: »Wenn

* Alexius Meinong (1853–1920). Piaget bezieht sich offenbar auf Meinongs Werk »Über Annahmen«, Graz 1902, 1928. (Anm. d. Red.)

Sie alle Wirbeltiere, die Flügel haben, Vögel nennen, dann ist die Fledermaus ein Vogel.« Die Beziehung besteht hier also nicht mehr zwischen zwei Tatsachen, sondern zwischen zwei Urteilen.
Unter allen anderen Annahmen Dels finden wir nicht eine logische. Wir haben schon unter Fragen nach kausaler Erklärung Annahmen bemerkt (*»Wenn man Gift einatmet, stirbt man«*). Andere hängen mit der psychologischen Motivation zusammen (*»Wäre Ihre Mutter bekümmert, wenn man ihr telefonieren würde, daß Sie tot sind?* – Ja, sie würde dich holen ... usw. – *Und wenn ich weg wäre?* – Würde sie es der Polizei sagen. – *Und wenn die Polizei mich nicht finden würde?* – Sie würde dich finden. – *Aber wenn sie mich nicht finden würde ...«* usw.) oder mit den sozialen Gebräuchen (*»Verbieten es die Polizisten* (auf der Straße zu rodeln)*?* – Ja. – *Und wenn ich Richter wäre, dürfte ich es?«*). Die meisten sind Fragen nach Wirklichkeit und Geschichte, sie verändern die Wirklichkeit nach Belieben des Kindes, um zu sehen, was in dieser oder jener Situation geschehen würde. Es sind »Experimente zur Probe«, es ist die Phantasie, von der Baldwin spricht, deren Funktion darin besteht, den Geist von den Sachen zu befreien und es ihm zu ermöglichen, die Welt aus interesselosen Ideen aufzubauen. Zum Beispiel:
»Wenn ich ein Engel wäre, hätte ich Flügel, und wenn ich auf die Tanne flöge, würde ich dann die Eichhörnchen sehen, oder würden sie weglaufen?«
»Wenn es einen Baum mitten im See gäbe, was würde er tun? – Es gibt aber keinen. – *Ich weiß ja, daß es keinen gibt, aber wenn ...* (dasselbe).«
»Aber wenn das einmal aufhören würde (der Lauf der Jahreszeiten)*?«*
»Wenn ich einen Drachen und einen Bären kämpfen ließe, wer würde siegen? ... Und wenn es ein Baby-Drache wäre?«
Wie man sieht, sind es alles physische Annahmen, »geistige Experimente«, wie Mach und Rignano sie nennen. Das bestätigt unsere Hypothesen, nach denen das Kind vor dem 7. bis 8. Lebensjahr nicht gern mit logischen Bezügen umgeht. Aber es ist noch mehr zu beachten. Die kindlichen Annahmen zeigen, daß das Logische und das Wirkliche verwechselt werden, ebenso wie die Vorkausalität selbst die logische Implikation und die kausale Erklärung verwechselt. Mit anderen Worten, aufgrund der Vorkausalität hält das Kind die wirkliche Welt für logischer, als sie es ist, und glaubt daher, man könne alles miteinander verbinden und alles voraussehen; seine Annahmen haben in seinen

Augen einen deduktiven und schöpferischen Wert, den wir ihnen in unserer Erwachsenenlogik nicht beimessen können.

In der Tat fällt bei den Annahmen der Kinder am meisten auf, daß sie für uns keine sichere Schlußfolgerung enthalten, während dies für die Kinder der Fall sein dürfte. *»Wenn ich ein Engel wäre«, »wenn ich einen Drachen und einen Bär kämpfen ließe«* usw., dann weiß man nicht, was geschehen würde. Del möchte es gern wissen, er hält einen Denkprozeß da für möglich, wo wir es für unmöglich halten, weil die Voraussetzungen fehlen. Da ihm alles in der Natur konstruiert, intendiert und kohärent vorkommt, gibt es in seinen Augen selbstverständlich auf jedes »wenn« eine Antwort. Wahrscheinlich entspricht also die Struktur der kindlichen Annahmen der der Vorkausalität: Verwechslung der kausalen oder physischen Ordnung (des Wirklichen) mit der logischen oder menschlichen Ordnung (der Motivation).

Was die Wirklichkeit betrifft, so haben wir gesehen, daß Del sie, im Grenzfall, nach Belieben entstellen kann *(»Jean gibt es nicht, weil ich ihn nicht mag«)*. Die Annahmen des Kindes beziehen sich also auf eine Wirklichkeit, die viel unbestimmter als unsere ist, und sie gehen unablässig von der Ebene des Spiels auf die der Beobachtung über und umgekehrt. In dieser Hinsicht ist die Wirklichkeit für das Kind gleichzeitig willkürlicher und geordneter als für uns. Sie ist willkürlich, weil nichts unmöglich ist und nichts den kausalen Gesetzen gehorcht. Aber was auch geschehen mag, alles ist immer begründet, denn das Kind entdeckt hinter den seltsamsten Ereignissen, die es für wahr hält, immer Motive, die zu ihrer Begründung ausreichen. Wie für den Primitiven steckt also hinter den Dingen ein großer Aufwand an willkürlichen Intentionen, niemals aber Zufall.

Deshalb ist der Begriff des Möglichen für das Kind viel ungenauer als für den Erwachsenen. In gewisser Hinsicht ist das Mögliche für den Erwachsenen lediglich ein einfacher Grad der Wirklichkeit (physische Möglichkeit), und in anderer Hinsicht ist es die Gesamtheit der logischen Annahmen (Hypothesen, auf denen die logische Deduktion beruht).

Auf der Ebene des Möglichen oder der Hypothesen ist der Erwachsene in der Lage, unendlich viele Deduktionen zu vollziehen, insofern er sich nach den Regeln der logischen Deduktion richten kann; niemals aber wird er sich einbilden, daß er dabei eine Wirklichkeit konstruiert, wenn er sich nur vergegenwärtigt, daß die Welt der Hypothesen der Welt der Beobachtung unterworfen ist. Beim Kind dagegen gibt es keine logischen Annahmen. Deshalb ist die Welt des Möglichen oder der

Hypothesen im Verhältnis zu der der Wirklichkeit keine geringer zu bewertende Welt, etwa nur eine Stufe des Seins. Sie ist eine besondere Welt, der Welt des Spiels ähnlich. Da die Wirklichkeit von Motiven und Intentionen durchdrungen ist, stellt das Mögliche eine Welt dar, die diese Intentionen bloßlegt, die Welt, in der man ohne jede Hemmung oder Kontrolle mit diesen Intentionen spielen kann. Daher diese Verkettungen, wie wir sie eben gesehen haben: »Wenn ... ja, aber wenn ... ja, aber wenn ...« usw. Das Mögliche ist also keine niedrigere Stufe des Seins, sondern eine eigene Welt, ebenso wirklich wie die andere, und die Annahme unterscheidet sich nicht von einer einfachen Induktion, die die Wirklichkeit betrifft.

Auf der anderen Seite – und das ist der letzte Punkt, den wir hervorheben möchten – erscheint die Deduktion bei Del wie bei allen gleichaltrigen Kindern nicht in reiner Form (formale Deduktion), sondern sie bleibt mit intellektuellem Realismus behaftet. Die Gültigkeit der Deduktionen, die der Erwachsene aufgrund logischer Annahmen vollzieht (und das ist in jeder Beweisführung der Fall), beruht darauf, daß die Deduktion lediglich Urteile mit Verben verbindet. Um dieses bereits zitierte Urteil zu beweisen: »Wenn die Sonne verschwände, so würde man nichts mehr sehen«, muß man notgedrungen auf logische Annahmen und auf Deduktionen von der Art zurückgreifen wie: »Wenn (Sie einräumen, daß) das Tageslicht nicht von der Sonne abhängt, dann (müssen Sie einräumen, daß) muß es nach Sonnenuntergang Tageslicht geben, weil ... usw.« Del dagegen versucht niemals zu beweisen. Er macht keine logischen Annahmen, um zu sehen, wohin sie führen würden, er denkt unmittelbar nach dem imaginären Modell, das er aufstellt und für wirklich hält.

Wir können daraus schließen, daß diese Fragen nach der Wirklichkeit die Erkenntnisse stützen, die wir bei den Fragen nach kausaler Erklärung gewonnen haben. Das Kind zeigt einen ständigen intellektuellen Realismus, d. h. es ist viel zu realistisch, um Logiker, und viel zu intellektualistisch, um reiner Beobachter zu sein. Die physische Welt und die Welt der Ideen sieht es noch als ein undifferenziertes Ganzes an, ebenso wie die Kausalität und die Motivation noch vermengt sind. Gewiß stellt auch beim Erwachsenen – mit Ausnahme des Metaphysikers oder des naiven Realisten – die Verbindung der Tatsachen und die der Ideen ein Ganzes dar, und zwar insofern, als Logik und Wirklichkeit zwei untrennbar miteinander verbundene Reihen bilden. Der Erwachsene hat sich aber genügend von seinem Ich und von seinen Ideen gelöst, um ein objektiver Beobachter zu sein, und er hat genügend von den

Dingen Abstand gewonnen, um über Annahmen oder Hypothesen, die er als solche ansieht, nachdenken zu können. Darin ist sein Denken doppelt angepaßt, weil doppelt befreit. Beim Kind dagegen behindern die Ideen die Beobachtungen, und die Beobachtungen behindern die Ideen; die Folge ist eine gleiche und wechselseitige Unkenntnis der Wirklichkeit und der Logik.

§ 10. Die Fragen nach den menschlichen Handlungen und die Fragen nach den Regeln

Wie die entsprechenden »warum« beziehen sich die Fragen nach den menschlichen Handlungen bald auf die psychologische Erklärung im eigentlichen Sinne, bald auf die momentanen Handlungen. Hier einige Beispiele:
»Wen haben Sie lieber, mich oder meine Mama? – Dich. – *Das sagt man nicht, es ist ein bißchen ungezogen.«* – *»Haben alle das Jesuskind gern?* – Ja. – *Und Sie?* – Ja. – *Wenn es böse wäre, würde es auch strafen?«* – *»Hätten Sie ein bißchen Angst* (auf einen Baum zu klettern)*?«* usw. Dazu die ganze Reihe von Fragen in dieser Form: *»Wieweit, glauben Sie, kann ich springen* (oder nicht)*?«* – *»Machen denn auch die großen Leute Fehler? Ich dachte, die Großen könnten daran denken?«* (schon zitiert, im Zusammenhang mit einer temporalen Frage) usw.
An diesen Fragen interessiert für unser Thema nur folgendes Phänomen, die Allwissenheit, die das Kind den Erwachsenen zutraut. Diese Tatsache spielt sicherlich eine Rolle in der anthropomorphen Vorstellung, die das Kind sich von der Natur macht. Wenn der Erwachsene alles weiß, alles voraussieht, auf alles eine Antwort gibt, wenn er nur will, dann muß alles harmonisch geordnet sein und alles eine Begründung haben. Der zunehmende Skeptizismus des Kindes gegenüber dem Denken der Erwachsenen ist daher von großer Bedeutung: er führt zur Idee des Gegebenen und zur Idee des Zufalls. Daher muß man Fragen wie die eben zitierten sorgfältig vermerken, will man den Zeitpunkt erkennen, zu dem das Kind über diesen Skeptizismus verfügt. Diese Fragen wurden zu einer Zeit gestellt, zu der Del noch großes Vertrauen zu den Erwachsenen hatte. Am Ende des Jahres, während dessen wir Del beobachteten (7;2), war dieses Vertrauen nicht mehr vorhanden: *»Papa kann auch nicht alles wissen, ich auch nicht.«*
In den Fragen nach den Gebräuchen und den Regeln finden wir alle Übergangsstufen zu den vorherigen Fragen, aber es mag interessant

sein, sie von ihnen zu trennen, zunächst weil sie einer Gruppe von »warum« entsprechen, und zweitens weil diese Fragen nach Regeln ihrerseits eine Übergangsstufe zur ziemlich umfangreichen Gruppe der Fragen nach Klassifikationen im eigentlichen Sinne darstellen. Trotzdem läßt sich darüber diskutieren, ob eine besondere Klasse für die »Fragen nach Regeln« vorteilhaft ist. Zu Anfang sind diese Fragen nur einfache psychologische Fragen, die allerdings die sozialen Gebräuche betreffen: *»Die Frauen fangen immer bei den Spielen an und auch bei Empfängen, nicht wahr?«* usw., aber sofort gehen sie zu den schulischen Regeln über: *»Wer hat es verboten* (quatre mit k zu schreiben), *sind es die Herren in Paris?«*

Es folgt eine Reihe von Fragen nach den Regeln wie von folgender Art: *»Wie schreibt man* (einen Namen)*?«* – *»Setzt man einen accent aigu?«* – *»Ist das richtig?«* usw. Diese Fragen bieten nichts Neues, und wir haben bei den entsprechenden »warum« ihre Herkunft bereits gezeigt.

§ 11. Klassifikations- und Rechenfragen

Wie vollzieht sich der Übergang vom Interesse an der Regel, für das »man macht« oder »man muß«, zum logischen Interesse, zur Suche nach dem Grund, der die Annahme oder Ablehnung eines Urteils bewirkt? Wir haben gesehen, daß die ersten bei Del auftretenden »logischen warum« mit der Definition zusammenhängen und somit, wie es scheint, aus dem »Warum der Regeln« bezüglich der Sprache hervorgehen. Die folgenden Fragen werden diese Herkunft bestätigen.

In der Tat gibt es als vermittelnde Kategorie zwischen den Fragen nach Regeln und den Fragen nach Klassifikation wahrscheinlich als deren gemeinsamen Ursprung eine Gruppe von Fragen, die Bezeichnungen/Namen betreffen. Entweder wird einfach der Sinn eines unbekannten Wortes gesucht oder eine Etymologie wird analysiert:

»Jahresende, was heißt das denn?« – *»Auge in Auge, was heißt das denn?«* – *»Was ist das, eine Dachluke?«* – *»Rudolph, was ist das?«* – *»Wie heißen die Flüsse, die zwischen den Bergen fließen?«*

»Picke (er liest), *ja piekt das?«* – *»Was heißt das denn »mar«* (Anfang von »mardi« = Dienstag)*?«*

Von diesen Fragen nach Bezeichnungen zu den Klassifikationsfragen besteht ein klarer Fortschritt. Klassifikationsfragen sind diejenigen, die hinsichtlich eines neuen Gegenstandes nicht mehr »Wie heißt das?«,

sondern »Was ist das?« fragen. Dazu kommen noch die Fragen, die nach der Definition eines bereits bekannten Gegenstandes suchen: *»Was ist das? Ein Teich?« – »Was ist das? Der Maikäfer?«*
»Eine Tasse, was ist das denn?« – »Ein Tischtuch ...?« – »Ein Heim ...?« usw. (Die Bezeichnung als solche ist bekannt.)
Die Genealogie dieser Fragen ist also leicht zu ermitteln. Wie Sully und Compayré bemerkt haben, glauben die Kinder, daß jedes Ding einen ursprünglichen und absoluten Namen bekommen hat, der sozusagen einen Teil seines Wesens ausmacht.[15] Wenn Kleinkinder von einem unbekannten Gegenstand wissen wollen: »Was ist das?«, dann wünschen sie den Namen des Gegenstandes, und dieser Name bedeutet ihnen nicht nur ein Symbol, sondern eine Definition und sogar eine Erklärung. Unter den Fragen nach Regeln und Klassifikation tritt also zuerst die Frage nach dem Namen auf. Aber da diese Frage nach dem Namen zugleich normativ und klassifizierend ist, versteht man, wie so verschiedenartige Fragen wie die nach den Regeln, nach Klassifikation und schließlich die nach dem logischen Grund aus ihr hervorgehen: Vom nominalen Realismus zum intellektuellen Realismus, und vom letzeren zur logischen Begründung sind nämlich alle Entwicklungsstufen begreiflich.
Schließlich wollen wir zur Klassifikation die Fragen nach der Bewertung (Werturteile) rechnen: *»Ist das schön?« – »Ist das nicht richtig?« – »Nicht gut?«* usw.
Dagegen muß man die Rechenfragen gesondert einordnen, die bei Del nur in geringer Zahl vorkommen, was auf das Alter oder auf den individuellen Typ des Kindes zurückgeht: *»Mein Papa hat mir gesagt, daß 10 mal 100 1000 ist.* – Ja. – *Und was ist 10 000?* – 10 mal 1000. – *Und was ist 100 000?«*

III. Schlußfolgerungen

Wir möchten noch versuchen, aus Dels Fragen einige allgemeine Ergebnisse herauszuarbeiten, und zwar hinsichtlich der Statistik, der Altersstufe und der Psychologie des kindlichen Denkens im allgemeinen.

[15] Rougier hat vorgeschlagen, dieses Phänomen im Bereich der Erkenntnistheorie »nominalen Realismus« zu nennen.

§ 12. Statistische Ergebnisse

Um Dels Fragen untereinander hinsichtlich der Konstanz und der Altersstufe vergleichen zu können, haben wir drei Gruppen mit je 250 aufeinanderfolgenden Fragen gebildet, natürlich einschließlich der »warum«; also die Fragen 201 bis 450 (September bis zum 3. November 1921), 481 bis 730 (3. bis24. März 1922) und 744 bis 933 (3. bis 23. Juni 1922).

Wir haben folgende Tabelle erhalten:

I. Fragen nach kausaler Erklärung:			
Physische Gegenstände	13	16	8
Pflanzen	6	3	3
Tiere	14	5	17
Menschlicher Körper	8	3	3
Natürliche Phänomene	(41)	(27)	(31)
Hergestellte Gegenstände	14	5	17
Insgesamt	(55)	(32)	(48)
II. Fragen nach Wirklichkeit und Geschichte			
Tatsachen und Ereignisse	24	19	50
Ort	2	8	9
Zeit	1	10	7
Modalität	3	1	1
Fabulierte Geschichte	26	8	1
Insgesamt	(56)	(46)	(68)
Fragen nach Erklärung und Wirklichkeit insgesamt	(111)	(78)	(116)
III. Fragen nach Handlungen und Intentionen	(68)	(97)	(71)
IV. Fragen nach Regeln			
Soziale Regeln	6	3	0
Schulische Regeln	17	9	14
Insgesamt	(23)	(12)	(14)
Fragen nach Handlungen und Regeln insgesamt	(91)	(109)	(85)

V. Fragen nach der Klassifikation

Name	18	3	19
Logischer Grund	2	1	3
Klassifikation	25	52	23
Insgesamt	(45)	(56)	(45)
VI. Rechenfragen	3	7	4
Rechen- und Klassifikationsfragen insgesamt .	(48)	(63)	(49)
	250	250	250

Was die verbale Form dieser Fragen betrifft, haben wir für die gleichen drei Serien folgende Ergebnisse erhalten:

	Einfache Fragen	Warum?	Wie?	Ist das?	Was ist das?	Wer ist das?	Wer?	Wo?	Wann?	Wieviel?
I	95	91	7	28	27	–	–	–	3	–
II	122	53	13	18	21	5	4	7	3	6
III	143	41	8	21	29	–	1	–	–	4
	360	185	28	67	77	5	5	7	6	10

Diese Tabellen erfassen eine Zeitspanne von zehn Monaten, wobei jede Serie im Abstand von zwei Monaten zu der anderen steht; wie es scheint, können wir aus ihnen einige Schlußfolgerungen herausarbeiten.

Zunächst stellen wir die relative Konstanz der gebildeten drei großen Fragengruppen fest, wobei die erste Gruppe aus Fragen nach kausaler Erklärung und nach der Wirklichkeit besteht (III, 78, 116), die zweite aus Fragen nach menschlichen Handlungen und Regeln (91, 109, 85) und die dritte aus Klassifikations- und Rechenfragen (48, 63, 49). Diese Konstanz ist recht interessant, wenn sie bei weiteren Untersuchungen bestätigt wird. Vielleicht gibt es in der Entwicklung der Fragen ein Gesetz ähnlich dem in der Entwicklung der Sprache: Wie man weiß, erweitert sich zwar der Wortschatz mit zunehmendem Alter beträchtlich, er folgt jedoch stets ziemlich festen Gesetzen, die die Proportionsverhältnisse der verschiedenen Wortkategorien untereinander regeln. Nun hält sich ungefähr die Konstanz unserer drei großen Fragengruppen innerhalb der zehn Monate trotz spürbarer Schwankungen innerhalb jeder einzelnen Gruppe.

Die deutlichste Schwankung betrifft zunächst die »warum«: Sie gehen zurück, wobei die Zahl der Fragen ohne Frageworte entsprechend zunimmt: 91, 53, 41 und 95, 122, 143! Diese Tatsache hängt zweifellos mit dem Rückgang der Fragen nach kausaler Erklärung im Verhältnis zu den Fragen nach Wirklichkeit und Geschichte zusammen, die ihrerseits zahlreicher werden. Schließlich läßt sich eine Tatsache feststellen, die allerdings den beiden ersten zu widersprechen scheint: Die »warum« gehen zwar im Verhältnis zu den anderen Fragen zurück (was natürlich nicht bedeuten soll, daß sie absolut zurückgehen), aber sie nehmen eine immer stärkere kausale Bedeutung im weiten Sinne des Begriffes an. Um diese Tatsache zu erhärten, haben wir drei Gruppen zu je 60 aufeinanderfolgenden »warum« gebildet, die wir zwischen den Fragen 200 bis 1125 ausgesucht haben, und zwar aus Perioden, in denen sämtliche Fragen aufgezeichnet wurden. Hier das Ergebnis:

	I	II	III
»Warum der kausalen Erklärung«	15	21	30
»Warum der Motivation«	28	27	25
»Warum der Begründung«	17	12	5

Sicherlich können alle diese Zahlen auf Veränderungen in Dels besonderen Interessen zurückgehen und auf besondere Interessen während des Jahres, in dem wir unsere Aufzeichnungen machten. Daher wollen wir aus diesen wenigen Daten keine allgemeinen Gesetze ableiten. Trotzdem kann es interessant sein zu untersuchen, ob diese drei verschiedenen Schwankungen unabhängig voneinander sind oder zusammenhängen. So gestellt, ist das Problem, sogar mit den besonderen Daten von Del, verallgemeinerungsfähig.

Auf der einen Seite werden also die »warum« relativ seltener, andererseits werden die Fragen nach Wirklichkeit und Geschichte im Verhältnis zu den Fragen nach Erklärung zahlreicher, und schließlich gewinnen die »warum« immer stärkere kausale Bedeutung. Uns scheinen diese drei Veränderungen zusammenzuhängen. Es stimmt, daß man aus einer Statistik alles herausholen kann, was man will, aber hier entsprechen die statischen Induktionen dem, was aus der qualitativen Analyse und der klinischen Beobachtung hervorgeht.

Wenn auf der einen Seite die »warum« im Verhältnis zu den gesamten Fragen seltener werden, dann liegt es daran, daß das »warum« zwischen dem 3. und 7. Lebensjahr eine Art Frage für alles darstellt, die undifferenziert nach dem Grund für alles fragt, selbst da, wo es keinen Grund geben kann, außer wenn die psychologische und die physische Ebene verwechselt werden. Wenn nun diese beiden Ebenen sich differenzieren, wenn die Begriffe vom Zufall oder vom »Gegebenen« erscheinen, dann lösen sich selbstverständlich viele Fragen vom »warum« und nehmen die Form von »wie« oder von einfachen Fragen ohne Fragewort an und betreffen ebenso die Folge oder den Mechanismus der Phänomene wie deren »Grund«. Der Rückgang der »warum« würde also die Abschwächung der Vorkausalität anzeigen. Uns scheint diese Abschwächung an der Zunahme der einfachen Fragen ablesbar zu sein, insofern als letztere im Verhältnis zum einfachen »warum« eine Suche nach zusätzlichen Informationen bezeugen.

Auf der anderen Seite geht die Zunahme der »Warum der kausalen Erklärung« im Verhältnis zu den anderen »warum«-Gruppen wahrscheinlich auf denselben Grund zurück. Weil die Vorkausalität oder vielmehr die Tendenz, alles zu begründen, zurückgeht, erstreckt sich Dels Wißbegier weniger auf die Begründung von Regeln um jeden Preis, die solche Motivationen nicht beinhalten. Weil das »warum« präziser angewendet wird, gewinnen die »Warum der Erklärung« die Oberhand (was nicht heißen soll, daß die »Warum der logischen Begründung« zurückgehen müssen; denn sie treten erst nach dem 7. und 8. Lebensjahr auf, und dann anläßlich jeder Beweisführung). Um diese Behauptungen beweisen zu können, müßte man sicherlich die »warum« der Vorkausalität, der Kausalität im strengen Sinne usw. jeweils getrennt klassifizieren können und den prozentualen Anteil jeder Gruppe berechnen. Gegenwärtig kann man so nicht ohne Willkür verfahren, daher müssen wir uns auf Mutmaßungen beschränken: Nun ist der Rückgang der »warum«, die sich auf die Begründung von Regeln beziehen, ein Hinweis zugunsten der Hypothese, daß das Bedürfnis nach Begründung um jeden Preis bei Del zurückgeht und von nun an die Vorkausalität einem Bedürfnis nach strengerer kausaler Erklärung weicht. Von diesem Gesichtspunkt aus versteht man auch die Zunahme der Fragen nach Wirklichkeit und Geschichte im Verhältnis zu den Fragen nach Erklärung, vorausgesetzt, daß diese Zunahme nicht auf willkürliche Klassifizierungen zurückgeht. Wenn die Fragen nach Tatsachen und nach den Umständen zahlreicher werden, liegt es in der Tat daran, daß das Kind aufhört, für Phänomene, die einfach gegeben sind, eine Begründung zu suchen, und daß es um so mehr versucht, die geschichtlichen Umstände ihres Auftretens, ihre Bedingungen und Konsequenzen genau zu bestimmen.

Wie man sieht, erinnern diese Ergebnisse sehr stark an diejenigen, die K. Groos in seiner vorzüglichen Arbeit über die provozierten Fragen ermittelt hat. Er legte den Kindern irgendeine Aussage vor und notierte die Frage, die daraufhin von den Kindern gestellt wurde; dabei hat Groos gezeigt, daß die Fragen nach Kausalität im weiteren Sinne, unabhängig vom genauen Alter, zwischen dem 12. und 17. Lebensjahr einen ziemlich konstanten Prozentsatz ausmachen (40%). Diese kausalen Fragen kann man allerdings in regressive Fragen (Ursache) und progressive Fragen (Folge) einteilen. Die progressiven Fragen nehmen mit dem Alter sehr regelmäßig zu. Forschungen im *Institut J. J. Rousseau* über Kinder unter 12 Jahren (ab 9 Jahren) haben diese Ergebnisse weitgehend bestätigt.[16] Die Umwandlung der kausalen Fragen in Fragen, die sich auf die Folge beziehen, beweist in keiner Weise, daß das Interesse für die Kausalität im allgemeinen sich abschwächt; sie bedeutet lediglich, daß das Interesse sich vom reinen und einfachen »warum« abwendet und zum Detail des Mechanismus selbst übergeht.

Was Del betrifft, können wir aus unseren Statistiken schließen, daß er sein Interesse an der Vorkausalität fortschreitend verloren hat. Man kann also die Hypothese aufstellen, daß der Rückgang der Vorkausalität zwischen dem 7. und 8. Lebensjahr anzusetzen ist. Die letzten Kapitel haben uns bereits gezeigt, welche Bedeutung dieser Altersstufe im Hinblick auf die Abnahme des Egozentrismus, im Hinblick auf das Verstehen der Kinder untereinander und vor allem auf die Denkgewohnheiten, die die echte Diskussion und die Zusammenarbeit im abstrakten Denken voraussetzen, beizumessen ist. Diese Gleichzeitigkeit deutet also wahrscheinlich auf wichtige Wechselbeziehungen hin. Wir werden versuchen, sie herauszuarbeiten; vorher wollen wir diese Behauptung nachprüfen, daß die Vorkausalität der echten Kausalität bei Del in dem Maße zu weichen beginnt, als er sich diesem Alter von 7 bis 8 Jahren nähert.

§ 13. Die Abnahme der Vorkausalität

Wir verfügen über ein einfaches Mittel, um bei Del die Entwicklung hinsichtlich der Vorkausalität zu messen: Wir legen ihm nachträglich seine eigenen Fragen vor oder wenigstens diejenigen, die man an der Art und Weise, in der sie gestellt wurden, als eindeutig vorkausal erkennt. Zu diesem Zweck haben wir 50 Fragen nach kausaler Erklärung

[16] Intermédiaire des éducateurs, 2. Jahrgang, 1913–14, S. 132 ff.

usw. ausgesucht und haben sie Del selbst im Alter von 7;2 Jahren vorgelegt, wobei wir sagten, es wären Fragen, die ein kleiner Junge in seinem Alter gestellt hätte. Die erste wichtige Tatsache war, daß Del überhaupt keine Ahnung hatte, daß es sich um seine eigenen Fragen handelte (wie man sich erinnert, hatte er niemals gemerkt, daß man vor seinen Augen alles notierte, was er fragte). Mehr noch: Er streut in seine Antworten Bemerkungen ein wie diese: *»Wie dumm, so was zu fragen, wo das doch so leicht ist«*, *»Das ist dumm, das paßt doch nicht zusammen, das ist so* (dumm), *daß ich davon nichts verstehe«* usw... Aber diese Tatsache allein beweist noch nichts. Das Denken eines 6- bis 7jährigen Kindes ist noch so wenig gesteuert und wenig systematisch, anders gesagt, es ist noch unbewußt im Freudschen Sinne des Wortes, daß das Vergessen der eigenen Fragen, die einige Monate vorher gestellt wurden, und die Unfähigkeit, darauf eine Antwort zu geben, noch lange nicht beweisen, daß eine Veränderung der Mentalität stattgefunden hat. Dagegen gibt es einen ganz deutlichen Bruch zwischen der Art der Antwort und der Form der Frage selbst, einen Bruch, der uns manchmal so seltsam vorkam, daß wir unbedingt verifizieren wollten, ob die gestellten Fragen wirklich eine vorkausale Bedeutung hatten. Zu diesem Zweck, sozusagen als Kontrolle, haben wir sie zehn 7jährigen Kindern vorgelegt. Einige haben uns eindeutig eine vorkausale Antwort gegeben, so wie der 6- bis 7jährige Del sie erwartet hatte, als er seine Frage stellte. Andre haben wir uns wie Del mit 7;2 Jahren geantwortet und zeigten dadurch, daß auch sie das vorkausale Stadium überwunden hatten.[17]

Hier einige Antworten von Del:

»Warum gibt es einen Petit Salève und einen Grand Salève? – *Weil es zwei gibt. Es waren zwei Berge, die zusamenklebten. Da hat man gesagt, der große wäre der Grand Salève und der kleine der Petit Salève.«*

»Warum läßt man sie so leben (die Neger)? – *Das ist die Sonne, weil es in ihrem Land warm ist, noch wärmer als hier.«*

[17] Könnte man nun sagen, daß Dels Mentalität sich weiter entwickelt und die Vorkausalität aus dem Grunde hinter sich gelassen hat, weil er die Antworten behalten hat, die ein Erwachsener auf seine früheren Fragen gegeben hatte? Das versteht sich von selbst, ist aber keine Erklärung. Ein Problem ist somit immer noch nicht gelöst: warum hat das Kind diese Antworten akzeptiert, und vor allem, warum hat es sie assimiliert, ohne sie zu entstellen? Die Erfahrung zeigt nun, daß in einem bestimmten Alter manche Erklärungen von Erwachsenen ohne Ausnahme entstellt werden, in einem späteren Alter aber nicht mehr. Diese Fähigkeit, kausale oder natürliche Erklärungen aufzunehmen, meinen wir, wenn wir sagen, daß Del ein neues Stadium erreicht hat.

»Was läßt sie rollen (die Murmel)? – *Das ist, wenn es abwärts geht.* – Weiß sie, daß ihr dort seid? – *Nein, aber das geht auf Ihrer Seite abwärts.*«

»Was läßt die Rhone so schnell fließen? – *Ach, weil das ein bißchen abwärts geht.*«

»Ein kleiner Junge hat seinen Namen auf Holz geschrieben. Am anderen Tag war der Name verschwunden. Er hat gefragt: ›Warum radieren denn Holz und Eisen den Bleistift aus?‹ – *Weil man die Hände darauf legt, man reibt, und dann geht das weg. Stimmt das? Er hat sich vertan, weil, wenn man mit Bleistift auf Papier schreibt, und man nimmt Eisen und Holz und reibt damit, radiert das nicht.*« Wie man sieht, hat Del seine eigene Frage nicht verstanden.

»Der See geht nicht bis Bern, warum? – *Weil Bern weit ist und der See ganz klein ist. Aber der Genfer See ist groß, aber geht nicht bis Bern. Wenn es das Meer wäre, dann ja, aber es ist nicht diese Gegend, er heißt nicht so.*«

»Wer läßt den See fließen? – *Das ist die Rhone.*«

»Hat man einen Baum gepflanzt oder wächst das ganz von selbst? – *Man hat ihn gepflanzt. Manche Blumen können von selbst wachsen.*«

»Mischt man Rot und Orange, dann gibt das Braun, warum? – *Ich weiß nicht. Papa kann auch nicht alles wissen, und ich auch nicht.*« Man sieht hier deutlich, wie bei Del Skeptizismus auftritt: Mit $6^1/_2$ Jahren hätte er noch nicht so geantwortet.

»Warum haben sie das (Giftzähne), wenn sie nicht gefährlich sind? – *Weil sie wie wir leben. Wir haben Nägel, und die brauchen wir nicht.*«

Wenn man diese Antworten liest, zweifelt man fast an der Existenz einer Vorkausalität: Es sieht aus, als ob Del niemals etwas anderes als ganz positive Antworten erwartet hat und als ob es nur aufgrund seines ungeschickten Stils ganz anders scheint. Wenn das in der Tat der Fall wäre, dann hätte er keine einzige dieser Fragen gestellt. Die Erklärung, die Del dafür gibt, daß Nattern nicht gefährlich sind, ist in dieser Hinsicht bezeichnend. Praktisch sagt er damit, daß die Frage sich nicht stellt oder sie falsch gestellt ist. Dasselbe gilt für die Antwort auf die Frage nach der Ausdehnung des Sees. Die Antwort auf das »warum« nach den beiden Salèves zeigt zum Teil das gleiche Phänomen. Daß Del sich schließlich weigert zu erklären, warum Rot und Orange Braun ergeben, ist sehr charakteristisch. Kurz, wenn Del bei all diesen Fällen die Antwort erwartet hätte, die er mit 7;2 Jahren selbst gibt, dann hätte er die Frage nicht gestellt. Was die Fragen nach den Negern oder nach der Geschwindigkeit der Rhone betrifft, so sollen uns selbstverständlich die positiven Antworten, die Del mit 7;2 Jahren gibt, nicht über den anthropomorphen und artifizalistischen Charakter der Fragen hinwegtäuschen, als er sie mit 6 Jahren gestellt hat. Sonst würde man die verbale Form, die er gebraucht hat, nicht begreifen. Wir wollen diese Aussagen übrigens gleich verifizieren, indem wir die Antworten anderer Kinder auf die gleichen Fragen untersuchen.

Wir stellen also eindeutig fest, daß Dels Fragen und die Art, wie er sie selbst einige Monate später beantwortet hat, nicht übereinstimmen; wie es scheint, deutet dies darauf hin, daß er sich nun teilweise von einer vorkausalen Erklärung losgesagt hat. Die Fragen waren nämlich so gestellt, als ob eine vorkausale Erklärung möglich wäre, d. h. als gäbe es für alles in der Natur eine Begründung, als wäre alles von Intentionen durchdrungen, so daß die gesuchte Ursache der Phänomene sich mit einem Motiv auf psychologischer Ebene oder einem Grund auf moralischer Ebene vermengte. Dagegen zeigt die Antwort, die Del mit 7;2 gibt, daß er anfängt, die strenge kausale Erklärung, die psychologische Motivation und die logische Begründung in seinem Geist auseinanderzuhalten. Er hört nämlich nicht nur auf, alles zu begründen (Frage nach den beiden Salèves und nach den Giftzähnen), sondern er antwortet entweder mit kausalen Erklärungen im eigentlichen Sinne oder mit logischen Begründungen. Zum Beispiel erklärt er die Strömung der Rhône durch das Gefälle, die Farbe der Neger mit der Sonne usw. (kausale Erklärungen). Was die Fragen nach den beiden Salèves und nach der Ausdehnung des Sees betrifft, beginnt in beiden Fällen die Antwort mit einer einfachen logischen Begründung (weil es zwei Salèves gibt, weil Bern weit vom See ist). Es scheint also, daß die Vorkausalität bei Del zurückgeht und daß er zwischen der streng kausalen Erklärung und den anderen Beziehungstypen zu unterscheiden beginnt.

Allerdings sollte man den Gegensatz zwischen Dels Mentalität mit 6½ Jahren und der, die er mit 7;2 Jahren hat, auch nicht überbewerten. Schon an den wenigen Antworten, die wir hier zitierten, sieht man, daß weder die Kausalität noch die logische Begründung schon in reiner Form erscheinen. Die Antwort auf die Frage nach der Ausdehnung des Sees ist in dieser Hinsicht sehr undeutlich. Sie läuft darauf hinaus, daß dem See Fähigkeiten zugeschrieben oder abgesprochen werden, als sei er zwar nicht unbedingt ein Körper, der einer spontanen Aktivität fähig ist (so wie es der Wind und die Sonne dem Kind zu sein scheinen), aber doch ein großer Fluß, der geht, wohin er will: Der See könnte bis Bern gehen, wenn er das Meer wäre, aber »er heißt nicht« (er ist nicht) wie das Meer, also kann er es nicht.

Wir haben Wert darauf gelegt, diese Ergebnisse nachzuprüfen, und darum zehn 7- bis 8jährigen Kindern die gleichen Fragen von Del vorgelegt. Diese Befragung hat uns einerseits gezeigt, daß diese Fragen von den meisten Kindern als Fragen nach kausaler Erklärung verstanden wurden – diese Kinder liegen also wohl in ihrer Entwicklung im Verhältnis zu Del etwas zurück –, und andererseits, daß mehrere Antworten mit 7 bis 8 Jahren schon fast kausale oder auch logische Antworten sind, wie die von Del mit 7;2 Jahren.

Hier einige Beispiele für vorkausale Antworten:

»Warum gibt es einen Grand Salève und einen Petit Salève? – *Für die Kinder, und den Grand Salève für die Großen* (Au). – *Weil es einen für die kleinen Kinder und einen für die Großen gibt* (De). – *Weil die, die auf das kleine oder auf das große gehen wollen* (Gia). – *Deshalb, um auf den kleinen zu klettern und auch auf den großen* (Ru).«

»Papa hat mir gesagt, daß er ganz allein entsteht (der Blitz im Himmel). Warum? – *Der liebe Gott hat ihn gemacht* (Ri.) – *Weil der liebe Gott ihn macht* (Au).«

»Warum läßt man sie so leben (die Neger)? – *Weil der liebe Gott sie bestraft. Sie waren unartig, als sie klein waren* (Au). – *Weil sie schmutzig sind* (Ga). – *Das ist der liebe Gott* (Go). – *Weil sie so auf die Welt gekommen sind* (Gia).« usw.

»Wer läßt die Rhone so schnell fließen? – *Das Wasser* (Ru, Ant usw.), *die Schiffe* (Ri).«

»Wer läßt den See fließen? – *Die Maschinen* (die Schleusen) (Ri), *der liebe Gott* (Ru, Go usw.), *die Felsen* (Au).«

»Der See geht nicht bis Bern, warum? – *Das ist zu* (Ru). – *Weil er aufgehalten wird. Es ist eine große Mauer* (Go). – *Weil er nicht so groß ist. In Bern ist ein anderer See. In allen Ländern gibt es einen See* (Au). – *Weil es ein anderer See ist, der Berner See* (De). – *Weil es nicht alle dieselben Seen sind* (Ant). – *Weil es zu weit ist* (Gia).«

Wie man sieht, sind alle diese Antworten wahrscheinlich vorkausal. Man erkennt aber auch den Polymorphismus dieser Vorkausalität. Deshalb ist es uns nicht möglich, diese Erklärungen von Kindern jetzt schon zu analysieren. Weitere Untersuchungen sind notwendig. Wir müssen uns also auf folgende Schlußfolgerung beschränken, die einzige übrigens, die uns bei der Untersuchung des logischen Denkprozesses als solchem beim Kind nützlich sein kann: Die Vorkausalität bezeugt eine Verwechslung der psychischen und der physischen Ebene, daher findet sich die logische Begründung beim Kind niemals in reiner Form, sondern sie schwankt ständig zwischen der Begründung und der psychologischen Motivation.

§ 14. Schluß. Die »Kategorien« oder die logischen Funktionen des Denkens beim 7jährigen Kinde

Eine Frage stellen, sagt Claparède, »heißt, sich des Problems oder der Schwierigkeit, die es zu bewältigen gilt, bewußt werden, d. h. der Richtung, in der man zu suchen hat. Soll die Suche erfolgreich sein, dann muß man wissen, was man sucht, man muß sich eine Frage gestellt haben. Die Art dieser Frage selbst bestimmt dann die ganze Orientierung des Suchverfahrens. Die Funktion der Frage ist also klar: Sie ist ein Appell an die geistige Aktivität *in einer bestimmten Richtung* bezüglich einer neuen Anpassung ...

... Die Logiker haben versucht ... [die verschiedenen Arten von Fragen] zu katalogisieren, oder vielmehr die Arten von Urteilen, aus denen die geeigneten Antworten bestehen, und sie haben die verschiedenen beobachteten Klassen *Kategorien* genannt. Diese Aufzählung der Arten von Fragen ist für die Psychologen kaum von Interesse; die Fragen, die man sich stellen kann, gehen ins Unendliche, sie sind genau so zahlreich wie die verschiedenen Formen der Nichtanpassung; und die Erkenntnisfrage, ob sie sich in bestimmte Rubriken einordnen lassen, ist zweitrangig.

Viel interessanter ist es, sich zu fragen, auf welchen biologischen Ursprung diese verschiedenen Kategorien von Fragen zurückgehen. Wie ist das Individuum dazu gekommen, nach den Ursachen, dem Zweck, dem Ort usw. zu fragen? Dieses Problem des Ursprungs führt auf das Erkenntnisproblem zurück, wie das Individuum dazu gekommen ist, sich allmählich für die Ursache, den Zweck, den Ort usw. zu interressieren. Es ist durchaus berechtigt zu meinen, daß das Interesse sich erst dann auf diese »Kategorien« erstreckte, als das Handeln in Bezug auf eine dieser Kategorien sich als nicht angepaßt herausstellte. *Das Bedürfnis schafft das Bewußtsein;* und das Bewußtsein der Ursache (oder des Zweckes, des Ortes usw.) tritt erst dann im Geiste auf, wenn das Bedürfnis gespürt worden ist, sich der Ursache (oder dem Zweck usw.) anzupassen.

Geschieht die Anpassung rein instinktiv, dann wird sich der Geist der Kategorien nicht bewußt, auch wenn dieser Instinkt so handelt, als berücksichtige er sie ..., weil der Akt sich dann automatisch vollzieht,

so daß die Ausführung unserem Geist kein Problem stellt: Ein Nichtangepaßtsein wird nicht empfunden, also entsteht kein Bedürfnis, und folglich gibt es weder Bewußtsein dieses Bedürfnisses noch der Richtung, in der man dieses Bedürfnis befriedigen könnte.
... Nebenbei sei bemerkt, wie sehr unser Verständnis der »Kategorien« sich von dem der Philosophen unterscheidet. Für die Vermögenspsychologie sind die Kategorien das Resultat einer Art ursprünglicher Intuition des Geistes; aber die Beobachtung zeigt uns, daß diese Kategorien erst im Zusammenhang mit einem Mangel an Anpassung auftauchen. Für die Assoziationspsychologie würden die Kategorien sich aus wiederholten, untrennbar gewordenen Assoziationen ergeben; aber die Beobachtung zeigt uns gerade, daß das Individuum, wenn die Assoziation ein Maximum an Automatismus erreicht hat (Instinkt, Gewohnheit), sich der Kategorien nicht bewußt wird, weil es ihm nicht an Anpassung fehlt und es folglich kein Bedürfnis hat, sich Fragen zu stellen.«[18]

Wir haben diese wichtige Passage zitiert, weil wir sie am Ende dieser Untersuchung nur voll und ganz bestätigen können. In gewissem Sinne sind wir sogar auf dem Weg der funktionalen Psychologie weitergegangen, wenn wir annehmen, daß das Bewußtwerden einer Kategorie diese in ihrem Wesen selbst verwandelt. Die Formulierung: »Das Kind ist Ursache, lange bevor es über den Begriff Ursache verfügt«, haben wir deshalb akzeptiert, weil wir uns an folgendes erinnert haben:

Nur der einmal üblich gewordene Sprachgebrauch (der uns, wenn wir nicht acht geben, zu einer realistischen, d. h. außerhalb der Psychologie liegenden Theorie der Erkenntnis verleitet) kann uns erlauben, von der »Kausalität« als einer Beziehung zu sprechen, die vollkommen unabhängig von ihrem Bewußtwerden ist. In Wirklichkeit gibt es ebenso viele Kausalitätstypen wie Typen oder Grade des Bewußtwerdens. Wenn das Kind »Ursache ist« oder handelt, als wüßte es, daß eine Sache Ursache einer anderen ist, haben wir, obwohl es sich der Kausalität nicht bewußt geworden ist, einen ersten Typ von kausaler Beziehung vor uns oder, wenn man will, das funktionale Äquivalent der Kausalität. Wenn dann das gleiche Kind sich der fraglichen Beziehung bewußt wird, kann dieses Bewußtwerden, weil es von momentanen Bedürfnissen und Interessen abhängt, viele verschiedene Kausalitätstypen umfassen: animistische, artifizialistische, finale, mechanische (durch Kontakt), dynamische (Kraft) Kausalität usw. Man darf niemals anneh-

[18] Ed. Claparède, La psychologie de l'intelligence, in: Scientia, 1917, S. 361–363.

men, die Aufeinanderfolge dieser Typen wäre abgeschlossen; und die Beziehungstypen, die der Erwachsene und der Wissenschaftler heutzutage verwenden, sind wahrscheinlich nur vorläufige Typen, ebenso wie diejenigen, derer sich das Kind oder der Primitive bedient.
In dieser Hinsicht gehört wohl, wie Claparède sagt, die Untersuchung der Kategorien zur funktionalen Psychologie, und das Gesetz des Bewußtwerdens eröffnet uns über diese Untersuchung weite Horizonte. Im übrigen treffen sich hier die Psychologen mit den Wissenschaftshistorikern und den modernen Logikern. Sicher kannte die klassische Logik, sei es die des scholastischen Realismus oder die des Kantschen Apriorismus, nur unveränderliche Kategorien, die in einer bestimmten Zahl und in einer ein für alle Mal festgesetzten Form den Dingen oder dem Geist auferlegt waren. Psychologisch gesehen ist diese Hypothese falsch, und W. James hat sie in seinem brillanten Stil kritisiert, übrigens zu einer Zeit, als sie selbst bei den Logikern schon überholt war. Seit Renouvier und Carnot hat in der Tat die Theorie der Kategorien einen ganz neuen Aufschwung genommen, der – das darf man ohne Übertreibung sagen – durch die Bemühung der Psychologie charakterisiert ist; denn diese Theorie hat sich vorgenommen, die Kategorien durch ihre Genesis in der Geschichte des Denkens und ihre progressive Anwendung in der Geschichte der Wissenschaft zu definieren. Dieser Standpunkt wurde seitdem von Hoeffding[19], Brunschvicg[20] und Lalande[21] ausführlich herausgearbeitet. Auf diesen Umwegen stellt sich also das Problem der Kategorien ebenfalls im Hinblick auf die intellektuelle Entwicklung des Kindes: Der Genetiker muß in allen Stadien, die die kindliche Intelligenz durchläuft, das Auftreten und die Anwendung dieser Kategorien feststellen und diese Tatsachen auf die funktionalen Gesetze des Denkens zurückführen.
In diesem Sinne möchten wir aus Dels Fragen eine Tafel zusammenstellen, die sicherlich approximativ ist, aber zur Orientierung für die weiteren Untersuchungen dienen könnte. Zu diesem Zweck brauchen wir nur die von uns angewandten Klassifizierungen zu übertragen und sie unter genetischen Gesichtspunkten zu betrachten. Zunächst: Welche Beziehungen muß man zwischen unserer Klassifikation der Fragen und der versuchsweisen Genealogie, die wir bei den »warum« angenommen haben, unterstellen? Wie man weiß, treten die »Was ist das« und die »Wo«-Fragen vor den »warum« auf (Stern, Descœudres). Man kann

[19] La pensée humaine, übersetzt von J. de Coussange.
[20] Les étapes de la philosophie mathématique, 2. Aufl.
[21] Les théories de l'induction et de l'expérimentation, Paris 1929.

aber annehmen, daß die Wertskala in dem Augenblick, in dem die »warum« auftreten, im Denken des Kindes umgestaltet wird, so daß die Beziehungen, die die verschiedenen Kategorien von Fragen verbinden, besser zu erkennen sind. Hier werden wir also nur die Altersstufe zwischen 3 und 7 bis 8 Jahren berücksichtigen, also das zweite Fragealter nach Stern.

Unter welchen Umständen erscheinen nun die ersten »warum«? Annähernd im gleichen Alter wie die drei folgenden Gruppenphänomene:

1.) Die Herausbildung von zwei verschiedenen Ebenen der Wirklichkeit. Bis etwa zum 3. Lebensjahr ist das Wirkliche, kann man sagen, lediglich das, was gewünscht wird. Zwar gibt es vom Alter von 1;9 oder 2 Jahren ab ein Ja oder Nein, ein Wirkliches und ein Nichtwirkliches, doch ohne weitere Nuancen. Mit etwa 3 Jahren dagegen unterscheidet sich das Vorgestellte vom Wirklichen. Wie Stern bemerkt hat, erscheinen in diesem Alter solche Wörter wie »vielleicht«[22] usw., die gerade diesen Abstand zwischen dem Vorgestellten und dem Wirklichen zeigen. Zum gleichen Zeitpunkt erscheinen wiederum nach Stern solche Verben wie »denken«, »glauben«[23] usw. Unserer Meinung nach deutet das Auftreten dieser Wörter trotz allem, was man gesagt hat, nicht auf eine Trennung von Psychischem und Physischem oder von Denken und Dingen hin, sondern auf eben die gleiche Unterscheidung zwischen dem Vorgestellten und dem, was real eintritt.

2.) Etwa zum gleichen Zeitpunkt (2;9 und 3;10) stellt Scupin die ersten Lügen fest, d. h., wie P. Janet sie treffend definiert hat, »Glauben in Bezug auf die Zukunft«, im Gegensatz zu Glauben in Bezug auf die Gegenwart.

3.) Ebenfalls im Alter von etwa 3 Jahren erscheinen schließlich in der Sprache Flexion, Deklination, die etwas komplizierteren Tempora sowie die ersten Nebensätze, kurz, der für die ersten formulierten Denkprozesse notwendige Apparat. Nun haben diese Denkprozesse auch die Funktion, hinter der anschaulichen, unmittelbaren Wirklichkeit eine angenommene und tiefere Wirklichkeit als die einfach gegebene Welt zu konstruieren. Diese verschiedenen Veränderungen haben das gemeinsam, daß sie auf einen wesentlichen Bewußtwerdungsprozeß hindeuten: Das Kind unterscheidet von nun an das Wirkliche, so wie

[22] Nach den Listen von Descœudres (Le développement de l'enfant de deux à sept ans) findet man das Wort »vielleicht« erst im Wortschatz eines fünfjährigen Kindes, aber wir selbst haben es schon bei einem dreijährigen Kind verzeichnet.

[23] Nach der gleichen Quelle findet man »denken« bei 2;9jährigen, »glauben« bei 5jährigen Kindern.

es unmittelbar und rein anschaulich in Erscheinung tritt, von etwas, das den Ereignissen vorausgeht und in allen Phänomenen hintergründig bleibt. Dieses »Etwas« wollen wir mit einem ganz allgemeinen Ausdruck benennen: *Intention.* Bald entsprechen die Intentionen der Menschen oder der Dinge den Wünschen des Kindes, bald nicht; daher wird zwischen dem Vorgestellten oder dem Gewünschten und dem Wirklichen unterschieden. Daher auch dieser Widerstand des Wirklichen, der die Lügen notwendig macht. Manchmal sind die Intentionen auf Anhieb erkennbar, sie stimmen spontan mit den Ereignissen überein, manchmal nicht, so daß es notwendig wird, sie zu rekonstruieren, sie hinter den Dingen anzunehmen, kurz, zu überlegen, anstatt einfach festzustellen.

Diese Veränderungen, die sich gleichzeitig mit dem Erscheinen der ersten »warum« vollziehen, stehen mit dieser Frageform in Zusammenhang. Bisher stimmte die Wirklichkeit fast völlig mit dem Wunsch überein. Sie entfaltete sich sozusagen auf einer einzigen Ebene, ohne daß das Kind sich irgendwelcher Intentionen bewußt geworden wäre, die seinen eigenen eindeutig entgegengesetzt oder völlig unabhängig von ihnen gewesen wären. Die gestellten Fragen bezogen sich also einfach auf die Namen der Dinge und den Ort, an dem sie sich befinden, wenn sie verschwunden sind. Mit etwa 3 Jahren wird das Kind sich des Widerstandes der Dinge und der Mensch bewußt: Der Wunsch und seine Verwirklichung streben auseinander. Eine Mentalität, die noch nicht in der Lage ist, zwischen Gedanken und Dingen, Belebtem und Unbelebtem, sogar zwischen Ich und Nicht-Ich zu unterscheiden, kann dieses Auseinandergehen nur als intentionalen Widerstand der Menschen und der Dinge auffassen Das Wirkliche füllt sich also mit *Intentionen,* die zunächst den anderen, dann auch den Dingen zugeschrieben werden, sei es nun, daß die Dinge als autonom oder als von Personen abhängig aufgefaßt werden. Die ganze Wirklichkeit wird von nun an in verschiedenem Maße bevölkert, zwar nicht von personifizierten Geistern – denn zu diesem Zeitpunkt hat das Kind noch kein Bewußtsein seines eigenen Ich und kommt also erst recht nicht darauf, diese Intentionen bestimmten anderen »Ich« zuzuschreiben –, aber von sozusagen unpersönlichen, auf jeden Fall nur schlecht lokalisierten und vielfältigen Intentionen. Daher die ersten »warum«, die Frage schlechthin, die hinter einer Handlung oder einem Ereignis die verborgene Intention sucht.

Die ersten »warum« beziehen sich tatsächlich meistens auf menschliche Handlungen. Das erste »warum«, das Scupin bei »Bubi« feststellte,

gehört in diese Klasse. Die Mutter des Kindes lag ausgestreckt auf dem Boden. Das Kind möchte sie aufheben: *»... du bist ja nicht tot, warum stehste nicht immersu auf?«* Das zweite tritt auf, als dem Kind verboten wird, von den Blumen die Blütenblätter abzureißen: *»Warum denn?«* Aber auch bei den Kindern, die mit einem »Warum der Erklärung« anfangen, kann man in der verlangten Erklärung kaum etwas anders als eine vorkausale Erklärung sehen, ja sogar eine Erklärung, in der sich die Vorkausalität fast ganz mit der psychologischen oder intentionalen Kausalität vermengt: *»Warum haben die Bäume Blätter?«*
Aus diesen Intentionen also, die Menschen und Dingen zugeschrieben werden, entstehen die verschiedenen Typen von Fragen, die den wichtigsten Kategorien des kindlichen Denkens entsprechen. Diese Kategorien sind also intentionalen Ursprungs, d. h. sie entstehen aus dem Bewußtwerden psychischer Operationen, die sich auf die Intentionen beziehen, und nicht aus der einfachen Feststellung der Wahrnehmungswelt. Darüber hinaus werden die zeitlich vorausgehenden Kategorien (Name, Ort usw.) in diese intentionalen Kategorien eingegliedert und bilden mit ihnen von nun an ein einheitliches Ganzes.
Zwei aus der Intentionalität hervorgegangene, grundlegende Kategorien oder zwei ursprüngliche Funktionen des Denkens lassen sich unterscheiden, die *explikative Funktion* und die *implikative Funktion,* die allerdings eher zwei Momente jeder Aktivität des Denkens als zwei geschlossene Bereiche bilden. Die explikative Funktion ist das zentrifugale Moment, in dem das Denken zur Außenwelt tendiert; die implikative Funktion ist das zentripetale Moment, in dem das Denken zur Analyse der Intention selbst und ihrer Zusammenhänge tendiert.
Die explikative Funktion ergibt sich aus diesem vom Kind empfundenen Bedürfnis, sobald ihm die Existenz der Intention bewußt geworden ist, diese Intentionen in alles hineinzuprojizieren. Einerseits steht das Kind Personen gegenüber, deren Handlungen es voraussehen und als motiviert empfinden kann; auf der anderen Seite steht das Kind in einer Welt von Phänomenen und Ereignissen, die sich bisher seinem Denken nicht widersetzt hatten und die folglich nicht erklärt werden mußten, die aber jetzt seiner Phantasie zum Hindernis werden, genau wie die Person selbst. Diese Dualität muß beseitigt werden: Weil die menschlichen Handlungen ein »warum« kennen, muß eben alles, was vorkommt, auf die gleiche Weise behandelt werden. Daher dieses allumfassende Bedürfnis nach vorkausaler Erklärung, das aus der Verwechslung der psychischen Intentionalität mit der physischen Kausalität entsteht. Die explikative Funktion hat also zwei Pole, die psycholo-

gische Erklärung und die materielle Erklärung, zwei anfänglich nahe beieinander liegende und nicht getrennte Pole, die aber später immer mehr auseinanderrücken, wenn auch die Umstände, die dem Bedürfnis nach Erklärung zugrundeliegen, sie immer noch verbinden.
Da andererseits der Begriff der Intention aus dem Widerstand des Wirklichen und insbesondere aus dem Widerstand der Person entsteht, scheint dem Kind alles zugleich einer Art moralischer wie physischer Notwendigkeit zu gehorchen. Es scheint dem Kind, daß alles so sein müsse, wie es ist, so daß das kindliche Denken nicht nur bestrebt ist, in alles Intentionen hineinzuprojizieren, um die Ereignisse zu erklären, sondern auch für alles die Begründung zu suchen und den Zusammenhang der Intentionen zu finden: daher die implikative Funktion. Die explikative Funktion ist zentrifugal ausgerichtet insofern, als das Denken bemüht ist, aus der Intention ein materielles Ergebnis (das Handeln oder das Ereignis, das sich daraus ergibt) herauszuarbeiten, während die implikative Funktion zentripetal ausgerichtet ist, insofern als das Denken versucht, von der Intention zu dem Motiv, das sie steuert, zur Idee vorzudringen. Die explikative Funktion zielt auf die Dinge, die implikative Funktion auf die Begriffe oder Urteile. In seinem Ursprung ist das kindliche Denken von den Begriffen und von den Dingen gleich weit entfernt, es nimmt eine Zwischenstellung genau zwischen beiden ein.
Die implikative Funktion hat ebenfalls zwei Pole. Einerseits einen psychologischen Pol, den sie mit der explikativen Funktion gemeinsam hat. Hier fragt sich das Kind: »Warum macht man das so? usw. Die »Warum der Begründung«, die wir bei Del festgehalten haben, treten selbstverständlich erst lange nach diesen primitiven Fragen auf, obwohl sie einen besonderen Fall derjenigen »warum« darstellen, die sich auf das beziehen, was sein muß. Der andere Pol besteht aus den Fragen nach Namen, Definitionen, dem Grund der Urteile, kurz, nach allem, was die logische Begründung betrifft. Wir haben eben festgestellt, daß zwischen der psychologischen und der physikalischen Erklärung alle möglichen Übergangsstufen liegen, ebenso findet man zwischen der Implikation der psychologischen Handlungen (Begründung) und der Implikation der Namen, Klassen und später der Zahlen alle Übergangsstufen. Der beiden Funktionen gemeinsame Pol, d. h. der psychologische Pol (psychologische Erklärung und Begründung), ist also gleichzeitig Ausgangspunkt und Divergenzpunkt der beiden Funktionen, der explikativen und der implikativen, die anfangs vermengt sind, dann aber immer mehr auseinanderrücken. Wir wollen die Funk-

tion der Erklärung und der psychologischen Begründung, die zugleich der Explikation und der Implikation zugehört, *gemischte Funktion* nennen.

Dieses Schema scheint nur für die »warum« zu gelten, aber es ist evident, daß die anderen Typen von Fragen, auch solche, die vor den »warum« auftreten, nach und nach in dieses Schema eingegliedert werden. So die Frage nach dem Ort (»Wo ist...?« usw.) und nach dem Namen (»Wer ist das?«). Je mehr die explikative Funktion sich entwickelt, umso zahlreicher erscheinen die Fragen nach dem Ort in jener großen Gruppe von Fragen nach Wirklichkeit und Geschichte, die aus dem Bedürfnis nach Erklärung so stark anwächst. Was die Fragen nach Namen betrifft, die ursprünglich unabhängig sind und als solche weder auf das Bedürfnis nach Erklärung noch auf das Bedürfnis nach Begründung oder Implikation zurückgehen, so ändert ihre Funktion sich in dem Maße, wie die implikative Funktion sich entwickelt. Der Name, ursprünglich mit dem Ding verbunden, wird für das Kind genauso wie jedes andere Phänomen einer Begründung fähig, später sogar einer immer logischer werdenden Begründung (kindliche Etymologien). Infolgedessen verbinden sich die Fragen nach dem Namen immer mehr mit der implikativen Funktion. Dasselbe gilt auch für die Fragen nach Klassifikation und nach Definition, wobei die Definitionen, wie man weiß, zunächst einfach utilitär (Definition entsprechend dem Verwendungszweck), später immer logischer sind.

Man darf also annehmen, daß die wesentlichen Kategorien des kindlichen Denkens in der Altersstufe zwischen 3 und 7 bis 8 Jahren folgendem Schema entsprechen:

Explikative Funktion	Kausalität Wirklichkeit, Zeit und Ort
Gemischte Funktion	Motivation der Handlungen Begründung der Regeln
Implikative Funktion	Klassifikation, Name Zahl, logische Beziehungen

Um dieses Kapitel abzuschließen, wollen wir jetzt kurz versuchen, die erzielten Ergebnisse auf die Faktoren zurückzuführen, die wir im Laufe der vorhergehenden Kapitel herausgearbeitet haben, und insbesondere auf den Egozentrismus des kindlichen Denkens.

In diesem Kapitel haben wir ganz besonders die Bedeutung der Vorkausalität und folglich des intellektuellen Realismus hervorgehoben, anders gesagt, die Bedeutung der paradoxen Tatsache, daß das kindliche Denken gleich weit davon entfernt ist, die streng kausale Erklärung wie die Implikation oder die logische Begründung im eigentlichen Sinne zu gebrauchen. In dieser entscheidenden Tatsache ist der ganze Mechanismus der Kinderfragen, den wir untersucht haben, enthalten.

Welche Beziehungen kann es zwischen dieser Tatsache und dem Egozentrismus des kindlichen Denkens geben? Eine ziemlich enge wechselseitige Abhängigkeit, da (siehe § 12) die Vorkausalität in der gleichen Altersstufe wie der Egozentrismus (mit 7 bis 8 Jahren) zurückzugehen beginnt. In jeder streng kausalen Erklärung liegt nämlich ein Bemühen um Anpassung an die Außenwelt, ein Bemühen um Objektivation und, könnte man sagen, um Entpersonalisierung des Denkens. Ohne dieses Bemühen würde das Denken dazu neigen, in alles Intentionen hineinzuprojizieren oder alle Dinge durch subjektive Verbindungen zusammenzubringen, die sich nicht auf Beobachtung stützen, wie die kindliche Neigung bezeugt, alles zu begründen und nichts als zufällig aufzufassen. Nun behindert der Egozentrismus des Denkens sicherlich dieses Bemühen um Anpassung und um Entpersonalisierung des Denkens. Er ist zunächst ein unmittelbares Hindernis; denn je mehr das Ich im Mittelpunkt des Interesses steht, umso weniger gelingt es dem Denken, sich zu entpersonalisieren und von der Auffassung abzulassen, daß es in allem wohlwollende oder feindselige Intentionen gibt (Animismus, Artifizialismus usw.). Der Egozentrismus ist aber auch ein mittelbares Hindernis; denn je egozentrischer das Kind ist, desto weniger kümmert es sich darum, seine Vorstellungen mit denen der anderen zu konfrontieren, also zu beweisen, was es zu glauben neigt: Deshalb folgt es dem ursprünglichen Impuls des ganzen Denkens und ersetzt die Dinge so, wie sie sind, durch eine vollständig konstruierte Welt, in der alles einen Zweck hat und alles begründet werden kann. Außerdem gehört zu den logischen Gewohnheiten ein Bemühen um innere Kohärenz und um Steuerung des Denkens, das dem ursprünglichen Denken nicht spontan gegeben ist, sondern das die Vernunft allmählich erobern muß. Auch hier stellt der Egozentrismus des Denkens ein echtes Hindernis für den Erwerb dieses Bedürfnisses nach Implikation oder nach logischer Systematisierung dar. Er ist ein unmittelbares Hindernis, weil das ganze egozentrische Denken von seiner Struktur her zwischen dem autistischen Denken – dem »nicht gesteuerten«, den augenblicklichen Launen folgenden Denken (der Träumerei ähnlich) – und der »gesteuerten« Intelligenz, eine Zwischenstellung einnimmt. Der Egozentrismus folgt also noch mehr den Einfällen des Ich als der unpersönlichen Logik. Er ist auch ein mittelbares Hindernis; denn nur die Gewöhnung an die Diskussion und das soziale Leben führt zur Logik, aber der Egozentrismus macht gerade diese Gewöhnung unmöglich.

Man sieht also, daß der Egozentrismus des kindlichen Denkens diese Tatsachen zwar nicht im eigentlichen Sinne erklärt, aber doch in engem Zusamenhang mit der Unfähigkeit des Kindes steht, kausale Erklärungen und streng logische Begründungen zu geben. Somit versteht man, warum das Denken des Kindes stets zwischen diesen beiden konvergierenden Wegen schwankt und sich weder dem einen noch dem anderen nähert. Daher rühren die Phänomene der Vorkausalität und des intellektuellen Realismus, die auf diese Mittelstellung hindeuten. Daher auch die Neigung der Kinder, die wir im vorhergehenden Kapitel bereits festgestellt haben, alles um jeden Preis zu begründen oder alles mit allem zu verbinden.

ANHANG

Fünfzig aufeinander folgende Äußerungen von Lev

Kategorien:

I:	Wiederholung	V:	Kritik und Spott
II:	Monolog	VI:	Befehle und Drohungen
III:	Kollektiver Monolog	VII:	Frage
IV:	Angepaßte Information	VIII:	Antwort

Nr.	*Text*	*Kategorie*	*Bemerkungen*
1.	Lev steckt seinen Bleistift in Geos Hals, der ruft: »Lev!« *Das macht doch nichts.*	IV	
	Lev zeichnet seinen Hut weiter. Er zeigt seine Arbeit:		
2.	*Ich gucke richtig hin.* Was guckst du an?	IV	2. Diese Äußerung gehört zu Kategorie IV, denn sie ist Teil eines Dialogs: sie hat eine Antwort, dann die Äußerung 3 hervorgerufen.
3.	*Den Hut*	VIII	
	Lev wiederholt Wörter, die einer seiner Freunde lernt:		
4.	*Luloid! Zeleloid!*	I	
	Er legt seine Zeichnung verkehrt herum, wendet sich an niemanden:		
5.	*Ich will sehen, wie das aussieht!*	II	
	Ro bringt Papierzigaretten. Er verteilt sie. Lev verlangt auch eine:		
6.	*Und für mich?*	VII	6. Das ist eine Bitte, die in der Form einer Frage ausgedrückt wird. Sie

		gehört also zu Kategorie VII.
Lev kehrt zu seiner Arbeit zurück. Er zeigt das Strohmuster auf seinem Hut und vergleicht es mit seiner Zeichnung:		
7. *Richtig, diese Dinge sind, wie es sein muß, seht ihr.* (Keine Antwort.)	III	7. Spricht zur Gruppe im allgemeinen, ohne eine Reaktion zu erwarten.
Zu anderen Kindern:		
8. *Ihr bewegt den Tisch.*	IV	8. Lev will hier gehört werden.
Er hilft Geo bei einem Lottospiel. Er nimmt eine Karte, die Geo nicht legen kann, und legt sie:		
9. *Das kommt hierher, glaube ich.*	IV	9. Klarer Fall.
Zu Fräulein L., der Geo eine doppelte Karte zeigt:		
10. *Wenn man eine verliert, dann bleibt noch eine.*	IV	
Er wendet sich an niemanden:		
11. *Das da ist zum Zusammenhalten.*	II	11. Spricht für sich, ohne jemandem zu helfen.
Er zeigt eine der Papierzigaretten (ohne eine bestimmte Person anzusprechen):		
12. *Guck mal, was Roger mir gegeben hat. Roger hat mir das gegeben.*	III	12. Zweifelhafter Fall; da er aber zur Gruppe im allgemeinen spricht, reagiert niemand.
Er spricht zu Geo von den Lottokarten:		
13. *Du hast drei gleiche.*	V	
Zu einem anderen, indem er seine Zigarette zeigt:		
14. *Das ist wie eine Zigarette, nicht wahr?*	VII	
Geo sucht die doppelte Karte: »Fräulein, mir fehlt die, wo es zwei von gibt.«		
15. *Nein, ich sehe.*	IV	
Spricht zu sich selbst, während er zeichnet.		
16. *Zuerst mache ich die Finger, um wieder etwas Rundes zu machen.*	II	16. Klarer Fall.
Hat denn ein Hut Finger?		
17. *Das sind diese Dinge, die unten hin kommen.*		

Er zeigt seine Zeichnung:		
18. *So, da ist mein Hut, seht meinen Hut an. Ach! das ist nicht richtig.* Nicht sehr richtig.	IV	18. Könnte zu Kategorie III gehören, hat aber bei einem Gesprächspartner eine Reaktion hervorgerufen.
19. *Aber doch ein bißchen richtig.*	IV	
20. *Guckt meinen Hut an, er rollt sich wie eine Schnecke. Hier, auch dasselbe.*	III	20. Er wendet sich an niemanden, trotz der Form »Guckt« Klarer Fall.
Geo fragt nach der Uhrzeit. Lev bleibt bei seiner Arbeit und wiederholt mechanisch die Frage:		
21. *Wieviel Uhr ist es?*	I	
Er meint seine Arbeit:		
22. *Fräulein, halb habe ich es gut gemacht.*	IV	22. Könnte zu Kategorie III gehören.
Fräulein L. hört nicht. Ein anderer fragt: »Wie ist das ›halb‹?« Lev hört nicht zu und wiederholt nur:		
23. *Halb gut.*	III	
Stille. »Jetzt müssen wir scheiben.«		
24. *Was schreiben?*	VII	
»Was auf dem Hut steht.« Kurz danach nimmt Lev seinen Hut und sieht nach.		
25. *Das ist etwas auf Englisch. Ich kann das nicht. Das ist »groß«.*	III	
Er macht auf seine Arbeit aufmerksam:		
26. *Fräulein, halb ist es richtig, ja, gucken Sie!*	IV	26. Könnte zu III gehören.
Wendet sich an niemanden, kommt auf sein Gespräch von soeben zurück.		
27. *Ich mag diesen Namen auf englisch nicht.*	II	
Andere Kinder basteln neben dem Tisch, an dem Lev zeichnet. Sie bauen eine Laubhütte. Lev sieht ihnen zu:		
28. *Ich kann sie machen, die Laubhäuser.*	III	
Ro arbeitet mit Zahlen. Lev steht auf und verkündet:		
29. *Ich will sehen.*	III	
Er billigt, was Ro macht, der ihn nichts gefragt hat:		
30. *Ja, das ist 5.*	IV	30. Kümmert sich hier um die Arbeit eines anderen.
Ro irrt sich. Lev:		
31. *Du solltest da unten zählen.*	IV	
Lev kehrt an seinen Platz zurück.		

Er spricht, ohne daß jemand zuhört:		
32. *Nicht wahr, Fräulein, ich kann Häuser machen, so groß wie Bäume.*	III	32. Es ist keine Frage.
33. *Mama hat mir keine Dose mitgegeben, weil sie keine Makkaronidose hatte.*	III	
Lev sieht sich Ro's Arbeit an. Ro beklagt sich, er habe eine Karte verloren:		
34. *Und die 6 fehlt. In einer anderen Dose gibt es die 6, 7, 8, 9.*	IV	
Ro hat auf Levs Rat hin die 6 aus einer anderen Dose geholt. Lev zeichnet weiter. Er versucht nicht zu erklären, worüber er spricht; er denkt laut:		
35. *Wenn ich die Dinge für das Dach nicht genommen hätte, hätte ich sie morgen genommen.*	II	
Ro soll mit verbundenen Augen, durch Tasten, holzgeschnitzte Zahlen erkennen. Er macht Fehler. Lev, der am gleichen Tisch sitzt, ruft:		
36. *Nicht richtig!*	V	
Lev hebt einen Bleistift vom Boden auf und reicht ihn Bur:		
37. *Burny, nimm den Bleistift.*	VI	
Er holt Zahlen aus der Dose, legt sie vor Bur und fragt:		
38. *Was ist das?*	VII	
Bur beachtet ihn nicht und antwortet nicht. Lev erklärt:		
39. *Ich kann das viel besser als Burny machen.*	V	
Er hebt ein Stück Holz auf, das er auf dem Tisch rollen läßt:		
40. *Der Wagen fährt gleich ab – der Wagen ist angekommen – der Wagen fährt gleich ab.*	II	
Ein Freund sieht sich Levs Zeichnung an: »Was ist das?«		
41. *Das ist das Band, das ist los.*	VIII	
Lev wird gefragt, ob er nicht das Datum auf seine Zeichnung schreiben wolle.		
42. *Ich will lieber den Namen schreiben.*	VIII	
Er steht auf und geht weg, wobei er ruft:		

43. *Ich will Fräulein L. etwas sagen.* Man will seinen Namen auf seine Zeichnung schreiben. Er sieht zu:	III	43. Er wendet sich an niemanden.
44. *Bei Levane darf man kein e machen. Mit a heißt das Levana auf georgisch, und ohne a, mit e ist das französisch.* Jemand sagt zu Lev, daß er gesehen wurde, wie er seinem Vater nicht gehorchte:	IV	
45. *Aber nein.* Um das Thema zu wechseln:	IV	
46. *Ich werde euch noch auf georgisch schreiben.* Er sieht zu, was Bur macht, und fragt:	V	
47. *Was macht er?* Zu Bur:	VII	
48. *Gib mir deinen Bleistift.* Nein. *Doch!* Nein.	VI	
49. *Yes. Mehr kann ich nicht!* Er läßt Bur in Ruhe und spielt mit Papierstücken, die er faltet:	III	
50. *Ihr seht, wie man das machen muß.* (Keine Antwort.)	III	

SACHREGISTER